大数据时代学术期刊编辑与创新研究

于向凤 张吉明 陶 巍 著

东北林业大学出版社
Northeast Forestry University Press
·哈尔滨·

版权专有　侵权必究

举报电话：0451-82113295

图书在版编目（CIP）数据

大数据时代学术期刊编辑与创新研究 / 于向凤，张吉明，陶巍著. — 哈尔滨：东北林业大学出版社，2021.2

ISBN 978-7-5674-2359-6

Ⅰ.①大… Ⅱ.①于…②张…③陶… Ⅲ.①学术期刊—期刊编辑—研究 Ⅳ.① G237.5

中国版本图书馆 CIP 数据核字 (2021) 第 030898 号

责任编辑：潘　琦
封面设计：叶　子
出版发行：东北林业大学出版社
　　　　　　（哈尔滨市香坊区哈平六道街 6 号　邮编：150040）
印　　装：长春市昌信电脑图文制作有限公司
开　　本：185 mm×260 mm　16 开
印　　张：20.25
字　　数：430 千字
版　　次：2021 年 2 月第 1 版
印　　次：2021 年 2 月第 1 次印刷
定　　价：59.00 元

如发现印装质量问题，请与出版社联系调换。（电话：0451-82113296　82191620）

前言

20世纪90年代以来，伴随着计算机技术的飞速发展，文字、音频、视频等各种信息正在被全面数据化，这昭示一个大规模生产、分享和应用数据的时代——大数据时代的到来。大数据时代对于数据处理在理念上发生了三大转变，那就是要全部数据而不是抽样数据；要及时有效而不是绝对精准；要揭示相关关系而不是探究因果关系。这些转变正在影响和改变着世界经济发展、商业模式乃至人们的生活方式。作为以信息为基础的人文社会科学研究领域，大数据势必引发其知识体系、研究方法等的根本性变革。而为学术研究服务而生的学术期刊也将会在运行模式、销售策略、功能作用等方面，发生口大甚至是本质性的变化和发展。这些问题已引起相关学者的关注和热议，在大数据时代，学术期刊编辑的转型与创新是学术期刊发展的必经之路。

本书以大数据时代为研究背景，以学术期刊及其编辑为研究主线，在对学术期刊编辑的基础知识进行了简单介绍之后，对大数据时代学术期刊的相关知识进行了深入分析和讨论。全书共8章，主要内容包括：大数据时代的到来、学术期刊编辑基础知识、大数据时代学术期刊编辑人才培养研究、大数据时代学术期刊的发展与路径研究、大数据时代学术期刊数字出版技术创新研究、大数据时代学术期刊数字化研究、大数据时代学术期刊运营与复合出版平台建设研究、大数据时代学术期刊的发展建议。本书内容丰富，结构清晰，是一部非常具有研究价值与实用价值的学术专著，希望本书的出版能够为我国大数据时代学术期刊及其编辑的发展贡献力量。

本书由《中国名城》期刊于向凤、张吉明、陶巍老师共同完成，其中于向凤鱼责撰写第一、二、四章和第六章中第一小节；共计14万字，张吉明负责撰写第六章中第三、四、五小节，共计13万字；陶巍负责撰写第六章第二小节和第三、五、七、八章，共计16万余字。全书由于向凤负责统稿。

本书可作为高等院校新闻出版等相关专业的参考用书，也可作为从事学术期刊编辑出版研究的科研人员和一线教育人员参考使用。

著者在撰写本书过程中参考了大量的相关著作和学术论文,在此对相关作者表示真诚的谢意。另外,由于作者水平有限,书中难免存在疏漏和不足之处,敬请广大读者批评指正。

著者

2021年1月

目 录

第一章 大数据时代的到来 1
　第一节 大数据时代背景分析 1
　第二节 迈入大数据时代 3
　第三节 大数据的核心价值 13
　第四节 互联网时代的大数据思维 14
第二章 学术期刊编辑基础知识 19
　第一节 学术期刊论文的编辑加工与规范要求解析 19
　第二节 学术期刊编辑编审工作解析 26
　第三节 大数据在期刊编辑工作中的技术创新及应用研究 33
第三章 大数据时代学术期刊编辑人才培养研究 35
　第一节 大数据时代学术期刊编辑工作的挑战与变革策略 35
　第二节 大数据时代学术期刊编辑工作模式的转变路径 38
　第三节 大数据时代学术期刊编辑人才培养机制 41
　第四节 大数据时代学术期刊编辑素质的提升 43
　第五节 大数据时代学术期刊编辑的职业发展研究 47
第四章 大数据时代学术期刊的发展与路径研究 52
　第一节 大数据时代学术期刊的发展机遇 52
　第二节 大数据时代学术期刊发展的挑战与进程分析 55
　第三节 大数据时代我国学术期刊发展路径 58
第五章 大数据时代学术期刊数字出版技术创新研究 75
　第一节 当前中国期刊数字出版技术创新的制约因素分析 75
　第二节 提升中国期刊数字出版技术创新水平的对策建议 79
　第三节 中国期刊数字出版技术的未来发展趋势 81

第六章 大数据时代学术期刊出版数字化研究 ... 85
第一节 大数据时代学术期刊出版数字化转型基础研究 ... 85
第二节 大数据时代学术期刊出版数字化发展策略研究 ... 116
第三节 大数据时代学术期刊出版数字化技术研究 ... 132
第四节 大数据时代我国学术期刊开放存取实现途径研究 ... 206
第五节 大数据时代学术期刊出版数字化产业链研究 ... 226

第七章 大数据时代学术期刊运营与复合平台建设研究 ... 260
第一节 大数据时代学术期刊新媒体运营研究 ... 260
第二节 大数据时代我国电子学术期刊的营销策略 ... 270
第三节 大数据时代我国学术期刊数字复合出版平台建设 ... 281

第八章 大数据时代学术期刊的发展建议 ... 298
第一节 以数字化实现专业化 ... 298
第二节 从整体满足到个性订制 ... 302
第三节 建设学术期刊联盟 ... 308

参考文献 ... 311

第一章　大数据时代的到来

第一节　大数据时代背景分析

一、数据无处不在

互联网的迅猛发展，要求机器设备采集信息应该具有及时性，加上移动互联网的应用，导致产生了大量的文本、数据、音频、视频等，这对存储技术提出了更高的要求。同时，位置信息、关系信息等使得数据的种类也更加丰富，因此对数据进行挖掘显得非常重要，也得到了人们的重视。当然，这些数据如何进行挖掘和存储成为关键问题，这时大数据的理念与方法正在悄然诞生。

根据中国互联网络信息中心发布的报告，当前我国的网民数量已稳居世界的首位，每天产生的数据量也在世界名列前茅。很多人早晨起床的第一件事就是"刷"手机。现如今，手机已经成为人们身体的一个"重要器官"，显然看手机实际上就是看信息，看信息其实就是在看数据。也就是说，现如今人们已经离不开数据。

随着互联网技术的迅猛发展，物联网、云计算以及社交网络、智能终端等应运而生，这些都是对数据采集的丰富手段。另外，为了避免数据出现遗失，也出现了很多存储设备与功能，这样便于数据保存更为快捷与安全，也让数据变得更为强大。

数据的快速增长吸引了更多的数据管理与分析服务等。政府、互联网、电子商务、医疗、金融等行业开始采用多种新兴信息技术来收集各类数据，便于从中挖掘出数据的价值与知识。数据规模与类型越来越大，这已经成为当今社会的显著特征。对于组织而言，数据采集已经不是障碍，关键在于如何对其完善，挖掘出更有效的信息，让信息变得更容易理解并且便于采取行动。

二、数据成为战略资源

《华尔街日报》指出了引领未来繁荣的三种技术：智能化生产技术、大数据技术以及无线网络技术。麦肯锡公司也指出数据属于一种生产资料，是下一个竞争与创新的前沿。世界经济论坛的报告也指出了大数据是一种新的财富，价值甚至要超过石油。

通过上述这些的论调，我们应该知道这一时代需要更好地认识与掌握大数据，并对大数据进行合理的开发与利用。大数据的价值主要体现在其具体的应用上，人们对大数据的关心实际上也是对应用的关心，关心如何从业务与应用出发，挖掘大数据的价值，从而使大数据为人们的生产生活服务。

在大数据时代，这无论是对商业组织而言，还是对国家文明而言，谁能够挖掘与掌握数据的价值，谁就能够在竞争中获胜。下面从几个层面来看大数据的战略价值。

（一）从国家战略看大数据

当前，大数据已经成为对国家竞争优势进行重塑的新机遇。在信息化迅猛发展的今天，大数据已经成为国家的重要战略资源，其价值已然与今天的自然资源、人力资源等同，大数据在信息公开、国家安全、设施布局、隐私保护等层面的作用非常巨大。大数据及其应用已经成为各行各业在当今社会制胜的关键。

对大数据的恰当应用，实现数据规模、质量的提升，发掘其潜在的价值，有助于更好地发挥大数据的战略作用，提升网络空间数据的保护能力，维护国家的安全，进而提升国家的竞争力。

（二）从企业发展看大数据

大数据是随着网络发展而不断产生的，其应用领域非常广泛。大数据在精准广告、搜索引擎、商贸零售等层面都得到了广泛的应用，其对数据的挖掘与应用是得到人们认可的。同时，在互联网、金融、医疗等领域，大数据也得到了人们的关注。不仅如此，大数据也对传统行业产生了巨大的冲击。

如果企业能够运用大数据，那么就能够抢占先机；如果能够将数据作为核心资产，那么就能够提升自身的竞争力与国际地位。在大数据时代，将会有更多的企业有数据的需求，这些需求能够促进企业进行良好的转型。百度、腾讯等公司就为这些企业提供了服务，有些企业在经营中并不盈利，但是他们通过提供这些服务，可以获取广大用户的数据，开发这些用户资源，从而获得利润与价值。电信运营商是典型的数据资产运营者，他们有着海量的用户数据、视频数据、流量数据等，这些数据给予了他们发展的优势，目前主要的电信运营商都在努力开发数据资源。显然，在大数据时代，毫不夸张地说，得数据者得天下。

从大数据的案例到实际运用，从数据收集到挖掘，大数据本身是一个非常复杂的过程。大数据的数据量并不是一个最为重要的问题，最为重要的问题是数据质量问题，即要保证数据的有效性。

（三）从公众视角看大数据

在当今时代，公众不仅是数据的消费者，也是数据的生产与加工者，他们对数据的生产、加工等过程，能够提升自身对世界的认知，会对他人的决策判断产生影响，进而影响他们的消费需求。因此，在大环境下，如何培养自身的数据基因与思想，并对这些数据基因与思想进行分析，对复杂的现象进行判断，则成为现代人必备的生存技能与个人修养。

第二节 迈入大数据时代

一、大数据的内涵

大数据的英文表达是 Big Data，意思是"海量数据"。数据的规模大到了已经无法用当前的技术和工具来处理，那就必须突破瓶颈，从而产生数据革命。对数据的处理包括很多方面，有收集、整理、分类、存储、分析、预测和输送等。

数据如同人体的血液，大数据则是整个人体系统与血液有关的部分。最早涉及这个概念的是天文学和基因学领域，因为这两个学科非常依赖数据的分析，尤其是对"海量数据"的分析。它也是计算机和互联网结合的产物，因为计算机实现了数据的"数字化"，让它们像数字一样容易储存，互联网则实现了数据的"网络化"，让它们通过网络可以自由、快速地传输。

之后，大数据才真正拥有了无穷的生命力。互联网的技术不断发展，渗透进我们的工作和生活，加上移动网络、物联网与其他各种联网设备的出现与普及，一个必然产生的现象就是数据量的迅速增长。90%的数据是互联网出现以后才产生的，它以指数级的速度在我们的生活中不断增加，从海量至无穷大，世界正被数据淹没。

我们需要更加关注的，是数据从量变转为质变，并且体现在多个方面，触发蝴蝶效应，推动其他领域的变化。

二、大数据的特征

如今，全球存储的数据数量正在急剧增长，数据量大是大数据的一致特征。一些企业在一年中每一天的每一小时就会产生数个太字节的数据。就传统 IT 企业来看，其结构化和非结构化的数据增长也是惊人的。

由于数据自身的复杂性，作为一个必然的结果，处理大数据的首选方法就是在并行计算的环境中进行大规模并行处理（Massively Parallel Processing，简称 MPP）。这使得同时发生的并行摄取、并行数据装载和分析成为可能。实际上，大多数的大数据都是非结构化或者半结构化的，这需要不同的技术和工具来处理和分析。

大数据的结构就体现了它最突出的特征（表1-1），显示了几种不同数据结构类型数据的增长趋势。据悉，未来数据增长的80%~90%将来自非结构化的数据类型（包括半非结构化、准非结构化和非结构化数据）。

三、大数据的深度解析

21世纪是一个信息化的时代。在商业营销中，谁掌握了大数据技术，谁就能够胜人一筹，但能够真正做到合理利用数据并为自身创造商业价值的却不多，不是因为需要的数据太少，而是不知道如何从那些并不起眼的数据中找到想要的信息。

表1-1　数据增长日益趋向非结构化

结构化进程	数据内容	举例
结构化	包括预定义的数据类型、格式和结构的数据	事务性数据和联机分析处理
半结构化	具有可识别的模式并有可以解析的文本数据文件	自描述和具有定义模式的 XML 数据文件
"准"结构化	具有不规则数据格式的文本数据，通过使用工具可以使之格式化	包含不一致的数据值和格式的网站点击数据
非结构化	没有固定结构的数据，通常将其保存成不同类型的文档	TXT 文本、PDF 文档、图像和视频

（一）数据的收集

日常生活中时刻都在产生数据，而且数据量直线上升，数据类型也越来越复杂。许多人对这些数据不屑一顾，认为这些数据就像是工业垃圾一样，对自己已经没有了价值。例如在商场购物后开具的小票，通常都被购物者直接丢入垃圾桶。然而站在商家的角度，尤其是对于那些整天在搜寻有用信息的"猎人"来说，收集数据是对客户定位，进行商品精准营销，从而带来巨大商业价值的基础。

所以，数据收集是利用大数据的第一步，没有数据收集的过程就没有接下来的一切。

数据从形式上可以简单地分成两种，如图1-1所示。

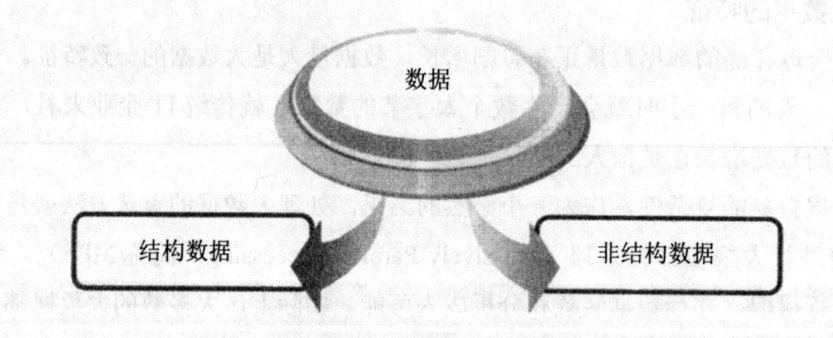

图1-1　数据的分类

（资料来源：李军，2015）

结构数据是直接可用行和列存储的数据和分析，如 Excel 表格中的数据。除结构数据之外，剩下的就是非结构数据，如微博、论坛帖子和优酷视频等。由于非结构数据的来源更为广泛，所以非结构数据占到了总数据量的80%。

在商业活动中，因为要定位不同的客户，所以获取信息的渠道也不同。在大数据时代，很多时候不是用户去发掘数据，而是数据向用户"扑"过来。大数据主要有三大来源，如图1-2所示。

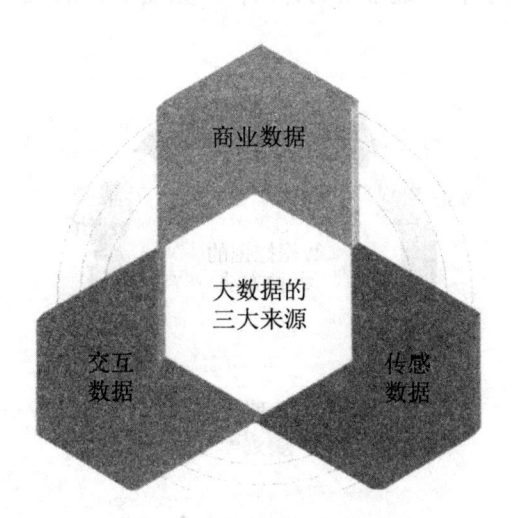

图 1-2　数据的三大来源

（资料来源：李军，2015）

1. 商业数据

商业数据来自企业 ERP 系统、各种 POS 终端以及网上支付系统等业务数据。例如，用网银进行网上支付，交易记录对于卖家而言就是商业数据。又如，购物者在商场消费刷信用卡，消费时的消费记录、信用卡信息也会被商场获取。

2. 交互数据

交互数据来自通信记录以及 QQ、微博等社交媒体。例如，在 QQ 上与别人聊天，可能会聊到自己最近想要买一件夹克衫，那么"你想买夹克衫"这个信息对方就知晓了，如果对方正在经营一个服装店，就会进行相关推荐。

3. 传感数据

传感数据来自 GPS 设备、RFID 设备、无线网络和视频监控设备等。例如，现在遍布城市各个街道的电子监控就为公安部门维护社会治安、提高办案效率提供了有效的数据信息。

随着社会的快速发展，数据量将呈快速增长的趋势。据统计，全球每个月有 2.5 EB 的数据出现，在这么庞大的数据量之下，商业领域不再是谁有效率谁就是胜者，而是谁有数据、谁会收集和利用数据，并通过数据悄无声息地了解客户，谁才能独占鳌头。

（二）数据的挖掘

在大数据的数据收集中，要认识到数据不是信息，而是有待理解的"原材料"。对这些"原材料"理解了多少，决定了所获取的有效信息的多少，进而决定了由"原材料"转换成的信息带来的商业价值有多少。所以，数据的挖掘就是有组织、有目的地收集数据，将数据以最高的转换率转换为信息，从而在大量数据中寻找潜在规律以形成规则或知识的技术。

数据挖掘的方法有许多种，最常用的有六种，如图1-3所示。

图1-3　数据挖掘的六种方法

（资料来源：李军，2015）

1. 分类挖掘

分类挖掘是最常用的数据挖掘方法，即找出数据库中一组数据对象的共同特点，并按照分类模式将其划分为不同的类，目的是通过分类模型，将数据库中的数据项映射到某个给定的类别。分类挖掘所引用的领域也是非常多的，如客户的分类、客户购买的商品分析、客户满意度分析、客户的购买趋势预测等。

2. 聚类分析

聚类分析是把一组数据按照相似性和差异性分为几个类别，其目的是使得属于同一类别的数据间的相似性尽可能大，不同类别中数据间的相似性尽可能小。聚类分析主要应用于客户群体的分类、客户背景分析、客户购买趋势预测、市场的细分等。

聚类分析也是一种探索性的分析，在分类的过程中，能够从样本数据出发，自动进行分类。聚类分析所使用方法的不同，常常会得出不同的结论，所以不同研究者对于同一组数据进行聚类分析，所得到的聚类数未必一致。

3. 回归分析

回归分析方法是确定两种或两种以上变量间相互依赖的定量关系的一种统计分析方法，其主要研究问题包括数据序列的趋势特征、数据序列的预测以及数据间的相关关系等。

回归分析按照涉及的自变量的多少，可分为一元回归分析和多元回归分析；按照自变量和因变量之间的关系类型，可分为线性回归分析和非线性回归分析。回归分析目前主要应用到市场营销的各个方面，如客户寻求、保持和预防客户流失活动，产品生命周期分析，销售趋势预测等。

4.关联规则

关联规则是描述数据库中数据项之间所存在的关系的规则。例如，一项数据发生变化，另一项也随着发生变化，那么这两项数据之间可能存在某种关联，即隐藏在数据间的关联或相互关系。

关联规则主要应用于客户关系管理中，通过对企业的客户数据库里的数据进行挖掘，可以从大量的记录中发现有趣的关联关系，找出影响市场营销效果的关键因素，对产品、价格、客户群等进行定位，从而进行精准的市场营销与推销。

5.特征、偏差分析

每一组数据都是一个体，它们有自己的特征，这些特征有些是与生俱来的，有些是在数据变化过程中与其他数据发生了偏差所导致的，而特征分析和偏差分析就是从数据库中提取出与其他数据不一样的数据个体，通过分析这些数据得出总体数据的特征。

例如，在庞大的客户群中，通过分析特殊的用户数据，可以知道这些特殊的用户为什么与其他用户存在差别，从而对客户的需求进行定位，以便对他们进行精准营销。

6.Web 页挖掘

随着互联网的广泛应用，Web 页上的信息量将变得更加丰富。通过对 Web 页的挖掘，可以对 Web 页的海量数据进行收集、分析，挖掘出对企业有重大或潜在重大影响的外部环境信息和内部经营信息，以便识别、分析、评价和管理危机。

（三）数据的分析

许多人觉得获得了数据信息，挖掘了数据的价值所在，就可以使用数据了，其实这是大错特错，还应有很重要的一步，那就是数据的分析。

数据的分析是将数据细分的一个过程。数据分析就是拨开最后一层迷雾，找到数据的本质，并将数据利用率最大化、将客户定位最准确化的重要手段。

数据分析主要运用于四个基本方面，如图 1-4 所示。

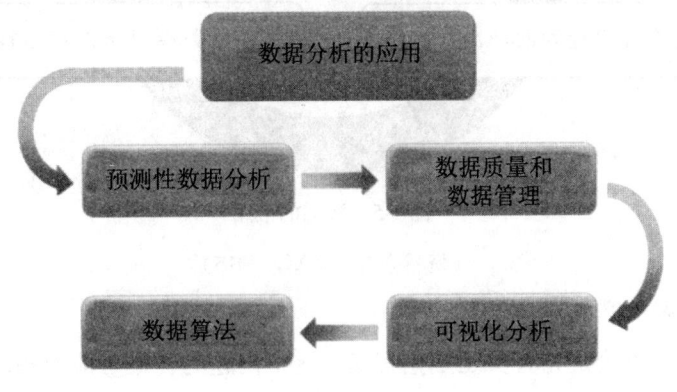

图 1-4 数据分析的应用

（资料来源：李军，2015）

1. 预测性数据分析

数据分析可以让商家更好地理解数据，预测将来的商业发展。而预测性分析可以让分析员根据可视化分析和数据挖掘的结果做出一些预测性的判断。

2. 数据质量和数据管理

数据质量和数据管理是一些管理方面的最佳实践。通过标准化的流程和工具对数据进行处理可以保证一个预先定义好的高质量的分析结果。

3. 可视化分析

不管是对于数据分析专家还是普通用户，数据可视化是数据分析工具最基本的要求，它可以直观地展示数据，让数据自己"说话"，让观众"听"到结果。

4. 数据算法

如果说可视化是给观众看的，数据挖掘就是给机器看的。通过各种算法深入数据内部，挖掘价值，这些算法不仅要提高处理大数据的量，也要提高处理大数据的速度。

（四）数据的应用

无论数据信息有多大价值，没有进行应用，数据永远还是"死"的，所以数据的应用是让数据变废为宝并产生价值的重要一步。目前大数据技术通过数据分析已经应用到许多领域，站在商家对客户定位的角度分析，主要有六个方面，如图1-5所示。

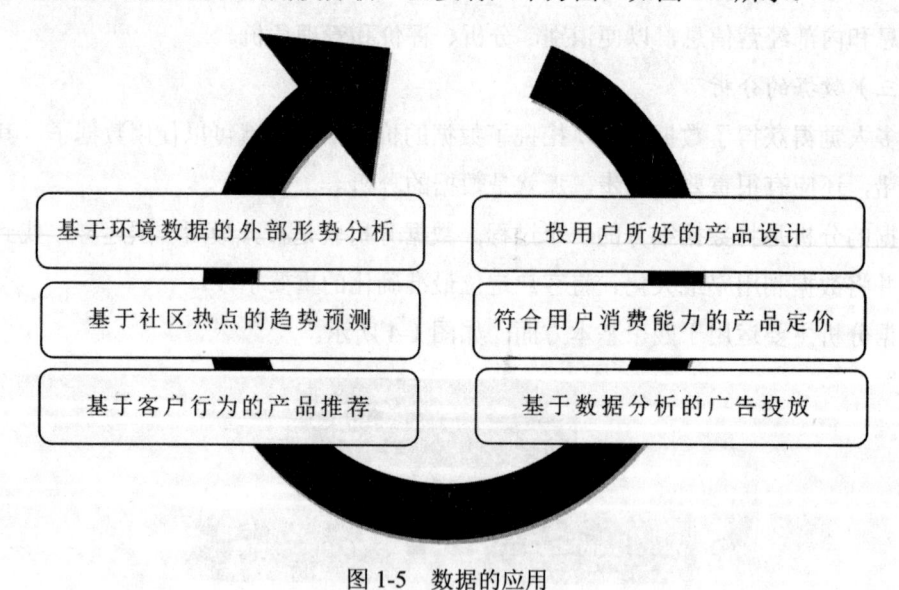

图1-5 数据的应用

（资料来源：李军，2015）

1. 投用户所好的产品设计

曾有两个朋友争论是先有买还是先有卖，这个问题的答案可能更倾向于先有买，因为市场是产品营销的乐园，所以在这种模式下，投用户所好，设计出用户所需要的产品，这才是商业营销的主要流程。

客户数据具有非常大的潜在价值，例如，用户的评价数据是企业改进产品设计、产品定价、运营效率、客户服务等方面的一个很好的数据渠道，也是实现产品创新的重要方式之一，有效采集和分析客户评价数据，将有助于企业改进产品、运营和服务，有助于企业建立以客户为中心的产品创新，而这一切都要建立在大数据上。

2. 符合用户消费能力的产品定价

产品的定价很大程度取决于商品的成本价，但是用户的消费能力是决定商品定价的重要因素之一，所以通过数据分析用户的消费能力来为产品进行合理的定价，也是大数据技术的核心应用。

要确保产品定价的合理性，需要先进行数据试验和分析，主要研究客户对产品定价的敏感度，将客户按照敏感度进行分类，测量不同价格敏感度的客户群对产品价格变化的直接反应和容忍度，通过多次试验，找到合适的定价范围，最终为产品定价提供决策参考。

3. 基于数据分析的广告投放

广告是产品面向用户的一扇窗，通过数据分析进行精准的广告投放，将会产生不一样的广告效果。例如，电视广告，各大卫视黄金时段的广告费是最贵的，因为想要在这个时段打广告的企业特别多，通过数据分析不难发现，每天晚上吃完晚饭之后，人们基本上都在看电视，这个时段接收到广告信息的人是最多的，所以企业要在黄金时段打广告。再如，互联网广告，根据广告被点击和购买的效果数据与广告点击时段等分析，进行有针对性的广告投放。这些都建立在大数据的数据分析基础之上。

4. 基于客户行为的产品推荐

根据客户信息、客户交易历史、客户购买过程的行为轨迹等客户行为数据，以及同一商品其他访问或成交客户的客户行为数据，进行客户行为的相似性分析，为客户推荐产品，通过对客户行为数据的分析，产品推荐将更加精准、个性化。

5. 基于社区热点的趋势预测

社区中的热门话题、搜索引擎中的热点分析通常具有先兆性，能够成为一种流行趋势的预测。例如，新型号手机的上市必将引起该型号手机壳的热卖，而这些手机壳的热卖要基于用户对手机的依赖程度，这些都是数据的产物。

6. 基于环境数据的外部形势分析

从市场竞争者的产品、促销等数据及外部环境的数据中找到对外部形势演变的先导性的预测，帮助企业应对环境变化。

四、大数据需要考虑的问题

从企业与个人信息安全的角度来说，大数据需要考虑五个层面的问题。

（一）网络安全

随着在线交易、在线对话、在线互动的兴起，在线数据越来越多，黑客们的犯罪欲望也比以往任何时候都来得强烈。如今除了个人黑客之外，还出现了国家黑客，他们的组织性更强，更加专业，作案工具也是更加强大，作案手段更是层出不穷。相比于以往一次性数据泄露或者黑客攻击事件，现在数据一旦泄露，对整个国家、企业或个人而言，无疑是重大打击，不仅会导致声誉受损、造成巨大的经济损失，严重的还要承担法律责任（如金融机构的安全漏洞）。所以，在大数据时代，网络的恢复能力以及防范策略可以说是至关重要的。

（二）云数据

云技术是新时代的技术产物，现在人们快速采用和实施诸如云服务时仍然存在大量的压力，这是因为我们对它们可能带来的风险和后果仍然没有办法预料和控制。尤为重要的是，云数据是黑客的目标，这是一个极具吸引力并能获取高价值信息的目标。因此，这就对企业制定与云计算相关的安全策略提出了极高的要求。

（三）移动化

这个时代在变得"移动化"，人们对数据的需求增加，而数据的搜集、存储、访问、传输等工作都需要借助移动设备，所以大数据时代的来临也带动了移动设备的猛增。比如，越来越多的员工用自己的移动设备进行办公，他们上班时拿着移动设备来到公司，下班后又拷贝了数据离开。我们不能否认，这很便利，有利于工作，也帮助企业节省了很大一笔开支，但也给企业带来了更大的安全隐患。要知道，移动设备是黑客入侵内网的绝佳跳板，移动化给企业的管理和安全保护带来了难度。

（四）微妙而紧密的供应链

在今天这个全球化的时代，每个企业都是复杂的和互相依存的，都是全球供应链的一部分，但供应链本身恰恰是最薄弱的环节。信息将供应链紧密地联系在一起，从简单的数据到商业机密再到知识产权，而某一环节信息的泄露就可能导致整个供应链上的企业遭到巨大损失，甚至会违反法律，受到司法制裁。对全球化来说，信息安全是如此重要，它在整个供应链上扮演着血液的角色，如果血液中有了病毒，那么后果不堪设想。

（五）隐私安全

随着产生、存储、分析的数据量越来越大，隐私问题在未来的几年也将愈加凸显。所以新的数据保护要求以及立法机构和监管部门的完善应当提上日程。

五、大数据的发展趋势及展望

变化是永恒的主题。由云计算、社交计算和移动计算三大趋势推动的大数据正在重塑业务流程、基础设施及数据的获取、分发、存储管理、分析挖掘和使用方式。数据已经渗透到每一个行业和业务职能领域，成为一个重要的生产因素，成为未来竞争和增长的基础，成为超越同行的一种重要方式，引领新一波生产率增长和消费者盈余浪潮的到来。

（一）大数据技术的现状和趋势

2012年，作为美国开放政府计划的一部分和具体执行单位，Data.gov 是全球第一个政府数据开放平台，引领了全球政府开放数据的潮流。目前，已有30多个国家建立了政府数据开放平台，英国、日本、澳大利亚、印度等国都已经加入这一潮流，并享受它带来的便利。

在大数据研发和应用服务方面，微软、IBM、甲骨文、英特尔、思科、SAP、EMC 等老牌巨头公司无一缺席，所涉应用领域广泛。虽然他们的技术实力依然雄厚，但是业界的目光还是聚焦在几个新兴的巨头身上，其中又以苹果、谷歌、亚马逊、Facebook（Apple Google Amazon Facebook，AGAF）为代表。谷歌的前任CEO埃里克·施密特甚至为这4家公司提出"四大科技平台"的概念。"AGAF"组合具备一个共同的特征，就是都有自己独一无二的"数据资产"，新兴巨头 AGAF 与传统IT巨头之间的博弈，天平朝 AGAF 倾斜。因为他们既有庞大的数据资产，又具备处理技术。一些大型的商业用户喊出"去IOE"的口号，不愿意把自己珍贵的数据资产托付给昂贵的商业软件，以免陷入被IT供应商"绑架"的尴尬局面。

可以预见，未来几年内，大数据仍然是IT企业竞相追逐发展的重点，传统的IT大企业在掌握大数据技术方面并没有大多的优势，反而会被已有业务的技术、架构、投资束缚。一些新兴的创新型小微企业没有"技术包袱"，通过依附少数数据资源优势企业或数据服务平台，更能成为大数据创新发展的主力军。

（二）大数据技术的发展展望

在可以看到的未来，大数据将继续持续高速发展，企业将把大数据项目从试验转向全面的部署实施。虽然这意味着一些大数据提供商的利润会迅猛增长，但同时这些项目也将成为大数据是否能带来它所宣传的价值的一块试金石。与此同时，随着"物联网""互联网+"的迅速崛起，数据将如潮水般加速增长，进一步推高市场对大数据技术的需求。

1. 理论方面

大数据以数据科学为基础理论。数据科学会逐渐形成一些原理、定理、方法论，但在较短时间内不太可能形成较完整的理论体系。难点在于数据的形式化定义、相似性理论、数据测度等方面需要有重大突破，才有可能建立起一套较为完整的理论体系。

2. 基础设施方面

Hadoop 基本奠定了其作为整个大数据生态系统的关键部分，虽然存在一些竞争者，但这一领域会进一步发展和整合。一些新兴的基于 Hadoop 的开源框架（例如 Spark）试图填补 Hadoop 的弱项，提供更快的数据分析和良好的编程接口，也会吸引大量关注。实时数据处理、事务处理（Transaction）、数据整合（ETL）、数据迁移等将会是最急切需要突破的基础技术，这些技术所取得的任何一个突破将会使大数据应用服务的发展得到巨大推动。云计算依然会作为承载大数据应用的最主要的基础设施,但大数据对于云计算的要求已经超出了云计算的"资源按需分配""弹性计算"的初衷。

3. 数据分析方面

数据分析依然有足够的发展空间,但不同企业的产品研发策略及推广产品的策略不尽相同。有些创业公司更针对数据科学家,提供了大量可任意组合、定制开发的基础模块或平台级的产品;另一些则正好相反,他们专注于在某个领域提供自动化的解决方案,目标是为一般企业提供大数据应用,完全忽略数据科学家的存在。从创新进展看,在开源技术的影响下,大数据的技术生态系统不断壮大,新技术和新产品层出不穷。但是,令人期待的关系挖掘、沉淀价值利用、数据社交和跨界连接等技术和商业模式尚未成熟。

4. 应用方面

缓慢但的确朝着可以实用的方向发展,并逐步产生效益。大数据应用首先关注于行业或单个企业的应用服务需求,但逐渐出现了一些"通用型"的应用,例如基于大数据的营销系统、客户关系管理系统、欺诈甄别解决方案等。可视化与人机交互方面将会取得一些突破,智能设备尤其是智能化可穿戴设备作为数据的产生者和大数据应用的终端,会出现大量创新型的产品。

5. 安全方面

随着大数据投入实际应用会不可避免地被提及,将会出现一些技术上的突破,但从哪个角度切入大数据安全,不同的安全厂商之间会出现较大的分歧。对于数据权保障、数据交易的技术发展有限,主要是缺乏明确的目标指引。

综合来看,大数据产业技术会在各个方面有所发展,某些技术发展较快,而有一些技术则需要更长的时间才能有所突破、发展成熟。

(三)大数据面临的问题和挑战

数据科学作为一门新兴的学科,目前尚未建立起完整的基础理论体系,数据学科基础问题体系本身就是大数据领域的研究热点。大数据作为一门以数据及数据处理技术为研究对象的科学,更侧重于具体应用,与常规的信息处理体系框架类似,也存在着功能、性能、易用性、输入/输出、系统安全等方面的问题。

1. 大数据科学问题

"科学"的定义是"反映自然、社会、思维等的客观规律的分科的知识体系",大数据作为一门新兴的科学,其学科基础问题体系尚不明朗,数据科学自身的知识体系还不完备,还有待学科理论基础的进一步突破。大数据所带来的数据复杂性、计算复杂性和系统复杂性的挑战,将会引领学科基础知识体系的逐步完善和发展。

2. 大数据分析的性能

以Hadoop为代表的分布式计算框架本身就是为了解决面向大数据的计算性能和可靠

性问题而出现的，在这个方向上仍然需要进一步研究。传统的 Hadoop/MapReduce 框架在执行离线批处理任务时会有较好的表现，但在诸如实时流处理、交互式计算等方面却不尽如人意。如何提升分布式计算平台的性能是大数据领域的研究热点，目前也出现了一些积极的研究成果。

3. 大数据分析的功能

当前大数据分析的典型应用还体现在如何将传统数据处理平台的功能在更大、更复杂的数据集合上实现，如检索、查询统计、通用数据挖掘算法等。如何充分挖掘蕴藏在数据中的价值，实现基于传统数据处理平台无法突破的新功能，还需要各领域研究人员进一步探索。这方面的一个典型例子是：大数据分析应用方面的领先企业谷歌、IBM 等依靠基于大数据的深度学习，在人工智能方面已经取得了突破性的进展。

4. 大数据平台的易用性

一项新技术能否得到快速、广泛的应用，在很大程度上取决于该技术自身是否易于推广使用。现有的大数据平台往往需要编写特定的程序才能实现传统数据处理平台简单的功能，存在较大的易用性和可编程性问题。虽然诸如 Pig、Hive 等开源项目的出现，在一定程度上降低了大数据平台使用的门槛，但对于一般应用领域的数据分析人员及专业性的大数据程序员来说，还难以像应用传统数据处理平台（如关系型数据库）一样方便地使用大数据平台。因此，如何提升大数据平台的易用性，已经成为影响大数据技术应用推广的重要因素。

第三节 大数据的核心价值

一、促进了思维数据化

从目前来看，当大数据时代到来时，任何一家公司的竞争力都可以划分为三种类型。第一种是大数据本身；第二种是与大数据相关的技术；第三种是大数据思维。这三种竞争力当然都是不可替代的，也是缺一不可的，但其中最为关键的就是把数据与思维结合起来的部分。数据可以被复制，技术也可以被超越，只有思维难以被窃取。拥有领先思维的大数据玩家，最有资格发动一场胜算极大的"战争"，或者占据最大份额的市场，形成自己坚不可摧的竞争力。可以发现，具备大数据思维优势的公司往往是那些新兴的创业型公司，它们在一个全新的领域内崛起，而且它们的创始人大都具备大数据思维能力和大数据技术，能够及早地发现某特定商业领域中大数据的应用价值，并且做到第一时间把自己的理想付诸实施。在别人进入相关行业之前，它们就已完成了垄断。做企业是这样，对个人也是适用的。

大数据时代的到来，不仅是技术的更新，它同时标志着我们处理信息方式的变化，我们思考问题模式的升级，我们思维深度的掘进，也是我们智能的进化。随着时间的推移，大数据将会彻底地改变人们认识这个世界的方式。

之前已经有预言：大数据的到来将引发一场新的"智慧革命"。人们可以从海量、复杂、实时的大数据中发现知识，提升智能，为社会创造更大的价值。所以，尽管存在这样或那样的不足，但大数据时代一定是美好的时代，因为数据化正在可控的范围内让我们的生活更美好，让人们的工作更方便，让人们的未来更清晰，也让人类看到了改变世界整体结构的希望，让它逐步具备"智慧"特征，从而通过数据这个工具，实现人与自然的沟通，互相之间进行智慧与理性的交流。

那么，到这时候，人们的学习、工作、生活、娱乐，以及交通、医疗、能源利用方式等都将随之改变。人们可以改变自己的头脑，从海量数据中获取所必需的工具和技能；可以提升自己的智慧，以大数据的思维重塑自己的人生战略，增强竞争力。

二、促进了生活变革

大数据时代给人们的生活带来的好处当然是显而易见的。现在，人们都拿着一部手机，有的人甚至好几部智能手机；人们的面前也摆着电脑，并随时可以上网；人们面对爆炸式的信息，遨游在信息得海洋中，可轻松地获取数据，来改善生活的质量，享受科技带来的乐趣。

数据爆炸引发了生活变革。这不仅使人们所生活的环境中充斥着比以往更多的信息，而且其增长速度也更快，快得让人感觉眼花缭乱，应接不暇。这种信息总量和速度的变化，最终导致了信息形态的变化，从量变引发了质变。

三、促进了社交变革

在社交领域内，人们能想到的第一个概念就是"关系"。关系并不局限于自己所认识的人，如朋友、亲戚、同事和客户。这些直接的"关系"，也涉及人脉资源。

传统的社交理念是碎片式的，就是只跟直接关系有联络，然后再通过他们去认识他们的人脉资源，就像一片片的叶子，通过互相之间的枝脉相连，建立一种间接联系。

大数据时代改变了这一传统社交理念，将碎片式的社交连接变成了网式关系库。所谓网式关系库，就是"点对点"的直接连接，人们在大数据工具的帮助下，直接与目标关系人建立联系。

第四节　互联网时代的大数据思维

一、互联网带来了什么

当前，互联网的发展和普及已经达到了空前的规模，互联网已经成为人们日常生产和生活中不可缺少的一部分，正日益改变着人们对于信息或知识的获取和社会关系的认知方式。特别是手机移动互联网应用兴盛起来后，随时随地随手低头玩手机上网几乎成了大多数人的习惯。

对于正处于转型升级中的各行各业，来自互联网数据化大潮的冲击和洗礼是绕不过去的，必须积极应对。认清互联网到底给人们的生活带来了什么影响和改变、给各个行业的经营和发展带来了什么挑战和机会，这是每个行业都应该认真思考的事情。我们先来看看互联网给传统商业带来了什么颠覆性的影响。

（一）财富虚拟化

现在越来越多社会化大生产和市场经济活动通过互联网来开展，随着大量财富资源的交换转移到互联网中进行，传统的财富存在方式被改变，人们越来越多的财富转换成信用和权益信息，以各种数据形式保存在互联网中。诚如对于今天的人们来说，沟通比食物更加重要已经成为一个不争的事实，驱动财富虚拟化的人性动力是信息需求，信息需求取代了物质需求成为现代人类的第一需求，因此财富形式的去实物化也将成为新的常态，传统的财富观念随着这个趋势必将会被颠覆。

（二）选择无疆界

无论是消费者还是提供者，今天都可以通过互联网找到很多的选择，因为互联网是一个永不休息的大市场，地域和时段都已经不是问题。今天的每个人可以通过互联网选择其喜好的商品、服务、伴侣、朋友、工作，企业可以通过互联网选择原料、供应商、目标客户、合作伙伴，同时两者都把自己的各项要素资源发布到网上供别人选择，在全球化背景下，地理和政治疆界都不会成为这些选择的障碍。

（三）易变新常态

互联网上充满的多样性选择，既带来了传统社会要素缺乏难以催生的新生事物的层出不穷，也带来消费者需求口味和潮流风尚的朝三暮四，互联网让市场热点转移很快，所谓的蓝海也能迅速变红，大面积的改变几乎能在一夜之间完成，这种改变的速度只会越来越快，市场上的暂时胜出者被新的竞争者颠覆。

（四）普通人的逆袭

在互联网时代，每个人都可以成为新闻中心和出版发行者，互联网让社会舞台的镁光灯不再专属于少数人或组织，它让每个普通人都有机会吸引全球范围内的广泛关注，让孤独的不再孤独，卑微的不再卑微，容易被忽略的得以显现，小人物正在通过互联网直接参与书写历史的进程，越来越多地从少数人手上抢得发言权。网络是一个永不停息的无限大功率的电台，好的作品通过互联网传播可以轻易实现"好事传千里"，好作品因此能惠及很多人，那么他们所赢得回报的速度和规模也会超出常规很多倍，只要你在个人专长上不懈努力，互联网随时吸纳你绽放出的生命精彩华章。

（五）无中生有，众筹成大事

今天的互联网让原本稀薄的力量得以聚合，让曾经被卷曲压制的想象得以延展释放，成就了无限的可能，让原来根本不存在的事物可以从无到有，弄假可以成真，人类的想象得到了一次真正的解放，如电影《黑客帝国》里如幻如真的人类社会场景。当很多传统行业还在向网络虚拟化转型的时候，那些互联网弄潮儿已经纷纷向实体产业进军了，3D打印、原子物流等新兴融合工业化信息化的技术把互联网发展从虚拟世界推向实体化。互联网可以聚集几十亿大众的智慧、意志、资源使很多当初匪夷所思、不可想象的事情都有可能办成，众筹成大事，心想事成不再仅仅是一句祝福语了。

（六）角色更双面

随着Web2.0技术潮流涌现，双向互动现在基本成为互联网的标准配置，互联网让每位网民是信息需求者的同时，也成为信息的提供者，普通网民完全可以根据个人兴趣和能力参与到跨多个行业、多个专业的社会活动中。互联网解构了传统社会由专业和职业构成的组织壁垒，形成新的社会化生活和生产的全民参与、全民协助、我为人人、人人为我的社会生态环境，置身其中，买者与卖者、教者与学者、施者与受者，这些在传统社会里对立的角色在互联网社会里每个人都可以同时扮演，因此那些缺少换位思考能力的个体可能很快就在互联网社会里"混"不下去了。

当现实物质世界中越来越多的内容被平行放置到虚拟网络世界里，而虚拟网络世界对现实世界的影响越来越大，人类社会将形成新新人类的"人—网世界观"，互联网成为每个人连接外部世界的主要通道，自然界和人类社会大量的信息形成大数据洪水顺着这个通道汹涌而至。通过互联网，你望着世界的同时，世界也在望着你，信息技术将让精神世界和物质世界实现史无前例的高度融合。

二、面对互联网，各行各业应该具备怎样的觉悟

在这样一个每个人都要学会如何在数字化海洋里游泳的时代，各行各业应该具备怎样的思想意识和思维方式，才不至于被互联网数字洪流所冲垮和淹没呢？这是我们接下来要探讨的话题。

（一）数据更重要

互联网不但让实物财富变成了数据，也让知识和创意变成巨大的商业利益。随着越来越多的生产要素、生产场所、生产活动被搬到网上，数据本身就成为一项性命攸关的资源。在互联网时代，得数据者得天下，拥有核心数据资源的行业龙头正依赖强大的数据资源积聚和处理能力形成新的垄断形态，并利用信息优势占据产业链的主导地位。产业链上的其他单位只能沦为任其支配的附庸，信息资源成为行业龙头单位左右产业链资源配置话语权的兵符，因此，各行各业有意识地对自身业务数据资源加以积累和利用绝不是附庸风雅，而是决定自身命运和"钱"途的竞争手段。

（二）竞争更透明

今天的消费者有更多的选择，他们的选择空间巨大，只要在网上搜索一下就有很多很多的选择。互联网让他们更容易地找到自己所需要的商品，而且通过比较能够更廉价地得

到，还能够更个性化地得到。可以说，今天的消费者已经被互联网惯"坏"了，在互联网面前，产品和服务之间的竞争变得越来越透明，单个产品的利润率越来越低。与之相反，传统行业面对互联网背后庞大的匿名的消费者群体，缺乏有效的技术和能力去了解和分析，只好跟着市场热点随波逐流或者依附着那些龙头品牌亦步亦趋，日子过得很艰难。

（三）国民的力量

当今，依靠少数天才、精英所完成的闭门造车式的发明来推动社会进步已经成为历史，在全民参与、共同受益的互联网信息时代，由于网络的普及和扩散，普通民众能够自由利用时间从事自己喜欢或关心的活动，人们现在可以把自由时间当作一种普遍的社会资产，甚至用于大型的共同创造的项目，这是认知盈余产生了社会价值的原理。今天有的单位或者行业在技术创新过程中，尝试把创意需求和技术难题放到网上，顺其自然让发明被大众"倒逼"出来。

（四）用数据说话

数据既可以用来了解历史和现状，也可以用来预测未来，而今天随着互联网普及形成的庞大数据资源，让人类对各种事物的演变过程拥有更全面和深入的认知，今天的先知们不能仅依靠模棱两可的玄虚言辞对未来给出预测判断，还需要获取相应的各种客观数据加以支撑，实践证明，对于各种预测，数据越具体越有效。随着信息要素缺乏的年代一去不复返，靠各单位领导人凭经验和直觉拍脑袋做决定、拍胸脯定目标的粗放型管理方式来左右一个单位的命运无疑是落后的，必须基于内外部客观形势来科学决策、让数据来说话，只有更开放、更透明、更民主的单位才能赢得各方资源的青睐和持续的品牌黏合，这在互联网时代大浪淘沙的市场环境下，各单位的生存显得尤为重要。

（五）借力更容易

互联网让人们可以整合更多的资源为自己服务，今天的人们应该更多地思考如何把尽可能多的业务活动搬到网上来开展，学会"四两拨千斤、借力打力"，这样人们的影响力和能力必然能以超乎想象的速度倍增。

互联网在颠覆我们的生活，但不能让互联网颠覆我们的主权，不能无知地"被信息化"，互联网既是放大镜，也是显微镜，更是透视镜。在信息多元、无孔不入的网络面前，人们首先要思考如何捍卫好自身的发言权和话语权；其次要积累好、管理好、利用好自己的数据，进而发掘好互联网大数据的"他山之石"里的种种资源来获取，这样才有资格和资本拿到全球性价值创造和分享市场大餐盛宴的入场券。

三、面对互联网，人们需要怎样的大数据思维

近年来大数据技术的快速发展深刻地改变了我们的生活、工作和思维方式。大数据研究专家舍恩伯格指出，大数据时代，一切皆可数据化以后，人们对待数据的思维方式会发生如下三个变化：第一，人们处理的数据从样本数据变成全部数据；第二，由于是全样本

数据，人们不得不接受数据的混杂性，而放弃对精确性的追求；第三，人类通过对大数据的处理，放弃对因果关系的渴求，转而关注相关关系。事实上，大数据时代带给人们的思维方式的深刻转变远不止上述三个方面。大数据思维最关键的转变在于对传统决策方式的改变，承认大数据中也有类似于"人脑"的智能甚至智慧，企业管理者在决策中，就是尽量让数据说话，数据是记录事实的符号，尽量用数据来说话，也就是尽量在用大数据还原"实事"的基础上"求是"。

通过大数据应用来实事求是，正是舍恩伯格指出的大量使用数据相关关系的思维方式。在大数据时代，人们可以通过大数据技术挖掘出事物之间隐蔽的相关关系，获得更多的认知与洞见，运用这些认知与洞见就可以帮助我们捕捉现在和预测未来，而建立在相关关系分析基础上的预测正是大数据的核心议题。关注线性的相关关系以及复杂的非线性相关关系，可以帮助人们看到很多以前不曾注意的联系，甚至掌握以前无法理解的复杂技术和社会动态，相关关系甚至可以超越因果关系，成为我们了解这个世界的更好视角。舍恩伯格指出，大数据的出现让人们放弃了对因果关系的渴求，转而关注相关关系，人们只需知道"是什么"，而不用知道"为什么"。我们不必非得知道事物或现象背后复杂的深层原因，而只需要通过大数据分析获知"是什么"就意义非凡，这会给我们提供非常新颖且有价值的观点、信息和知识。也就是说，在大数据时代，思维方式要从因果思维转向相关思维，这正颠覆了千百年来人类形成的传统思维模式和固有偏见，更好地分享大数据带来的深刻洞见。

基于互联网大数据的新信息技术的发展和广泛应用，传统市场信息不对称的情况已经被完全颠覆，可以说在万事万物皆可以数据化的今天，大数据已经不是问题，如何从海量和复杂多样的"大"数据中获得企业所需要的信息才是问题。今天企业要根据市场的实际情况，探求市场的内部联系及其发展的规律性，从而认识市场变化的本质，就更离不开利用大数据资源发现新知识、创造新价值的能力。

第二章 学术期刊编辑基础知识

第一节 学术期刊论文的编辑加工与规范要求解析

学术论文的发表，固然是作者的学术研究成果和撰写水平的体现，但从期刊编辑角度来说，它与期刊编辑人员的编辑加工等工作也是密不可分的。同样一篇学术论文，交由不同的学术期刊甚至由不同的责任编辑来编辑加工，其发表后的效果往往会大不相同。有的期刊编辑不但能够对论文精心加工，以保证形式上的规范性，而且会在内容上帮助作者发现知识性疏漏或错误，甚至会在一些学术观点乃至学术论证的重要环节与作者探讨交流，提出诸多建设性的修改建议，使论文得以更好地改进和完善；有的期刊编辑则仅是对论文在形式上加以规范编排，即付印正式发表；有的期刊编辑甚至对作者抱着完全尊重或信任的态度，本着文责自负的原则，几乎是依来稿原貌如数发表，以致对作者撰稿中出现的一些明显问题视而不见，如文献引用的张冠李戴、图文不符、数据误置甚至错别字频出等现象。正因为如此，编辑加工不仅体现出编辑人员的业务素养和水平，而且影响到学术论文的传播和交流，同时也影响着学术期刊的媒体形象和关注度。作为学术期刊内部的编辑人员，应重视编辑加工，严格遵守编辑加工的规范要求，不断提高编辑加工的业务能力和水平。

一、学术期刊论文编辑加工的重要性

编辑加工属于学术论文发表过程中的辅助性工作，这一属性决定了它的隐含性特点。也就是说，它的工作成果隐含于正式发表的学术论文中，而难以直接呈现出来。读者看到论文，为文中精辟的学术观点或精彩的论证文字击节称赏时，总是将其与作者直接联系起来，而很少会想到编辑在其中所做出的贡献。正由于此，编辑加工的重要性很少为编辑以外的人们所重视。在许多人看来，期刊编辑只不过是将作者写好的论文按一定格式编排好，再加以必要的文字校对而发表出来，似乎做的是简单、重复、毫无创造性而随便什么人都可以胜任的工作。要消除这种社会上存在的、轻视编辑的错误看法，首先，编辑自己就要有清楚的认识，如果连编辑自己也轻视加工、整理工作，轻视编辑工作，怎么能要求别人对它有正确的认识呢？那么，究竟应当怎样看待编辑加工的重要性呢？

（一）编辑加工能够保证学术期刊的规范性

学术期刊不同于文学、娱乐等非学术期刊，它是专门发表学术论文等研究成果的期刊。

而按照期刊管理的有关规定，非学术性期刊不得以出版理论版、学术版等名义发表学术论文，即使发表也是不能以学术成果形式得到认可的。这主要因为，期刊类别不同，其规范要求是有严格区别的。2014年发布的《关于规范学术期刊出版秩序促进学术期刊健康发展的通知》中明确规定：学术期刊刊发的学术论文、文献或在理论上有创新见解，或在实践中有创新应用，或具有重要的文化积累价值；刊发的学术论文、文献具有严谨的格式规范。在具体规范方面强调："学术期刊刊发学术论文、文献的摘要、引文、注释、参考文献等要完备准确；期刊内容、编校、装帧设计、印制质量须符合《出版管理条例》《期刊出版管理规定》《社会科学期刊质量管理标准（试行）》、《科学技术期刊质量要求》等相关法规规章和标准。"对于作者来说，他们的投稿论文且不论水平各异，即便是同样出色的论文在形式上也往往有着很大的差异性，有的摘要不合规范，有的引文不够准确，有的文字录入有明显疏漏，有的缺少必要注释，等等。这些问题或者是由于作者在写作过程中难免出现的失误，或者是由于作者根本不熟悉期刊对学术论文的规范要求，必须要通过编辑人员的编辑加工才可以解决。

（二）编辑加工能够提高学术期刊的影响力

编辑加工不仅能够保证学术期刊的规范性，而且直接关系到学术期刊的办刊质量和水平，从而在很大程度上制约着学术期刊的影响力。在学术界极具影响力的许多大刊名刊，其影响力既与其发表的高水平学术论文有关，同时也与其编辑队伍具有很高的编辑加工业务能力和水平有重要关系。很难想象，一份形式上不重规范、内容上错漏百出的学术期刊能够成为名刊。随着学术体制的不断健全和政府主管部门对学术期刊质量检查和管理的日益重视，一些不重视编辑加工业务的期刊，其发展前景将越来越令人担忧，甚至会面临停刊或淘汰的危险。《关于规范学术期刊出版秩序促进学术期刊健康发展的通知》就在强调积极开展学术期刊质量评估工作时指出："国家新闻出版行政主管部门制定完善学术期刊出版质量综合评估标准，组织有关机构开展评估，建立学术期刊评价体系及引导激励机制。各省级新闻出版行政部门要积极开展本地区学术期刊质量评估工作，并运用评估结果，对评估不达标的学术期刊限期整改，整改不合格的，予以退出。"在对学术期刊的强化管理方面，同时强调"对学术期刊出版质量低劣、刊载拼凑或剽窃论文的依法予以行政处罚"。可见，编辑加工是保证学术期刊质量的可靠基础。有了这一基础，才可以更好促进期刊发展，不断提高期刊的影响力，否则，要提高期刊影响力，只能是空中楼阁式的虚妄幻想。

（三）编辑加工能够促进学术论文的传播和交流

从学术期刊的规范要求来说，学术论文从投稿到发表都要经过编辑加工的过程。一篇正式发表的学术论文与作者最初投稿时提交的论文完全相同，没有经过编辑人员的任何修改，这种情况是极少见的。这足以看出编辑加工对学术论文的重要性。首先，编辑加工从论文形式上加以规范，可以使论文更好地为读者所接受和了解。例如论文的关键词，许多作者选用的关键词就不够准确，有的关键词过于宽泛，有的关键词不能充分体现论文研究的主要内容，有的关键词数量偏少，这些情况都会影响到有关学者在搜索相关研究论文资料时的准确性。其次，编辑加工从文字表述等方面修改论文中出现的错误，可以使论文研究成果得到更好的表述，便于读者准确无误地理解。再次，编辑加工有时甚至会在某个观点确立或某些论证思路展开方面向作者提出建设性看法，则会对论文的完善或学术水平提高产生重要影响。很多情况下，为了消除论文中的疏漏或更好地提高论文的学术水平，编辑加工人员要经过多次不断反复的过程，论文清样需要在编辑与作者之间往返多次。可以说，优秀的学术论文成果背后大都凝聚着编辑人员的默默奉献，都包含着他们在编辑加工中付出的辛苦汗水。从这一意义上讲，编辑加工工作能够更好地促进了学术论文的传播和交流。

（四）编辑加工能够体现期刊编辑的业务能力和水平

一个国家的工业强盛，不能没有大国工匠；一个学校的教育发展，不能没有教学名师；而一个学术期刊要想办出特色和水平，同样也需要有编辑能手、编辑大家。编辑能手、编辑大家的一个重要标志，就是要具有出色的编辑加工能力和水平。他们的编辑加工能力直接体现出学术期刊的规范程度，体现出学术期刊的办刊水平，而且在很大程度上也决定着学术期刊的影响力。现在，有学者提出"编辑力"的概念。编辑力的内涵固然包括多个方面，但编辑加工能力无疑应是最基本最重要的一个方面。"在数字化进程中，学术资源的数字化、网络化、特色化，离不开传统学术编辑对学术资源的发现、整合与提升，以及对内容的创新创优。新的技术编辑、网络编辑、营销编辑的工作，是以传统学术编辑的工作内容为前提的。"也就是说，随着网络新媒体等事物的发展，即使一些新领域新专业的编辑往往也不能完全脱离传统的编辑加工方面的业务内容。2018年1月10日公布的《报刊质量管理规定》（征求意见稿）明确要求："报刊内容质量、编校质量和形式规范检查不合格的，由省级及以上新闻出版广电行政管理部门视情节轻重对报刊出版单位予以警告、责令整改或处3万元以下罚款。""一种期刊在1年内有3期及以上不合格，或者连续2年被检出有3期及以上不合格的，由省级及以上新闻出版广电行政管理部门责令整改同时处以6万元以下罚款，情节严重的，责令限期停业整顿，或由发证机关吊销出版许可证。"由此可以看出，编辑加工不但体现着期刊编辑的业务能力和水平，而且直接影响到期刊的声誉乃至生存。所以，对于学术期刊来说，编辑加工的重要性是绝对不容忽视的。

二、学术期刊论文编辑加工的基本工作

作为专门发布和传播学术性研究成果的权威平台，学术期刊以刊发学术论文为主。因而，对学术期刊论文的编辑加工直接影响到期刊的学术质量和声誉。为了切实保证学术论文的编辑加工质量，期刊大都制定了严格的编辑制度，每一篇论文都具体落实到每一名编辑，由责任编辑专门具体负责。当然，严格说来，要保证学术论文的编辑加工质量，需要

从审稿、编稿、校稿到发稿的整个编辑过程层层把关，需要从责任编辑、校对人员、审读人员到主编等各方面人员共同努力。但就编辑加工的专业性要求来说，它主要还是责任编辑的一项日常性业务工作。一篇学术论文，无论是因其编辑加工水平高而获得较高的学术影响或荣誉，还是因其编辑加工质量较差而出现明显的疏漏或问题，都是要由责任编辑首先来承担责任的。正因为如此，目前学术期刊的通行体例均要求每一篇学术论文的末尾，必须要有责任编辑的署名。《新闻出版署关于严格执行期刊"三审制"和"三校一读"制度保证出版质量的通知》（2001年2月22日）明确要求："期刊出版应坚持责任编辑制度。责任编辑需进行稿件的初审、编辑和付印样的通读等工作。责编人员对稿件的内容、体例、语言、文字进行编辑加工，防止和消除各种技术性差错或原则性错误，并负责对版式设计、排版、校对、印刷等各个出版环节进行监督，以保证期刊出版质量。"这些要求基本包括了编辑加工的内容，下面主要从内容、体例、语言、文字方面做具体说明。

（一）内容方面的编辑加工

学术期刊论文的内容是构成论文的重要部分。一篇论文的内容是否具有研究意义或价值，是否具有学术创新性，是否论证逻辑严密，是否存在明显错误或漏洞，等等，这些往往直接影响该论文的学术质量和水平，也会对期刊的编辑质量和水平产生重要影响。责任编辑不能因为论文已经由专家评审、主编终审通过，就对论文内容采取完全认可的态度，从而放松审查。要知道，审稿主要是从论文整体做出有无学术价值、能否录用发表等较宏观的角度进行判断，而编辑加工则是对论文内容的各个具体细节部分可能存在的问题或疏漏进行必要的更正或完善。可以说，无论多么有学术创新性的投稿论文，在内容细节方面也不可能达到绝对完善的程度。从这一意义来讲，任何一篇论文，责任编辑都应对其内容认真审阅，仔细检查，细致编辑，精心加工。

一是要避免出现政治性错误。学术期刊是学术研究成果的传播平台，在很多情况下往往又会成为意识形态话语权争夺的特殊阵地。西方学者菲利普森在其《语言领域的帝国主义》一书中曾指出，语言领域也并非净土一块，而是有着各种复杂的意识形态掺杂与纠结。作为社会关系的总和的人，其学术思想没有价值判断是不可想象的。因此，"要切实把社会主义核心价值观贯穿于人文社会科学学术研究中去，使社会主义核心价值观成为人文社会科学学术研究的基本遵循。在学术研究中，要贯彻国家意识形态指导理念，强化意识形态的制度维护意识，发挥社会主义核心价值观的制度维护功能。"近些年，网络新媒体上抹黑英雄人物、诋毁领袖形象、否定革命历史的虚无主义言论曾一度甚嚣尘上，这种与主流意识形态相背离的异端话语倾向在某些学术期刊中也有体现，甚至被有些人视为正常学术探讨中的新观念、新观点。在稿件加工过程中，责任编辑对类似现象应给予足够重视，要严格把好期刊内容的政治关，不给错误思想、观点提供传播渠道。

二是要避免出现学术性错误。这里是从较为宽泛的意义上来说，学术性错误主要指论文内容中在观点的正确性、论据的充分性、论述的严密性等方面所表现出的错误、疏漏或不尽完善的地方。很多时候，论文的观点毫无争议，但其具体表述和论证过程却往往同观点不尽一致甚至可能会出现矛盾的现象。例如有一篇从文化自信视角探讨抵制"三俗"文化消极影响的论文，观点从题目看一望而知，反对以庸俗、低俗、媚俗为主要内容的"三俗"文化，从当今社会文化背景来看也极有现实意义。作者在原稿论文中写道："文化包容需要正确地对待和处理不同形态的文化，包括'三俗'文化，正确对待、承认和允许其在社会文化生活中存在。应对'三俗'文化，不是简单地抵制和彻底消灭一切'三俗'文化，而是要正确对待'三俗'文化，承认和允许其在一定范围内存在，这是文化自信的体现，也是真正改造'三俗'文化的通道。"这里显然与论文的中心观点相矛盾：既然允许"三俗"文化在一定范围内存在，那么抵制和反对"三俗"文化的理由何在呢？实际上，此处论述内容将"三俗"文化与"通俗"文化混淆起来，由此导致内容自相矛盾的明显学术性错误。责任编辑将该部分内容做了较大幅度的加工处理，并且强调："包容通俗文化并不意味着'三俗'文化也就自然地获得了存在的合法性与合理性。"这就使发表后的论文在表述上更加严谨，更符合学术的规范性。

三是要避免出现知识性错误。论文涉及的知识性内容是非常广泛的，如哲学、历史、文学、艺术、经济、法律、教育、心理、卫生、环境等。在作者的研究视野中，这些内容或者为其谙熟于心的，或者为其偶尔关注的，很难说完全擅长精通。有时，一个历史人物的朝代可能会弄错，一个外国学者的国别可能会搞混，一句尽人皆知的名言可能会被张冠李戴，甚至作者在其长期研究的专业领域也可能稍有疏忽而犯常识性的错误。因此，责任编辑在编辑加工过程中，除了注意审查原稿中的政治性、学术性错误之外，还应对随时可能出现的一些知识性错误保持高度警惕。依照有关法规，涉及重大选题的内容，如涉及民族问题、宗教问题、我国国界的各类地图、中共党史上的重大历史事件和重要历史人物的选题等需要报新闻出版部门备案。国家新闻出版署1997年10月10日发布的《图书、期刊、音像制品、电子出版物重大选题备案办法》规定："凡列入备案范围内的重大选题，图书、期刊、音像制品、电子出版物出版单位在出版之前，必须依照本办法报新闻出版署备案。未经备案的，不得出版发行。"这些规定也是编辑加工时应该注意严格遵守的。

四是要避免发表成果的学术不端现象。当前，由于学术评价机制与学术生态环境等多方面问题的存在，学术不端成为学术界较为突出的现象，在期刊界表现为论文抄袭、论文重发等现象屡有发生。要有效抵制或消除这些不端现象，加强编辑加工环节的把关作用就显得特别重要。在编辑加工过程中，责任编辑可以通过知网、万方、维普等专业期刊数据库及其学术不端检测系统，并结合自己的编辑实践经验，仔细甄别、淘汰可能造成重发的论文或论文中的抄袭与重复的内容。

（二）体例方面的编辑加工

学术期刊论文之所以不同于一般论文，不仅在于内容审查上的学术严格性，而且更突出地表现在形式体例上的学术规范性。它的有些体例规范，作者尽管大都有所了解，但在具体写作中仍然会出现各种各样的不尽规范的地方。例如，论文的摘要是对论文观点的高度集中凝练的客观概括。有些作者提供的论文摘要，经常会见到"本文""本人认为""本人提出"等字样，这就不符合客观表述的规范要求；有些作者提供的论文摘要，或者直接从论文的首段或末段中总括性的文字抄录下来，或者将论文中的标题等要点性句子简单组合起来，这种做法有时也很难保证将论文的精华全面展现出来。这就需要在编辑加工过程中由责任编辑来进一步修改完善。论文的关键词也是体例要求的必要部分，有些作者提供的关键词数量过少，有些作者提供的关键词不够恰当，都会影响到论文的检索或查阅，进而使论文的引用率等学术影响因子数据受到影响，同时也会使期刊的学术影响因子数据等受到影响。再如，文献资料的引用也有严格的体例规范要求，引用学术专著等图书需要标注出版社、出版年限、具体页码等内容项。

（三）语言方面的编辑加工

学术期刊论文是通过书面语言形式来表述和说明研究成果，传播和交流学术信息，因而，它对语言的要求与一般日常语言、文学创作语言等都截然不同，而有其明显的特殊性。编辑加工要力求使论文的语言准确、简明、严密，也就是说，要使论文通过语言形式的表现能够准确传达作者的学术研究成果，易于为读者所理解和接受，在学术传播和交流上更加符合规范要求。具体来说，论文语言首先要避免出现语法、修辞、逻辑等问题，其次要避免出现词语使用不当的问题，再次要注意避免出现专业名词术语不规范的问题。

（四）文字方面的编辑加工

文字校对是学术期刊论文编辑加工中的一项虽然极其琐碎但又是最基本最重要的工作。说其基本，是因为任何一篇论文都或多或少地存在文字方面的问题；说其重要，是因为编辑人员稍有疏忽，就可能因某处文字问题的遗漏而铸成无法弥补的过失，任何一处文字问题往往都成为期刊的一处明显的硬伤，在读者面前留下笑柄，遇到评刊质量检测时则更是难辞其咎的确凿证据。因此，文字的校对在编辑加工中应特别给予重视。它具体包括错字、别字、多字、漏字、颠倒字等，其他如外文字、数字、标点等符号也可以归入文字校对。编辑人员要努力练就随时随地能够迅速准确发现文字错误的火眼金睛，只有这样才能更好地胜任编辑加工工作。

三、学术期刊论文编辑加工的操作要求

期刊学术论文的编辑加工具有严格的操作规范和要求，其具体包括三方面内容。

（一）规范要求

学术期刊论文编辑加工的规范要求，是指国家有关部门制定颁布的语言文字使用规范、

文献著录规则、期刊出版管理规定等带有强制性的必须遵守执行的要求。2017年国家新闻出版广电总局（国家广播电视总局）委托出版产品质量监督检测中心进行了两批报刊编校质量抽查：第一批对116种党报、行业专业报、晚报都市报，130种学术期刊、行业期刊、大众类期刊进行抽查；第二批对174种少儿类报刊（其中报纸29种、期刊145种）进行抽查。按照报纸差错率不超过万分之三、期刊差错率不超过万分之二的合格标准，重点报刊编校质量整体合格率超过95%，其中期刊的合格率为95.38%。《求是》等10种期刊编校零差错，成为成绩突出的优秀报刊，但同时也抽查发现6种期刊编校差错率超过合格线。差错类型主要是文字差错、语法错误、标点误用和数字用法错误，多是由于编校工作不认真或对相关标准规范掌握不准所致，或存在参考文献著录不规范、图文不符、专业名词使用不规范等错误。这些错误大都是依据明确的规范要求查出的。

编辑加工首先要严格遵守国家制定颁布的有关规范要求。具体来说，我们可以将其概括为如下几类：

（1）辞书类文字规范：《新华字典》第12版（商务印书馆，2020年）、《现代汉语词典》第7版（商务印书馆，2016年）、《辞海》第7版（上海辞书出版社，2019年）等。

（2）法规类文字规范：《出版物汉字使用管理规定》（新闻出版署、国家语委）、《关于进一步规范出版物文字使用的通知》（新闻出版总署）、《出版物上数字用法的规定》（GB/T 15835—2011）、《标点符号用法》（GB/T 15834—2011）、《新华社新闻报道中的禁用词》（新华社）等。

（3）编校类规范：《期刊质量管理规定（征求意见稿）》（新闻出版广电总局）、《期刊出版管理规定》（新闻出版总署）、《报纸期刊审读暂行办法》（新闻出版总署）、《出版管理条例》（国务院）、《中华人民共和国著作权法》（全国人大）、《图书、期刊、音像制品、电子出版物重大选题备案办法》（新闻出版署）等。

（二）期刊要求

学术期刊论文编辑加工的期刊要求，是指根据期刊的自身办刊实际而制定实施的有关规范要求。在不违反国家有关语言文字使用规范以及期刊编辑出版管理规定等精神的前提下，学术期刊在具体办刊的体例、风格、内容等方面往往会有自己特殊的规范要求。例如，有的期刊在引用文献方面采用文末文献注释的形式，而有的期刊则采用页下脚注的形式；有的期刊有英文摘要，有的期刊则没有英文摘要；有的期刊将英文摘要置于论文最后，有的期刊则将英文摘要置于中文摘要之后、正文之前；有的期刊作者简介较为详细，有的期刊作者简介则较为简略。从特色办刊的角度来说，在与规范要求不相冲突的前提下，可以允许学术期刊有自己的特殊性要求。

（三）编辑要求

学术期刊编辑加工的编辑要求，主要是指编辑人员从自身编辑经验出发根据自己的专业认识和判断可以在适当情况下对论文稿件做出修改要求。在编辑加工的过程中，编辑人员在不违反规范要求和期刊要求的前提下，可以在必要时对论文稿件进行适度修改。这是由编辑人员的职权所决定的。但需要注意的是，编辑人员对论文的修改应该保持适度，不能随心所欲地根据个人意愿、依照个人风格对论文做大幅度改写。具体来说，适度原则就是要遵循能不改则不改，能尊重作者行文风格则尽量尊重作者行文风格。

第二节 学术期刊编辑编审工作解析

一、审稿的主要内容和程序

编辑审稿，审什么，怎么审，是非常重要的问题。笔者在与同行的交流中发现，大部分科技类期刊的编辑人员少，工作量大。一般质量好一些的学术期刊月收稿量都在四五百篇，而最后刊发一般少于20篇，这里还没有将编辑部约稿等算在内。如果靠一两名编辑对每篇文章进行全面的审稿，基本不可能，后文也将论述由于国家规定、办刊环境、个人发展等因素对学术期刊编辑人员造成了很大的压力。如何在保证不降低出刊速度的同时保证发文质量，是编辑们需要不断总结和实践的。

（一）审稿的主要内容

期刊编辑部需要按照三审制进行审稿，审稿内容包括对出版导向、学术质量、社会效果、是否符合党和国家的政策法规等方面做出评价。除了审核文章长度是否符合要求，文章研究方向是否符合期刊发表范围等，还需要对政治性、创新性、规范性等文章的科学质量进行评审。

1. 政治性

政治性是编辑在审稿过程中一直要紧绷的一根弦，政治导向正确才能产生正确的社会效应，对政治性的审核需参考《出版管理条例》的具体内容。例如，任何出版物不得含有下列内容：①反对宪法确定的基本原则的，危害国家统一、主权和领土完整的；②泄露国家秘密、危害国家安全或者损害国家荣誉和利益的；③煽动民族仇恨、民族歧视，破坏民族团结，或者侵害民族风俗、习惯的；④宣扬邪教、迷信的；⑤扰乱社会秩序，破坏社会稳定的；⑥宣扬淫秽、赌博、暴力或者教唆犯罪的；⑦侮辱或者诽谤他人，侵害他人合法权益的；⑧危害社会公德或者民族优秀文化传统的；⑨有法律、行政法规和国家规定禁止的其他内容的。

2. 创新性

内容的创新性包括：①研究问题是否具有重要性、选题是否新颖；②研究目的是否明确；③是否提出了新概念、新理论或新见解；④是否提出了新的研究方法；⑤在研究领域是否取得了重大进展；⑥是否促进了交叉领域研究的发展；⑦是否对现实有新的指导意义。

3. 研究的规范性

内容的规范性包括：①研究设计、方法和分析是否适用于该研究；②统计分析方法和显著性水平是否合适；③研究方法和实验过程是否可重复；④数据是否可靠；⑤逻辑是否合理可信，理论推导过程是否科学；⑥研究结果是否回答了研究问题；⑦结论是否合适；⑧对经济现象或经济问题做出的判断是否合理；⑨是否符合研究伦理和道德规范。

4. 文字水平

写作是否符合规范，语言是否客观、流畅、清晰、正确、简明，专业术语使用是否规范，上下文逻辑是否严谨，是否遵照《新华社新闻信息报道中的禁用词和慎用词（2016年7月修订）》使用相关用语等。

编辑还需要注意，所有来稿都要做保密处理，特别是不得向同行评议专家或作者透露对方的信息，除非经双方同意。

（二）审稿的主要程序

为了提高审稿的速度和质量，编辑一般会确定一定的审稿程序：主题（题目）—摘要—框架（逻辑性）—开头与结尾—具体内容—社会价值，下面将根据这个程序介绍每部分审读的内容和方法。

1. 题目

题目是文章的招牌，是一篇文章的"眼"。评审者和读者第一眼看到的就是文章的题目。编辑看题目，首先关注的是题目所示的相关内容是否符合本期刊的发表范围，如果是，那么这个文章题目所包含内容的创新性如何，题目是否符合内容。这时就需要将题目和摘要紧密结合起来看，因为很多文章的题目具有相似性，如果想要具体发现这篇文章与类似文章的区别或创新性，摘要是非常重要的切入点。当然，如果题目所示内容创新性较强，详读摘要也有助于编辑确认真实内容如何。

2. 摘要

摘要基本上包括与论文等量的主要信息，包括该项研究工作的内容、目的及其重要性，所使用的研究方法、实验模型等，研究成果的总结，以及作者的研究创新点或新见解、研究结论及其意义等。通过审读摘要，确定是否有必要对正文内容进行审读。当然也有作者因为不知道如何写题目和摘要，造成这两部分内容无法展现研究内容的全貌，使得文章落选。这里需要编辑根据自己的经验做出是否继续审稿的决定，对新编辑来说，继续审稿还是有必要的，以便逐步提高自身对文章的敏感度。

3. 框架

一般审读完摘要后，编辑需要了解文章的基本框架，框架一般包括文章各部分之间的逻辑是否合理、是否紧密围绕文章题目和摘要所示内容等。标题一般是对内容的高度浓缩，编辑通过各级标题，了解作者的研究思路和写作逻辑，通过这些了解文章的大致内容。编辑会遇到很多文章各部分之间并没有任何联系的情况，造成这种情况的原因很多，可能是作者的思路不清，思维过于发散，也可能是作者研究出现了问题等。

4. 开头与结尾

一般在审框架的同时，编辑都要同时认真审读文章的开头与结尾，特别是结尾，其他部分可速审。审读开头可以了解作者研究的原因和目的，审读结尾可以直接了解到作者研究结果的创新性，以及对未来研究的启示或对相关机构政策的建议等，有助于编辑判断文章的价值。另外，每段的开头和结尾句也是需要重点关注的内容。

5. 具体内容

具体内容不仅是指审查作者的文字水平如何，更主要的是指审查实验过程的规范性、分析过程的科学性、指标选择的合理性、文字写作的清晰性、每部分内容是否能充分反映标题、论据能否充分证明论点、结论是否与论证相符合等。这些内容如实验过程存在操作失误或造假等编辑很难发现，主要靠外审专家的力量，但由于目前学术期刊编辑很多都拥有专业知识，对审查的这些具体内容会具有一定的判断能力。初审编辑通过审读这些内容决定这篇科技论文是否进入外审程序。

6. 社会价值

说了这么多，审稿中最重要也是最不可或缺的就是审查文章的社会价值。科技论文一般是以自然科学、工程科学研究为主，还包括一部分的综合性科技论文。虽然理论上讲科学没有国界，但实际上科学成果的应用是有社会属性的，从事科学研究的人也是有社会属性的。因此，编辑审稿很重要的工作是要保证科技论文的内容具有社会价值，能对社会发展产生正向影响，同时，文章的社会价值还体现在其研究成果能否推动研究领域的进一步发展，即创新性。

二、选择外审专家的原则

根据 Elsevier 支持大规模同行评审调查的《2009年同行评审调查：关于科学意识》，大部分学者认为参与同行评审是其作为学术人员应尽的义务。因此，学者都比较重视学术期刊给予的审稿任务。同行评议的外审专家需独立向编辑部提供审稿意见。同行评议一般有三种形式：一是审稿专家和作者互相知道对方是谁；二是审稿专家知道作者是谁，作者不知道审稿专家是谁；三是双盲评审。目前，我国学术期刊的评审工作以双盲评审为主。通过双向匿名，保证审稿过程的公平性。同行评议是决定稿件录用与否的直接影响因素，其建议也关系到稿件质量的提高。因此，编辑需要选择合适的外审专家，主要可以从以下几个方面考虑。

（一）适合原则

外审专家不一定需要是研究领域的领军人物，领军人物因其工作过于繁忙，并不一定有时间和精力为期刊审稿。喜欢阅读其他人的论文并帮助改善这些文章的人更适合当同行评议的专家，他们也希望通过同行评议提高自身的发表能力。

（二）规避原则

为了保证公平公正，防止偏见，学术期刊一般要求不能评审同机构、同课题组等利益相关人的稿件；为避免利益冲突，也不能送审有直接竞争关系的审稿人；允许作者推荐外审专家，但编辑部没有义务直接采用作者推荐的专家，一般的处理方法是不能用于审理本文作者当期的稿件；为防止偏见，一般会选择两个以上的专家进行评审。

（三）时间保证原则

专家在规定评审时间内需按时提交审稿意见，审稿时间过长会耽误科研成果的公开发表，既不利于期刊的发展，也会增加作者的挫败感。如果某位审稿专家经常无法在规定时间内完成评审工作，编辑部要避免再次邀请其审稿。

（四）建议具体化原则

评审的目标除了为期刊选出高质量的稿件，还在于为作者提出专业的、有建设性的建议，以改进研究或稿件，同时也为双方提供研究问题探讨的平台。因此，编辑部和作者更欢迎具有批判性评价意见的评审，也为编辑部提供判断文稿录用与否的标准。

（五）强调学术道德规范

给学术期刊审稿为审稿专家提供了提高批判性思维和分析能力、改进自身论文经验的机会，但同时也可能导致审稿人抄袭和窃取他人研究成果的事件发生。因此，期刊编辑部需要通过多种途径强化外审专家的学术道德行为，同时要求外审评语中不得使用侮辱性的语言。

三、编校工作的核心内容

好多非业内人士可能会认为，编辑的工作就是看看文字，没有什么技术含量。所谓隔行如隔山，正是这个道理。前文对于审稿工作的介绍可以完全推翻很多人认为编辑工作没有技术含量的看法，当然编辑工作也不仅仅是审稿。这部分主要是介绍文字编辑的具体工作。大的工作包括对文章框架的调整，小的工作包括具体表达方式、文字使用、图形使用等各种细节。因此，在具体编辑文字之前，编辑需要通读全文，对各级标题、段落开头和结尾、结论等做到心中有数，防止出现差错，文字编辑工作也有一定技巧。

（一）整体考虑

浏览全文，围绕标题或文章的核心内容，将已经熟悉的或无关的背景材料、事例、证据或与主题无关的内容删除，如果涉及多个主题需要再和作者沟通，以便确定文章的核心意图。

（二）精制标题

作者在设立标题时容易出现的问题包括：题名偏大或偏小，题目和内容不符，词不达意，不合乎逻辑，词语的不合理使用。根据国标要求，题目要结合论文的实际，设定最恰当、最简明、合乎逻辑的标题。下面介绍一些笔者在编辑工作中遇到的有关标题的案例，供读者参考。

1. 混淆题名与选题

题名：一种科研人员信用评价指标体系

（这篇文章的题目严格来说是一个选题更合适，而非题目。）

2. 学术论文的题名与文艺作品的题名不同

题名："欲迎还拒"有效吗？

（学术期刊的题目忌笼统、泛指、华而不实和广告式夸大的词语，从这个题目无法确定作者的研究内容，也不符合学术期刊对题目的专业和规范要求，即使科普性论文题目可能也不是特别合适。改后：社会排斥对顾客参与创新的影响分析。）

3. 忌标题含糊，主题不够鲜明，内容与题目不符

题名：欧盟食品安全监管及对中国的启示——以谷物真菌霉素为例

（从题目看，文章内容应该讲的是欧盟食品安全的监管情况，但正文内容主要是描述谷物真菌霉素是什么和怎么检查的一些技术问题，只涉及很少部分的管理上的内容，是典型的文不对题。）

4. 注意词语的内涵、外延和逻辑关系

题名：欧盟的中小企业创新政策研究

（从题目看，文章的内容应该是研究欧盟地区针对促进中小企业创新的相关政策，但正文仅讲了英国，可以直接指明是英国的政策，而非欧盟，这需要作者和编辑对范围界定有所了解。）

5. 注意题名偏长倾向

题名：基于政府、企业（共享单车公司）与消费者三方利益关系的碳排放监管下互联网共享单车有效运行博弈分析

（此题目明显过长，"政府、企业与消费者三方利益关系"其实就是"利益相关者"，而题目中最好不要出现括号。如果题名过长，一种方法是找到更为精练的表达方式；还有一种方法是增加副标题，以保证标题内容的完整性。）

6. 题名与内文小标题完全一样

题名：中国食物安全管理体制分析

其"一级标题内容"为：

（1）中国食物安全管理的内涵；

（2）中国食物安全管理体制分析。

（一级标题与题目完全一样，这是在综合性科技论文中经常会出现的问题，编辑需要谨慎处理。）

7. 难以从题名中提炼出关键词

信息技术的广泛应用促进了读者对文献检索功能的使用，一般都习惯在主题中检索文章重要的关键词，所以编辑在处理题目时需要注意这个问题，类似"'欲迎还拒'有效吗？"这种题目无法实现有效检索。

（三）完善摘要和关键词

摘要是读者判断是否阅读全文的重要依据，是对论文内容不加注释和评论的简短陈述，是对文章的高度概括，一般要求摘要内容要可以用于推广，可供二次文献采用，如新华文摘、人大复印报刊资料等会刊登部分学术论文的摘要。因此，摘要能清楚概括论文的核心内容非常重要。编辑要根据期刊的写作要求对摘要进行编辑，如果改动较大，可请作者根据要求重新进行修改。

摘要的写作原则：①摘要应具有独立性和自明性，包括与论文同等量的主要信息，客观如实地反映论文的内容，着重反映论文的创新内容和作者特别强调的观点，达到不阅读文献的全文就能获得必要信息的目标。②排除在本学科领域已成为常识的或科普知识的内容，排除用于背景性介绍的文字。③结构严谨、语义确切、表述简明，一般不分段落。切忌发表空洞的评语，不下模棱两可的结论。同时，不得简单地重复论文篇名中已经表述过的信息。④采用规范化的名词术语，使用法定计量单位，正确书写规范字和标点符号。⑤不使用图、表或化学结构式，以及相邻专业的读者尚难于清楚理解的缩略语、简称、代号；不得使用一次文献中列出的章节号、图、表号、公式号及参考文献号。⑥众所周知的国家、机构、专业术语尽可能使用简称或缩写。⑦长度要在期刊要求的下限与上限之间。

关键词是为了满足文献标引或检索工作的需要而从论文中提取出的、表示全文主题内容信息条目的单词、词组或术语，一般列出 3～8 个。从关键词的概念中可以提出几个关键信息：一是要能表达研究的内容、方法；二是必须是词或词组；三是一般为规范用语。关键词的选取有一定的规则：研究的主要对象、内容、方法、范围。

注：启示、情况、对策、建议、分析、结果、研究、重要性、意义等一般不能作为关键词。

（四）内容的精雕细琢

在稿件内容上，除了以上审稿要求外，还需要编辑以怀疑的态度、挑剔的眼光，逐字逐句地对文章内容进行更为细致的修改，最大限度地减少或消灭差错。一是注意段落与段落之间、句子与句子之间的内在联系是否合乎逻辑；二是修改病句、生僻字词，纠正错别字、多字、少字等；三是留意固定词组有没有用错，有没有被篡改，特别是专业术语，要注意表达是否准确；四是注意词句的简写是否恰当，在第一次出现时应为全称并标注简写，是否有相邻专业的读者难以清楚理解的缩略语、简称、代号；五是计量单位要符合法定要求；六是图、表或化学结构式等是否符合规范；七是章节号、图号、表号、公式号及参考文献编号是否符合国家和期刊的规定；八是标点符号是否符合国家标准。

内容上的精雕细琢需要编辑在最大限度上了解国家的有关标准、规范和行业标准。例如,《科学技术期刊质量要求》《科学技术期刊质量评估标准》《报纸质量管理标准（试行）》《〈报纸质量管理标准〉实施细则（试行）》《社会科学期刊质量标准及质量评估办法（试行）》《社会科学期刊质量管理标准（试行）》《报纸期刊审读暂行办法》《报纸期刊出版质量综合评估办法（试行）》，以及最新的与学术期刊编辑相关的国家标准和行业标准等。

四、投稿须知的完善

投稿须知不仅作者需要看，新入职的期刊编辑也需要仔细研究，因为投稿须知也在一定程度上指导编辑工作。写投稿须知有助于编辑系统归纳所在期刊的基本要求，也是编辑部向作者发出的更为明确的投稿要求。除了新创期刊外，学术期刊都形成了比较成型的投稿须知，内容一般包括发刊领域、文章长度、投稿方式、格式要求等。随着社会和期刊行业的发展，编辑需要根据形势的变化不断更新投稿须知的内容。建议青年编辑在编辑工作中学会总结，力求通过投稿须知为期刊寻找到更符合要求的文稿。

五、修改和退稿意见的主要内容

评审意见对期刊编辑部选用稿件和作者来说都非常重要。审稿技能的获得很大程度上来自实践总结和向资深编辑、专家学习。审稿的最终表现形式是评审意见，写评审意见对青年编辑的成长非常重要。一是可以让青年编辑迅速了解学术期刊评审要素，为日后独立审稿打下良好基础；二是锻炼用语言或文字客观表达对稿件的意见，以防出现编辑心中有数却无法用专业语言表达的情况；三是提高对稿件的认知程度，更客观地对稿件进行表述，而非感觉；四是改善自身写作能力，提高文章质量。

按照三审制要求，编辑应该对每篇文章都给出具体的意见，但实际上基本是无法实现的。对于大多数学术期刊来说，工作人员的缺乏导致无法对所有的稿件一一给出评审意见，特别是大量稿件的初审阶段。为了让作者能够知道自己在哪些方面有欠缺，编辑部可以在总结多数文章的基础上，给出统一的退稿意见，希望作者能够在这些方面进行改进，如中国科技论坛网站公告栏中关于初审退稿的说明，基本涵盖了大部分初审被退稿件的原因。经过外审、复审和终审的稿件，一般都会形成各种不同的意见，编辑在处理修改或退稿意见时，给自身和作者的意见可能略有不同，给作者的一般语言更加温和，以鼓励为主，但也要包含关键性的内容，让作者知道自己努力的方向；给编辑部自己留存的意见一般更加直白。

评审意见一般包括以下内容：①总体评价；②导向是否正确；③是否有创新或重要应用意义；④是否有充足的实验或分析支持文章的结论，即论点论据是否充分；⑤实验过程是否合理，实证是否符合规范；⑥文字叙述是否清楚简洁，参考文献是否引用准确、完整，是否缺乏重要文献；⑦有无学术道德问题；⑧最终是建议录用还是修改或是退稿等。

编辑写评审意见，可以参考上述几项内容，充分利用自己以往研究的理论知识和经验，学习前人包括老编辑的评审意见和外审专家审稿意见的关注要点和写法，以及咨询相关专家等。在评审意见中，既要包括是与否的答案，也要包括具体内容，如创新性和意义具体体现在哪里等，要言之有物、言之有理，要对内容有系统的分析，要提供公平、可靠和及时的批评意见，帮助作者改进稿件。如果可能，即使是退稿，也应对文章列出详细的修改建议，以便作者可以借鉴，以促进文章质量的提高。为了更好地提高编辑和外审专家的审稿意见写作水平，还可以以案例的形式将不同类型的审稿意见在审稿人之间进行交流。

上文也多次提到，受时间和精力的限制，编辑无法对所有的文章都回复审稿意见，但从编辑自身发展的角度来看，一定要对自己感兴趣或未来要重点关注的研究领域的稿件进行全面的审读，并给出详细的审稿意见。这项工作对提高编辑自身的学术水平、增强自己在学术圈的影响、积累作者资源为期刊获取更多好文章有很重要的作用。

第三节　大数据在期刊编辑工作中的技术创新及应用研究

一、大数据在选题策划中的应用

选题策划是指针对学术热点、难点、新点，结合读者和社会的需要，对学科领域中的前瞻性、理论性、技术性难题进行筛选并制订报道计划，增加读者关注度，提升刊物的影响力。如何在各领域选择适合自己刊物的稿件，是非常重要和有难度的。目前，我们可以依据数据库中的大数据，提取高被引论文、零被引论文数据，归纳总结出热点专业及领域，或者通过文献计量分析法得知选题方向。大数据具有"从海量数据中发现规律和趋势"的功能，有助于编辑进行选题策划。

（一）分析高被引和零被引论文

被引率能科学地反映论文影响力和学科热点，因此被引论文数量成为衡量学科影响力的重要指标之一，高被引论文代表论文学科影响力较高，零被引说明论文学科的影响力不高。编辑部应依此判断学科影响力，制定具有一定创新的选题，保证稿源的学术价值。

（二）文献计量分析法

文献计量法是利用数据库检索，通过客观数据进行共词分析、共被引分析、耦合分析等，再经过聚类分析研究热点，了解学科发展动态和学科前沿、热点，找到领域热点作为选题范围，为科技期刊专题提供精准的决策依据。

此外，中国知网数据库"大数据研究平台"中的"学术热点"模块的检索结果包括科研热点的主题、相关国家课题数量、主要研究人员和研究机构数量等信息也可以用来把握选题方向。

二、大数据在送审工作中应用

送审时对期刊采编系统内专家的信息进行搜索，找到目前正在该领域从事研究工作的专家进行审稿。如果遇到更细分的学科稿件，而采编系统内没有合适的审稿专家，可以通过中国知网等数据库检索文献作者，找到通信作者，再到有关网站核实其研究领域及联系方式等，最后再将其加入期刊采编系统审稿专家队伍，完成精准的送审，从而保证刊物学术质量。

三、大数据在组稿工作中的应用

有了正确的选题，还需要合适的作者完成选题。作者是期刊发展的重要资源，因此稳定的、高水平的作者队伍是期刊发展的支撑和关键。随着期刊的连续出版，期刊会积累大量国内外作者信息，由此可以建立作者数据库。目前，国内各类科技期刊基本上都配备了采编系统，作者投稿必须通过采编系统才能完成，因此，采编系统在完成投稿工作的同时为期刊积累了庞大的作者队伍信息数据，编辑部可以充分利用采编系统进行分析、挖掘，对适合自己刊物的作者进行精准组稿。

通过中国知网等各大数据库也可以检索到国内外科研人员情况及其研究动向，因此，编辑可以改变以往的组稿方式，主动通过大数据，有的放矢地选择最合适的作者进行精准约稿。

第三章　大数据时代学术期刊编辑人才培养研究

第一节　大数据时代学术期刊编辑工作的挑战与变革策略

近年来移动互联网、物联网、云计算的广泛应用，标志着人类社会迈进了大数据时代。在这场技术变革中，传统的信息传播模式以及知识生产模式也相应地发生着变化。对于编辑出版行业来说，大数据技术的应用既是机遇也是挑战，而期刊作为思想传播的重要载体，必然要迎难而上，搭上大数据的"顺风车"，利用大数据优化编辑工作流程，提高出版效率和质量。本节从期刊编辑工作的角度出发，探讨大数据时代期刊编辑工作面临的挑战及变革策略。

一、大数据时代期刊编辑工作面临的挑战

（一）期刊数字化建设工作的开展质量普遍不高

大数据技术是指从各种类型的海量数据中快速获得有价值的信息的技术。数字化是大数据技术的本质，对大数据技术的运用有利于相关人员针对信息进行更深入、更广泛的挖掘。近年来，不少期刊出版单位顺应趋势，积极落实数字化出版。但相较于发达国家，我国期刊数字化出版产业发展尚处于较低水平，期刊数字化建设工作开展质量不高是很重要的影响因素。

当下，网络已成为信息传播的主要途径，在此背景下做好期刊数字化建设工作，不仅可以适应读者的阅读需求，也有利于推动国内外学术交流传播，是国内期刊有效提升其学术影响力的有效途径。但是目前国内期刊数字化建设水平参差不齐，有些期刊的数字化建设开展得有声有色，已经通过搭建在线投稿审稿系统、文献数字化加工平台、多终端出版平台等措施，切实有力地提高了期刊的影响力；也有部分期刊仍在采用传统的出版模式，编辑出版人员对数字技术缺乏足够的了解，在数字化期刊建设方面的主观愿望以及自觉意识不够强烈。另外还有一些中小型期刊出版单位，因不具备开展期刊数字化建设的技术和资金，难以在数字化期刊建设方面有所作为。

（二）期刊编辑工作中应用大数据的难度较大

在期刊编辑工作中，大数据技术的应用前景十分具有吸引力，从选题策划、组稿审稿到文献加工，从开放获取、精准推送到移动化推广，有大数据技术加持的期刊出版必将出

现焕然一新的变化。但诱人的前景也对期刊出版机构提出了更高的技术要求，要求其具有强大的数据挖掘、组织、分析和整合能力。

我国是学术期刊出版与学术文献产出大国，但目前仍存在期刊质量良莠不齐、数量多而不强等问题，办刊经费有限、受众不足的情况普遍存在。要实现大数据技术的应用，技术和资金是前提，但是从现阶段情况来看，上述两个要素的实现难度比较大。首先，就大数据产业链角度而言，如何对期刊编辑工作中需要的大数据进行收集是率先需要解决的问题。目前，期刊出版单位编辑出版过程信息化管理的程度依然有待提升，搜索引擎、各大期刊数据库依然是大数据的主要掌控单位。其次，期刊出版单位在应用大数据过程中，软硬件设备不足以及技术力量的欠缺都是重要的限制因素。对大数据进行有效的采集分析，不仅要有专业的技术工具，也需要专业的数据分析人才以及合理有效的分析策略，而这些资源在我国的期刊出版单位中普遍匮乏。

（三）个别期刊编辑在工作过程中过度依赖大数据

在部分发展较快的期刊出版单位，期刊编辑的各个工作流程能够实现数字化运行，大数据技术在编辑出版工作开展过程中的价值日益凸显。然而，在新技术给我们带来诸多便利的同时，期刊编辑也要时刻保持警惕，避免工作中出现过度依赖大数据的情况。大数据技术的实现主要借助不同类型的软硬件设施，机器计算是其主要的思维运行模式，而期刊编辑工作有其特殊性，数字化技术并不能完全取代人脑的主观思考。期刊是传播新的思想成果的重要载体，所以加强创新是其发展的前提条件，而在期刊编辑过度依赖大数据技术的情况下，其创新能力以及个体思维价值的发挥也会相应地受到限制，进而影响期刊编辑整体质量的提升和编辑个人能力的长远发展。

二、大数据时代期刊编辑工作中的变革策略

（一）加大数字化期刊的建设力度

2019年，国家四部委发布《关于深化改革培育世界一流科技期刊的意见》（下称《意见》）。《意见》指出，要建设数字化知识服务出版平台，探索论文网络首发、增强数字出版、数据出版、全媒体一体化出版等新型出版模式，提供高效精准的知识服务，推动科技期刊数字化转型升级。现阶段很多传统期刊出版单位都在积极布局数字化转型，推行新的编辑出版模式，以期通过数字化、网络化提高期刊审稿的效率和质量，促进文献的传播交流。

在期刊数字化建设方面，国内不少期刊出版单位尚不具备建设能力和建设资源，即便开展数字化平台建设，在短期内也不易实现。但需要指出的是，并非只有大型期刊才能应用大数据技术，能否对大数据技术进行合理应用，关键取决于期刊出版单位是否具有适合自身的大数据应用思路和应用眼光。随着云技术的逐渐成熟，小型期刊出版单位采用"借船出海"的思路，引用成熟的数字化平台，融入相关领域期刊数字集群集约化平台，也能

在大数据应用方面拥有一番作为。

作为期刊出版单位的核心人员,编辑人员应从战略高度看待数字化期刊建设,将数字化期刊建设看作时代发展的必然结果,是生产力发展的现实需要。推动数字化期刊建设工作中,期刊编辑要有足够的自觉意识,积极借鉴国内外优秀期刊数字化建设的成功案例,对期刊出版过程中的各个环节和运营模式进行创新,使期刊数字化建设做到精准定位、彰显特色。

(二)提高自身的大数据应用能力

随着大数据技术对期刊编辑出版各环节的渗透,编辑人员提高自身的大数据应用能力成为迫切需求。这就要求编辑人员要不断增强学习意识,一方面要对自己的知识结构进行优化重构,充分发挥主观能动性,并将大数据技术创造性地应用到期刊编辑工作过程中;另一方面要不断优化自身的编辑能力,培养数字化编辑能力,以便适应期刊出版发展的需要。

在以往编辑出版模式中,期刊编辑人员都是向读者单向输出信息,而通过对大数据技术的合理应用,能够实现读者与期刊编辑之间的良性互动。一方面,期刊编辑人员可以通过对用户的访问行为进行分析,进而更深入地了解用户的信息需求,在实际服务读者的过程中体现出个性化以及针对性;另一方面,通过对大数据进行分析,期刊编辑人员能够更好地了解本领域的热点问题以及前沿理论,然后对报道的重点以及报道的内容进行合理调整。期刊编辑还可以通过分析用户的访问行为找准研究方向,加强与读者之间的学术互动,做好研究反馈工作,营造与读者用户之间良好的学术互动氛围。

在传统的期刊出版模式中,文献资源以单一的图片和文字形式出现。而在应用大数据的背景下,内容有了更丰富的表现形式,与内容相关的可视化数据、音视频、动画等信息均可同步发布,使内容的展现和传播更加立体。因此,期刊编辑也需要具备深度加工的能力,能够对多媒体数据信息进行有效加工利用。

(三)重视特色内容建设,做好质量把关

大数据时代,随着技术、渠道的日渐普及,这些资源将不再成为有决定性竞争力的因素,而内容建设的重要性又重新凸显。对于期刊编辑来说,必须明确办刊观念,立足自身优势,始终坚持内容为王的基本原则,打造期刊特色内容,打造鲜明的风格和品牌形象,做好期刊内容的质量把关。

在内容建设上,期刊编辑人员要具有责任意识,勇于担当,其编辑业务水平直接影响着期刊质量。为确保期刊内容建设的成效,编辑人员不仅要拥有精湛的编辑业务能力,也要有开阔的视野、丰富的知识储备。在此基础上,策划优秀选题,做好内容把关人,向读者输送高质量的精神食粮,才能使期刊在海量的信息资源里有立足之地。

已经应用大数据技术的期刊编辑人员则需要避免过度关注技术而忽视内容质量、舍本逐末的情况出现。大数据技术的使用只能在一定程度上辅助编辑工作的开展,而文化是人类精神创造活动的重要组成部分,因此期刊编辑要坚守自己的角色定位,充分发挥主观能动性,提升对内容资源的重视程度,做好内容管理工作,只有这样才能有效凸显期刊的时代价值。

随着时代的发展,大数据技术的逐渐成熟,传统的出版模式已经无法满足现代社会发展的需要,而大数据对于现代出版行业是十分重要的机遇。大数据技术不仅能实现对信息的深度挖掘和多维体现,同时也能满足现代读者与期刊编辑进行互动的体验,使读者与期刊编辑之间能互相影响,进而实现期刊编辑工作质量的提升。期刊编辑工作应从加大数字化期刊的建设力度、提高自身的大数据应用能力、重视特色内容建设等方面应对大数据时代的挑战,而编辑人员也需要不断增强创新意识和信息素养,提升自身的编辑能力,更好地顺应时代的发展。

第二节 大数据时代学术期刊编辑工作模式的转变路径

在数字化技术快速发展过程中,数字化的工作方式被广泛地应用至学术期刊编辑工作中,这对进一步解决传统期刊编辑工作中存在的诸多方面问题产生积极作用和影响。现阶段,在大数据环境下,期刊编辑工作模式在创新与转变的过程中,仍然存在许多对接和技术方面的问题,这些问题在一定程度上阻碍期刊编辑工作的信息化发展和进步。因此,在全面创新大数据环境下,期刊编辑工作模式的转变是必要的。

一、大数据环境下期刊编辑工作模式的转变意义

一方面,转变大数据环境下的期刊编辑工作模式,有利于发挥出大数据技术的优越性,提升期刊编辑工作质量和效率。大数据技术主要是在计算机技术的基础上建立起来的,并且通过相关信息平台和网络载体,实现对传统工作的变革和创新。其本质上充分体现信息传播与数字化之间的有效互动,推动期刊编辑工作模式的与时俱进发展。而且在应用大数据技术的过程中,期刊编辑工作可以采用数字化的工作方式,逐渐推出数字化在线期刊,满足不同群众的阅读需求,将期刊编辑工作模式与大数据时代交互性的特点充分结合,从而推动各项工作的顺利开展。大数据环境有利于实现期刊编辑工作内容的多元化传播,不断解决传统纸质期刊传播方式过于单一等问题,打破以往传统纸质期刊传播工作范围小等局限性,进而最大限度地提升期刊编辑工作有效性,促进编辑工作效率得到提升。另外,在大数据环境背景下,通信工具具有很大的优势和作用,期刊编辑工作者可以结合 QQ 和微信等通信工具,对相关工作进行有效创新,将通信工具在期刊编辑工作中的作用发挥出来,实现顺利选题、组稿、审稿和校对的工作目标。另一方面,在大数据时代发展过程中,

转变传统期刊编辑工作模式，可以有效满足受众群体的阅读习惯和需求。在经济社会快速发展过程中，人民生活水平逐渐提升，互联网时代下的阅读方式和获取信息方式与以往相比有很大不同，受众群体更喜欢通过移动客户端进行期刊的有效阅读和收集，并且网络阅读逐渐成为群众阅读的主要渠道和方式。为推动期刊编辑工作与时俱进发展，就需要期刊编辑工作者，积极结合受众对大数据阅读的需求和发展现状，根据受众群体阅读习惯的改变和要求，对期刊编辑工作模式进行创新，提升期刊编辑工作效率和质量，进而给予相关受众更好的服务，不断适应新时代背景下的发展要求。

二、大数据环境下期刊编辑工作模式的转变现状

第一，大数据背景下，期刊编辑工作者的工作思维方式还有待创新。目前，很多单位的期刊编辑工作模式和管理模式，仍是以传统工作理念和管理理念为主，缺少相应的创新能力和意识，在创新自主经营权和提升竞争力方面存在不足。同时，在期刊编辑工作过程中，忽略对传统思维方式的创新，仍然以固有的发展模式和思维定式为主，对相关文字、符号、图表进行简单处理，没有结合多样性和综合性的期刊编辑工作思维与模式，推出多样化的综合性出版。而且部分单位由于缺少相应的激励机制，很多期刊编辑工作人员在对方法进行创新的过程中缺乏创新意识，没有意识到大数据环境下，结合大数据技术优势转变期刊编辑工作模式的重要性，进而很难将期刊编辑工作人员的工作积极性发挥出来，影响期刊相关工作的长足发展，也会使传统工作模式脱离时代发展趋势。

第二，期刊编辑工作模式在转变的过程中，未能合理优化期刊编辑工作方式，缺少对新技术运用的意识和能力。从当前情况来看，期刊编辑工作队伍通常都是由专业知识背景丰富、专业技能较强的相关人员组成的，虽然在具体工作过程中，相关人员熟悉出版流程、文字功底深厚、技能水平较强，但是在大数据环境下，却缺少应用新技术的能力，未能结合大数据技术的优势，对期刊编辑工作模式进行优化与创新，在网络应用、电子问答等方面的能力也有待提升。同时，在电子排版、期刊编辑工作数字化出版转型等方面的能力还有待提升，进而不利于推动期刊编辑工作与大数据之间的融合发展，导致期刊编辑工作质量和效率低下，难以达到所预期的工作目标，更谈不上在大数据时代背景下占领出版高地，提升其影响力。

第三，为有效彰显学术期刊的传播价值，还需要在大数据环境下，不断突破和创新传统期刊编辑工作模式，构建大数据编辑工作平台，对计算机网络流程进行有效控制。当前在期刊编辑工作模式转变的过程中，相关单位未能通过构建大数据编辑工作平台的方式，积极占领大数据技术和平台运用的制高点，而且在构建网络化的工作流程等方面存在不足，未能通过与通信运营方和平台合作的方式，有效创建基于大数据技术的网络平台和空间；而且在全面开通微博、微信、数字化信息等平台方面存在问题，进而影响期刊编辑工作模式的有效转变，也很难帮助学术文章在大数据环境下更好、更快地传播。

第四，在新时期背景下增强期刊工作的品牌意识，对全面推广学术成果起到重要作用和影响，而且通过树立良好工作品牌，增强对期刊品牌建设工作的重视，也有助于将期刊编辑工作的特色和创新特色在大数据环境下呈现出来。目前期刊编辑工作模式在转变过程中缺乏品牌意识和创新意识，未能通过创新选题策划、稿件加工等方式，提升编辑工作的个性和特色，在有效打造期刊编辑工作品牌和吸引读者方面还有待创新和进步。

三、大数据环境下期刊编辑工作模式的转变策略

（一）创新传统编辑的思维方式

首先，期刊编辑工作者要树立大数据时代背景下的创新观念与思维，积极摒弃传统期刊编辑工作复杂的出版流程，结合网络化采编系统和工作模式，对期刊编辑工作方式进行创新。充分发挥出在线投稿、查询、审稿等方面的作用和优势，还要加大对信息技术和网络技术的应用力度，通过计算机网络对相关工作实施网络流程控制，加强作者、审稿专家、读者之间的有效互动和信息传递，从而有效地将各项工作环节的时间缩短，促进工作效率得到提升，加快期刊的出版速度和传播速度。其次，在思维方式创新的过程中，除了发行纸质期刊外，还可以创建官方网站；积极推动电子期刊免费在线阅读等形式的有效发展，实现期刊编辑工作与大数据技术之间的有效合作；还要积极对大数据前沿技术进行学习和探究，加大大数据技术与期刊编辑工作的融合力度，带给受众不一样的阅读体验和感受。最后，大数据环境下，为加快相关学术文章的传播速度，还可以通过与多种数据平台有效合作的方式，将期刊编辑工作与微博、微信等数字平台有效结合，将学术文章通过微博和微信公众号推广出去，进而让期刊编辑工作更好地切合大数据时代相关受众群体的审美情趣和阅读需求，提升期刊编辑工作效率和质量。

（二）合理优化编辑工作的模式

大数据时代的不断发展和创新，对期刊编辑工作人员的能力也提出新的要求。为实现对传统期刊编辑工作模式的转变目标，就需要通过合理优化期刊编辑工作模式的策略，提升期刊编辑工作人员的综合能力和素养。一是在构建期刊编辑工作队伍的过程中，不仅要选择文字功底扎实、技能较强的工作人员，还要选择熟练应用计算机技术、了解大数据编辑业务的工作人员，有效构建一支满足大数据环境要求的数字化期刊编辑工作队伍，让其更好参与到工作当中。同时，期刊编辑人员，还要结合大数据时代的出版理念，加强对信息技术和计算机技术的合理应用，不断将传统编辑业务由繁变简，缩短期刊编辑工作时间，合理应用编辑处理软件，提升期刊编辑的工作效率。二是在大数据环境下，期刊编辑工作人员可以结合大数据技术，完成稿件修订校对等工作，也可以结合计算机系统和平台，对学术文章进行有效检测，促进稿件审查质量得到提升；也可以通过完善信息化编审系统的方式，合理对期刊工作内容进行修订和完善，从而推动各项工作的顺利进行。此外，在大数据时代下，期刊编辑工作者还要具有网络安全意识，积极对大数据环境下的相关政策和

法律法规进行学习，从而达到维护作者等各方合法权益的工作目标。

（三）构建大数据编辑工作平台

为有效解决传统期刊编辑工作存在的问题和不足，还需要通过构建大数据编辑工作平台的方式，优化选题策划、组稿、审稿、编辑加工等方面的工作流程，发挥出大数据平台的优势和作用。例如，可以结合QQ、微信、微博等新媒体通信工具，构建大数据期刊编辑工作平台，利用微博、微信公众号等，实现刊物和稿件的有效传播与共享。同时，在选题策划的过程中，也可以对网络平台中的公众热议话题和网络热点话题进行收集，并且将其融入期刊编辑工作中，对相关内容进行广泛的征集与汇总，丰富期刊选题内容。在大数据时代发展过程中，还可以通过构建大数据期刊编辑工作审稿校对平台，进行远程审稿和校对，不断改善编辑工作流程和方法，提升工作的质量和效率。

（四）增强期刊工作的品牌意识

在互联网时代不断发展中，依赖于传统工作模式的期刊编辑工作，已很难满足当前信息化时代的发展需求和现状，同时，大数据网络平台的高速发展，也给期刊编辑工作模式带来很大冲击。所以，结合大数据环境背景下的发展优势，创新期刊编辑工作的品牌意识和思维至关重要。在增强期刊工作品牌意识的过程中，为合理打造出具有影响力的期刊品牌和精品学术期刊，可以在期刊编辑工作中，制定基于品牌效应的发展与工作路线，在对期刊工作内容进行选题策划的过程中，可以结合大数据时代期刊发展特色，对期刊工作内容进行创新，突出重点、分清主次、在特色方面下功夫，不断将学术期刊编辑工作的个性和特色发挥出来。另外，在期刊特色工作品牌打造的过程中，为吸引更多读者，还可以通过创建地方特色和文化特色栏目的方式，合理整合大数据时代下的相关学术内容，不断坚守独立的学术品格，充分将具有特色的学术品牌和期刊内容传播出去。

大数据环境下，需要在期刊编辑工作中彰显学术期刊的传播价值，充分发挥出大数据技术的优势和作用，加强对传统期刊编辑工作思维的创新和改革。同时，还要合理优化期刊编辑工作模式，构建大数据期刊编辑工作平台，增强期刊编辑工作的品牌意识，从而全面发挥出在大数据时代背景下期刊编辑工作的特色和学术品格，不断为读者推送逻辑通顺、条理清晰的信息内容，解决传统期刊编辑工作的不足与问题，进一步提升期刊编辑工作质量和发展效率。

第三节　大数据时代学术期刊编辑人才培养机制

一、建立科学化人才评价机制

建立健全导向明确、合理规范、竞争择优的科学化人才评价机制，竭力引导编辑人才朝着适应期刊融合发展的方向转型，形成人人努力转向新型编辑、人人皆能转向新型编辑、人人尽可展现新型编辑才能的良好氛围，为推进期刊的融合发展提供人才智力支撑。作为编辑活动和经营活动的主体，说编辑在期刊出版的全过程中发挥着"中流砥柱"的重要作用也不为过，编辑若能迎合融合发展的需要，实现传统编辑角色的成功转型，有利于进一步推动期刊的融合发展。

期刊编辑人才成长一般分为四个阶段：一是学习阶段，贯穿始终，活到老学到老，形成终身学习的意识；二是入职阶段，实现角色转变，完成从学生到编辑的适应过程；三是发展阶段，巩固行为目标，形成价值观念，规范道德准则，完成个性化风格；四是成功阶段，这是从初始阶段到高级阶段的历程，最终成长为学者型编辑。在当前的新形势下，培养有全新内涵的新型编辑是促进期刊融合发展工作的重要任务。随着科学技术的快速发展，信息的传播手段已经发生了翻天覆地的变化，期刊编辑需要了解并学习先进的大数据技术，掌握新的信息传播手段，与传统纸媒的日常运行和发展相结合，使期刊的发展能够紧跟时代发展的潮流。

二、发挥人才评价机制的激励作用

必须集聚优秀人才，活跃人才队伍。坚持以问题为导向，把解决问题作为实施改革的途径，在解决问题的过程中不断创新工作方法。人才评价机制要坚持科学性和公平公正的原则，不能违背人才成长的客观规律。评价期刊编辑人才要重视道德品质、业务能力和业绩成果三方面的综合评价，促进新型编辑的评价工作与培养工作相结合，编辑转型与评价考核相衔接。加强对评价结果的分析和运用，将评价结果与编辑的"奖、罚、升、降、去、留"有效结合起来。同时，实行分层分类评价。根据编辑的不同层次的特点和不同职责的要求，在评价时要坚持普遍性与特殊性相结合，现有水平与发展潜力相结合，定量评价与定性评价相结合，分层次、分类别地建立一套能够包括"德能勤绩廉"等要素的动态的全面评价系统。通过个人述职、考核测评、民意调查、个别谈话等方式全面考察编辑人才的职业道德、业务技能、创新能力、发展潜力等。尤其注重考察人才的创新成果和实际贡献，鼓励期刊编辑立足岗位做贡献。健全以创新意识和创新能力为导向的评价体系，正向激励新型编辑的自我成长，避免把评价结果与物质利益简单、直接挂钩。

三、建立有自身特色的编辑队伍与管理模式

期刊编辑自身主观上要重视继续教育，注重平时的学习和积累；同时，要积极主动地思考，定期对编辑工作进行回顾、总结，针对问题主动查阅文献找出有效的解决办法。通过理论与实践相结合的方式不断完善自己的知识结构，提高编辑业务水平。通过集体业务学习，可以充分发挥每个编辑的专业所长，取长补短，汇集整体优势，形成全员学习的积极氛围。集体业务学习的内容可涉及各个方面，对工作中遇到的问题、困难及当前的热点问题展开讨论。内部学习是编辑成长的基石，外部交流则是编辑成长的助推器。参加各种学术会议、高端论坛及编辑业务培训班，是编辑扩大视野、提高业务水平的良好途径。期刊社党支部组织的"创建学习型、创新型期刊社党支部"系列讲座，为新型期刊编辑提供

了成长的平台。

四、运用新技术手段增强编辑的业务创新能力

积极探索以内容质量为基础，以品牌建设为核心，以书刊联动、增值运营、各类特色活动项目为抓手，以个人用户、会员学校、理事单位为服务对象的融合发展新模式。

第一，充分利用"学习强国""得到""混沌大学"等手机 App 学习软件，激发编辑的学习力量，推动构建媒体融合发展形势下的新型编辑培养模式，发挥大数据的作用，让新形势下的编辑培养模式更具融合性和便捷性。通过手机客户端可以看视频、听广播、读图文等，能够发挥移动端的聚合优势、呈现优势和传播优势，实现了对权威内容的有序融合、海量信息的有机聚合、媒体形态的有效整合，对学习内容资源可进行深度挖掘、高度提炼、广泛推送，真正实现了学习方式的变革。编辑在繁忙的日常工作之余，主动利用上下班通勤时间通过手机客户端进行学习，可以自主选择学习内容、精准选用学习软件，与内容提供者做出即时互动，真正使碎片化阅读成为有效学习，使泛泛而学成为深度学习，借助大数据手段促进新型编辑的成长，构建新型编辑的培养模式，充分体现了出版行业进入大数据时期的时代特色。

第二，采用"化整为零"式和"里出外进"式的编辑培养模式。"化整为零"即结合员工业务繁忙、琐事较多、出差频繁的特点，充分利用"微信群"组织业务学习，减少大型集中的业务工作会议，对工作的安排布置多采取个别沟通的办法。"里出外进"即要求编辑自主学习同行业先进的业务工作经验，主动走进教育一线，进学校、进课堂，然后在微信群展开讨论，为教育类期刊发展献计献策，使自主考察调研的成果直接作用于实际工作。同时，定期征求编辑对期刊业务融合发展的意见和建议，针对编辑们在工作、学习中提出的问题，外聘具有相关专业知识的专家有的放矢地做一些小型讲座、沙龙或现场答疑等，以保证"里出外进"的实效性。

总之，在大数据技术急速发展的今天，我们尝试探索具有生命力和开放度的新型编辑培养机制，让编辑学习的航道更加宽阔，让更多的编辑能在良好的工作环境中加快知识更新、优化知识结构、拓宽眼界和视野，把角色转型作为提升编辑工作质量的助推剂，努力克服自身本领不足、本领恐慌、本领落后等问题。新型编辑应当通过学习增进理论修养、提高思想觉悟、涵养理想信念，提升不可或缺的辩证思维能力。在出版产业深度融合发展的大形势下，利用新技术、新平台、新载体，营造干事创业的积极氛围，构建可持续发展的新型编辑人才培养机制，不断增强编辑的脚力、眼力、脑力、笔力，是迎合当前我国出版产业深度融合发展形势的明智之举。

第四节 大数据时代学术期刊编辑素质的提升

主动意识是人们自觉、主动地认识事物、改造事物的能动性。编辑的主动意识是指在期刊发展过程中，期刊编辑应该主动地了解社会、经济、科技发展的最新动态和前沿问题，主动策划和选择选题，审视和构架文章结构，组织有关作者进行写作。这一过程既体现了编辑的责任意识和工作积极性，也体现了编辑的工作能力。

一、参加学术研究

一个专业的学术期刊编辑，不仅要熟谙编辑理论和业务，更重要的是要具有期刊领域的广博知识，要有敏锐的洞察力和识别力，"要形成能够与本领域作者对话交流的专业知识结构"，向学者型编辑转变。对立志在学术期刊立足的人来讲，参与课题研究的最终目标是为了获取优质稿源，提高期刊学术质量。参与学术研究，可以从研究角度了解学科的最新进展，培养学术敏感性，能快速捕捉相关领域的重大学术前沿问题和热点问题；可以加强与学科研究学者的联络，更多的作者是希望与了解其专业的人沟通，希望能与对其研究和论文提出深度问题的编辑交流，"内部人"更容易获得研究团队的认可，从而获取最新科研成果，为期刊争取到优质稿源。除期刊所在科学领域的研究外，参加出版专业的学术研究也非常重要，了解出版行业的最新动态，以研究促进实践的发展等。当然，参与出版行业的研究也是职称评审的重要指标之一，对青年编辑职业发展尤为有用。

二、思考编辑问题

作为期刊印前的第一线人员，编辑工作对出版物的编校质量起到至关重要的作用。传统上认为编辑的主要工作内容包括审稿、编辑和校对等，编辑劳动体现了编辑、科研和育人三位一体的综合。随着社会的发展，对编辑素质的要求远超过上述内容，特别是对于学术期刊来讲，编辑岗位的专业性要求更高。学术期刊编辑是"学术论著的审查员、学术事业的服务员、学术领域的研究员、学术作者的资料员和学术外交的联络员"，因此，除了社会责任和政治责任外，学术期刊编辑更重要的是还需具备一定的专业知识，包括编校知识、学术知识、写作知识等。

目前，部分学术期刊编辑由研究人员兼职，主要是因为其专业知识丰富，并且写作能力较强。期刊主要由专职编辑负责，但是这些编辑因为不参与科研工作，往往在专业知识方面存在不足，忽视这种提升对期刊发展是极其不利的。"作为编辑学的学科带头人和编辑业务的专家，应该提升自己的业务水平，深度扩展知识结构。"编辑写作分两种：一种是以编辑工作为基础的编辑专业探讨；另一种是以所在期刊刊发的专业领域为内容展开的学术研究。写作内容不同，其功能也有所不同。

（一）总结编辑实务中的经验和教训

为了提升自己的编辑业务水平，编辑人员经常会在工作中对实务进行总结，这些总结既包括对业务流程的梳理，以提高管理水平，也包括编辑工作中出现问题的解决方案。编辑人员对实务的总结写作，可以系统化编辑知识，将经验和问题进行梳理和归纳，提高工作效率；可以更好地发现问题，并进一步创新工作方式。编辑实务整体水平的提高与前人的经验总结有很大关系，同时，编辑人员写作也可为自己的职业发展奠定基础，满足编辑人员晋升的需要。因为根据我国出版系列高级职称评定中的规定，编辑工作人员需要发表出版专业方向的研究论义才能参加评审，因此，将自己工作中的思考和经验进行总结并公开发表，是编辑发表论文很重要的内容之一。当然，通过对工作中遇到问题的系统思考，也可以为编辑工作提供更明确的思路。

（二）支撑出版专业的研究工作，推动出版学科的发展

出版学是编辑出版工作的深化与升华，出版学科的发展与应用紧密结合，其学科理论和研究进展依赖同时又指导出版活动实践。编辑活动的规律是从编辑活动的历史实践中，从多种多样的传媒创构实践中，经过科学研究提炼出来的。在出版学的发展过程中，一直存在"重术轻学"的思想。虽然出版学是一门实践性很强的学科，但探索出版学科的发展，不能仅从经验层面总结，"实践经验本身不能自发地产生科学结论"，更重要的是要在实践经验的基础上探讨其内在的"理论逻辑和内在规律"。

编辑实践是出版科学的基础，而编辑将实践工作进行总结和理论提升，是探索出版科学发展的基础性工作。"出版学科由于其强烈的实践性品格和现实性需求，一直非常重视理论与实际的结合、学科与实践的交融。"当编辑既有实践基础又能促进理论水平提升时，一方面，将助于解决编辑实践与理论脱节的问题；另一方面，以问题为导向的学术研究，将进一步深化出版学的理论体系建设，更好地发挥理论指导实践的作用。

出版业的发展一直与技术发展紧密相连。从编辑的角度看，随着网络技术和信息技术对出版行业的渗透和应用，除依赖知网、万网等数据库外，很多期刊编辑部都主动实现了网络采编系统，部分期刊在网站实现OA，而后全媒体出版成为发展的趋势。出版业态的变化推动了研究者关注点的转移，"全媒体出版""移动出版""三网融合""数字出版"等成为出版学新的研究内容。虽然有人说纸质媒体已经是夕阳产业，但作为文化产业的分支，同时作为科技成果的载体，学术期刊出版将一直存在，但可能在业态上有所改变。问题导向的研究促进了国家政策的调整，近年来的国家政策根据理论发展和未来发展趋势研究进行了调整，针对学术期刊的发展也做出了相应的指导意见。

（三）紧密联系特定学科领域的最新研究成果

学术期刊编辑要在"平时的工作中做到专业学术精通、整体水平优秀、编辑业务超前"，综合运用大量的专业技能和专业知识是对期刊编辑素质的巨大考验。学术期刊编辑在工作中除了强调编辑工作的专业性外，还要具有学术把握的能力。这种学术能力具体体现在：了解特定学科领域的发展历史，熟悉领域内的研究动态，能捕捉到学科领域内可能的重大发现；熟悉逻辑思维模式和写作规范；规划选题，深入把握学科领域的基本理论和基本问题……而学术期刊编辑仅凭阅读作者投稿和编辑稿件是无法实现上述需要的学术能力的。

学术期刊编辑对特定学科领域的写作，一般是以参与课题研究的形式，或是自身兴趣

使然。课题研究和写作可以增长学术期刊编辑更加系统的学术理论知识，促进编辑更深入地了解学科领域的最新研究进展和发展趋势，从而提高编辑在策划选题、审稿方面的能力。编辑的科研能力将直接影响其所在学术期刊的学术水平。有学者提出，学术期刊编辑不能写出有相当水平的文章，就很难当好编辑。因为，作为特定学科领域的编辑，除了使稿件符合新闻出版管理规定外，更需要其能对稿件的内容质量给予专业性的判断和指导意见，这样才能更好地与作者和读者沟通，找到优质稿件和优秀作者，提高本期刊的学术竞争力和影响力。

（四）培养和指导新晋期刊编辑

在编辑行业里，"传帮带"在编辑队伍发展中发挥着非常重要的作用。除了面对面指导，各类编辑类文献也发挥着非常重要的作用，如学术期刊编辑人员经常参考的《科技书刊标准化18讲》《编辑学报》等。编辑人员参与写作可以为出版学教育提供素材。出版学教育课程教材不会凭空产生，要以编辑实践为基础。学术期刊相较于一般性期刊、图书出版有一定的特殊性，新晋编辑可以通过自己的研究分析，总结出更符合本类期刊所需要出版规律的内容，内容可能包括如何根据学科发展进行选题策划、审稿流程和规则、如何寻找重点关注的研究团队和重点领域；为继续教育学习、编辑部内部人员提供培训材料，规范学术期刊出版程序。

（五）促进最新科技与编辑工作相结合

出版行业的产生与科技发展紧密相关，或者说其本身就是科技发展的一部分。期刊出版业是我国文化产业特别是科技文化产业的重要组成部分。通过研究和写作，期刊编辑可以深入了解新科技的发展，研究信息网络技术的发展，并将其与编辑工作相结合，促使编辑出版和传播方式不断创新，如多媒体融合、网络采编系统、多媒体传播、数据仓储方式等都成为很多期刊编辑部的共同选择。

三、善于工作积累

根据编辑出版过程中出现的问题进行思考，并将思考的结论或疑惑以论文的形式呈现，既可以找到问题的出发点，也可以将问题系统化。很多出版行业的学术研究就是从这些问题开始的。每一个小的思考都可以写成一篇小短文，即使这些文章并不能发表，但可以作为编辑经验传授给新人。

四、培养交流能力

无论哪种学术期刊都需要面对以下几类群体：作者、同行评议专家（审稿人）、编委、读者。每个群体都有不同的特征，也使编辑在交流中面临着各种挑战。当然，对于学术期刊来说，这几个群体很多时候是重合的，只是不同阶段扮演着不同的角色。这里仅介绍两个角色——作者群体和同行评议专家群体（审稿人）。

作者群体的主要目标是稿件录用发表，编辑在工作过程中会遇到作者的各种问题和不同的沟通方式。一般来说，一旦稿件有机会修改录用，作者和编辑的交流相对比较平衡，但一旦出现不录用或修改难度较大时，两者之间就容易出现矛盾。

作者和编辑的交流：①正常交流型——录用、修改后录用或退稿；②"绑架、威胁"型——不录用即不合规、不符合发表自由；③打"感情牌"型——编辑部不录用，就永不停止地和编辑交流，这类又分了交情型、悲情型等；④"你说得很对但我不听"型——永不根据意见修改但永不放弃投稿/提交修回稿，或不认真修改；⑤"中奖"型——一次投稿四五篇甚至更多，认为编辑总不好意思全退稿，总有一篇可以被选中。

从编辑角度讲，审稿符合程序，工作中守住底线，就可以解决上述问题。当然，同样的事情，不同的交流方式可能获得不同的效果，往往真心为作者考虑的交流，多数情况下可以解决问题，但也需要编辑做好各类思想准备。提前为作者提供一个关于面对退稿、退修等意见的心理和程序有助于缓解作者可能产生的"抵抗"情绪。

同行评议专家群体（审稿人）的主要目标是为对论文进行评审，为期刊选出高质量的学术论文。与编辑的交流主要是对论文学术性和科学性等进行讨论。一般来说，审稿人都非常重视自己作为学术期刊审稿专家的身份，认真对待评审文章。通过评审，审稿人可以了解学科的最新进展，提高自己的发表能力，扩大学术圈的影响等。但不可避免地，编辑在送审过程中也经常会遇到以下问题：评审意见过于简单，仅有退稿或修改的最终意见，无具体内容；在规定日期内或催审后无法返回意见，但又无拒审回复；两个外审专家意见完全不同；选择的专家与其学科领域相差较远；审稿人和编辑部对文章的最终意见不同；审稿人与作者有利益冲突。

出现过于简单的审稿意见，编辑需要与审稿人进行沟通，分析出是审稿时间不足或者是其他原因，然后选择不同的处理方式。如果原因是审稿人时间不足，可以再增加外审时间或更换外审专家；如果是新的审稿人，可能是不了解期刊希望得到的评审意见的形式，编辑可以提供一份标准模板或者比较合适的外审意见供其参考。如果是长时间无法收到外审意见，仅通过邮件可能无法解决问题，需要通过电话沟通来解决，审稿人可能是这一阶段无时间审稿，或以后都不想参与审稿，或邮箱已更改等原因。针对外审意见不同的问题，更多的编辑是请第三个审稿人，有些期刊会由编委会或主编进行最终决断。因为编辑部要对期刊负最终责任，因此编辑部可以最终决定文章的录用与否，但在与审稿人的沟通中，要注意表明编辑部最终录用此文的原因。针对审稿人与作者利益冲突问题，尽可能避免来自相同机构、同一课题组等的作者与审稿人，有些作者会提出避免某些审稿人审稿的建议。

第五节 大数据时代学术编辑的职业发展研究

目前，国内大部分学术期刊编辑部规模较小，其经营运行主要有两种类型：一是大部分工作人员是以学者为主的兼职编辑，一般2~3名，有一名专职人员做编务；二是以专职编辑为主，但只有1~2名编辑，承担着策划、选稿、编辑、编务工作。学术期刊编辑需要掌握两类不同的知识领域：一是需要精通与出版相关的编辑出版等知识和法律法规；二是需要对期刊所刊载的学术领域有一定的研究基础，能够时刻关注到学科的重要进展。学术期刊编辑要成为既具备编辑技能、组织策划能力，也能够发现和传播科研成果、培养优秀科研人才的复合型人才。同时，随着社会发展和科学技术的进步，学术期刊编辑的知识结构、工作方式、思维模式也随之变化。学术期刊很重要，但相对于所在学术机构其他部门和岗位来说，学术期刊和编辑的职业发展相对处于比较弱势的地位，因此，编辑特别是青年编辑能否找到自己的定位很重要。这部分简单介绍一下编辑职业发展的相关规定和路径。

一、职称体系

职业资格是对从事某一职业所必备的学识、技术和能力的基本要求。因此，在21世纪初，我国建立了出版职业资格制度，制定从业标准，以规范出版行业的从业行为，同时也为不同性质、不同专业领域的出版人员提供公平竞争的机会及正常用人秩序。

（一）职称评定改革

根据人事部关于职称制度改革的总体要求，将专业技术人员职业资格纳入职称制度框架，构建面向全社会、符合各类专业技术人员特点的人才评价体系。因编辑等出版工作具有较强的独立性和专业性，为了与国家专业技术职称评定体系相适应，2001年8月，人事部和新闻出版总署联合发布了《人事部、新闻出版总署关于印发〈出版专业技术人员职业资格考试暂行规定〉和〈出版专业技术人员职业资格考试实施办法〉的通知》。通知要求，自2002年起，国家开始实施出版专业技术人员职业资格考试，废止实行多年的出版专业初级、中级技术职称评审工作，相应的出版职业资格需要通过全国统一的职业资格考试获得。按照职业资格考试暂行规定，凡是从事编辑、出版、校对、发行等的专业技术人员，都需要通过考试取得相应级别的出版职业资格。

2009年，我国出版单位正式实行出版职业资格登记注册制度。

2011年，出版职业资格考试正式写进《出版管理条例》。新修改的《出版管理条例》增加了第五十三条，明确规定："国家对在出版单位从事出版专业技术工作的人员实行职业资格制度；出版专业技术人员通过国家专业技术人员资格考试取得专业技术资格。"

（二）进行职称改革的原因

除了前面提到的进行出版职称制度改革，建立出版职业资格制度，是顺应国家对各类专业技术人员管理和评价制度的改革方向以外，建立统一的职业资格考试，还有以下两点突出作用。

一是可以提高出版专业技术人员的水平。前期由于条件的限制，出版行业很多从业人员并没有经过出版专业知识培训,基本依赖"师傅带徒弟"的培养模式,内容主要以围绕出版机构自身需要为主,对外交流较少,这也导致各机构的从业人员在政治素养、专业水平和工作能力方面相差很大,与这一阶段我国期刊事业的蓬勃发展趋势不相适应。迫切需要全面提升从业人员的政治素养和专业水准,推动出版专业技术人员走专业化、职业化的道路。同时,通过出版职业资格考试,发挥其导向作用,激发从业人员学习编辑出版理论与实务的热情,提高出版业整体水平的提升,同时也推动编辑出版学相关研究机构和学科的发展,增加我国期刊在国际上的影响力,这一点在学术期刊发展上的作用非常明显。

二是从体制上转变人事管理部门"重评轻管"的状况。原来主要由评审机构决定是否授予相应的职称级别,具有很强的主观性。建立全国统一的职业资格标准,通过客观、公正的考试,提高职业准入门槛,出版物管理机构可以有效强化出版物的质量管理,也推动出版专业技术人才评价工作向更公正、更科学、更规范的方向发展。根据有关规定,只有通过职业资格考试,才能在某些编辑、校对、发行等岗位上工作。通过职业资格登记注册和续展制度,强化从业人员参加相关法律法规、编校技能等培训,加快知识更新,提高出版人员的政治素养和专业素质,切实提高我国学术期刊的质量水平。

(三) 部分具体规定

《出版专业技术人员职业资格考试暂行规定》中明确规定,国家对出版专业技术人员实行职业资格制度,纳入全国专业技术人员职业资格制度的统一规划。出版专业技术人员职业资格实行全国统一考试制度,由国家统一组织、统一时间、统一大纲、统一试题、统一标准、统一证书。出版专业资格实行一考多用原则。出版专业实行职业资格考试制度后,不再进行该专业相应级别初级和中级专业技术职务任职资格的评审工作。

按照《出版专业技术人员职业资格考试实施办法》的规定,职业资格考试原则上每年一次,一般在6月举行。北京市的出版专业技术人员职业资格考试通过"中国人事考试网"(http://www.cpta.com.cn/)进行考试查询、报名和成绩查询等。职业资格注册登记网站为http://djzc.gappedu.gov.cn,相关注册程序可以在全国宣传干部学院http://www.gappedu.gov.cn/xwzscms/(原新闻出版广电总局培训中心网站)上查询。

二、专业培训和自学

专业培训一直是出版行业迅速接受新知识的有效途径,同时也是保持编辑职业资格的必备程序之一。根据2011年开始实行的《出版专业技术人员继续教育暂行规定》,"出版专业技术人员每年参加继续教育的时间累计不少于72小时。其中,接受新闻出版总署当年规定内容的面授形式继续教育不少于24小时,其余48小时可自愿选择参加省级以上新闻出版行政部门认可的继续教育形式"。根据规定,新闻出版管理机构和出版类协会、学会、高校等每年举办大量的培训活动,专业活动主要起到了以下作用:①学习出版行业最新的政策法规文件，了解国家出版行业的大政方针，保证期刊的社会效益优先；②培训编校技能，推行出版行业的国家标准和行业标准，提高期刊编校质量；③了解世界出版业的总体发展趋势，实现期刊与国际接轨，扩大我国期刊的国际影响力；④借鉴其他出版物的优秀经验，推进期刊质量提高和经营活动的开展；⑤获取出版职业资格，持续个人职业发展，同时为国家期刊发展储备大量人才。

单靠每年参加几次培训并不足以全面提高编辑人员的素质，还需要将学习贯穿于日常工作中，进行自学、内部讨论、经验总结，通过思考内化于心。同时，将每次遇到的问题和解决方案进行登记也是重要工作之一，既避免同样的问题重复发生，也为编辑部内部的培训提供了资料。

三、生理和心理压力

职业倦怠是指在以人为服务对象的职业领域中，个体的一种情感耗竭、人格解体和个人成就感降低的症状。学术期刊编辑职业倦怠与编辑的心理状况直接相关，产生的原因有很多，工作特点、工作环境及社会变化都对编辑人员的心理产生影响，进而产生了职业倦怠。作为学术期刊编辑，需要对可以产生的生理和心理问题有一定的了解。

首先，编辑工作的特点易导致编辑人员出现生理问题。一般老编辑对新入职编辑的要求之一就是"坐得住"。按照《图书质量管理规定》第五条，差错率不得超过1/10 000的图书，其编校质量才属合格。因此，编辑需要精读每篇文章，不仅对文字、标点符号进行细致编校，还需要对全文内容进行审核。长时间保持一定坐姿的伏案工作，或看纸稿或看电脑屏幕，容易引发颈椎病、腰椎病、近视眼，还容易产生精力丧失和疲乏不堪等情况。这也是编辑出版人员躯体化症状严重高于其他职业原因。

其次，学术编辑人员工作量大，工作成就感低。处于边缘职业，上升空间有限，工作人员少，工作量大，这些是很多编辑的普遍感受。编辑是一种"为他人做嫁衣"的工作，这是业内普遍认同的观点。学术期刊编辑一般具有高学历、知识性强，与从事科研的工作人员相差不多，但只是由于从事的职业不同，每天只能面对别人新的研究成果面世，而自身因为工作内容过多，再加上外界对"编辑无学"的行业歧视，使得编辑人员个人自尊与自我实现的需要很难得到满足。无论是对外交流中还是在机构内部，对编辑人员重要性的认识都低于科技人员和行政管理人员，办刊单位经费不足和对编辑工作的重要性认识不足，挤占编辑部必需编制的现象比较普遍，造成很多学术期刊工作人员超负荷工作现象较为普遍。参加学术会议、进修机会少，由于超负荷工作，很多编辑人员一直处在忙于赶刊期的过程中，编辑的工作成就感和获得感较弱，工作热情降低，这也是许多青年编辑转岗的原因之一。

再次，国家和社会对出版业要求的提高，给编辑人员造成了很大的工作压力。从工作内容看，无论是审稿、校对，还是美术、出版工作，每一个环节都要求非常严谨、细心，因此，需要编辑人员长期集中注意力，保持精神高度集中的状态。根据国家对新闻出版业体制改革的要求，按照"做强做优一批、整合重组一批、退出停办一批"的总体原则，以及国家有关"社会效益和经济效益并重、社会效益优先"的原则，加剧了期刊生存和发展的竞争，进一步增加了编辑的心理压力，出现职业倦怠的概率大幅增加。

最后，科学技术的发展增加了编辑的学习压力。信息技术和网络技术的发展，加快了期刊出版速度和形式的改变，也对编辑的多元化工作能力提出了新的要求，特别是希望走数字化、网络化出版的期刊，编辑的学习范围不断扩大，而且还是跨领域的学习，给编辑带来了前所未有的挑战和压力。又由于目前编辑这个职业对青年人吸引力不足，编辑人员年龄老化，在促进科学与编辑工作结合上有一定的困难。

第四章 大数据时代学术期刊的发展与路径研究

第一节 大数据时代学术期刊的发展机遇

在大数据时代,与学术期刊处于同一环境体系的学术创新模式、学术研究范式、知识形态、知识获取、知识交流及处理机制的改变,直接影响着学术期刊的生存和发展环境。"大数据"深刻地改变着学术期刊的边界,使学术期刊面临新的挑战和新的机遇,"大数据"将造就新意义上的中国学术期刊。我们必须积极探索以学术期刊为纽带的大数据全产业链和新业态发展路径,应用大数据技术,跳出传统学术期刊的编辑出版流程局限,实现以学术期刊为纽带的学术研究全流程传播。

"大数据"是继云计算之后的又一科技热点。当中国的学术期刊界还在没有从数字化对纸质媒体冲击中"走出来"时,大数据时代又不期而至了!在数字化时代,技术已经成为支撑所有传媒存在的基础,而作为数字化"升级版"的"大数据"时代,其移动互联网、传感网、云计算、物联网、可信计算等新兴信息技术的迅速发展,以及数字信息环境的泛在化、移动化、智能化、虚拟化的技术标准与发展取向,将更深刻地改变不同形态传媒的边界,造就新意义上的数字媒体。

一、"大数据"将深刻地改变学术期刊的边界

一直以来,学术期刊都发挥着记载、传播、普及学术研究成果的作用,保持其内容的专业性、信息的严谨性、编排的规范性、成果的创新性、出版的权威性等特点,同时它也一直将自己封闭在"投稿—编辑—出版—发行"的闭路系统中运行,发表学术成果是它存在的最主要的意义所在。面对数字化,学术期刊界也做出了积极的回应。在我国,学术期刊的数字化进程,比起非学术期刊和数字图书出版的数字化起步更快,效果更好。从现有学术期刊数字出版的状况看,几乎所有的传统学术期刊编辑出版单位都不同程度地进入了数字出版领域,有的期刊加入了大型期刊网站,如中国知网、万方数据库和中文科技期刊数据库,有的学术期刊出版单位在加入大型数据库的同时,还独立建立了自己的网站。一批以数字化学术期刊为经营核心的企业,所建立的数据库平台功能强大,让读者能十分方便地获取相关信息,并且已经形成了一定的市场规模。但是我们也必须看到,中国学术期

刊数字化进程虽然已初见成效，但离大数据时代的要求还相差很远。我国大多数学术期刊编辑出版单位的数字化工作，还只是简单地将传统学术的纸质版的内容，原封不动地交给了大型期刊数据库，由大型数据库网站统一制作，全文上传至网络。即使是建有独立网站的学术期刊单位，也大多是网站格局雷同，将传统纸质媒体的"千刊一面"变成了数字媒体的"千网一面"，在网络空间无法延续各自传统品牌的效力。而各大型的学术期刊数据库，也达不到"大数据"时代读者对信息获取的要求。面对社会和技术的进步和"大数据"时代的巨大冲击，学术期刊却始终延续着计划经济时代的办刊体制和机制，体制上的"小、散、弱"，机制上的"各自为政""小作坊"式的粗放型经营，完全不能适应大数据对信息集约化的要求。问题的关键还在于，这种体制机制和集约化问题，单靠某个期刊编辑是无法解决的。

二、中国学术期刊的新挑战和新机遇

从表面上看，"大数据"的概念及其价值更多的是被IT业和企业营销领域所关注，但从深层次看，传媒业将是受到大数据时代冲击较大的行业，中国的学术期刊也无法回避由大数据技术革命与技术创新所带来的传媒变化，大数据使学术期刊的发展面临严峻的挑战。在大数据的背景下，对学术期刊的读者来说，他们所需要的是学术信息，而并不一定是某种、某类刊物。这样，读者将从订购某种刊物转向订购相关的文章，甚至是文章中的某个部分。而这些变化将引发传统学术期刊的传播方式和发展模式的根本转变，从而带来学术期刊编辑角色和工作方式的改变，学术期刊的作者、编辑与读者的关系将趋向平等、互动和相互影响，学术成果的发表不再是学术期刊的专属，以往学术期刊的优势逐渐被淡化，现行的以编辑部为单位各自为政的"闭门办刊"模式会被摒弃，刊与刊的边界正趋于模糊，大数据将推动学术期刊的整体转型。

同时我们也要看到，大数据时代还处在起步阶段，它同时给中国学术期刊带来了新的机遇，在面对大数据的有效运用方面，只要我们找准突破口，充分利用和整合现有资源，开拓新的传播领域，就能创造出领先国际传播技术与传播方式的学术成果传播新路径。

三、"大数据"造就新意义上的中国学术期刊

长期以来，我国传统的学术期刊都是在以编辑部为单位的"投稿—编辑—出版—发行"的闭路系统中运行，发表学术成果是学术期刊存在的意义所在。我们知道，学术研究是学术期刊的"源头活水"。但是在大数据时代，随着经济、社会、文化与科技发展一体化程度的增强，学术研究正从过去的单一领域向全领域的方向发展，各学科间从研究视角、研究方法上的相互借鉴和深入交叉融合，使研究内容得以不断扩展，对信息的需求也变得多角度、全方位和智能化。与学术期刊处于同一环境体系的学术创新模式、学术研究范式、知识形态、知识获取、知识交流及处理机制的改变，都直接影响着学术期刊的生存和发展环境。学术期刊再也不可能安静地待在象牙塔中，它必须转型、延伸和发展，融入大数据

的大学术中去。

其一，应用大数据技术，跳出传统学术期刊的编辑出版流程局限，实现以学术期刊为纽带的学术研究全流程传播。可以从现有学术期刊的作者、编辑和读者的三元关系中寻找突破。目前，作者、编辑和读者共同面临的困境是，作者要花很多的精力，在众多的学术期刊中寻找适合其研究成果发表的期刊，有时投多家期刊都不能予以发表；学术期刊编辑为策划选题和组织稿件，也是"踏破铁鞋"；而读者在海量的信息中艰难地寻找有用的信息。由于目前信息量巨大，作者、编辑和读者都要花费大量的精力和时间在对碎片信息的筛选、挖掘和整合上。而大数据技术，正可以从某种程度上解决这一问题。借鉴"中国高校系列专业期刊联合编辑部"的初步做法，我们设想，由政府相关部门搭建服务平台，建立一个以学术期刊为纽带的全国范围内的集作者、编辑和读者共享的学术研究大数据平台。在这个平台上，设计有与学术期刊编辑出版相关的学术期刊数据库与专家数据库，投稿、编辑、按需印刷、发行等工作系统，校对、查重、原文核对、基本格式规范等功能系统；信息服务、信息定制系统；还集合与学术研究相关的各类大型数据库，大学、研究机构、各类课题的研究状况，政府、金融机构、中介机构、企业等对科研成果的需求和对接情况；研究人员信息、成果转化信息、用户信息等。

在这个平台上，作者只需根据平台的提示，定向投某种期刊或者某类期刊，作者与学术期刊之间实行双向选择；学术期刊编辑可以综合利用大数据平台的多种信息源，在由"机器"提供"线索"的基础上，了解学术前沿情况、发现研究机构及相关作者的研究现状，进行更深层次的选题策划和组稿，并"协助"各类编辑软件对日常稿件进行筛选、选择审稿专家、查重、规范基本格式、校对、数据的深度挖掘等；读者可以根据大数据的信息结构，智能化地在浩如烟海的信息中定制或极方便地找到自己所需要的信息；政府机构、企事业单位及研究人员也可以在这个平台上，定制专业服务，获取有用信息，寻找协作研究目标，实现科研成果的有效转化。最终形成一个以学术期刊为纽带的，包含研究、投稿、编辑、出版、信息定制、按需印刷、成果转化在内的产学研合作、人才对接、协同创新的全流程互动大数据平台。

其二，必须加强对学术期刊有效运用大数据的技术研究。在大数据背景下，学术期刊的严谨性，不仅体现在理念上，还暗含着技术的支持。要加强对大数据的技术研究，探索在大数据平台上，要精细设计大数据学术期刊平台的构建过程，对构建过程中所涉及的关键技术进行深层次的探讨以需求为指引，以信息技术与人文精神融合为重点，结合大数据学术期刊的服务模式内涵和特征，研究学术期刊大数据平台的基础框架体系、大数据处理体系、过程管理体系、大数据分析与决策体系、交互体系等。

其三，积极探索以学术期刊为纽带的大数据全产业链和新业态发展路径。文化与科技的融合，将出现双驱动、双提升的发展趋势。应用大数据的新技术，加强以学术期刊为纽带的大数据信息的获取、存储、组织、分析、传输、阅读、交易、协作和共享等新技术，搭建产学研合作、人才对接平台，加快实现以学术期刊为主的全媒体出版，如信息定制、按需印刷、网络出版、手机出版、云出版、电子阅读器、有声阅读、电子书包、数字期刊、专业期刊联合数据库、精品学术期刊数据库等，以适应大数据时代对中国学术期刊的新要求。

第二节　大数据时代学术期刊发展的挑战与进程分析

一、大数据时代学术期刊数字化面临的挑战

大数据时代学术期刊的数字出版所带来的全新的技术、生产方式以及相应的理念，都为传统学术期刊业提供了难得的发展机遇；同时，数字出版所带来的这些全新的变革，也成为传统学术期刊业必须应对的挑战。

（一）面对国际数字出版的趋势，业界对学术期刊数字出版的动力不足

互联网和数字化技术的应用已深入出版业的各个环节，使出版业的产品形态、运作方式、流通渠道都发生了深刻变化。业界对数字出版仍然缺乏足够的研究和认识，一些学术期刊出版单位由于受到发展思路、体制机制、技术手段、人才资源、经营管理模式等方面的限制，应用数字化技术的意识还比较滞后，对数字出版目前仍然持观望和等待的态度，对于数字化出版的动力不足、办法不多、效果不明显，与国际传媒相比，中国学术期刊的数字出版还存在一定差距。

（二）学术期刊的网站格局雷同，亟须培养新型网络出版人才

就现有的学术期刊网站（或网页）看，大多数学术期刊网站格局雷同，把传统纸质学术期刊的"千刊一面"变成了数字出版的"千网一面"，大多数学术期刊单位以单个期刊的方式在网站运作的过程中，网络期刊只是在纸质版的基础上发行的网络版，对网上信息的管理与更新也常常被忽视，信息资源相对匮乏，虽然网站（或网页）的数量不少，但访问量都不大，因此学术期刊在网络空间无法延续自己传统品牌的效力。并且，如果要想维持有大量的访问量的话，需要投入大量的人力、物力和财力，需要有充足的信息量、优质的服务、精良的技术设备和良好的网站经营等，这些都是传统学术期刊所难以达到的。同时，目前我国大多数学术期刊编辑出版单位以加入大型期刊网站的方式来发布自己的电子期刊，哪怕是拥有自主版权的主页或独立网站的学术期刊，也都同时加入了大型期刊网站，由网站统一制作，全文发布在网站上，并提供收费或部分收费的阅览、下载等服务，各期刊在加入大型网站的同时，也把期刊电子版经营权转让给了各期刊网站，编辑部缺乏对网刊的自主权，不利于期刊的发展。

（三）数字出版的技术支撑不力，行业标准滞后

目前从数字传播技术和行业标准看，行业标准滞后，信息化水平低，数字出版的技术

系统和装备系统尚需加大研发和创新力度，元数据和信息交换格式无统一标准，数字出版管理和数字出版的防伪、保密等技术问题也很突出。还没有一个能涵盖新闻出版各个行业范围的、科学合理的信息分类与编码体系，没有形成一个符合行业规范的新闻出版业标准化体系。由于出版物信息格式交换标准尚未形成，导致信息交换和共享能力差，数据库建设格式不统一、无法对接等问题仍然十分突出。

（四）传统管理体制面临困境，规范化和法制化建设的矛盾日益突出

作为出版形态，从载体上，我们一般将纸质载体的期刊称为"传统期刊"，而将由计算机、网络等新兴阅读终端载体阅读的期刊称为"数字期刊"。在我国目前的管理体制下，传统期刊与数字期刊在各自的内在机制上是有区别的，传统期刊拥有正式刊号、主管主办单位和事业或企业法人身份，政府对其有一套成熟的管理办法和管理思路；而数字期刊则是一种网络或通信信息产品，它的生产者、发布者可以是期刊社，也可以是任何一家企业，对于数字期刊还没有形成十分明确的、专门的管理体系和管理办法，规范化和法制化建设的矛盾日益突出。

（五）传统出版流程、出版模式和评价标准变化，编辑的角色和功能也将发生转变

在学术期刊数字出版的环境下，传统的出版流程和出版模式均发生了变化，"出版""出版物""版本"和"版权"的概念也相应发生了改变。随之而来的，对学术期刊的评价标准也在发生改变，如核心期刊的概念将被淡化。因为在网络环境下，对用户来说，他所关心的是所需要的学术信息，并不一定要了解这些信息来自何处。这样，订购一种杂志的概念将淡化，而更多的是订购有关的文章。这些变化，也带来了编辑的角色和功能的转变。目前，尚需培养能够适应数字环境的学术期刊编辑，如何以读者为中心，运用网络技术来组织编辑活动，加强平台整合、产业整合和内容整合等问题亟待解决。

总之，与世界先进学术期刊的数字化进程相比，我们还存在相当大的差距，要清醒地认识自身现状，探索出真正符合学术期刊网络传播规律的运作方式和发展模式。

二、学术期刊数字化进程分析

在我国，学术期刊的数字化发展经历了三个阶段，即从传统期刊的电子版、纸质期刊网上数据库到各期刊出版单位创办的网站（或网页）。大数据时代，我国将大力实施建设具有中国特色的数字出版战略，全面提升数字出版的产品和服务供给能力，发挥数字出版满足群众多层次需求的作用。在不久的将来，实现个性化出版、按需出版、即时出版、远程出版和"一种信息、多种产品"的数字复合出版的目标，已不再是神话了。但如果学术期刊始终保持陈旧的体制、落后的技术，将会使我国学术期刊停滞不前，甚至失掉传统优势。大数据时代数字化传播要求学术期刊必须逐步与新媒体、新传播方式相对接，实现跨媒体发展。

（一）引导学术期刊单位强化数字化出版意识，正确把握数字出版方向

大数据时代，学术期刊这个具有久远历史的出版形态正在经历着以数字化为重要推动力的深刻变革，数字化、信息化的发展趋势，已经成为学术期刊业必须面对的一个重要问题，同时也给学术期刊社固有的出版、管理和经营模式带来了重大挑战。学术期刊的出版单位必须放宽思路、开阔视野，增强推动数字化出版的主动性和自觉性，推动学术期刊的数字化进程。要针对信息的生产模式、传播方式和读者的接收形式、应用方式的重大转变，积极参与数字化出版，除将平面内容数字化外，还要重视将整个采编、经营流程进行数字化改造，增强行业的发展活力，积极推进中国特色的数字化出版体系建设，提高数字化出版的创新能力。

（二）整合出版资源，将"以内容为王"始终贯穿在数字化处理的全过程中

大数据技术的迅速发展对传统出版业所产生的冲击：数字产品在线、互动、搜索查询、大储存量，特别是能大规模地满足个性化需求等特点，确实在很大程度上能够替代纸质期刊对人们阅读的满足。但出版业无论发生什么样的变化，都改变不了它是一种内容产业，要"以内容为王"。从这一点来说，出版的形态可能改变，而出版的功能不变。而内容生产正是传统期刊业的最大优势。期刊的生存之本是信息的生产与传播，相对于内容来说，技术永远在后面，平台永远是第二位的。学术期刊编辑者的作用不仅仅是制作一个平台，编辑们创造和编辑内容，并使读者能够得到内容，媒体的核心竞争力永远是内容。目前，学术期刊的数字出版和传统出版的关系是：传统出版代表着内容的源泉，数字出版提供着服务渠道和发行渠道，而读者需要的则是内容。学术期刊的核心在内容，数字期刊的基础也是内容。由此，传统学术期刊的出版单位，要积极探索如何把现有的内容优势转化为信息化条件的传播优势的可行性的手段，在期刊数字化进程中发挥自己的内容优势，将多元化的传播手段融入数字出版进程，利用数字化创新和拓展学术期刊的生存和发展空间，充分发挥自身的内容优势，确立在数字期刊源头的主动地位。要鼓励和支持学术期刊编辑出版单位充分发掘和整合现有的出版资源，实现内容资源、人才资源、品牌资源的优势在互联网内容建设上的延伸和发展，扩大网络出版的社会影响。

（三）转变管理思路，为学术期刊的数字化发展创造良好的政策环境

大数据时代数字出版的大趋势，在某种程度上给新闻出版行政管理工作带来了新的挑战，需要我们针对期刊业的数字化发展趋势，深化出版行业管理体制改革，努力建立、健全与网络出版相适应的新管理体制，建立和健全编辑责任制度，加强网络出版的流程管理和版权管理。要不断转变管理思路、创新管理方式、提高工作水平，适应行业发展的新要求。要积极推动传统期刊实现数字化转型，促进数字期刊和传统期刊实现行业整合，制定切实可行的措施，打破传统新闻出版产业与新兴网络出版产业相互融合的体制性障碍，实现各种形态的数字出版和传统产业之间的平衡对接。同时，政府要努力为数字期刊的发展

创造一个良好的环境，完善产业政策，加大政府扶持力度。在资金投入上，要积极推进出版产业的重大工程建设。

（四）完善数字出版相关标准，充分发挥学术期刊文献信息的社会功能

为了便于信息的传播、存储、处理和交流，必须对传递信息的工具和语言等有约定的、必须遵守的、严格的、科学的规范。大数据时代，学术期刊的规范化是对学术论文发表形式的标准化规定，是对学术成品的规格化、模式化。数字化、互联网的特点在于其互联互通和大容量、大规模，学术期刊要实现数字化、网络化，就必须首先实现规范化，即学术期刊在数字出版的过程中，除遵守传统的编排规范外，还必须按照数字出版的相关编排规范标准进行编辑出版，以便与其他检索传播系统互联，及时地在世界范围内进行传播，充分发挥学术期刊文献信息的社会功能。在我国传统学术期刊界，自20世纪80年代以来，就开始推行期刊的编排规范化，目前纸质的学术期刊的各项规范化文件都已很齐备，这些都是学术期刊编排规范化的依据。但在数字出版领域，这还是个全新的课题。如果不能很好地解决数字出版的标准问题，就将成为制约我国数字出版产业发展的"瓶颈"。国家新闻出版署在近年已开始了出版业标准化的推动工作，只有完善数字出版相关标准，才能充分发挥学术期刊文献信息的社会功能。

（五）运用网络技术组织编辑活动，实现编辑方式的变革

大数据时代，信息技术已经被广泛运用到出版工作的每一个环节，进而极大地提高了学术期刊编辑出版单位的管理水平和资源整合能力。大数据时代，学术期刊的数字化、网络化载体形式的改变，也必将导致编辑方式的变革。数字化期刊中编辑工作的新特点是以读者为中心，运用网络技术组织编辑活动，进行平台整合、产业整合和内容整合，实现期刊编辑的工作程序现代化，使编辑工作更方便、更快捷、更高效。在选题的策划、栏目的设置和有目的的约稿方面，正确而鲜明的学术导向，是期刊的灵魂所在，学术期刊编辑要充分发挥各专业学术性数据库的作用，把握学科导向，快速、及时地获取数字化的相关文献资料与相关研究信息，追踪国内外研究的最新动向。在公正地判断稿件的质量、修改加工稿件和防止学术不端行为方面，期刊编辑要充分利用检索系统与技术对稿件进行检索与查新，剔除稿件中错误的和虚假的内容，提供给读者内容科学、体例严谨、材料真实、文字通顺、逻辑缜密的信息。要积极推广编辑流程的现代化，紧密跟踪国际数字出版的最前沿的技术，不断创新和完善期刊编辑出版管理系统软件，全面实现期刊编辑出版和编辑管理的全过程的自动化。学术期刊的数字化传播对学术期刊的编排规范化的要求也越来越严格，要完善数字出版相关标准，严格执行编辑规范，促进学术期刊数字出版的全面发展。

第三节　大数据时代我国学术期刊发展路径

随着互联网、云计算等现代信息技术的飞快发展，网络空间中的数据正在迅速膨胀，

数据集合的规模不断扩大。大数据开启了一次重大的时代转型，它不仅改变着人们的学习、生活和工作，而且对人们的思维、观念等都产生深刻影响，其影响涉及经济、政治、科学、文化等各个领域，可以说无一例外。因而，对于任何领域而言，大数据都是一个绕不开的话题。从大数据视阈来探讨学术期刊的发展，也正是一个迫切而极具现实意义的课题。

一、大数据视阈我国学术期刊的办刊路径：大数据思维

新的时代孕育和产生新的事物，而新的事物需要新的思维来认识。从传统眼光来看，无限增长的海量数据庞杂无序，无疑给人们认识事物造成更多的负担和压力；而今天借助现代科学手段，大数据却成为一种对海量数据进行有效收集、分析和处理的新的技术方法。大数据标志着人类在寻求量化和认识世界的道路上前进了一大步。过去不可计量、存储、分析和共享的很多东西都被数据化。大量的数据为我们理解世界打开了一扇新的大门。那么，如何看待大数据与学术期刊之间的联系？如何将大数据具体运用到学术期刊的办刊中？如何从海量数据中发现规律，寻找隐藏在大数据中的办刊模式和趋势，揭示当下期刊面临的新形势、新特点以及未来可能的发展前景？这些都需要我们学术期刊的办刊人转变观念，要有大数据思维。

大数据思维首先强调要有大数据的意识。意识影响或支配人的行为。具备大数据意识的人，能够更加重视大数据，更主动地去运用大数据。这种人即使自身不拥有数据、不具备分析和处理数据的专业技能，往往也能够借助社会提供的已有数据加以利用，从而极大地提高工作效率，甚至能够先人一步获得机遇。对于学术期刊编辑来说，由专业机构或网站开发的论文查重、引文检索等大型数据库，为确保稿件编辑质量、提高工作效率等提供了很多便利条件。例如知网、维普、万方等专业期刊网站均有独立开发的论文检测数据库，目前多数学术期刊的编辑已将选择论文检测数据库查重作为审核投稿的必要程序。根据其检测的重合率结果来判断论文是否存在抄袭、剽窃等学术不端行为，可以快速有效地避免论文重发、学术侵权等问题。如果仅凭编辑审稿时的个人经验判断，这些往往是很难做到的。引文校对也是编辑在校阅论文时常会感到棘手的一项工作。校对时，编辑不可能手头备好所有需要的图书报刊资料，而仅凭个人的记忆或感觉，又很难识别论文引用的资料是否准确，因而使用"读秀学术搜索""百度学术搜索"等大型引文搜索数据库便可以方便快捷地实现目的。如果需要核校马列著作、党和国家领导人著作、中共中央文献等方面引文资料，可以使用"金典比对"专业引文搜索数据库。此外，知网学术总库等专门开发的"学者成果库""学者圈""学术趋势搜索""学术研究热点"等平台，也为期刊编辑及时了解学者情况、追踪学术动态，更好地策划组稿选题、调整办刊策略，提供了多种便捷路径。

大数据思维特别强调预测的重要性。大数据不是海量数据的杂乱拼凑，而是通过数学计算对大规模收集的数据进行分析和处理，发现事物之间的相关性，进而预测事物发展的

可能性。因而可以说，大数据的核心就是预测。它之所以被广泛应用于经济、政治、科学、文化等各领域，而能够带来巨大经济效益的重要原因，往往就在于其预测价值。亚马逊的一位软件工程师林登，曾利用公司获取客户的大量信息数据，通过样本分析找出客户之间的相似性，开发出客户购书推荐系统。据说，该系统通过数据推荐书目所增加的图书销售远远超过了书评家的贡献，亚马逊销售额的三分之一都来自这一个性化推荐系统。这无疑给学术期刊以很好的启发。利用期刊所获取的作者投稿、读者订阅、刊文转载转引率、网传文章点击或下载量等方面的大量信息数据，通过分析其中的相关性做出预测，以便更有针对性地选择紧扣学术热点的论文选题，挖掘具有学术发展潜力的高被引作者，正不失为一条学术期刊办刊的新路径。

　　大数据思维还强调数据的全面收集和利用。由于技术条件和认识手段等局限，传统的数据思维往往注重通过抽样数据或典型数据的分析做出判断，在今天看来，其结论是难以保证全面可靠的。因此，大数据强调要全面地收集和占有数据，要分析与某事物相关的所有数据，而不是依靠分析少量的数据样本。作为学术期刊来说，全面收集与期刊联系密切相关的数据，建立期刊自己相对独立完备的数据库，也是一条值得重视的办刊新路径。通过接收来稿、学术会议交流、网络搜索等多种渠道，学术期刊可以广泛收集相关数据，逐步建立作者信息库、审稿专家信息库、读者信息库、期刊资源库、学术咨询库等准大数据资源。对于大多数数据来说，其利用价值往往具有多重性，也就是说在一次利用之后还可能会因不同的分析处理而产生再次利用价值。

　　当然，大数据思维也要注意避免对大数据的过度迷信，要避免唯数据化的倾向。大数据时代的信息传播既具有海量性而又呈现碎片化的特征，网络自媒体的兴盛也同时带来信息传播良莠不齐、真伪难辨的诸多负面因素。所以，面对来自网络的众多信息和各种数据库的庞大资源，学术期刊编辑应该更加强化自身的把关能力，而不能陷入对大数据的盲从，唯大数据马首是瞻。比如在核校稿件的引文时，编辑人员不可完全相信各种学术搜索数据库，必要时还是要尽可能找到原版著作或论文资料逐字查对。此外，有些期刊或期刊编辑动辄要求来稿篇幅须在1万字以上，或正文内容至少须有三部分，或正文各部分须有三级纲目，等等，这些都是数据过度迷恋症的典型症候。这种对数据的过度迷恋，只会促成形式主义的新八股论文，而对学术创新的促进毫无助益。

二、大数据视阈我国学术期刊的评价路径：数据化评价

　　大数据时代，评价体系标准逐渐由重视定性分析转向重视定量分析，数据化评价越来越成为流行的趋势。正如哈佛大学社会学教授加里·金所说："这是一场革命，庞大的数据资源使得各个领域开始了量化进程，无论学术界、商界还是政府，所有领域都将开始这种进程。"在学术期刊评价方面，目前主要有中国社科院社会评价中心、南京大学社会科学评价中心、北京大学图书馆核心期刊评价中心三大评价体系。这些评价体系虽然在具体评价指标上各有侧重，不尽相同，但在趋向性上有明显一致的地方，就是均强调数据指标的考核评价。

　　数据评价的一个重要指标是期刊刊发论文的转引率。所谓转引率，是指一篇论文发表后被其他公开发表论文引用的概率或频次。随着对数据化客观评价的重视，它正在成为越来越加重要的评价论文学术影响力的因素。国内的许多学术成果评奖，也在将论文转引率作为必要的评价指标。不仅如此，论文的转引率还成为衡量学术期刊办刊水平和学术影响力的重要因素，甚至有的期刊评价体系如南京大学社会科学评价中心的评价体系将其作为最主要的评价指标。当然，不同专业的期刊其转引率会存在明显差距，如自然科学期刊的转引率相比较社会科学期刊来说普遍要高，社会科学期刊中经济学期刊相比较文学期刊来说又普遍较高。但对于同类期刊来说，通过努力是可以在原有自然转引的基础上使转引率得到明显提高的，同时可以达到提高期刊学术影响力的效果。《山东师范大学学报》（人文社科版）近年来通过实施名家名稿战略，主动走出去向学术名家约稿，转引率有了较大幅度的提高。以北京大学资深教授、中国现代文学研究著名学者严家炎在该刊发表的《拓展和深化中国现代文学史研究的几个问题》为例，该文自发表以来，仅就CSSCI来源期刊来说，《中国现代文学研究丛刊》《西南大学学报（社会科学版）》《东岳论丛》《山东社会科学》《文学评论》等均有论文转引，此外还有许多普通期刊论文予以转引。名家的论文往往具有更高的学术性和创新性，容易产生影响力。当然转引率的提升与期刊的多渠道推介和传播也有极大的关系。在当今期刊林立、信息海量涌现的大数据时代，如果不能主动推介、多渠道传播，那么即使是名家名稿也可能会被无情淹没在论文海洋中，为学界所忽略。

　　数据评价的另一个重要指标是期刊刊发论文的转载率。所谓转载率，是期刊所发表的论文被其他刊物再次转发的比率。期刊每年发表论文被其他刊物转载的总篇数称为转载量，而转载篇数与期刊发文总量之比即为转载率。通过转载率或转载量，可以看出期刊论文获得社会和学界认可的程度，显示出期刊论文的学术影响和编辑水平。人大"复印报刊资料"可以说是国内影响较大的转载系列期刊，现有期刊100余种，每年从4000多种国内期刊、报纸上搜集精选优秀的人文社科学术论文加以转载。目前，它已基本覆盖了我国人文社会科学所有一级学科。结合期刊转载，该复印书报资料中心每年还定期发布年度转载的学术论文数据，对我国人文社科期刊和教学科研机构进行统计排名。自2001年起每年3月，《光明日报》《中国新闻出版报》《文艺报》，以及新浪网、搜狐网、中国网、中国高校人文社科网等媒体都同时发布上一年度"转载排行榜"。该排行榜在一定程度上反映了我国人文社科期刊阵营和学术研究机构的发展状况，受到期刊界、教学科研机构和广大人文社会科学工作者的关注和重视。此外，《新华文摘》《高等学校文科学术文摘》《红旗文摘》等都是目前国内最主要的学术文摘期刊。作为期刊编辑要想使自己编发的论文能被这些文摘期刊转载，获得较高转载率，当然首先应从提升论文的学术质量和水平上来努力。同时，利用大数据分析，从已有的转载论文情况以及各大转载期刊的转载要求，可以针对转载率做出必要的调整。例如人大"复印报刊资料"在转载评分数据的处理过程中，就有剔除会议消息、报道、书评等非学术性文章这样的原则要求。根据这样的分析结论，在发稿方面做必要调整，避免非学术性文章、学术性不强的文章、学术创新性不突出的文章等，则无疑会有更大可能提高所刊发论文的转载率。

无论是转引率还是转载率，都只是定量分析数据评价的一方面内容，还很难称得上是全面客观的评价体系。从目前国内最具有影响的三大期刊评价体系来说，南京大学社会科学评价中心的CSSCI来源期刊评价体系更多侧重于转引率数据分析，北京大学图书馆的核心期刊评价体系更多侧重于转载率数据分析，中国社会科学院评价中心的人文社科核心期刊评价体系则兼顾到学科自引量、学科载文量、引文率、摘转率等多项评价指标，相对更加综合。因此，综合量化指标分析应是数据评价的发展趋势，学术期刊要想在数据评价方面得到优良成绩，不能只关注某一方面努力，而应在转引率、转载率等多项指标上综合发展。只有这样，才能切实提高学术期刊的综合实力，真正打造具有学术影响力的期刊。

三、大数据视阈下我国学术期刊的传播路径：现代新媒体融合

大数据时代，新技术的飞速发展和新媒体的不断涌现，给传统媒体带来巨大冲击和挑战，媒体间的竞争日益加剧。近年来全球纸质媒体呈现出整体下行的趋势，发行量和销售额都大幅度下降，一些世界知名纸媒（如美国《新闻周刊》）甚至不得不宣布停止纸媒出版，只出数字版。传统媒体要想摆脱目前的窘境，需要寻求与网络等现代新媒体的融合。在媒体融合这一世界大背景下，学术期刊参与多元化的现代新媒体的融合是大势所趋。

学术期刊的现代新媒体融合发展，首先要做好刊内融合，也就是期刊内部的现代新媒体融合。网络媒体为当今时代信息传播提供了丰富多样的渠道，致使传统的纸质期刊传播的局限性表现得越来越突出，这从期刊订阅数的逐年萎缩可见端倪。因此，学术期刊要想更广泛地传播学术信息，产生更大的学术影响，就必须突破传统纸质传播方式的局限，更多地利用网络、博客、微博、微信、电子期刊等现代新媒体方式，将纸刊这一传统媒体与现代新媒体的传播通道融合起来，打造期刊多元化传播方式，以取得综合传播效果。目前，期刊网站建设已经是普遍受到重视的一种融合发展形势。大多数期刊已经建有自己的网站，作者投稿、专家审稿、编辑编稿基本可以实现网上在线完成，但这些仅只是最基本的期刊采编系统。从技术发展的可能性和用户的需求性方面来看，很多学术期刊的数字化建设都远远落后于形势发展，在信息更新、交流互动、开放获取等方面大多数网站都明显存在欠缺。此外，许多新兴媒体如微信移动终端的传播方式，现在越来越受到媒体重视和受众群体欢迎，越来越多的学术期刊也在纷纷开通自己的期刊微信公众号，以更加快捷地推出微信版期刊论文。

学术期刊的现代新媒体融合发展，在做好刊内多媒体融合的同时，也要重视同业之间的刊刊融合。这是因为在知识更新和信息传播极为迅速的大数据时代，仅靠期刊自身，已经很难在浩瀚论文的信息海洋和众刊林立的期刊森林中引起关注。而要想使自己的期刊及其所刊发论文引起关注，产生影响，必须走出去与强刊合作，实施刊刊融合发展战略，在这方面，《中国高校专业期刊》较有代表性。该系列专刊旨在打破校际界限，集中各校优势，在数字平台上实现学术期刊的专业化转型，从而构建一系列高校权威的专业期刊和专题期刊；坚持开放获取、免费使用的理念，努力实现学术资源共享，为人文社会科学学者提供最佳的网络学术平台。它最早创刊于2002年2月，由《复旦学报》《华东师范大学学报》《清华大学学报》等17家高校学术期刊联合发起，目前已增至130余家高校学术期刊。许多普通高校学报加盟后，其刊发的重点论文得到系列专业期刊的推送，实现最大范围的学术资源共享。这是单靠期刊自身努力所无法达到的效果。学术编辑并非某一媒介技术的附庸，也不必与特定媒介形态共存亡。借助在线学术平台促进学术交流，更好地为学者服务，才是新时代学术编辑使命所系。《中国高校专业期刊》已初具在线学术平台的雏形，在媒介技术和环境加速演变的今天，应更加紧密合作，以学者实际需求为出发点，尽快设计搭建充分尊重用户体验的新型在线学术平台。

学术期刊的多媒体融合发展，还应重视与专业网络媒体合作，不断强化刊网融合。无论是独立的学术期刊，还是强强联合的期刊集团或期刊联盟，往往都会在经费或技术等方面受到一定程度的制约，带有某种局限性，因而，与一些形成规模、影响较大的商业数据库和公益学术数据库合作，借助其规模化与技术专业化的网络传播优势，实现互补发展，互利共赢，是非常必要的。国内高校文科学报联合打造的《中国高校专业期刊》模式，便是在集中高校优势的基础上，借助知网的数字平台，充分发挥专业网络数据库的技术优势，通过与知网的合作实现优先出版和整体传播，以实现最佳的传播效果。随着在大数据时代的数字出版及开放获取意识的不断提高，将会有越来越多的学术期刊重视与专业化学术网络终端的合作，更好地利用商业和公益数据库提供的网络传播工具和平台，促进学术期刊的数字化转型，推动我国人文社会科学成果的传播与普及。

四、大数据视阈我国学术期刊传播路径：国际化发展

（一）学术期刊国际化的背景

1. 学术的国际化

全球化时代的到来，使得世界范围内的政治、经济、文化、科学、教育等领域的互动增多，各个国家之间的相互依赖性也日渐增强，逐步形成相互补充、相互联系的有机整体。随着研究对象的全球化，学术研究也不可避免地走向世界，国际学术交流和合作显得愈发重要。在此背景下，学术期刊国际化成为推动科学技术创新、彰显国家软实力的重要战略途径，国际化亦成为学术期刊发展的新目标和新常态。

学者桑海认为中国学术的国际化有三重境界：第一重境界是翻译西方学术著作，试图引进西方的学理和学术范式；第二重境界则强调学术输出而非输入，迫切需要得到国际认可，主张将中国学术翻译成外文在世界各地传播，兴办英文学术期刊便是其中举措之一；第三重境界则是以汉语为中心，让学术植根于本土，用汉语传播学术，推进中国学术的国际化。早在19世纪末，中国逐渐融入世界体系之时，"国际化"就成为中国学术界不可更改的宿命，一定程度上而言，中国一百多年来的学术史其实就是一部"国际化"的历史。21世纪以来，信息科学技术发展日新月异，使得国际学术交流的迫切性日益突出，国内掀起一股学术国际化的热潮，学术期刊国际化再次被提上议事日程，成为学界业界关注的焦点。与此同时，我国学术研究经过几十年的发展，已经建立起自身的评价机制与管理体制，并逐步与国际接轨。

2. 语言的国际化

语言是人们进行沟通交流和思想表达的媒介，是人类保存和传递文明成果的独特载体，在经济、社会、科技、文化领域具有至关重要的作用。从这个意义上来说，出版语言的国际化不仅为世界学术圈的交流与互动提供便利，更是学术期刊国际化的重要前提。虽然国际化不等于英语化，但是英语在国际上的地位却是不言而喻的。

英语原本是印欧语系中日耳曼语族的分支，在经历了漫长的发展和演变之后，逐渐发展成一种国际性的语言。工业革命以后，英国经济、军事实力迅速增强，迫切需要对外扩张殖民地，进行资本积累，在侵略其他地区的同时，也把自己的语言带到当地，深刻冲击当地原有的语言体系，英语开始走向世界；第二次世界大战后，美国成为超级大国，经济、科技、文化实力首屈一指，有力地巩固了英语的国际地位。

20世纪90年代以来，在全球化浪潮的驱使下，英语逐步席卷非英语国家，成为世界通用语言。据相关数据统计，目前世界上有85个国家把英语作为官方语言或母语，许多国际组织和国际会议上也把英语作为主要沟通语言。而以中国、韩国、日本为代表的许多国家，则大力发展英语教育，把英语作为主流外语在学校里讲授。这些都无疑对英语国际化的进程起到推波助澜的作用。另外，英语天然的简便性和对文化的包容性也为其成为国际通用语言奠定基础。可以说，英语的国际化是历史的选择，也是时代的选择。

3. 学术出版中心的转移

世界学术出版中心是随着经济和科学研究的中心而不断转移的。13世纪末在欧洲兴起繁荣的文艺复兴运动，带来科学技术与人文艺术革新的高潮，欧洲社会逐渐形成重视知识和自由交流的文化氛围，意大利成为世界最早的学术交流中心；1789年法国大革命爆发，摧毁君主专制制度，传播了自由民主的进步思想，学术出版中心转移到法国，文学与科学兼顾的《学者杂志》（*Journal Des Scavans*）期刊就创办于巴黎；18世纪60年代，英国以瓦特蒸汽机的改良和广泛使用为枢纽，进行第一次工业革命，开创以机器代替手工工具的时代，生产效率大幅提升，科学技术获得突飞猛进的发展，英国由此成为世界经济中心，学术出版的阵地转移到英国。世界上第一本有影响的科技期刊《英国皇家学会哲学汇刊》就是由英国皇家学会秘书亨利·奥登伯格创办的，其中许多远见卓识至今影响着学术出版。

19世纪末20世纪初，美国率先完成第二次工业革命，各种新技术、新发明层出不穷，经济和军事实力的增强使得美国迅速成长为头号资本主义国家，加之第二次世界大战中希特勒实施的"文化清洗运动"，许多科学家移民进入美国，美国成为世界科技中心，学术出版也日益繁荣。未来，中国很有可能成为下一个世界学术出版中心。中国经济社会的快速发展、科研投入的稳步增长、研发队伍的不断壮大和科教兴国基本国策的逐步实施，都为学术出版的长远发展提供了良好环境，可以说，中国已经具备了做好学术出版的条件。

（二）学术期刊国际化的内涵

何为国际化？目前学界并没有一个标准的定义，不少学者也对此进行了多角度的研究。麦格鲁（McGrew）从国际政治角度出发，认为国际化是世界联系加强的产物；罗伯特·考克斯（1994）认为通过国际化可以把国家变成世界社会；叶海尔·德洛（1998）则指出国际化是世界不同文明、不同文化进行冲突与碰撞的结合体；约翰·汤姆林森从文化研究和社会理论的角度探讨国际化的问题，认为国际化是跨越远距离的、相互依赖程度加深的一种体现。我国学者唐晓敏指出国际化不代表"全盘西化""同质化"或"充分世界化"，应当确认本国与他国差异的存在，然后相互尊重。笔者认为，国际化是世界政治、经济、文化发展的必然趋势，也是多种因素共同作用下的结果，国际化使得世界各国相互联系、相互依赖的程度加强，也使得各个国家/地区在某个领域的规章制度逐渐与世界普遍承认的标准接轨。而学术期刊的国际化同样遵循这种法则，需要在期刊内容质量、期刊编委会、出版语言、期刊读者、发行渠道各个方面实现国际化，逐步与世界接轨。

1. 期刊内容质量的国际化

期刊内容质量的关键在于作者和稿源，期刊内容质量的国际化实质是期刊作者和稿件来源的国际化。广义的期刊作者国际化既包括作者来源的国际化，也包括本国作者学术视野的国际化，而狭义的期刊作者国际化仅指作者来源的国际化。另外，作者地区分布的广泛性也是衡量学术期刊国际化水平的一个重要指标。稿源的国际化表明期刊收录了不同国家学者的文章，展示了世界范围内某领域的学术研究成果，也反映了期刊的国际化程度。一定意义上来说，期刊作者和稿源的国际化程度越高，期刊在国际上的影响力和话语权就越大，例如《自然》和《科学》吸引世界各国高质量科研论文投稿，已经成为国际公认的品牌期刊。因此，实现期刊作者和稿源的国际化，发表具有高度自主创新价值的学术论文，提升期刊内容质量，能够有效吸引国内外知名学者，从而在世界范围内扩大期刊的知名度，推进期刊国际化进程。

2. 期刊编委的国际化

学术期刊的编委肩负评审稿件、把控期刊质量的职责，对期刊的发展方向和影响范围起关键性作用。随着学术期刊国际化的发展，期刊编委的国际化已经成为一种趋势。某些国际著名检索数据库（例如美国科学引文索引 SCI）甚至把期刊编委的来源和构成的广泛性作为收录与否的重要参考依据。期刊编委的国际化包括编委队伍的国际化和审稿程序的国际化，一方面，要在期刊编委队伍中引进国外有学术影响力的学者，这些学者参与期刊的审稿、约稿、荐稿等工作，以国际化的视野，通过严格的三审制度，对稿件提出意见和建议，保障期刊质量；另一方面，在审稿程序和方法上，也要注重与国际学术期刊接轨，采用同行审稿、匿名评审等制度，保证评审过程的规范性。期刊编委的国际化不仅能够丰富编委队伍的人员构成，拓宽编委会的学术视野，优化期刊的内容质量，而且有助于增强期刊内部与国外学者的交流互动，强化期刊与国际学术圈之间的联系，从而进一步拓宽期刊的约稿渠道，对期刊的长远发展具有重要的战略性意义。

3. 出版语言的国际化

出版语言的国际化是学术期刊国际化的形式要求，随着期刊国际化的发展，期刊出版的语言需要符合国际社会的阅读习惯，用当地读者通用的语言出版，传递最新的学术理念。英语是世界上使用最多、流行最广的语言，位居世界七种主要语言之首，在国际学术交流中占据主流位置。荷兰从 20 世纪 60 年代中期开始便逐步用英语代替荷兰语，成为英语出版大国，而印度、肯尼亚、尼日利亚等许多国家则把英语作为第一出版语言。以 2010 年 SSCI 收录的新闻传播学类 67 种学术期刊为例，其中在非英美国家出版的期刊仅占 17.91%，而以英文作为出版语言的期刊所占比例却高达 92.5%。因此，出版语言的国际化，一定程度上要求出版语言英语化。当然，不排除部分国际期刊可以选择其他非英语语种作为出版语言。出版语言国际化能够帮助期刊突破语言障碍，开拓期刊海外市场，提供期刊核心竞争力，同时也是增强期刊的话语权，适应期刊国际化潮流的必然要求。

4. 期刊读者的国际化

学术期刊的国际化意味着期刊读者的国际化，而期刊读者国际化是期刊国际化的重要表现。国际化的学术期刊跳出了原本的知识领域框架，向世界范围内的学者传播当前世界最前沿的学术成果，受众由国内读者群体转变为拥有国际视野的高水平读者群体，使不同国家和不同地区的学者都成为期刊的潜在读者，极大地拓宽了期刊的读者范围。一般而言，很大一部分期刊作者是从读者中产生的，可以说读者的国际化是期刊作者和内容质量国际化的重要基础，而期刊读者的国际化与期刊发行的国际化紧密相关，期刊发行量越大、范围越广，读者国际化程度越高，期刊国际化水平也越高。总体来说，期刊读者的国际化不仅能够吸引国内外同行广泛关注，使期刊成为世界范围内该领域的学术传播平台，而且有利于吸引世界各地的优秀读者来稿，推动国际化进程，提升期刊的学术影响力和号召力。

5. 发行渠道的国际化

一本学术期刊的发行范围与读者群是衡量它国际化与否的重要标准，发行范围如果局限于国内或是使用共同母语的区域，即使有极优秀的高水平论文也很难被发现，更难以应用于我们的实际科研工作之中。打通发行渠道是实现学术期刊国际化的一个重要途径，一方面，将期刊上的优秀论文与国际学者进行深入交流，通过与国外的知名高校建立友好合作关系，扩展发行范围，面向国际市场，从而为更多的读者服务；另一方面，以英语作为期刊的主流出版语言，并且与爱思唯尔（Elsevier）、施普林格（Springer）、自然出版集团（Nature）等世界知名学术出版商合作，实施开放存取，推动期刊在全世界范围内的广泛传播，建立健全读者与高水平研究作者交流沟通的平台，扩大期刊的世界影响力。发行渠道的国际化意味着读者群的进一步延伸和放大，高水平的研究成果将被更多的人看到、被更多权威的研究机构所承认，投入实际应用的可能性更大，而读者群的国际化也会相应推动学术期刊在国际市场上的开放性，优化发行渠道，使其更加完整与多元。

（三）学术期刊国际化的意义

1. 促进学术交流与合作

在全球经济一体化的大背景下，寻求国际支持与合作，实现"强强联合"成为不可抵挡的趋势，促进国际的相互沟通变得越来越重要。近年来，不论在经济、政治还是外交方面，"中国声音"在国际舞台上越来越有分量，然而在文化教育，尤其是学术话题与理论创新方面离世界领先地位尚有一定距离，学术水平在一定程度上体现了一个国家的硬实力，促进学术期刊的国际化发展已经成为提升国际学术地位的一个重要方面。

我国处于经济政治发展的关键时期，加快学习发达国家的先进科技、开拓更多的交流渠道与平台变得尤其重要，学术期刊国际化一方面可以实现信息对称，将我们的最新研究成果与资源优势以国际间通用的语言方式向整个世界传递出去，使"高精尖"人群成为主要受众，逐步传递至更多的普通群众，同时释放出善意友好的信号，寻求合作机遇，另一方面在传递信息的同时可以更快地了解国外的新兴产业与技术发展，打开国际视野，在互相的合作交流中进一步提升我们的科研能力与研发效率。

2. 提升学术期刊的影响力

西方国家由于起步早、发展迅速，已经建立了十分成熟的学术体系，相当一部分的业内权威学术期刊都来自发达欧美国家。我国的学术期刊多而杂，高水平有国际影响力的期刊少之又少，在长期的摸索中，党和国家制定了"创新驱动发展"和"提升中国文化国际影响力"的重要战略，学术期刊国际化作为落实这两个战略的重要途径之一，通过搭建起具有中国特色的国际学术平台，扩大学术期刊传播范围。

首先，国际化的学术期刊具有极高的专业水准，在专业内容的划分上更加符合垂直细分的现代化需求，使得投稿人的投稿方向更加清晰明确，同时有利于读者实现信息的精准传达，向学术纵深发展。其次，国际化的学术期刊具有极高的学术水平，刊载最新科技创新研发成果，形成学术界独一无二的权威性与品牌价值，从而吸引更多优秀的国际学者投递高水平研究论文，进而有利于拓展经济效益，提升中国的国际品牌。最后，国际化的学术期刊具有极高的开放性，学术不分国界，高水平论文只要符合新观点、新发现，掌握事物背后的社会科学方法，对所阐述的课题提出新颖的观点与丰富的论点，都应该予以刊载，有利于提升学术期刊的国际影响力。

3. 增强国际学术话语权

"议程设置理论"是传播学中的传统观点，该理论认为大众传播往往不能决定人们对某一事件或意见的具体看法，但可以通过提供信息和安排相关的议题来有效地左右人们关注哪些事实和意见及他们谈论的先后顺序。也就是说，在现代传媒社会中，有了话语权，也就意味着有了言说的资格，掌握了话语权就意味着主宰了意识形态与舆论的走向。

在学术界，学术期刊同样具有这样的"议程设置"功能，欧美发达国家长期走在科研的前端，掌握了最新的研发技术，拥有设置国际议题的权利以及垄断性的学术话语权，在论文刊发与选择机制上都有自己的一套规范，不利于中国学术界在国际上的个性化发展。将学术期刊国际化，一方面有利于增强我国学者研发与创新的科研精神，从中国特色社会主义的角度出发去解释具有中国特色的一系列现象，从而破除西方的思维定式，建立起中国式的思维模式；另一方面加速中国文化在国际上的广泛传播，使得中国学术思想与世界先进科研思想产生更多的碰撞，互相吸取经验，同时传播中国的本土化思想，实现双向传播互动，从根源上增强我国的学术话语权。

（四）我国学术期刊国际化路径分析

1. 路径一：中国机构 + 中国出版商

在全球化的大背景下，我国学术期刊对国际化发展越来越受到重视，许多中文学术期刊也纷纷推出英文版，加快其走向世界的步伐。于是，在学术期刊国际化的征程中，涌现出一种"中国机构 + 中国出版商"的发展路径，即期刊由中国的单位或者机构主办，承办一系列办刊业务，并且由中国出版商进行出版发行、运营推广。这种自主办刊、自主出版发行的模式，在刊物的资金支持、学术内容提供、编辑人员构成、对外发行传播渠道等方面都主要依靠国内的机构和学者，期刊内容主要是翻译中文版期刊。

（1）优缺点分析。

这种路径有其自身的优点。首先，可以完全掌握期刊自主权。这种自主办刊自主出版发行的模式，能让主办单位在了解该领域学术发展动向的基础上，有针对性地进行营销和推广，从而完全掌握整个期刊发展的自主权。其次，出版发行环节沟通顺畅。办刊单位与出版发行单位都隶属国内，使得审稿、出版、发行等环节的效率提高，并且沟通顺畅，有效缩短了出版的时滞问题，加速了学术研究成果传递的进度，更具时效性与创新性，使得学者和读者可以更及时地了解最新的学术动态，也有助于提升学术期刊的国际影响力。再次，可以有效营造国际化氛围，加快国际化进程。通过这种模式，鼓励学术期刊的国际化发展，营造学术国际化的氛围，进一步培养和造就出一些优秀的学术人才和办刊人才，加强我国学术成果的国际交流，加快学术期刊的国际化进程，提升我国学术期刊的国际竞争力。

当然，此路径也存在许多问题与不足。第一，海外市场开拓难度大、成本高。目前，我国的学术期刊本身在国际上竞争力不是很大，在国际化的进程中，面对海外市场，海外宣传工作的投入比较少，自主发行工作也相对落后，发行渠道不够畅通。进而导致学术期刊的海外发行范围比较窄，并且发刊量总体上也比较小。第二，中国式英语的尴尬。在"中国机构＋中国出版商"路径指导下，学术期刊的稿件主要来自国内，对国际优质稿源的吸引力比较有限。其中很大一部分英文版学术期刊其实是在原有的中文版学术期刊的基础上发展而来的，受国内中文期刊思维模式的影响较大，国际化程度仍很低，而且缺乏国际化的编辑人才，在翻译中中国式英语的问题屡见不鲜，在本质上仍然呈现本土的特征。第三，主要受众群体仍为国内学者。我国自主创办的学术期刊数量多但质量不高、稿源及编审队伍的国际化程度有限，在国际上的影响力比较小，很多学术期刊主要的受众群体仍然为国内学者，比如高校学子和研究机构人员等。而对于大部分国内学者来说，直接阅读英文的学术期刊，尤其是一些专业性比较强的领域，仍存在一定困难，所以大部分学者在阅读前还需要再翻译成中文，这无疑又增加了其学习研究的工作量。第四，缺乏对国外优秀经验的借鉴。采取此种路径的英文学术期刊一般在中文版基础上发展而来，国际化程度较低，办刊基础薄弱，经营策略单一，实力也远远不敌国际知名的出版公司。自办自发过程中又较少与国外出版商接触，缺乏对国外优秀经营策略、营销方式的学习和借鉴。

（2）优化策略。

这种路径立足于本土，在国际化进程中，既要坚持"走出去"的发展战略，也应该积极"引进来"。一方面，在学术交流、期刊选题上"走出去"，积极拓展国际交流的规模和范围，时刻紧跟学术发展动态，聚焦学术前沿和热点，在保证期刊出版质量的基础上，对出版期刊的主题、栏目或内容进行良好的策划，提高学术影响力。另一方面，在管理模式、人才队伍、先进制度上"引进来"，坚持"国际化"的办刊方向，学习国际知名刊物的先进管理模式；加大对重要学者、重要课题以及重要会议的约稿力度，并且锁定、追踪国际同领域期刊的高被引论文作者，将其纳入约稿数据库，吸引优秀稿源，培育稳定的作者群，强化核心作者群的建设，有效提高期刊的学术含金量。此外，还要聘请更多国际化的专家学者、编辑和管理人才，组建国际化编委队伍，借鉴先进的稿件评审制度，提升期刊的知名度。

在出版发行方面，此路径下的英文学术期刊的出版大多依托于高校、科研机构等事业单位，规模不大、竞争力有限，不利于学术期刊的国际化发展。因此，要多与国际知名出版商接触并学习其优秀的期刊经营模式和编辑出版经验，争取塑造自己的期刊品牌，建立有自主产权的期刊出版平台。另外，还要加大海外市场的拓展力度，建立自身的营销渠道和网络交流平台，增强我国学术期刊的显示度，提高在国际市场的发行量。

2. 路径二：中国机构＋外国出版商

这种路径主要是指期刊由中国机构主办、外国出版商出版发行的一种模式。在这种路径中，办刊的机构包括高校、研究机构、学会、出版社等单位，中方在办刊资源、资金方面提供全方位支持，但在编辑、出版和发行等环节，则主要由外国出版商来进行，借助国外出版商的市场资源和平台优势，提升期刊的显示度与影响力。在这种路径中，中方稿源没有主导性，刊发论文中以海外稿件为主，多是以全英文出版，期刊在稿件审阅、学术规范、装帧排版方面国际化程度较高。

（1）优缺点分析。

采用"中国机构＋外国出版商"路径，我国英文学术期刊的国际化效果显著。首先，国外出版商拥有较为成熟的海外营销网络，利用与其合作的契机，不仅能够弥补国内期刊主办机构在海外市场开拓上的不足，节约期刊发行成本，而且能够提升期刊的发行量，扩大期刊的知名度、显示度和传播面，使得我国学术期刊被国际学术机构、读者所认识和接受。其次，借助数字出版平台，有效利用外国出版商的学术出版资源，有利于使期刊进入国际检索系统，被知名数据库收录，进一步拓展我国学术期刊在国际学术机构中的传播渠道，进入国际读者的视野。另外，研究机构、高校等期刊主办机构自身没有专业的期刊运营团队，在运营管理上缺少经验，而外国出版商在出版发行及管理方面比较专业，拥有国际化的编辑人才，在文章润色、学术规范、稿件处理、期刊装帧与排版设计方面更具优势。因此，将期刊出版发行事宜全部交由外国出版商，有利于期刊在编辑出版环节做到真正意义上的国际化，从而吸引优质稿源，提升期刊的学术质量。

但是，这种路径仍然存在一些问题。首先，期刊版权归属问题，随着我国期刊主办机构和国外出版商合作的深入，期刊版权保护问题会成为大家关注的焦点。此路径中期刊由国外出版商出版发行，期刊版权很大程度上会随之归属国外出版商所有，而国外出版商凭借自身的垄断地位，反过来让国内学者以高价购买其数据库，这对国内读者而言是不利的。其次，主办方与出版发行环节分离，沟通不畅，一方面，期刊的办刊宗旨和发展理念难以贯彻实施，中方稿源没有明显的主导性，刊发论文以海外稿件为主；另一方面，期刊出版发行依赖国外出版商现成的平台与渠道，自主品牌容易成为国外出版商的附庸，使期刊失去办刊自主性，在发展中受制于国外，失去自我。第三，我国学术期刊规模较小、分布零散，并且依赖国外出版商进行出版发行，市场意识比较薄弱，导致发行利润大多被国外出版商获取，经济利益分配不平衡，我国主办机构在合作中处于弱势地位。

（2）优化策略。

首先，要树立版权保护意识。在与国外出版商合作时，一方面，我国机构作为期刊的主办单位，要注意将期刊的独立版权把握在手中，版权页不仅要标注 ISSN 号，CN 号也是不可缺少的；另一方面，随着数字出版的普及，期刊的电子版权的重要性日益突出，从长远发展来看，期刊的海外发行权可授予对方发行，但要尽量避免独家授权的情况。

其次，要注重期刊平台建设与经营。说到底，我国研究所、高校、学会等机构寻求与国外出版商合作，终究只是我国学术期刊迈向国际舞台的权宜之计，从长远发展来看，我国学术期刊要想在国际上占有一席之地，绝不能完全依赖这种发行代理、版权转让、出版外包的方式，建立有自主权的国际期刊平台才是我国学术期刊可持续发展的重要目标和当务之急。

另外，采用多元营销手段，打开国际市场，强化市场意识。我国英文学术期刊在国际市场上销量的不乐观与我们宣传体系和营销方式有一定的关联。值得注意的是，目前我国尚未有一个全国性的英文学术期刊网站，这是需要改进的。在具体措施上，我们可以通过驻外大使馆、国外期刊协会网站、期刊代理商等渠道向国外用户直接征订，对于图书馆、科研院所等机构则可以用赠送和交换的方式。

3. 路径三：中国机构 + 中国出版商 + 外国出版商

这种路径主要是指期刊由中国机构主办，中国出版商和外国出版商共同出版发行的一种模式。在这种路径中，办刊的机构包括高校、国内出版社和科研院所等单位，中方在办刊资源、资金方面提供支持，然后在编辑、出版和发行等环节，通常由国内出版社进行出版并在国内市场发行，而在投审稿系统、海外发行推广方面与国外出版商合作，充分利用其平台和海外市场资源。在这种路径中，中国稿源占有主导地位，国外出版商通常拥有期刊电子版的版权。

（1）优缺点分析。

这种国际化的路径有其自身的优点。第一，国外出版商负责海外市场的发行与推广，一方面，可以降低国内出版机构的海外推广成本，充分利用国外出版商强大的国际销售网络和发行渠道，扩大期刊的发行量，一定程度上增强其在国际市场的影响力，实现我国英文学术期刊的快速成长；另一方面，通过与国外出版商的合作，国内出版商可以在合作中积累一些学术资源,学习借鉴其优秀出版发行经验。第二,国外出版商在其数据库中收录期刊电子版,数字出版的形式促进期刊大范围传播,有助于期刊被 SCI、EI、SSCI 等数据库收录,加入知名检索系统,增加期刊的可见度,促使其有效抵达目标读者,有利于学术期刊走向国际化。第三,此种路径指导下,期刊印刷版权归国内所有,中国稿源占有主导地位,国内出版机构对期刊拥有编辑审稿权限,有利于我国学者学术成果的刊发,办刊自主性较强。第四,国内出版机构负责国内市场销售与推广,海外发行业务外包给国外出版商,双方分工明确,各司其职,发行市场井然有序。

我国英文学术期刊中,采用此种路径的居多,这也是当前学术期刊市场机制尚未十分健全的情况下最行之有效的一种国际化路径。但不可忽视的是,从长远发展来看,该路径在实践中仍存在一些问题有待优化。首先,我国学术期刊在国际市场上长期依赖于与国外出版商的合作,不仅容易导致期刊海外发行权被垄断,助长国际出版集团的发展势头,从而被国外出版商掌控,而且限制了自身独立发展的空间和国际化的进程。其次,在与国外出版商合作的过程中,有时会遇到版权代理终止合作中断的情况,已经在海外发行的期刊版权归属问题会随之凸显出来。另外,由于中国稿源占主导地位,期刊刊发的论文中以翻译国内学术研究成果居多,而在海外市场推广时主要面对国际受众,这就要求期刊既要满足国内市场的需求,又要符合国外读者的阅读习惯,对期刊编辑过程、文字表达、排版风格等方面要求较高。这一系列的问题都有待优化和解决。

(2)优化策略。

这种"中国机构+中国出版商+外国出版商"的路径在编辑出版环节主要以国内模式为主,而在发行中又面向国际读者,这便对编辑人员、审稿人员有了较高要求。因此需要积极开展国际交流与合作,加大对国际化人才队伍的培养。一方面,与高等院校、科研院所合作办刊的机构要充分利用好资源优势,邀请学界业界知名专家进行指导,定期举办专业培训和学术会议等活动,提高期刊编辑人员各方面的素质;另一方面鼓励编辑关注国际市场发展动向,了解期刊所在领域的学术研究热点,把握学术期刊国际化的发展趋势等,培养国际化的视野。其次,在选择国外出版商进行合作的过程中,要占据主动地位,设置相应的合作门槛,谨慎挑选合作伙伴,真正为我国学术期刊打入国际市场服务。另外,在学术期刊的版权上,我们要有数字版权保护意识,在合作之时明确权责,避免日后产生纠纷,期刊海外发行权尽量避免独家代理,防止合作突然中断等情况的发生。

4.路径四:中国机构+外国机构+外国出版商

中外合作、联合办刊、开放经营、创新发展的模式是期刊国际化的必然选择。在期刊国际化进程中,除了我国自办刊物之外,合作办刊也是一种重要的国际交流方式,这种中外机构合作办刊的方式一方面能有效整合各方优质资源、提升期刊国际影响力,另一方面,也可以通过合作关系借助国外实力雄厚的出版平台来进行出版发行。"中国机构+外国机构+外国出版商"路径全程强调外方参与,在刊物的资金支持、学术内容提供、编辑人员构成、对外发行传播渠道等方面都充满"国际性"。具体来说,这种路径主要是指国内机构与国外机构联合主办的期刊,实行该路径的刊物国际化的特征明显,比较容易提高国际影响力。

(1)优缺点分析。

这种"中国机构+外国机构+外国出版商"路径具有其独特的优势。第一,可以学习国外编审环节的先进制度与规范。国外机构对学术期刊的编审出版已基本形成了特定的标准与规范,通过中外机构联合办刊,我国机构可以近距离地学习国外在稿件评审、期刊编排格式等方面的规范,在办刊各环节提高期刊的国际化标准。例如稿件评审时的同行评审(Peer Review)制度等。第二,可以有效整合资源优势。在稿源方面,联合办刊可以更多地吸收一些国外优质稿源;在编委方面,可以借助国外编委资源,提高办刊质量;在出版发行方面,利用国际出版平台的优势可以提高期刊的国际发行量。总而言之,在整合各方面的资源优势后,中外联合办刊的形式更容易提高期刊的国际地位。第三,可以学习先进的办刊理念与经营模式。我国大多数期刊社或编辑部往往都是采取事业单位行政化的管理模式,其运行机制、办刊理念、经营模式都很难适应当前学术期刊国际化发展的需要,缺乏自主经营和市场竞争能力。与国外机构联合办刊,可以从合作的过程中学习到国际上先进的办刊理念,优化学术期刊的管理机制,学习国际市场上的经营模式,提高期刊的竞争力。

当然,这种路径还是存在一定的问题。首先,办刊资源集中度低。中国机构和外国机构联合办刊使得期刊的办刊主体多元化,导致办刊资源较为分散。国内外双方的期刊工作人员,在合作办刊的各个具体环节中,人员沟通、意见商讨、学术交流等工作的实现都有一定的局限性,不利于学术期刊的整体发展。其次,联合办刊中出版传播平台在国外,略显被动。这种全程强调外方参与的模式的确在一定程度上提升了期刊的国际化程度,但中外联合办刊并由国外出版商发行的这种路径也面临着平台在"他手"、自主性不强的问题。先进数字平台会让期刊资源产生积聚效应,我国在学术期刊的国际出版中处于分工和产业链的中低端,传播平台主要在国外。因此,在国际合作中,即使学术期刊的国际影响力是在逐步提升,但学术期刊想真正走出去,还是需要在国际上建立高影响力的出版平台,才能在合作中占据主导地位。

(2)优化策略。

首先,在工作中加强沟通,形成高效的合作机制。这种中外合作办刊的路径对于工作的沟通障碍,我们可以通过加强多种形式的交流、形成长期高效的合作机制来克服。比如说,可以采用电话会议、视频会议等形式来进行具体工作的商讨。而且,随着合作的持续性和工作的重复性,在具体工作环节可能会形成一定的惯例和规范,这样也可以有效地解决异地工作人员的分散性问题。其次,建立期刊出版平台,把握传播的主动权。如今,在期刊国际化的进程中,建立一个有影响力的期刊出版平台显得尤为重要。我国目前稍显成熟的期刊集成平台普遍存在期刊数据不全面、知识产权不明确等问题,必须借鉴国际成熟的期刊出版平台的经验,加以完善。总之,国际一流的期刊出版平台已经成为期刊国际化的核心竞争要素,在期刊出版平台的选择上,大多数人习惯以爱思唯尔(Elsevier)、施普林格(Springer)等一些大型的出版集团作为标杆,来判断学术期刊的发展状况。我国期刊在走向世界的过程中要想掌握主动权,应该牢牢抓住出版体制改革的浪潮,整合国内外的出版资源,建设几个规模庞大、技术先进、管理规范的出版发行平台,实施集约化经营和规模化发展,在提升自身能力的同时,也吸引国外高质量学术期刊的加入。

第五章 大数据时代学术期刊数字出版技术创新研究

第一节 当前中国期刊数字出版技术创新的制约因素分析

一、自主创新能力不足，人才匮乏状况凸显

随着现代电子及网络信息技术的飞速发展，全球出版业发生了巨大变革，经历了一场深刻的数字化转型，世界范围内的出版新技术、新终端层出不穷。在世界出版技术突飞猛进的过程中，我国出版界将转型的落脚点更多地放在了技术和设备的引进上，而对出版单位自主研发方面的投入明显不足，重引进轻创新，致使大多数字出版单位的自主创新能力缺乏，在数字出版产业链中仍然处于低端环节，在世界范围内的出版业竞争中处于弱势地位，技术创新的参与度较低。目前，我国期刊数字出版基本上是由技术提供商引领，呈现出一定程度上的垄断特征，除少数有实力且资金雄厚的出版集团在有限的范围内拓展数字出版业务以外，我国众多中小型出版单位受制于资金、管理水平及人才状况的制约，在数字出版及高端数字产品的研发和输出方面还难有作为。

在当前情况下，期刊数字出版创新的关键是数字技术的创新能力和期刊出版相关数字企业管理能力的提升，而这恰恰是期刊数字出版核心竞争力的主要内容，归根结底，这主要体现在具有复合知识结构的高层次数字出版人才上。与期刊的传统出版不同，期刊的数字出版要求从业者不仅要具备极高的出版业务素质，同时还要能够熟练掌握现代数字出版相关技术。从一般意义上说，期刊数字出版产业的发展速度越快，其对期刊数字出版技术创新的要求就越高，对人才的数量和质量的需求就越迫切。当前，在我国期刊数字出版产业急速发展的背景下，数字出版人才还远不能满足产业发展的需要，具备较高的出版业务素质并熟练掌握现代数字出版相关技术的复合型人才匮乏状况凸显，这从根本上制约着我国期刊数字出版技术的创新。我国期刊数字出版产业的发展仍处于探索阶段，还不具备进行大规模自主创新的基本条件。虽然我国在出版人才的培养及科学研究方面已初具规模，形成了专科、本科、硕士和博士等多层次、多方向的人才培养体系，但面对迅猛发展的数字出版产业，人才培养滞后甚至脱节于数字出版产业的发展仍是不争的事实。目前，国内

能够培养数字出版专业人才的高校较少,社会上又缺乏数字出版方面的再教育,导致许多人仓促入行,技术水平参差不齐,影响了期刊数字出版产业的可持续发展。同时,大多期刊出版单位在人才管理方面还不够规范,人才管理仍停留在传统的人事管理模式上,阻碍了优秀人才的培养与引进,这是导致复合型人才匮乏的根本原因。因此,如何通过树立全新的期刊出版产业发展理念、优化期刊出版类相关学科的师资队伍、建立新的课程体系,以构建全新的人才培养模式,为期刊数字出版培养复合型人才,已成为我国期刊数字出版人才培养方面需要迫切研究和解决的重要课题,成为我国期刊数字出版产业能否可持续发展的关键。

二、产业链条尚不健全,行业标准严重滞后

就我国期刊数字出版产业当前的发展状况而言,其产业链并不畅通,产业链内各环节缺乏有效的交流与合作是制约其技术创新的主要障碍。对于产业发展来说,一个运行良好的产业链条上的每个环节都应进行细致的专业分工,只有通过各环节有效的交流与合作,才能形成产业链发展的整体优势,形成 $1+1>2$ 的良好态势。当前,我国期刊数字出版产业呈现出模式多样化、内容增值技术化和参与主体复杂化的发展趋势,在期刊数字出版产业的持续发展进程中,其产业链将会越来越复杂。在现代电子网络信息技术飞速发展及社会化阅读逐步深入的背景下,期刊数字出版产业链有必要重新整合,构建一条完整、和谐的产业价值链是促进期刊数字出版技术创新的当务之急。

标准化是一个产业发展成熟的重要标志,也是技术创新的有利保障。近年来,我国期刊数字出版产业发展迅速,但标准化体系还没有完全建立起来,在产品生产、交换、流通及版权保护等诸多方面都缺乏规范标准。目前,我国各类期刊数字出版物的技术标准尚没有统一规定,各大期刊数字出版商分别采用不同的技术标准,极不利于行业内容的交换和整合。统一行业技术标准的缺失不仅使期刊数字出版物的兼容性、便捷性大打折扣,限制了整个行业的有效整合和业界合理的技术交流,也使得期刊数字出版业内部各行其道,这显然已经成为产业发展的一大短板,阻碍和制约了产业的健康发展。当前,我国期刊数字出版行业中主要有传统出版行业、技术开发商、网络和通信运营商这三种参与单位。在期刊数字出版行业的具体运营过程中,这三类单位均遵循各自的赢利方式进行数字化生产或转化。在实际操作过程中,传统出版行业作为数字出版内容的提供商,主要负责传统出版内容的数字化转化,在数字出版产业链中处于低端环节;从事技术开发的企业作为数字出版的技术提供商,主要负责相关技术的转化,在数字出版产业链中处于核心地位;网络和通信运营商主要依靠其强大的网络终端服务于数字出版行业,以实现数字出版业的正常运转。目前,我国期刊数字出版企业大多规模较小,竞争力相对较弱,在世界期刊数字出版产业链中仍处于低端环节。由于发展不充分,缺乏统一的联盟平台,期刊数字出版商之间不能有效交换信息,从而形成信息资源的荒置和浪费现象,导致我国期刊数字产品的格式

众多。在这种情况下，出版机构希望作者能够提供符合其出版软件支持格式的稿件，数字发行商希望内容提供者能够提供符合其标准格式的数字内容，而对于读者来说，由于不同数字技术提供商不同平台的不同格式难以无缝对接，其阅读就表现得不够便捷，这与跨媒体出版所提倡的"一次制作，多元应用"的理念是不相符的。

三、版权困局急需破解，监管机制有待进一步完善

较之传统出版业而言，数字出版侵权规模大，侵权手段复杂且危害程度深，已经严重威胁到我国期刊数字出版产业的生存和发展。在整个期刊数字出版的技术创新过程中，版权保护问题尤为关键。我国政府依据数字出版产业发展的实际情况，采取了一系列促进新兴业态发展及技术创新的行之有效的措施，制定了《数字版权保护平台基本技术要求》《数字版权标识符（DCI）》《版权保护标准体系表》等技术标准，这些标准涵盖了版权保护标准体系的框架建设、数字版权作品身份标识、数字版权保护平台和技术等诸多领域，为数字版权作品的识别、登记、交易、结算、取证以及数字版权保护平台的搭建与数字版权保护技术研发工程的有序进行提供了规范与引导。但由于目前我国期刊数字出版的产品用户规模庞大，内容容易拷贝复制，且盗版者具有分散、匿名等特点，现阶段对数字内容终端侵权的监控还存在一定难度，严重阻碍了行业的正常、健康发展。目前，我国还未出台专门的数字版权保护法。虽然2001年修订的《中华人民共和国著作权法》及2006年颁布的《信息网络传播权保护条例》明确界定了网络著作权的法律定义，但对侵权范围的规定还不够明确细致。现行的《互联网出版管理暂行规定》《互联网著作权行政保护办法》及《最高人民法院关于审理涉及计算机网络著作权纠纷案件使用法律若干问题的解释》等法律法规也已明显不适应数字出版条件下的版权保护要求，其中涉及诸如证据效力的确定、权利主体的认定、授权方式及范围、利益分配和责任的认定等问题都需要法律的进一步细化和明确。由于数字出版的版权保护力度较弱，导致数字出版主体的合法权利，尤其是经济权利难以得到有效维护。和期刊数字出版相关的诸多出版业务都面临版权问题，由于著作权主体数量巨大且种类繁多，数字出版侵权案件面临取证难、认定难、维权成本高等一系列问题。

当前，电子信息技术日新月异，网络出版的发展变化速度越来越快，大众参与程度也越来越高，因此，监督管理的难度极大。相对于传统出版而言，互联网出版的管理对象具有极强的特殊性。在传统出版领域的监管过程中，一直以来都实行审批登记，依靠发文、年检、选题规划、样本缴送等管理手段，这显然不能与互联网出版的监管要求相适应，导致主管机关对期刊的互联网出版无法达到有效监管，严重制约着我国期刊数字出版产业的技术创新。此外，我国期刊数字出版还存在多头管理的现象，要申请行政执法，就必须涉及文化、新闻出版、工商、公安等多个部门，监管成本极高，且这些管理部门主要采取行政许可的监管手段，缺乏有效的事后和动态监管机制。监管机制的不健全及监督与协调中间机构的缺位已成为制约我国期刊数字出版产业技术创新的主要瓶颈。因此，加强期刊数字出版产业的行业内部版权管理已迫在眉睫，如何从源头上遏制侵权问题，形成数字版权司法保护、行政保护以及技术保护的有效结合，应该成为下一阶段政府相关主管部门优先考虑的关键问题。

四、集群创新水平不高，有效的赢利模式还未真正形成

期刊数字出版产业集群既是内容提供商、平台服务商、网络运营商、硬件生产商等产业链角色的内部集中，也是期刊数字出版产业外部的衍生企业或组织的组群行为。产业的集群发展能够推动集群企业在竞争与合作间寻求有效的平衡点，进而实现集群企业间的协同创新，形成企业主动规划准确的竞争区间和产业定位、各环节各司其职、集群企业在自身的优势领域侧重有序的发展态势。相比于游离在集群外的单个企业而言，产业集群在技术研发、技术扩散、协同创新、资本运营等方面更具优势，具有更大的发展空间和潜力。事实证明，集群创新是数字出版产业技术创新的主要动力源泉之一。经过多年建设，我国数字出版产业集群已初步形成了数量上的规模化，表现为国家部委和各地方政府产业基地的建设浪潮。虽然我国各级数字出版基地纷纷建立，但目前我国大多期刊数字出版单位新技术的研发与应用还只是在单个企业范围内进行，期刊数字出版产业集群的发展并不均衡，还没有发挥集群优势，对市场的占有率和影响力损失严重。当前，我国期刊数字出版产业的技术创新及集群发展机制还不成熟，产业集群职责界限不清晰，"企业是实的、集群是虚的"的状况凸显，集群创新水平不高，产业的规模发展优势难以真正体现。

期刊数字出版的赢利模式归根到底就是以其内容、技术和服务的提供从客户和用户处得到付费收入，从而实现赢利。尽管数字科技迅速发展，数字产品琳琅满目，但人们从印刷物到屏幕的阅读习惯的改变仍需要一定时间。虽然当前我国期刊数字出版产业在产品内容与种类上已经具备一定的规模，技术创新的步伐也越来越快，但远未在质量和效益上形成经济规模，还未形成统一、稳定的赢利模式。目前，我国期刊数字出版领域主要有三种赢利模式。第一种为有偿的阅读和信息服务；第二种是与大型网站合作，打造三方共赢格局实现赢利；第三种是探索品牌营销和广告植入等创新赢利模式。具体来说，主要有免费提供数字出版产品、有偿消费、与硬件捆绑销售三种消费模式。在这三种销售模式中，免费模式占主要地位，主要依靠广告收入获取收益。目前，我国几大期刊数字出版平台的赢利模式以网上包库和镜像为主，广告为辅，仍未形成新的有效增长点。包括中国知网、万方数据、维普资讯在内的传统期刊互联网出版商多采取网站上的广告业务。其中，维普资讯制定了比较完整的网站广告招商和管理方案；中国知网利用十几年发展塑造的品牌形象，吸引了很多学术期刊杂志社、科研院所、研究学会以及高水平会议的广告投放。这种广告形式符合学术传播的特点，具有一定的针对性，但却无法形成规模化的广告营销，因而收益极其有限。同时，大部分多媒体杂志或期刊发行平台由于缺乏足够的品牌影响力，读者规模有限，也无法有效吸引广告主的投放兴趣。在这种情况下，广大免费运营商为了节约成本，只将传统出版或者其他网站的内容简单复制，导致出版质量低下，广大消费者对数字产品有偿消费的意愿不高，使有偿消费的发展举步维艰，期刊数字出版的有效赢利模式还难以真正形成。

第二节 提升中国期刊数字出版技术创新水平的对策建议

一、增强自主创新能力，提高期刊数字出版人才的培养水平

从本质上讲，技术是期刊数字出版的灵魂，没有数字化的先进技术就没有现代化的期刊数字出版产业。科技进步和技术创新是转变产业增长方式、有效提高产业增长质量和速度的重要途径，自主创新能力的有效增强是推动产业技术进步的关键因素。一方面，应继续加大对期刊数字出版产业的科研投入力度，充分发挥市场在科技资源配置中的基础性作用。众所周知，科技投入是科学研究和技术创新的重要基础，是推动技术进步的基本要素，是技术进步和生产率提高的根本保证。当前，在加大财政对技术创新和科技投入支持力度的同时，各级政府可以考虑建立相关的激励投融资制度，采取有效措施对政府资金及民间资金进行合理引导，吸引各类资金科学有序地投向期刊数字出版领域。另一方面，要在充分发挥企业在技术创新中的主体作用的基础上，注重产学研的结合，为期刊数字出版产业的发展营造良好的技术进步条件。企业是创新主体，企业的创新能力是整个期刊数字出版产业技术创新的基础。但目前我国广大期刊数字出版相关企业在规模与实力方面还不具备独自承担技术创新的能力，在这方面必须要加强与高校和科研机构的合作，充分发挥国家科研机构的骨干和引领作用，充分发挥大学的基础和生力军作用，进一步形成科技创新的整体合力，逐步形成协同创新的发展态势。而从当前的实际情况看，高校和科研机构还存在着不同程度的经费支撑问题，所以还需要在政府层面给予强力的支持。另外，从创新的方式来看，广大期刊数字出版相关单位应根据其不同的发展阶段，针对不同产品和不同的技术领域分别采取自主创新、模仿创新和合作创新三种不同的模式，扬长避短，实现技术创新与技术改造相结合，自主创新与模仿创新、合作创新相结合，从根本上提高期刊数字出版的技术研发能力。

人是最活跃的生产力，高端数字出版人才的有效供给是我国期刊数字出版产业可持续发展的重要支撑和有效保证。伴随着期刊数字出版产业的飞速发展，我国期刊数字出版领域的高端人才储备与培养问题凸显，已成为阻碍期刊数字化出版产业发展的主要"瓶颈"，严重影响了我国高端期刊数字产品的输出层次。期刊数字出版人才的培养应从以下几个方面入手。第一，政府部门、科研单位、大中专院校要在期刊数字出版人才的培养方面有所

作为，充分发挥各自优势，形成期刊数字出版人才培养的良好氛围。要加大期刊数字出版人才培养基地建设，鼓励有条件的高校开办期刊数字出版的相关专业，并在人才培养方面把好"入口关""教学关"和"出口关"，培养能够满足期刊数字出版产业发展需要的高级专业人才。第二，应进一步推动出版专业学位与出版职业资格的紧密衔接，形成数字出版人才的多元化培养体系。第三，应进一步探寻产学研一体化发展的有效途径，促进高等院校、企业与研究机构的有效沟通和合作，在产学研协同发展的过程中提升期刊数字出版从业人员的业务水平，为高端期刊数字出版人才的培养提供有力保障。

二、科学整合期刊数字出版产业，优化产业链利益分配

随着经济全球化、一体化进程的逐步推进以及国际分工的逐步细化，市场竞争的层次不断升级，已由过去单个产品、单个企业之间的竞争逐步转向国家间产业链与产业链之间的竞争，由产业链低端向产业链高层次的攀升是提升国际竞争力的有效途径，其生产效率及在产业链上的高低已成为决定一个国家核心竞争力的关键要素之一。对于任何一个产业来说，构成其产业链的各个环节是一个统一的有机整体，产业链上的每个环节都具有前后向的供需关系，其上下游之间具有内在的逻辑性且联系紧密，各环节之间协作的紧密程度直接影响着整条产业链的运行效率。传统期刊出版业一般只包括编辑加工、产品印刷和发行销售等有限的几个环节，产业链较短。较之于期刊的传统出版，期刊数字出版产业中还包括诸如衍生产品生产企业、数字化技术研发企业、数字化技术应用企业等许多环节。从当前状况来看，我国期刊数字出版产业链上还缺乏统一的出版技术标准，期刊数字出版产业的发展还面临诸多困境。在这一方面，不仅要整合数字内容出版商，通过有效运营，实现数字出版产品数据格式的一致性，同时还要整合数字技术提供商，加强集成研发，不断优化产业链上的利益分配。只有通过数字出版产业链的有效整合，充分发挥产业链条上各个环节的比较优势，扬长避短，实现其在产业价值链上的逐步攀升，才能够从根本上提高我国期刊数字出版产业链的整体运行效率，降低期刊数字出版产品的生产成本，在更大程度上激发读者的消费需求。但考虑到我国期刊数字出版产业目前的发展状况，在具体实践过程中，还需要加强政府在宏观层面的正确引导，积极采取有效的配套措施，加大对期刊数字出版技术创新方面的投入力度，促进监管机制的健全及管理体制的创新，科学整合期刊数字出版产业，形成促进期刊数字出版产业技术创新的内在动力。

三、加强期刊数字出版的版权保护力度，构建有效的监管机制

相对于传统的出版方式而言，期刊的数字出版具有从内容生产、产品形态到管理过程的数字化特点，复制容易，侵权现象时有发生且监管困难。因此，加强数字出版的版权保护力度对期刊数字出版业的可持续发展至关重要。目前，我国的相关立法如《著作权法》《音像制品管理条例》《互联网出版管理暂行规定》《著作权法实施条例》及《出版管理条例》等在期刊数字出版方面的针对性和可操作性不强，在鼓励期刊出版创新方面还存在

诸多现实问题。因此，在制定期刊数字出版产业的相关政策时，应从技术创新的版权保护方面给予更多的支持，必须要强调创新的重要性。一方面，要加强期刊数字出版产品内容方面的创新，不断完善创新激励制度，通过制定相关政策、法规，引导作者发表原创作品，促进期刊数字出版内容质量的稳步提升；另一方面，还要在期刊数字出版商业模式的创新上下功夫，探索适合我国期刊数字出版发展阶段的可行、有效的商业模式，在有效的版权保护制度下，鼓励期刊的数字出版技术创新。

此外，我国期刊数字出版产业的发展离不开健全的监管服务体系。在监管机制建设方面，有必要将数字出版和数字传播企业进行分类分级管理，并在此基础上制定相关政策，将数字内容出版企业、数字化内容加工企业、数字化内容投送和传播企业的性质进行严格分类，分别授予资质并纳入管理。在这一方面，应考虑建立期刊数字出版管理平台，实现对期刊数字出版平台的统一、综合、全面管理。这样，不仅可以将期刊数字出版监管思路与技术手段有机融合，而且可以将符合条件的期刊数字出版运营平台纳入统一的管理体系中来，并实现规范化管理，进而夯实对期刊数字出版产业发展的监管基础、提高期刊数字出版的管理水平和内容质量，促进我国期刊数字出版水平的全面提升。

四、促进期刊数字出版集群创新，逐步形成有效的赢利模式

在我国数字出版的发展过程中，存在集群建立初期政府话语权偏大，集群发展期政府又过早放手、自由放任市场力量来主导集群的现象，这在极大程度上限制了产业集群的发展。我国传统期刊出版业的数字化转型最终能否成功，关键就在于是否能够找到一个适合我国国情及我国期刊出版业发展特点的赢利模式。为解决这一问题，一方面要整合现有数字出版集群的主管部门，理顺其工作关系，对国家级集群和省市级集群进行有效整合，避免分散、混乱和不利于集群的布局及协调发展的现象；另一方面，还要注重引导期刊数字出版相关企业之间的互利合作，建立起适合我国期刊数字出版产业发展实际状况的资源共享机制，制定出集群发展的合理规划，培育具有较强市场竞争力的企业群，提高企业协作共赢的程度和水平，逐步形成有效的赢利模式，推动产业集群的稳健运行，促进我国期刊数字出版产业的长期、可持续发展。

第三节 中国期刊数字出版技术的未来发展趋势

一、期刊数字出版技术将进一步向跨媒体、立体化方向发展

"有篇文献，我想去图书馆查一下纸质期刊"，"还是回去上网看吧，网上的比较全"，"我还是用手机直接上网看吧，这样更方便"。随着数字出版技术的快速发展，期刊不只以纸质的形式出版，单一的纸质媒体已经不能满足人们日益增长的精神文化需求，电子媒体、网络媒体、流媒体等新媒体的出现生逢其时，大大方便了人们的学习与阅读，增强了人们获得信息的能力。当前，可以通过台式电脑、笔记本阅读，也可通过手机、平板电脑等移动终端进行阅读。随着移动互联网技术的日益发展，利用PC电脑、手机、平板电脑等设备进行期刊阅读已经成了期刊阅读的主要方式。尤其是在网络多媒体杂志方面，不但能够进行传统的文字阅读，同时还集成了精美的高清晰度图片、动人的背景音乐、令人兴奋的视频、杂志化的页面安排等，丰富了期刊的表现形式，使期刊阅读变得更加生动、有趣，给人们一种不同于以往的全新的、立体的视听感受，其信息获取的便捷性、立体性、生动性吸引着当今的广大阅读者。未来，随着各种数字阅读终端设备的不断普及，在用户多元化阅读需求的背景下，期刊数字出版技术将会进一步向跨媒体、立体化方向发展。

二、期刊数字阅读技术将进入"后终端时代"，内容依然为王

数字出版科技创新及应用是期刊数字出版产业发展的根本动力。近年来，我国数字出版产业发展日新月异，新技术、新终端层出不穷，新型阅读方式不断涌现，阅读方式丰富多彩。但在未来，随着阅读终端产品种类的不断丰富，精美的数字读物已经逐步得到相应硬件的支持，数字出版开始进入后终端时代。

从一般意义上讲，阅读的目的永远是为了获得优质的内容资源。在新媒体的冲击下，期刊出版业的发展被寄托在出版媒介及阅读终端的创新上，而期刊出版的内容曾一度被忽视，显然这是一种误区。新的数字出版技术虽然能使期刊的出版模式及阅读方式发生颠覆性的改变，但期刊出版及阅读的本质依然是围绕内容生产而进行的创造性劳动，内容生产依然是期刊出版的核心，从选题、编辑加工、校对到出刊，这些传统期刊出版的必然流程，也仍然是数字出版的核心流程。在数字出版技术飞速发展的背景下，期刊的转型依然需要以内容吸引读者，满足读者的阅读需求，并适应其已然变化的媒介接触习惯和阅读喜好。

阅读终端并不是消费者决定是否阅读的关键因素，电子资源用户的阅读焦点仍然聚集在内容资源上，内容依然是阅读的实质。因此，随着期刊发展的"后终端时代"的到来，期刊内容将成就新的王者。当前，在网络信息技术突飞猛进的情况下，一般化的信息已经不再是稀缺资源，人们能够获得的信息越来越丰富，其对个性化的信息要求也越来越高，这就要求数字出版的内容要更具特色化和分众化的特点。未来，在期刊的数字出版进程中，期刊的内容仍是决定期刊品牌及影响力的关键，只要以优质的内容吸引读者，满足读者的阅读需求，就完全能够在数字化浪潮中站稳脚跟，赢得更多的读者和市场。

三、"注重用户体验"将成为期刊数字出版技术创新的主要方向

数字出版不仅扩展了出版业的内容，拓展了出版物的传播空间，延伸了出版业生产的形式，而且从根本上改变了人们对出版业的消费观念及消费体验。互动性是网络与新媒体区别于传统媒体使用体验的最重要的特点之一。在未来，"注重用户体验"将成为期刊数字出版技术创新的主要方向，数字期刊的内容服务将进一步实现便捷化和互动化。更加注重用户体验，将成为未来出版单位迎合用户消费观念的主要途径。

期刊的数字出版方式，不仅仅是期刊内容的电子化与网络化，而且是一种全新的传播呈现和阅读方式。数字期刊不仅应该有文字，有媲美纸质版的高像素的精美清晰的图片，而且应该有音频、视频及背景音乐、动漫等，实现多媒体的呈现方式，既保留传统期刊内容，又加入新技术和新形式，全面提升用户的阅读体验。在创新用户体验方面，未来的期刊数字出版将会从用户需求方面出发，在更高层面和更大程度上将传统纸质阅读、互联网阅读、移动终端阅读的界限打通，追求高品质的内容呈现，让读者拥有更多的选择空间，使其成为一个真正的期刊内容专注者。

目前，一些知名期刊的数字出版已实现互动服务，用户不仅可以阅读到特色内容，而且可以参与即时评论，或者直接和作者交流。内容出版和内容服务融合互动的数字化是未来数字期刊的一大发展趋势。

四、期刊数字出版技术创新对专业人才的需求将更为迫切

未来，随着行业竞争的日益加剧，人才储备将成为大数据时代期刊数字出版单位的主要争夺领域。相对于传统出版而言，数字出版要求从业者必须具备很高的业务水平。从一般意义上讲，数字出版产业的发展速度越快，对人才的数量和质量要求就越高。在我国数字出版急速发展的背景下，数字出版人才还远不能满足产业发展的需要，信息技术领域的复合型人才匮乏状况凸显。事业的发展要以人才为基础，优秀人才的匮乏将会严重影响到期刊数字出版产业的建设和成长。相对于传统出版而言，未来大数据时代期刊数字出版的高新技术将会呈加速态势迅速涌现，这就对期刊数字出版从业者的知识结构及技术、管理水平提出更高的要求。因此，大数据时代对期刊数字出版从业人员的基本要求应包括较高的技术素养和数据分析能力，并要精通数字出版业务和市场运作。较当前而言，未来的期刊数字出版市场对期刊数字出版专业人才的需求将更为迫切。

五、期刊数字出版技术创新的赢利模式将会逐步清晰

无论是新媒体还是传统媒体，赢利模式始终都是必须解决的关键问题。当前中国期刊业的数字出版发展状况之所以仍然不够理想，重要的原因之一就是产业链和赢利模式仍然不成熟。目前，我国期刊数字出版产业的主要赢利模式主要有有偿的阅读和信息服务、与大型网站合作、品牌营销和广告植入三种模式。

第一种是有偿的阅读和信息服务。在移动市场上，用户支付阅读费用和相关的流量费，数字期刊通过与电信服务运营商合作分成，便可实现稳定的赢利。如，中国知网通过与期刊界及各内容提供商达成合作，目前已经发展成为集期刊、硕博学位论文、会议论文、报纸、工具书、年鉴、专利、标准、国学、海外文献资源为一体的国际化网络出版平台，其收入来源于收费阅读下载、有偿信息服务等多种渠道。

第二种是与大型网站合作，打造三方共赢格局实现赢利。例如，在2012年数字出版年会上，龙源期刊网发布了iPad杂志商店"刊"平台，开启了中文期刊进入iPad的先河，

龙源期刊网也因此成为我国首家进入 iPad 的中文综合类媒体。

  第三种是探索品牌营销和广告植入等创新赢利模式。大型期刊数字出版平台及一些知名期刊都具备较高的品牌影响力，网站访问量较大，数字期刊的点击率和下载阅读量也很大，较高的网站访问量及点击率使其拓展广告营销等增值服务等赢利方式成为可能。

  当前，我国期刊数字出版的赢利模式以付费阅读及拓展广告营销等增值服务范围为主，并形成了大型网站、期刊数字出版平台、用户的三方合作共赢的赢利方式。赢利模式的多元化趋势在一定程度上改变了期刊数字出版的单一发展格局，但目前有效的可持续赢利模式还没有真正形成。在未来的新媒体环境下，数字内容产品消费者付费意愿将不断提升，尤其是移动阅读人群的增长，将使数字期刊的赢利途径进一步拓展和成熟，从而带动产业链的进一步完善，期刊数字出版技术创新的赢利模式也将会逐步清晰。

第六章 大数据时代学术期刊出版数字化研究

第一节 大数据时代学术期刊出版数字化转型基础研究

一、期刊出版社发展数字出版的必要性

（一）我国数字出版的发展

1. 我国数字出版的发展特征

从全球的数字出版态势来看，数字出版已经进入一个高速发展期。我国的数字出版也已历经十多年的历程，从近几年的数字出版产业年度报告中可见，我国的数字出版产值连连攀升，并且数字出版增值空间仍在持续。然而，与国外的数字出版发展路径不同，由于我国文化、地域、制度的特殊性，我国的数字出版发展呈现出其自有的特征。

（1）产品结构特征。

根据产值的内部构成来看，网络游戏、网络广告和手机出版三部分占据数字出版产值总构成的大部分份额，成了名副其实的三巨头，而真正与传统出版领域紧密相关的数字书报刊领域的产值总量有限，数字出版的繁荣仅仅表现为手机出版、网络广告、游戏领域的发达。从业态竞争格局来看，数字出版服务商仍是主导在电子期刊领域，龙源期刊、万方数据、维普、清华同方知网等占据90%以上的份额；而电子书领域，由方正集团、中文在线、书生、超星四大企业主导，传统出版商在竞争中尚处明显的弱势地位，盈利模式尚不清晰，无论在资金、规模还是活力上都无法与大型的数字技术服务商媲美。

（2）产业链秩序特征。

数字时代的出版本应是内容为主，谁掌握了内容谁就掌握了产业链的主导权：以电子书产业为例，根据产业发展的实践情况，业界将电子书发展划分为三个阶段，即电子书1.0时代、电子书2.0时代、电子书3.0时代，并且认为电子书产业的良性发展路径应是从电子书1.0阶段（即纸质书电子版）发展为电子书2.0阶段（原生书电子版），最后为电子书3.0阶段，这从国外的数字出版发展中已经得到验证。从国外发展经验来看，英美等发达国家数字出版产业最早是产生于拥有大量内容资源的专业图书领域，如Spring link在线出版平台，Cambridge eBook Collections 电子书数据库等都是由传统出版商率先发起的。

目前，美国最大的图书零售商亚马逊上销售的电子图书也主要是由纸质书转化而来，其数字出版的发达主要表现为电子书1.0的发达，市场主动权仍由传统出版商主导。然而与国外数字出版的发展路径不同，我国数字出版的兴起不是原发于出版业内部，而是由外部的技术开发商推动，因而最初便是技术提供商占主导，传统出版单位处于被动地位。到目前为止，数字出版市场仍然是技术提供商以及由之而转化来的数字出版服务商为主导，传统出版单位在数字出版的第一轮竞争中丧失主动，电子书市场的发达主要表现为电子书2.0的发达。虽然这种产业格局下的市场也涌现出一些成绩突出的数字出版企业，如盛大网络、汉王科技。但是这些由技术起步的数字厂商所创造的免费阅读模式使传统出版商的以内容来收费的盈利模式受到严重挑战。在免费阅读模式下，传统出版商往往仅仅作为内容出版商获得少量的版税分成，严重的利益分配失衡造成传统出版商的进入迟缓，这种产业链跨越式的发展给整个产业的推进制造了难题，导致市场中呈现技术商没有内容，传统出版商没有技术的僵局，整个数字出版产业链中上下游之间的功能错位，运作不畅，延滞了数字出版的发展进程。

（3）内容结构特征。

由于电子书2.0的发达，传统出版进入数字出版的相对滞后，使我国的数字出版内容产品以非主流的消遣、娱乐产品为主。由于我国互联网的真正普及是从2005年左右宽带的接入开始的。在此之前的十几年中，我国的互联网是绝对的精英和小众媒体。而宽带的出现，在短短一两年时间内，使互联网从文本媒体转化为多媒体成为可能，进而实现从精英媒体向大众媒体转化。由于在这个转化过程中，缺乏一个从精英到大众的过渡期，使我国互联网服务中的基于文化传承的知识含量比重很小，从而导致在数字出版内容的传播中，呈现出网络化的供即时消遣、娱乐的快餐文学、音乐、游戏的盛行，而真正立足于思想传播、文化传承，基于文本形式的传统数字出版从一开始便处于被边缘化的地位。

然而数字出版是一个刚刚兴起的产业，它还处于培育发展期，首先发展起来的领域将不能代表数字出版的所有内容，也不等于说传统出版将永远弱势。从近几年电子图书的营收数据来看，数字出版得到了飞速提升，这一领域伴随着传统出版商观念的转变，态度的积极加入，手持移动终端的普及，格局将会发生新的转变，传统出版领域仍有巨大的发展潜力，空间无限。

2. 常见产品类型及盈利模式

随着数字出版领域各种资本、技术、传统力量的进入，数字产品的种类也逐渐丰富起来，并形成了一定的商业模式。总体上而言，目前市场中流通的最主要的数字产品可以分为两大类：①基于不同内容特征而开发的电子书、数据库、E-learning在线教学互动社区、按需出版等产品类型；②基于阅读载体的差异而开发的网络出版、听书、手机出版等阅读产品。下面仅对目前数字出版的几种常见产品类型及盈利模式进行简单的介绍，主要侧重对其适用内容范围和盈利方式进行分析。

（1）电子书模式。

电子书是数字出版领域最先提出的商业模式，也是我国传统出版单位从事数字出版的主要形式之一，主要呈现为原版原式电子书即纸质书电子版、原生电子书和增强型电子书三种类型，其特征是可以跨平台传播和多媒体呈现。目前国内已有90%以上的出版社涉足电子图书产品。据统计，2009年我国的电子书品种已经达到50万种以上，收入已达14亿元。其主要的盈利模式有：出版社通过网络电子商务平台自行销售；委托数字服务商（如方正阿帕比书店、汉王书城）代理销售，出版社获得版税分成（往往这种模式下，出版社所占分成很少，除去作者版税的部分，出版社往往只能拿到10%的利润）；置于电子阅读器中，免费捆绑销售，从阅读器的销售收入中利润分成（这一模式往往会让消费者产生电子书是免费赠送的假象，不利于传统出版商对其产品的推广）；针对网络原创电子书，主要通过广告或相应的版税获得盈利。

（2）数据库模式。

网络数据库是数字出版最早实现盈利的出版模式，它是将庞大的内容信息资源进行深度加工，通过整合、拆分，甚至细化到某一章节或具体单元，将内容资源按照结构化的要求进行加工和标注，使之相互关联，形成可再利用的知识单元。其优势在于可以实现信息搜索、数据挖掘、内容定制于一体，从而满足用户的个性化需求，最终实现内容增值。其主要盈利模式是传统出版单位通过将纸质内容资源制作成数据库产品，由自建平台或借助技术提供商的平台针对大众提供个性化定制、收费下载服务，或向图书馆、学校、企业等企事业机构用户销售。国外一些著名的出版商多是先从数据库产品进入数字出版的，而国内现在也已形成清华同方知网、维普、龙源期刊、万方数据等数据库品牌。传统出版领域做得比较成功的是社科文献出版社，该社整合了本社和其他单位的许多关于经济、社会年度分析预测资讯和年度报告，形成"皮书"数据库。但由于制作数据库的前期投入过大，技术门槛较高，目前很多传统出版社尚没有开展该项业务。

（3）按需出版模式。

按需出版（Publishing On Demand，简称POD）指采用先进的数据处理技术、数字印刷技术，将出版物信息全部存储在计算机系统中，根据需要随时直接印刷成书，省去制版等中间环节，能够一册起印，即需即印的出版方式。它主要适用于小众、短板、脱销、绝版图书的生产，特别适用于一些学术性、专业性强、批量较小的出版物，并能够满足读者的个性化需求，降低出版社发行机构的运输和仓储成本，有效缓解出版商的经济压力，改变某些品种出版物供求之间的矛盾，发挥一些发行量小，但有重要的图书的长尾价值。目前国内知识产权出版社、人民军医出版社等专业性出版社都已开展了按需印刷业务。其主要盈利模式是面向作者、出版商、读者，采用分级服务和直接销售的形式，向个人出版者和读者提供印刷和出版服务。个人出版者可根据自己的需要选择服务级别,并支付相应的费用,通过按需印刷,实现自助出版。读者可以通过付费下载并印刷电子书。

(4)在线教育模式。

"在线教育"又称"E-learning教学互动社区",是美国培生出版集团最早开发的针对教育出版领域的数字化解决方案,其特征是在传统纸质教育图书数字化的基础上,又增加"评估""测评"的功能,以实现教师和学生在教学过程中有效互动,实时检测,并为教与学过程中遇到的问题设计系统的解决方案为目标其主要的代表产品有培生教育的MyLabs、圣智的CengageNow威立的WileyPlus等家庭作业管理软件,提供与教材相关的混合课堂模式和可信的数字评估解决方案。除此之外,还有在线测评、在线辅导等产品。其盈利模式首先是将课程内容数字化并通过网络为客户提供付费在线学习、评估、下载等网上增值服务直接获得收益。其次是通过促进配套纸图书销售而获得间接收入。

从整体上看,内容及盈利模式的探索将会随着阅读终端技术的发达和用户需求特征的变化而会不断推陈出新,根据读者用户的支付意愿特征和兴趣偏好来制定相应的服务盈利模式将会永不停止,随着数字出版技术、环境的进一步完善,将会有更多的新的数字出版产品问世,从而也会产生新的盈利模式。

3.我国数字出版的未来发展趋势

(1)从单一媒体向跨媒体复合出版转变。

未来的数字出版与传统出版最大的不同便是,它打破了媒体间的分割,可以利用数字技术实现内容与展现形式的分离,丰富的内容资源可以通过数字化处理,适应不同格式和标准的终端产品的阅读和使用,而且数字出版音频和视频的采集成本越来越低,混合出版的比重越来越大,使数字产品实现"一次制作,多元发布"成为可能,最终实现数字复合出版。

(2)从内容生产商向数字信息服务商转变。

精准的信息检索、个性化聚合、海量内容以及流通便利、成本低廉的特征赋予了数字出版完全不同于传统标准化出版的全新的意义和功能。建立在海量内容资源基础上的在线个性化大规模定制服务将成为未来数字出版经营的主要内容,现代出版经营将由传统的以产品为中心向以客户为中心,有内容增值向服务增值转移从世界上数字出版领域发展较为成功的企业来看,虽然他们在产品类型和赢利模式上可能存在各种差异,但是他们成功的共同经验是都不再是单纯的内容提供商,而是通过自设在线平台为满足各种用户需求提供数字化解决方案的数字信息服务商如汤姆森·路透集团通过数据量庞大的Westlaw在线平台为全球用户提供法律条例和案例资料的搜索服务,并帮助他们整合应用内容信息,以规模化的专业内容来满足个性化的用户需求。另外,伴随网上笔记本、电子书、平板电脑、4G/5G手机等众多更趋个性化的阅读终端设备的日趋普及、基于这些个性化阅读终端而进行个性化内容产品的量身定制将成为一种必然趋势。特定的地域、特定的人群和特定的需求往往成为拉动数字出版产业增长的动力，个性化的大规模定制将是未来数字出版发展最主要的服务内容，内容的深度加工和高附加值的增值服务将成为未来数字出版的主要盈利来源。传统出版商进行数字出版不再是仅指传统出版资源的数字化，而更是一种基于网络和新媒体的长尾服务，通过自己的优质内容为用户做整体的解决方案提供商，真正实现由内容提供商向信息服务商转变。

（二）学术期刊在数字化改革时期的生存现状

我国现有众多的期刊，其中各级、各类高校所办期刊共有2000多种，约占全国期刊总数的1/4。一些高校期刊和学报成为代表相关领域最高水平的学术刊物。但高校期刊内向型、综合性、不具备法人资格等特点也制约着它们的进一步发展，与高校在国家学术研究领域的地位和作用不相称。高校学术期刊改革的呼声由来已久，对这一问题的研究也是近年来的热点。

经过40多年的改革开放，我国高校学术期刊所赖以生存和发展的基础、体制环境、社会条件等都发生了深刻的变化。目前我国学术论文的数量已经跃居世界第一，学术质量也有较大的提升，而这其中高校学术期刊做出了很大的贡献。但是，现在已经进入新世纪，各种条件发生了变化，主要表现在以下几个方面。

1.高校学术期刊的传统生存环境发生了很大变化

高校学术期刊设立之初，正值我国改革开放之初，广大的学术工作者查阅资料和发表论文的平台就是学报等学术期刊，而高校学报则是学术交流、学术争论的集中地。当时，资料的借阅、检索还完全依赖于人工。而高校学术期刊作为科研成果的发布阵地、科技信息的传播渠道、进行科学研究的主要参阅对象，留存价值很高，充分发挥了学术刊物的积极作用。随着互联网技术的飞速发展，各专业的期刊数据库陆续建立并不断完善，各高校的学术期刊电子版可以一览无余，查阅方便，大量纸质的学术期刊乏人问津，纸质学术期刊的生存环境进一步萎缩，生存压力增大。

随着核心期刊评价体系的引进和研发，高校学报在科研人员心目中的学术地位急剧下降。几大核心期刊评价机构较为关注期刊指数是：影响因子、转摘转载量、引文索引等。这种评价机制显然不利于学术期刊的评价。加上国内出现对核心期刊的盲从，从职称评定、科研考核、硕博士毕业等关乎广大高校师生切身利益的事情都跟核心期刊挂钩，这就形成了大家对核心期刊趋之若鹜，而疏远了普通学报。首先，据统计，高校自然科学方面专家学者的最新研究成果一般都投往国外期刊。因为各高校在对专家学者的科研考核评定中，国外刊发的论文通常权重指数都高于国内刊发的论文。其次，高校的专家学者是将科研论文投往国内科研院所办的专业类杂志，而高校学术期刊则被视为最后的"候补"。高校专家学者在人文社科方面的优秀稿件也是优先考虑投到国内社科院所办的各专业期刊，社科院办的核心期刊有70%的稿源是来源于高校。但是在高校自己主办的学报中，本校乃至其他高校专家的稿子却不多。时至今日，高校学术期刊的发展也已经与创刊时的定位有了一些偏差。高校学术期刊从一开始的定位就是为高校的科研服务，发挥"窗口"作用。读者的定位是高校师生和科研工作者。在目前情况下，高校学术期刊的发展已经与当时为"高校的科研服务""发挥窗口作用"的定位渐行渐远。

作为学术成果发表的园地和学术交流的平台，高校学术期刊最初定位的繁荣学术的目的已经达到了，现在已经进入了学术上"精耕细作"的时代。这就使得原来的立足于发展高校科研工作的学术期刊，显得越来越力不从心。本来学术期刊的受众就比消费类刊物的受众范围小得多，现在学术研究又要向精深、交叉发展，这使得学术刊物的受众范围就更小了。尤其现在是个"信息爆炸"的时代，对于学报这类刊登文章较杂、信息量大又缺乏精深、前沿文章的学术刊物，读者当然缺乏兴趣；这一点也引起了广泛关注。例如，在关于学术期刊变革的探讨中，《中国社会科学》杂志社的编审曾提出：面对专业学术期刊的强力竞争，综合类学术期刊必须站在当代社会科学发展综合化前沿趋势的高度调整发展战略，必须实现从"学科综合"办刊模式向"问题综合"办刊模式的转变。这一观点提出后在学刊界引起强烈反响，得到同行们的广泛认同。高校学术期刊不管是从成长的环境，还是从发展趋势来看，必须要变革，要适应目前的社会大环境。随着科研的进步和深入，科研工作者、高校师生在学术方面愈发的成熟，对学术期刊的要求也越来越高。他们以市场为导向，对期刊的创新体制、转换机制、面向市场、增强活力的要求越来越高、从高校学术期刊的现状看，对高校学术期刊进行体制改革是必然选择。

2. 学术期刊数字化学术平台建设现状

综观学术期刊在数字化方面的建设情况大概可以分为以下三类。

第一类，只开辟编辑部的信箱，有编辑部专人负责来稿的登记和分类，然后转交给相应的责任编辑处理。较之原来传统的期刊编辑出版，只是增收电子稿件。这样的期刊既没有自己的网页、网站，也没有自己的数字化交流平台。

第二类，提到数字化发展，对于绝大多数学报来说，就是加入了学术期刊群的数字化平台（如CNKI学术平台、万方数据库、维普数据库等），利用这些他们提供的免费网页，简单地介绍、宣传学报。即便这样，大部分学报的网页还是停留在初建时的样子，并未进行持续的维护和更新。这些学术期刊群数字化平台是集知识资源大规模整合出版、原创性学术文献出版、多媒体出版和专业化、个性化数字图书馆为一体的数字出版平台，几乎涵盖全国所有学术期刊电子版的发行。确实对全国学术期刊起到了积极的宣传作用，推动了知识的广泛传播和社会共享。

第三类，有专门的学报网站。学报编辑部或者是自己设计完成，或者是直接外包给专门的"网刊通"开发公司。目前有几家"网刊通"开发公司，如：北京玛格泰克、北京志清伟业、北京勤云发展科技有限公司等一些专门针对编辑部远程投稿系统进行软件开发的公司。据了解，相当部分有自己专业网站的编辑部都是采用与专门公司合作，开发适合本编辑部的专门网站。这种软件系统充分利用了网络资源，打破了地域和时间限制，把投稿、审稿、编辑加工、发行等诸多编辑部的工作都可以拿到网上来完成。只要能上网，编辑部人员可以随时随地处理稿件，从而大大提高了办公效率。随着网络办公的持续推进和深入开展，采用此技术的学报编辑部定会不断增加。建好学报网站只是刚刚踏入数字化的大门，未来的发展之路还很远。真正的数字化学术平台不是单单建立一个网站就能解决的，关键还要把平台的各项功能开发出来并运用好。

3. 学术期刊数字化学术平台建设发展空间

建立学术期刊数字化学术平台是学报编辑部实现数字化发展的第一步。平台建好之后、关键还在于维护。在实际的运行中，经常看到的也是另一番景象：登录到相当部分学报编辑部的学术平台，看到的信息比较陈旧，更新速度太慢，大部分平台的信息建设还停留在刚刚建成时的状态，每期纸质刊物刊印出来之后，也只是刊登当期的目录和摘要，大部分学术期刊网站都不能下载全文在期刊平台上看到的文章通常也比纸质刊物要晚，通常是刊物刊印出来后，再刊登期刊电子版，网上稿件处理系统和服务系统出现的是错较多，且不能得到及时纠正针对这些现象，综观这些已建成期刊平台的建设内容，其功能还有很大的可拓展空间，因此，可以借鉴CNKI等成功的期刊数字化学术平台的建设和运行经验，进一步丰富其内涵、拓宽其外延功能。

（1）尽可能多地建立相应的数据库。

这些数据库包括如专家数据库、作者数据库，根据期刊栏目建立相应的文献数据库，使作者通过该数据库可以查到某主题的文献在本学报以往中的刊载情况。

（2）及时公布学报的评价指标和各项指数。

这些指数包括如转载率、下载率、引文等影响因子等与文献评价指标相关联的系列数据。

（3）提前公布摘要和目录，有条件的也可以提供全文下载。

既然大多数学报都不以营利为目的，而且实际的发行量确实也不允许学报要求盈利，那么学术期刊电子版的学报完全可以在纸质学报出版之前在平台上发布，这样也可以让关心学报的读者先于刊物和CNKI而提前读到所载论文对于学报所载论文的全文上网，目前争议较大，因为此举不光牵涉学报编辑部自身的效益以及CNKI等四大检索机构的具体利益，所以应该慎重，但也可以考虑少量收费。

（4）重视英文摘要的翻译。

网络无国界，为了扩大学报的影响力，要注重提高英文摘要的翻译水平，要符合英语的阅读习惯，尤其是题目的翻译不必要非得从中文直译，要让外国人一看就懂，符合他们对学术论文的要求。

（5）信息的发布和更新应该及时。

成功的数字化学术平台应该提前发布相关的栏目策划和组稿信息。对于介绍学报和期刊方面的文章应及时更新有的学术期刊数字化学术平台已经建立了几年，但信息还停留在刚建立的状态，当读者、作者访问时，"有不知今夕是何年"之感。

（6）文献检索。

对于期刊检索不能只停留在对年、卷、期的查询，还要有更多方式，如：作者、关键词、题名等尽量丰富的检索词，如果技术允许，可以借鉴 CNKI 的"知网结"（每检索到一篇文章，下面都会出现与此文章相关的文献，当然这里应仅限于本学报刊登的文章）。

（7）重视交互平台的使用。

每个平台都有"读者之声"之类的可以让作者、读者、编辑相互交流的类似于"BBS"的系统编辑一定要注意维护此系统的正常运行对于大家的发言应给予及时的回复，从中不断汲取大家的有益建议，提高办刊质量。

总之，在目前学术期刊的出版状态、出版形式和发行方式屡被诟病和质疑的情况下，面对数字化出版的急剧变革，学术期刊应以此为契机，迎头赶上，尽快建立学术期刊数字化的学术平台，更重要的是维护好平台的运行，力争在新一轮的改革和发展态势下、紧紧跟上时代发展的步伐。

（三）高校出版社发展数字出版的优势

1. 竞争优势

（1）人才优势。

人才是传统出版进行数字化转型中决定其成败的关键因素之一，学术期刊社因其背靠众多高等人才汇聚的大学、与其他出版社相比，具有其先天的人才储备优势：从目前大学出版社的人员构成来看，社长多是由学校任命，由于大学社原先是作为大学直属的一个二级事业单位而存在，根据《高校出版社管理若干问题的暂行规定》，大学社享受和大学院系一样的行政级别的待遇，有些大社甚至高于院系的级别，这从某种意义上而言，它在社长、负责人员的配备上往往也多是在校内实行平级选调，因而一般达到系处级别的专业出版人才多是知名专家、教授、学者，具有很高的知识素养和文化水平。同时大学作为高等人才培养和汇聚的地方，大学出版社身处近水楼台，往往更容易发现、留住一些优秀的出版人才，因而相对于其他出版社而言，学术期刊社人员素质普遍较高，其中也不乏众多的博士、硕士学位的高知识人才，甚至有的人员既是编辑，同时也是大学博导或教师，因而在大学社的编辑队伍里，多数人不仅有系统扎实的专业知识背景，丰富的策划编辑实践经验，而且还多能熟练地操作计算机和运用现代编辑技术，在进行数字化转型中往往更容易转变思路、开拓创新。在数字化转型过程中，只要经过一定的数字化技术知识培训都会比较容易掌握利用互联网来进行数字产品的制作流程和操作方法、这将为学术期刊社在数字出版转型中节省大量的时间和人力成本。

（2）技术优势。

技术是数字出版发展的直接推动力量。每一次出版技术的升级都将推动出版单位数字出版的进程：从技术层面而言，相对于中央、地方等传统出版社，学术期刊社有其独特的优势资源，国内数字出版技术包括早期的激光照排技术都是由大学发明并由此向社会推广的，因此、数字新媒体技术在学术期刊社的应用具备"近水楼台先得月"的优势。由于我国的大学都基本建有属于自己的校园网，而且都与因特网相接，因此，即使是一些经济实力不够雄厚的学术期刊社，没有能力使用大量高性能硬件、具有所有权的专用软件、需要租用昂贵专用线路、物流服务来开展电子商务，也完全可以借助大学校园网的资源优势，利用具有协议开放、系统构成灵活、开销合理特点的基于互联网的电子商务平台开展业务与其他中央、地方社利用网络接入服务商和网络信息服务商代理方式上网相比较，可以节省很多成本。另外，校园网一般都可以快速接入中国教育网，这使得其与各大中专院校的高校出版社依附于著名的高校，高校的知名度提高了出版社的知名度。外校学生和教师对于高校了解比较多，他们可能通过高校主页直接进入该校出版社的链接，这比其他小规模的、名不见经传的小出版社有较大的优势；同时在维护出版社开展数字出版的软硬件环境上，大学往往有专门的计算机系，大学社可以依托大学的资源，聘请所在学校相关专业的专家教授来协助指导，共同维护，这样更加便利并能节约成本。学术期刊社网站在同行中的优势地位又为学术期刊社进行数字出版提供了重要的平台支撑大学出版网站的优质建设将会给其进行数字出版产品的展示、销售和推介带来便利，为学术期刊社开展深层次的数字出版业务提供平台支撑。

（3）读者作者资源优势。

学术期刊社除了拥有丰富的适合数字出版的内容资源之外，还拥有众多的高学历、高知识水平的作者和读者资源，众多的作者、读者的创作和数字阅读需求，为学术期刊社进行数字出版提供了良好的发展空间从作者资源来看，学术期刊社都背靠高校，而在学界享有盛誉的专家、学者也多出自高校，学术期刊社依托的是最为直接的专家教授稿源群体的资源优势这恰恰是一般出版社所不具备的；另外，大学独有的知识创新、知识储备、知识传授、知识传播优势，给学术期刊社获得优质稿源提供了便利通道，这也是一般出版社根本不具备的。从学术期刊社的作者、读者资源来看，由于大学从建社之初就被定位为以学术出版和高校教材出版为主要内容，以服务高校教科研为宗旨的学术性出版机构，因而它所服务的对象多是由较高文化水平的专家、学者、大学教师、学生等人群，这些人群同时也是我国互联网进行网上阅读的主要群体，这将为学术期刊社进行数字出版提供了良好的基础。

2. 竞争机遇

（1）体制改革带来的政策机遇。

文化领域的体制改革在给学术期刊社带来挑战的同时，也给其带来了机遇，而且是机遇大于挑战；纵观学术期刊社的发展历史，我们看到，学术期刊社一直有着良好的市场运作基础。相对于中央、地方出版社，它由于建立时间较晚，因而受到计划经济体制的影响要少，市场化程度相对比较高。出版业的转企改制又将学术期刊社从计划向市场推出了关键性的一步。从体制改革时间表来看，大学社走在了中央社、地方社的前面，在很多大学社已经完成转企开始快步发展的时候，相当部分的中央社、地方社还仍然处于调试、调整期，这给大学社市场化经营上赢得了时间优势。此外，从2007年启动的大学出版领域的体制改革现状来看，目前一些学术期刊社都已转企改制，建立了独立法人治理机构，并成立董事会和现代企业制度，为淡化大学与大学社之间的行政隶属关系，很多高校还成立了学校资产运营公司，由学校资产运营公司来负责出版社的经营，给大学社充分的市场主体地位。这种体制上的松绑给大学社深入开展产业化经营提供了前提。虽然目前大学社的法人治理机构、产权构成还具有单一性，关于学术期刊社进一步深入改革的政策尚不明朗，但是从目前一些较有实力的大学社的发展路径来看，很多都已经在产权方面进行了一些大胆的尝试，如北京大学出版社与北京时代光华图书有限公司合资成立北京博雅光华教育科技有限公司，已成为大学社跨所有制经营的成功案例；北京师范大学出版社也不断通过资本运作合资重组的方式以巩固和拓展其全国市场，2010年与安徽大学合资重组安徽大学出版社就是一个典型的案例；陕西师范大学出版总社有限公司在2010年下半年投资成立了西安曲江出版传媒股份有限公司，试图通过全媒体互动的方式谋求发展。通过以上种种新的发展动向，我们可以推知整个出版业的未来发展趋势，产业化经营将是学术期刊社的必经之路，学术期刊社的体制改革有望会再进一步深入，突破单一的产权和法人治理机构，通过股份制改造，从根本上实现出版企业的利益最大化。正是由于文化体制改革的深入开展，给学术期刊社拥有了在出版范围、发展模式上更多的自主权，并使其突破原有的体制束缚，进行"跨地域、跨行业、跨所有制"的横向联合与兼并成为可能，这为数字出版所需要的资源整合提供了制度保障，学术期刊社现在要做的是坚定改革步伐，抓住改革机遇，实现传统出版向数字出版的现代转型，获得新的产业发展空间。

（2）技术发展带来的海量内容需求。

数字出版是靠技术创新带动的新型产业，技术的迅速发展为数字内容的传播提供了载体和平台，同时也为大量的数字化内容产品制造了需求空间。以国内手持阅读终端为例，中国目前有多款手持阅读终端问世，广义上的阅读终端产品还包括最初的计算机以及后来的笔记本、上网本、PSP、iPad平板电脑、手持阅读器和移动手机阅读器等基于网络传播信息的电子产品，这些各种类型的阅读产品的出现，开始逐渐覆盖人们生活的各个领域，各个时间段，人们可以利用它们在任何时间、任何地点进行阅读活动，而且随着这些阅读终端的日益便携和操作使用的更趋人性化，使人们更加习惯于通过数字阅读终端产品来获取信息，传播文化。但是这些手持终端面临的最大问题是读者通过阅读终端获取的内容数量很少、种类单一、同质化现象严重，而且它们中绝大多数都缺乏足够的内容，特别是优质的内容。另外、从目前活跃在数字出版领域的众多的大型企业来看，虽然都已经在数字出版技术上取得了重大突破，研发出了更加适合长时间阅读的电子墨水技术，更加有利于数字版权保护的 DRM 技术，更加便于个人出版的按需印刷设备，更加便于支付的电子商务平台，技术的成熟催生对数字内容资源的庞大需求，数字出版的关键不在技术，也不在资金、而在于内容。这些大型企业也都面临着同样的问题，无论是他们的内容平台建设，还是手持阅读产品都对优质的内容资源有着海量的需求，内容成为推动数字出版市场进程的核心要素，尤其是随着阅读终端产品的热卖和平台竞争的激烈，以及广大读者对优质内容的阅读需求的日益强烈，数字化内容产品将在技术的进一步推动下变得越来越重要，成为未来出版业争夺的核心资源，这巨大的内容需求空间给拥有大量丰富的内容资源的学术期刊社提供了巨大的市场发展空间，带来了发展的机遇。

（3）文化产业振兴带来的发展机遇。

由于我国国情的特殊性，自中华人民共和国成立以来对出版性质的理解经历了"文化事业"—"无产阶级专政的工具"—"文化产业"的认知转变，由于前期过于强调出版的事业性质，而导致出版业严格意义上的市场机制未曾形成，严重束缚传统出版业的发展。然而，伴随我国的不断发展，国际金融危机对文化产业的逆向推动作用，使图书出版的产业属性逐渐被重视起来，并将其视作文化产业发展的核心层和重点产业来加以强调和发展。针对相关的文化产业实施降低准入门槛、加大政府投入、落实税收政策、加大金融支持和设立中国文化产业基金等措施来推动其发展和壮大。为解决文化产业融资的问题，相继出台《关于金融支持文化产业振兴和发展繁荣的指导意见》专项政策，为文化产业发展的融资问题提供政策扶持。从这些陆续发布的文件中，我们看到数字出版一次比一次更受重视，数字出版被视为未来出版业发展的战略方向来定位，这为学术期刊社进行数字出版转型提供了良好的发展环境和机遇。

二、大数据时代的高校期刊出版社改革方式与借鉴

（一）高校期刊的专业性与综合性分析

高校期刊的传播内容本身就具有学术性和专业性，体现出学校的办学特色和专业特色，为学校的学科建设和教学科研服务，依托学校现有的学科专业设置栏目，发表该学科的学术研究文章就成为多家高校学报的办刊模式。因此，有观点认为，我国高校学报"千刊一面"没有特色，如果面临任何的体制改革，让高校学报脱离高校，实行转企改制，那么高校学报就将发生生存危机。

针对这种观点，我们认为，我国高校学报是一种特殊的学术期刊，它由高校主办。学报编辑部也是高校的学术机构之一，多年来已成为高校建设发展的一个重要组成部分。高校学报基本上形成了由学校出资，定期出版，形成一校一刊（或一校多刊）的格局。高校的需求本身就是高校学报生存和发展的基础，没有必要人为地强行将高校学报从高校中剥离出来。从这个角度看，绝大部分的高校学报目前还不存在"生存危机"而对于高校学报来说，也不能因此就安于现状，它毕竟是传播媒体，必须跟上时代发展的步伐，融入中国报刊改革发展的大潮中，否则，它就没有生存的必要高校学报必须要有新的思路和办法，围绕逐步实现中国报刊"专、特、大、强"的目标，更好地为高校的学科建设和教学科研服务。同时也要体现本校的办学特色，促进教学和科研的发展，充分发挥它的"窗口"作用。

1. 高校学报专业性与综合性的两难选择

高校是由不同学科（专业）组成的，高校多学科的性质决定了依附于高校学报其天然的综合性，而从传播媒体的性质看，专业性学报又更符合传播规律。但是在中国，每所高校的刊号是有限的，一般是一校一刊、一校两刊，部分大学或多校合并后的大学有一校多刊因此，每所高校不能根据本校的学科需求而分别申请创办相关的专业性期刊，而要在有限的学报数量内，承载更多学科的内容。所以，作为高校教学与科研成果的载体、反映众多不同学科（专业）学术成果的高校学报，可以说从创刊之日起，就面临专业性和综合性的两难选择。

根据不同类别期刊的不同特点，目前中国期刊的细分格局正逐步成形，期刊市场的细分化程度也日益提高，高校学报作为中国期刊的一个庞大群体，既有一般传媒的共性特征，也有其不同于一般传媒的个性特征，其学术性和专业性的传播内容决定了高校学报的受众范围。专业性学报相对于综合性学报来说，能更好地尊重学科规律，体现学校的学科优势，更有利于组织和开展各种学术交流活动，也更有利于专业人士的阅读、收集和保存，有利于开发广告客户，或得到专业单位的资助，同时专业性也是学报进入国际检索的"捷径"之一，有利于提升学报的被引频次和影响因子，有利于编辑学者化。

但不论专业性学报有多少优势，我们都不提倡所有的高校学报都办成专业性的学术期刊，专业性的办刊模式也不可能适应所有的高校学报，高校各学报之间也存在着极大的差异性。就中国高校的类别来说，有综合类、理工类、医药类、师范类、培训类等。这些都或多或少地影响着学报本身的差别。由中国高校主办的专业性学报，在整个高校学报系统中所占的比重还很小。到目前为止，综合性大学主办的学报大部分为综合性学报，这类综合性学报居我国高校学报的主体地位；专业性大学大部分依据其专业特色办专业性学报、同一类型的专业性大学共同办的专业性学报，这类学报居我国高校专业性学报的主体地位。此外，还有综合性大学依据部分优势学科办的专业性学报或多版本学报、多所综合性大学的同一学科联合主办的专业性学报等,这类专业性学报的数量极其有限。高校学报的专业性问题一直处在艰难的探索之中。我们必须正视高校学报之间的差别,体现学校的办学特色和学科优势,进一步细分和优化高校学报结构。

我们提倡高校学报的专业性发展,但是,也不宜对综合性和专业性学报进行简单的比长论短,如果一味地提倡高校学报的专业性,就目前来说是不现实的:其一,中国高校学报对高校的依附性决定了它是以高校办刊为主,承载着大量学术成果推出的功能,高校的综合性或专业性又部分决定了学报的综合性或专业性;其二,在我国目前的报刊管理体制下,稀缺的刊号资源就不能得以保证,这样可能形成部分学科的专业多而另一部分的更为稀少,学科间成果产出的出版平衡有可能被打破;其三,如果众多的高校学报都办专业性期刊,又缺乏高质量的专业稿源作支撑,那么学报的总体质量也同样不能得以保证,新的"众刊一面"的现象可能在专业性学报上重演。

2. 高校学报能否实现"熊掌与鱼兼得"

伴随着改革开放的进程,高校学报本身在学科领域的结构分布也在不断优化。当然,我们不可能不切实际地要求高校学报像其他形式的媒体一样有广大的受众,但高校学报也不能因此而无所作为地维持"千刊一面"的同质化现状。而进一步细分和优化高校学报的结构,走专业化的发展方向就成了多年来高校学报界着力探索与尝试的方向。就目前高校学报的综合性和专业性来说,大多数学报都是依据学校的办学特点做出的选择。抛开其专业性大学中的专业性学报不说,综合性大学大多数有综合性学报,而其专业化则体现在栏目和篇目中,同时综合性大学中也有专业性学报,它们大多是依据学校的优势学科发展起来的。在这细化的过程中,大学学报的层次也逐渐被细化了:有一小部分优秀的学报以自身的实力进入教育部的名刊工程和中国期刊方阵,分别获得"双效"期刊、"双百"期刊、"双奖"期刊、"双高"期刊等。

大部分大学学报被收录进国际六大检索系统,进入国内核心期刊,成为我国学报界的佼佼者。这之中,专业性学报占绝大多数,而综合性学报可以说是凤毛麟角。但不能回避的是,大学学报中的大部分是重点大学学报。其出身名门,有着天然的优势,它们所在的大部分学校,或本身就是专业性大学,或是综合性大学,但它们都拥有多种学报,有比较充足的刊号资源去办专业性期刊,并且无论是办专业性期刊还是综合性学报,优质的稿源都集中到那里。这类期刊是学报界的"宠儿",但它们也同样面临中国优质稿件向国外流失的问题,也始终在为保持并提高自身的实力而不断努力着。

有的学报则艰难地行走在专业化和特色化之间,这一般是部分重点大学和普通大学办的学报。这类学报大多是"一校一刊"或"一校两刊"中的期刊,学校对学报的支持力度比较大,它们积极与国际接轨,争取进入相关检索和核心期刊。当然,它们很难有实力跻身于"名刊工程"和中国期刊方阵。如果它们尝试办专业期刊,则面临刊号资源的限制、办刊宗旨、办刊方针、学科定位、读者对象定位、市场定位、专业稿源、专业编辑等问题，并且这些要素是期刊风格连续性与稳定性的根本保证。它们之中的大部分就在专业性和综合性选择之中，走了一条中间路线，即花大气力办出特色，通过培育品牌栏目，主动向名家约稿，通过实行"栏目主持人"制度、双向匿名审稿制等举措提高稿件质量，积极参加学术交流，积极实现学报数字化出版，以此提高学报的综合学术质量。这类学报往往有部分出色的栏目，有的学报也因此得到业界同人的认可，获得一些奖项。但这类学报办刊的难度是显而易见的，特别是在中国科学界，优秀论文普遍首选投向国外期刊，因此留给中国高校期刊优质稿件的数量就减少了很多；稿件投向的第二选择是专业性的核心期刊；第三选择是综合性的核心期刊；第四选择是普通专业期刊……由此看来，对这类学报来说，要刊登优质的文章，还要保持持续不断地、尽可能多地刊登优质文章，难度就可想而知，只要稍有松懈，学报质量就会很快滑坡。

也有的高校学报，多年来始终坚守反映本校科研和教学成果的功能，以发表校内的科研产出文章为主。但就校内的文章来说，如果学校是一般院校，学报又是普通期刊，那么本校科研产出的优质稿件本来就不多，部分优质的稿件又依次投向国外期刊、国内核心期刊或其他专业性期刊等，而留给本校学报稿件的可选择面就更小了，它们只有降低发文质量以保证出版周期。当然也不乏一些高校学报，它们对稿件采取"等米下锅"的态度，对学术交流也缺乏应有的态度，对校内的稿件不加选择，对收版面费的文章来者不拒，有的甚至出现"稿荒"，连出版周期都不能保证，从而使得论文刊载过程把关不严，"学术垃圾"也就乘虚而入。这类学报无论是办专业性期刊，还是办综合性期刊都会逐渐被社会、业界和所在学校边缘化掉。

3. 路径选择：数字化打破了综合性和专业性学报的边界

如何逐步实现中国报刊"专、特、大、强"的目标，教育部、新闻出版总署也对高校学报有新的要求，全国高校自然科学学报研究会、全国高校文科学报研究会等相关机构都在这方面进行了积极的探索，也曾提出过对高校期刊进行集团化经营的思路。但客观地看，在短期内，类似方案还受各种条件的限制而无法实现。在专业性和综合性的选择上，目前高校学报除了现有的专业性学报外，有的仍然保持着综合性学报的做法不变，但更加突出学报的专业特色和栏目特色；有的则走向了另一种专业化，专门刊登跨学科界限的综合性的研究成果，成为真正意义上的综合类学术期刊；有的依然保持综合类学术期刊的架构，而在内容上用极大的篇幅突出该学报的优势学科或专业领域，甚至是突出研究某一专门问题；有的综合性学报正在改版，拟办成专业性学报，正在或大步或小步地进行调整，稳步过渡到专业性学报。更多的学报则绕开了专业性和综合性的选择，在数字化建设上下功夫。学术期刊数字化、虚拟化已经成为网络上普遍的存在我国，学术期刊等出版单位主要通过两种途径实现数字出版。

一是加入大型期刊网站，主要加入的是"中国学术期刊网""万方数据库"和"中文科技期刊数据库"等大型期刊网站。这些网站超大的信息量和每年上亿篇的下载量，充分显示着学术期刊数字出版的力量。通过对这种大型期刊网站的搜索，读者能很方便地从本学科和自身需要出发，通过搜索将内容结构化，从而打破了传统学术期刊尤其是综合性学术期刊的局限，能够更好地满足细分人群的个性化需求，从而创造出更多的市场需求。同时由于通过在线传输而大大降低了成本，创造出远远高于纸质期刊的利润空间，产生了新的利润源。这种数字出版的方式要求掌握足够多的专业期刊，建立足够大的专业数据库，才有可能满足不同专业客户的个性化需求，进而获得相应的收入。

二是学术期刊等出版单位独立建立属于自己的网站，或是利用大型期刊网站提供的模板建立具有自主版权的主页。互联网上大量的学术期刊网站、网页、链接等使得学术期刊的编辑出版模式发生了相应的变化。由此可见，我国学术期刊网络化已达到相当的规模。学术期刊的网络化既方便了读者、研究者使用，其管理手段的网络化，也更加规范和简化了学术期刊编辑出版单位的工作程序，比传统的管理模式更加灵活和高效。从以上分析我们看到，数字化传播扩展了学术期刊刊载的内容，延伸了出版的形式，丰富了传播的空间，改变着传统学术期刊的生产方式和消费观念。数字化出版打破了传统高校学报所谓综合性和专业性的界限，无论综合性或专业性学报所刊登的内容，读者都可以从自己所需要的内容出发，通过搜索将内容结构化，下载或订购有关的单篇文章，实现了读者使用文献的专业性要求。

综上所述，无论是专业性学报还是综合性学报都必须正视高校学报之间的差别，并且要有自己的发展方向和编辑思想。即要依据学校的办学特色和学科优势，发挥自身的比较优势，利用新媒体技术，整合自身资源，找准自己的定位和着力点，使各学报的特色更为突出，风格更为独特。以此不断拓展新的生存空间，寻找一条可持续的、适合自身发展的办刊之路。

（二）关于高校学术期刊的改革探索

1. 关于"专业化"的探索

学报走专业化道路，一直被认为是解决学报"综合性"问题的根本和最佳路线高校学报基本都是综合性的，怎么转变为专业期刊？大学都是综合性的，办哪种专业刊，不办哪种专业刊，无法取舍、利益无法平衡，各大学之间因为门户之见，由某一所大学来办专业刊是很难行得通的。只有《清华大学学报（哲学社会科学版）》明确表示侧重文史类，但同时也不得不兼顾其他学科。《南京大学学报》执行主编朱剑在《清华大学学报（哲学社会科学版）》第5期上刊发了一篇长文《高校学报的专业化转型与集约化、数字化发展——以教育部名刊工程建设为中心》，引起诸多学人的关注，提出了专业化转型的可行性方案。2011年2月，20家教育部"名刊工程"的学报主编在清华大学召开会议，就高校学报专业化发展方案进行了具体的论证并形成了一致意见：成立联合编辑部，对纸本综合性学报拟发表的文章进行同步数字化、专业化重组，在主要一级学科联合打造"中国高校系列的专业期刊"、通过中国知网进行传播。2011年3月，"中国高校系列专业期刊"在中国知网平台正式运行，在知网首页有专门的入口，可进行仿纸本的全本阅读和进行各种检索。此系列专业期刊有《马克思主义学报》《文学学报》《哲学学报》《历史学报》《政治学报》《经济学报》《法学学报》《社会学报》《教育学报》《传播学报》等。期刊的封面和版式设计统一，前期编辑工作由联合编辑部完成，后期由专业技术人员制作完成。系列专业期刊所有文章均来自各大学综合性学报（被教育部评为名刊的这20余家学报），两者相依共存，各展其长：在论文组合上，分别以综合性和专业性见长；在出版载体上，分别以纸本和数字版为主；在出版时间上，两者基本同步。

据介绍，经过一段时间的运行，系列专业期刊的点击率和下载量都取得了不错的成绩，效果良好。从目前来说，这也是唯一比较可行的、专业化、集约化、数字化的方案，无疑为高校学报的发展开辟了一条新路，也是把学报由"全、散、小、弱"做到"专、特、大、强"的一条近路。但是参与系列专业期刊的毕竟只有20余家，相对来说，而且所有参与学报都是被教育部评为"名刊"的学报，大量的其余层次参差不齐的高校学报怎么实现联合办刊呢？它们联合起来出版的刊物是否也可以叫"中国高校系列的专业期刊"呢？同理，这样下去，中国高校系列的专业期刊也会同时出现几本哲学学报、几本社会学学报——这好像又回到了改革的起点，出现了定位相同、结构相同、同质化等一系列问题。如果全国千余家学报都加入"中国高校系列专业期刊"队伍，势必不能以目前的编辑出版方式进行下去，必须增加对论文进行二次加工的人员和编辑量，学科分类势必也会更细更多，包括栏目都会存在同样的问题，这就要求必须有一个很好的统领单位（或者部门）来协调各高校之间的关系；或者建立一个综合性的高校学报出版平台，所有的责任编辑在平台注册，并进行责任编辑、栏目管理，实行严格的审稿专家制度。这个平台怎么建立和运行？是归在学报学会、新闻出版管理部门还是教育部门？这些问题都必须得到很好的解决，才能实现高校学报的转型成功。

目前，高校学术期刊的编辑都是隶属于高校的一个部门，编辑人员是高校的员工，在竞岗聘任中，他们与其他高校管理人员一样可以在校内自由流动，其待遇和职称等都是跟本校其他员工一致的，与其编辑的刊物并无多大关系。如果延续目前的体制不变，各编辑还是隶属于本校，只是所从事的工作从本校学报变成中国高校系列专业期刊，这样就面临同一本刊物、不同编辑之间的待遇因为所属高校的不同而会有很大的差距，这样做势必影响编辑人员办刊的热情和积极性，同时员工的管理考核也会比较困难。或者规定每所高校或几所高校根据自己的优势承办一种专业刊物，这样似乎打破了原来的格局，可是这样做也不利于竞争，又回到了计划经济时代的分配制。每本刊物编辑都认为，这个专业的刊物，高校只此一家或几家，办刊压力很小，缺乏竞争，不是改革的方向。只有各学报编辑部都从本单位剥离出来汇归一处，组建期刊社，这样才具有可行性。但是，实际操作起来在管理上也会有很多困难，例如，牵头单位怎么选，是选择行业协会还是政府出面，还是依托于某大学、学术单位，这样还需要重新界定各学报与科研院所刊物的定位和发展方向，细分受众群体。

2. 关于"特色化"的探索

到目前为止，全国1000多种学报中能够参与专业化改革的是非常有限的，更多的学报关注的是特色化发展，即结合本校的定位、优势学科、地域特色、历史传统等来确定自己的特长，进行特色经营，这是相对于专业化学报来说更容易走，也更容易凸显成果的改革之路。无论是中国高校社科学报学会，还是自然科学学报学会的评优活动也都把刊物特色当成一项重要指标，全国社科学报研究会和北京市的研究会都有特色栏目评选活动，教育部科学技术司也已委托中国高等学校自然科学学报研究会举办了几届"中国高校特色科技期刊奖"评比活动，这些都对高校学报的特色化发展起到极大的促进作用。

其实关于刊物特色，应该是并非仅限于选题，在选题以外，期刊的编辑意识、整体策划、专栏设计、学科优势、研究方法、行文风格等诸多方面，特色就是个性，唯有个性才能展现一个期刊的生命力。对于作为高层次的学术理论刊物的学报来说，这种特色的寻找和把握确实不易，只有特色栏目的创办和发展才是特色化发展的一条捷径。而且特色栏目相对彰显整本期刊的特色来说，则更为简单易行，高校学报在这方面可谓发展到了极致。基本上每种学报都有自己的特色栏目，而且都办得有声有色。有的依托本校重点建设学科，有的依托当地的地域特色，各学报编辑部都加大了对其特色栏目的建设力度，教育部和学报研究会也都进行了评比和推进工作。目前除了名刊外，办得较有影响的综合性社科学报也大多是在这方面做得较为理想的。也有的通过共同的特色，联合办专栏，共同征稿、审稿的。

3. 关于"数字化出版"的探索

数字化出版是这次期刊改革的题中应有之义。随着全球化数字出版浪潮的到来，纸质出版发行及广告收入等主渠道萎缩，使得出版的业务形态和结构都发生了巨大变化。高校学报要想持续发展就必须参与数字化新型出版业态。如：建设大型专业数据库；开发和建设数字化编辑和出版平台；建立现代化物流和电子商务渠道等。高校学报的数字化始于20世纪90年代，当时的高校学报对数字化期刊知之不多。虽然高校学术期刊作为原始数据（内容）提供商是整个数字化出版的核心，可是由于清华同方知网等几大数据运营商占据市场的主动和先机，迫使高校学术期刊几乎是无任何利润地把自己的产品（期刊原始内容）拱手相让。直至目前，各大学学报编辑部大部分与中国学术期刊电子杂志社（清华同方知网）合作，编辑部保持纸质媒体的发行，中国学术期刊电子杂志社利用知网平台做网上发行，读者可以选择支付方式在网上下载期刊论文。平台开发了知网结等强大的搜索检索功能，读者查阅比较方便，实现了单篇购买。在对作者的版权支付方面，各编辑部都与作者签订合同，即作者的版权在本刊发表的同时视同也授权在清华光盘版发表，作者的稿酬由编辑部一并支付。知网再根据刊物的网络下载量支付编辑部一定的费用，以保证合作。这是目前各编辑部所采取的较为普遍的网络发行方式。

如果说之前各学报编辑部参与数字化出版都是懵懂的、被动的，但对于即将到来的期刊体制改革，高校学术期刊的这种数字化出版的探索绝不能，也绝不会再消极地等待下去了。目前各高校学报编辑部都加强自身建设，普遍建有自己的网上投稿系统，可以实现网上投稿、网上专家匿名评审论文等。随着体制改革的到来，学报编辑部应该更进一步地探索电子化期刊的制作和发行问题，同时还应充分重视知识产权问题，为编辑部和论文作者从数据商那里争取到应得的利益、可以实现编辑和出版的分离，编辑部可把编辑好了的电子版文档直接交付数据运营商，网络和纸质发行同时进行。当然，如果需要书面留存或报送材料用等，可以单本或者单篇印刷，这样还能节约成本。只是这又牵扯主管、主办和新闻管理部门等多方，纸质出版的不确定性也可能带来对刊物评价、管理的各种问题，监管难度会更大。因此，必须协调和处理好多方关系，做到责权明晰，才能实现多赢，具体方式还需进一步探索。

4. 关于"体制改革"的探索

出版和管理体制的改革是时下进行期刊改革的关键和根本所在。原来的体制下基本上就是一所大学一种学报，后来随着高校的合并与发展，有的学校有几种甚至十几种期刊，组成了期刊社，主管都是教育主管部门，年检是在新闻出版部门，主办是本校。这是基本格局和体制。

从这次文化体制改革的总体要求来看，高校学报编辑部并入出版社是必然的，期刊出版本身就具有经济和意识形态的双重属性，这次改革就是要充分释放原来被忽略的经济属性。但是对于广大的综合类学报尤其是文科类学报来说，其意识形态属性较强，在强调改企的同时，必须重视大学学报作为"高层次学术理论刊物，是展示高校学术水平的重要窗口，是开展国内外学术交流的重要桥梁，是发现培养学术人才的重要园地"这些功能的发挥。大学学报对体制改革的大胆探索对政策制订出台及其贯彻执行都有着重要的参考意义。

三、新媒体形势下学术期刊的转型

新媒体的发展和学术研究方式、模式的变化，给学术期刊的转型带来了巨大的影响。在这里我们借用 20 世纪英国哲学家布朗依提出的"学术共同体"的概念，将全社会从事学术研究的研究者作为一个社会群体，以区别于一般的社会群体与社会组织。在互联网时代，与学术期刊处于同一环境体系的学术共同体，其学术创新模式、学术研究范式、知识形态、知识获取、知识交流及处理机制的改变，都直接影响着学术期刊的生存和发展环境。

特别是学术研究的方法，正从过去的单一领域向全领域的方向发展，各学科间的研究视角和研究方法的相互借鉴，学科间的深入交叉融合，使研究得以不断深入。这就需要搭建学术共同体间相互联结的平台。同时，新媒体改变了学术研究和学术成果传播间的关系、结构和方式，也在改变着研究者对成果传播的需求。而"平台"和"跨界"正是学术期刊在学术共同体中实现新媒体转型的有效思路。在媒介融合的条件下，运用新媒体技术，发挥学术研究与学术期刊的内容资源优势，在学术研究体系内，将传统媒体与新媒体相融合，将学术研究成果与成果的终端需求用户直接联系，在思维观念、运作模式、产品呈现上实现真正意义上的转型，形成以新媒体技术为平台，内容相互转化，终端共享，传播体系健全，受众广泛的学术研究与学术期刊共生平台，打造学术期刊和学术研究共同体多方共赢的生态圈，是学术期刊在新媒体转型进程中重点关注的问题。这种平台模式，目前在世界范围内还找不到成功的模板，需要我们在理论和实践中加以探索。

在新媒体的推动下，世界各国传统媒体纷纷进军新媒体领域，在媒体融合战略中不断推进媒体的组织架构调整、体制机制改革和传播体系创新。这种局势在给我们带来新的发展机遇的同时，也让我们面临着严峻的挑战。

（一）学术期刊的转型现状与存在的问题

学术研究是学术期刊的源头活水，学术期刊是学术研究成果的传播渠道之一。无论在传统媒体或新媒体中，学术研究的提升在某种程度上促进了学术期刊的发展，学术期刊影响力的大小也反映了国家学术研究的发展水平，在中国学术研究的发展进程中，学术期刊发挥着举足轻重的作用。在学术研究的生态圈中，学术期刊是其中的一个重要组成部分。在传统媒体时代，学术期刊和学术出版是学术研究的重要传播媒体之一，"刊号"和"书号"则成为学术研究成果是否属于"正式出版"的"身份证"。但是，在学术期刊上发表论文，绝对不是学术研究的终点，学术研究的目的应该是发现问题和解决问题，在学术期刊上发表论文只是学术研究成果的传播途径之一。

随着互联网的发展，基于学术传播的工具、手段及渠道的更新，学术期刊与学术出版对学术成果的交流、展示和传播的作用逐渐减弱，因为现在几乎所有的研究者都能够比较容易地获得从前只有学术期刊和学术出版编辑者才能拥有的工具、技能与手段。在这里，我们借用纽约大学新闻学教授杰·罗森对新闻传播所提出的"不在场"理论，在新媒体平台上的学术传播，完全可以让学术期刊的编辑和刊物"不在场"。由此，我们不可忽视的是，学术成果的传播方式正在发生重构，只要国家放开"刊号"和"书号"的限制，或者放开"刊号"和"书号"对学术研究成果的重要社会认可价值，改变现有的学术研究评价体系，突破现有的学术研究管理模式，国家根据新媒体的传播规律和要求，重新建立和健全一套适合新媒体传播的学术成果传播体系，形成一套行之有效的学术成果评价体系，那么，谁是学术成果的出版者以及学术成果发表在什么期刊上，就不再重要了，重要的是所传播的学术观点或学术成果的意义。只要人们就学术传播的基本功能和目标达成共识，那么传播学术成果的手段、渠道、媒介都只是技术问题而已。由此，传统体制下自娱自乐的学术期刊，将不能完全担当起互联网时代真正意义上的学术传播的重任，长期以来学术期刊或学术出版对学术成果传播的垄断发布权面临瓦解。

当然，我们所说的学术期刊对学术成果传播的垄断发布权的瓦解，是指传统体制下"作坊式"运作的学术期刊组织形式和经营方式。在这里我们必须明确的是，即使在"人人都是麦克风"的新媒体平台上，社交网站也不能替代学术期刊的发布平台，学术成果的正式发表不同于新闻传播，不是任何个人和机构都可以做的，它必须有专业的门槛和标准，其中编辑和同行专家评审的角色不能缺位。编辑通过他们深厚的学术背景、长期养成的学术判断力、严谨的科研态度及开阔的视野，用严格的同行评审制度及录用标准，去判断学术成果的品质，对作者所撰写的研究成果，负有把关的责任；具备专业特长的同行专家的评审可以保证所发表成果的学术性和公正性。学术出版是需要门槛的，门槛实质上也就是准入机制。在发达国家，学术成果的发表也几乎是由专业学术期刊所"垄断"，那些不适合做学术成果发表的期刊社会逐渐被淘汰。如果学术成果的发表门槛缺失或过低，就会造成"学术垃圾""学术不端"和"假学术"的泛滥。

学术期刊在新媒体转型方面还存在不少问题，需要我们在实践中加以解决。

1. 在平台模式上，数字化学术期刊还没有实现真正意义上的新媒体转型

我国学术期刊主要分布在高校、科研机构、出版社和行业协会，如大学多为综合类学术期刊；研究机构和行业协会多为专业期刊；出版社多为系列期刊等。国际上较有影响的学术期刊则主要分布在各著名的大型出版集团及相关研究机构，如施普林格（Springer）出版公司、牛津大学出版社（OUP）、爱思唯尔（Elsevier）出版社、泰勒-弗朗西斯（Taylor & Francis）出版集团、自然出版集团（NPG）、威立-布莱克唯尔（Wiley Blackwer）出版集团、英国物理学会出版社（IOPP）等。国内外在学术期刊的网络出版方面已经开始了探索，其发展的路径基本是：由传统的"期刊"到"网站"，再到"数据库"，上升为综合网站。这是一个学术期刊的传统媒体与新媒体融合的逐级向上发展过程，后者在包括前者的同时，又是前者的升级版和高级版，同时，后者又在不断地颠覆或替代前者。即使这样，在学术共同体与学术期刊公共平台的建设方面，还没有成功的模式。

在我国，目前学术期刊的网络出版主要有五种模式：一是加入大型的数据库，这个模式只是简单地将纸质内容数字化。二是编辑部自建网站，这个模式沿袭着"作坊式"编辑部的体制，所起的作用大多只能算是一个编辑部的审稿、编辑、出版和发行流程工作平台而已。三是创建同行专业学术期刊权威数据库，这种窄众化的横向联合，相对于综合性大型权威数据库来说，大部分内容属于重复建设。四是"中国高校系列专业期刊"的做法，虽然突破了传统学术期刊一校一刊、各自为政的局面，但也还是纸质版学术期刊的集合体，

同时学术共同体的内容在这里也没有得以呈现。五是由中国社会科学杂志社牵头建立的"中国社会科学期刊网络群"，这个网络群同样没有脱离纸质内容简单转化为网络内容的窠臼，同样不属于真正意义上的网络出版。

从以上分析我们看到，我国学术期刊的新媒体转型，还处于利用数字技术，实现刊物采编印发的全流程信息化，将纸质媒体的内容简单数字化的阶段，学术期刊的纸质版和电子版的内容大多一致，它属于主流学术出版平台，包括按照学术出版的固定格式要求，规范摘要、关键词、图表、参考文献，经过编委会、同行评议，以保证学术成果出版的专业性和严谨性外，还包括国家政策规定的，在有正式刊号的学术期刊发表论文，与研究人员的各项评价指标相挂钩。这种只是将纸质换成了智能计算机和显示屏的学术期刊数字化，还不是真正意义上的新媒体学术期刊。

2. 学术期刊平台与学术研究还处于"两张皮"状态，没有形成协同共生的系统

学术研究网站之于学术期刊，是个天然的大数据库，每一个研究机构的网站都是一个数据中心，但长期以来，都零散地分布在各个教学机构和科研机构中。而传统的学术期刊，包括目前以数字化形式出现的学术期刊，它们只是独立的期刊网站或期刊群，最多也就是个期刊数据库。无论国际还是国内，学术期刊与学术研究之间的联系状况大多是以学术期刊为主体的数据库网站，其中链接有学术机构的网站；或者是在学术机构的网站中链接着与其专业相关联的期刊网站。由于所投入数字化平台建设的财力分散，目前，学术期刊与学术研究始终处于"两张皮"的状态，无法形成一个完整的学术研究与产出的主体展现平台，不能反映学术研究的全貌，也不能提供更完整、更方便的信息连接服务，更不能实现学术研究所需要的有效的信息提供、畅通的传播渠道，以及有效的媒体经营和学术成果转化经营。

同时，各个网站之间、各大型数据库之间，缺乏整体性的统一标准，缺乏统一的布局和长远目标，不仅浪费了大量的建设资金，也不便于具体、深层次、整合性地利用数据，对实现内容的共享交互操作带来了一定的困难，无法充分挖掘出学术传播的内容价值。

3. 缺乏科学的顶层设计，重复建设、学术信息不平等循环现象严重

在我国，如果说新华网、人民网等大型新媒体平台，是由国家财政扶持起来的主流媒体，那么，在学术研究平台上，国家还没有扶持和建立统一的新媒体平台。为了适应互联网时代的发展，国内多个期刊社、出版社、数字出版基地，都分别建设起学术期刊的数字平台或公共服务平台，所耗费的财力和人力也不少，但由于资金、技术和人员有限，国内期刊社大都将"千刊一面"的纸质期刊变成了"千网一面"的网刊，而一些学术期刊的数据库或公共服务平台则是功能相似、重复，标准不一，如中国知网、维普、万方数据等，即使这样，目前它们也是我国学术期刊数字出版收益的主要来源，全国各教育、科研单位

的图书馆，基本都订购了一个以上的学术期刊数据库。对中文学术期刊数据库来说，全国各大图书馆购买最多的是中国知网、维普和万方三大数据库，在外文数据库中，购买最多的是 Springer、EBSCO、Elsevier 等数据库平台下的期刊数据库。国内学术期刊社也大都加入了中国知网、维普和万方数据库，并且在数字化建设方面，国内学术期刊大都依赖于大型数据库。部分国外数据库，也同我国的部分期刊社建立了合作关系。数据库平台商与学术期刊社的合作，在客观上提高了学术期刊的数字化程度，但它们的根本目的还在于自身的商业利益。由于中国知网、维普和万方等数据库平台商分别与部分期刊签订了"独家协议"，由此，它们各自所收入的学术期刊，虽然绝大多数是重复的，但各自也都有部分的缺失。各大型图书馆为了保障文献的完整率，也不得不全部购买三个数据库，无形中降低了数据库资源的利用率，增加了数据的使用成本。这样，在学术期刊的数字化进程中，形成了一个生产与收益的信息不平等循环现象：由国家支付科研人员的工资、资助产出学术研究成果，同时还资助学术出版，期刊社（或出版社）用国家的经费编辑、出版、支付稿酬，最后国家（图书馆等）再出钱从中、外数据商手中购买本属于国家的东西，利益链的终端落在了数据平台商一方，业内将这种学术信息恶性循环的现象，借用经济学的名词称为"斯蒂格利茨怪圈"。

4. 缺乏统一完善的学术研究和学术期刊评价体系

对学术成果的评价与对学术期刊的评价，本属于相互联系的不同范畴，学术研究与办学术期刊，有各自不同的规律。但到目前为止，在我国的学术研究评价体系中是以刊定文，期刊的"等级"决定了论文的"等级"，论文发表的数量和所发表学术期刊级别，已经成为衡量学者学术水平的标准，国内的七大核心期刊（或来源期刊）遴选体系和国际公认的六大检索系统所属的评选机构，将学术期刊评价、学术研究评价以及学术国际化相链接。这个标准同时又作为大学和专业排行的依据，也成为多数学者获得职称评定、项目评审、职务晋升、争取更多的学术资源、赢得学术荣誉的重要途径。尽管各"核心期刊"的统计源和统计参数不同，但是不能阻挡"核心期刊"成为各高校及研究机构争相追逐的目标。这种将理科、工科、医科、社会科学和人文学科都"一刀切"、量化、外在的学术评价体制，不符合学术研究中各学科的内在逻辑。也正是这种将学术研究与学术期刊紧密联系起来的评价方式，使得大多数规模小、无法投入足够的资金进行数字化建设的学术期刊也能够在自己的"一亩三分地"上自娱自乐。由此，必须在学术期刊新媒体的公共平台上，建立统一的大数据链接，形成科学统一的学术研究和学术期刊评价体系。

总之，新媒体学术期刊不是单纯地为学术成果的传播提供一个简单的数字"版面"，而应当成为学术研究的参与者、学术前沿信息的及时发布者、服务者和提供者，这样，学术期刊与学术研究在新媒体平台上才能走向融合。

（二）学术期刊新媒体公共平台建设的模式探讨

数字出版公共平台的建构是对技术、内容、体制问题的综合解决，在内容寻找平台和渠道的同时，平台也在探讨如何增加新的表现形式与传播手段。目前，各个学科间互相渗透，在学术共同体与学术期刊公共平台上进行解构、构造和构架，虽然它不能代替学科本身的专门研究，但是，作为各学科平台的构架，它能够站在传播的高度，提供研究的框架、规则和逻辑，将学术研究的各个领域、学科、单位、圈子等之间打通，让彼此之间有沟通和对话的渠道，让学术成果得以更有效地传播。

1. 公共平台的基本定位和建设目标

学术期刊新媒体公共平台的基本定位是，整合国内外学术期刊与学术研究的资源，创造方便快捷的连接服务，强化用户参与和分享，打造以学术期刊为纽带的产学研合作、人才对接、协同创新的互动平台。在该平台上，参与单位既要维护好自己的"一亩三分地"，又要"走出去"与各种资源进行对接整合，去搜索与自己相匹配的相关资源，发挥自己所长，在融合中发展。将传统媒体与新媒体相融合，将学术研究成果与成果的终端需求相连接，实现学术研究"全过程、全媒体、全媒介"的传播。这种链接将创造学术共同体与学术期刊公共平台的新格局，产生出超越现有学术期刊平台的传播价值和商业价值，造就学术期刊在为学术研究服务中的巨大可能性。这个融入学术共同体的学术期刊公共平台，不仅能深刻揭示学术研究对人类科学和社会进步以及人类精神世界的影响，还能提出有价值的问题，引导未来的学术研究方向，是一个反映学术研究的科学思想及人文内涵相结合的平台，也是一个集学术性、思想性和新闻性于一体的平台。

2. 公共平台的构成要素

在这个平台上，将不同系统、不同专业和学科集群和集约化，同时与国外学术共同体（如学术机构和学术期刊数据库等）相链接，使资源优势最大化，产生叠加效应。平台的建构要素，一是在技术层面的基础网络平台、编辑出版发行的二级工作平台、终端平台、全媒介平台，以及版权代理、广告运营、电子支付、技术支持等相关辅助平台；二是汇集全球学术期刊和学术研究成果内容资源，建立庞大的内容数据库，如中外期刊数据库、研究人员数据库、研究机构数据库、研究项目数据库、各类相关数字发布等；三是聚集与学术研究相关的机构层面的二级平台，包括国家和政府的相关体系、教育体系、研究机构体系、相关学会等民间团体、社会化产学研协同合作体系的相关机构等；四是在成果呈现上，实现方便检索、在一定权限下实现开放获取、定制服务、按需印刷、线上线下互动、一次编辑多渠道出版的全媒体、全媒介呈现等功能；五是保护知识产权，实现信息收费；六是构造平台的价值链和商业模式；七是建设一个多语种、国际化的开放共享平台。

3. 公共平台的特点和优势分析

学术期刊新媒体公共平台的特点，**概括来说就是链接、整合、开放、共享**。互联网的价值体现在链接当中，链接就是互联网本身的逻辑，在关联当中形成服务、形成价值。在学术期刊新媒体公共平台上，通过对编辑机构的整合、研究机构的整合、阅读形式的整合及效益链条的整合，统合学术研究资源，并渗透到其他终端平台，达到学术成果传播与学术研究过程的资源共享、现代技术手段与编辑手段的共享，实现该平台的链接价值。

公共平台的整体优势，一是有利于实现学术研究与学术传播的跨界、跨学科融合发展。在该公共平台的大数据基础上，打通与学术研究相关的，领域、学科、机构、媒体、产业等之间的界线，通过聚合，使传播内容更为丰富、细化和深化，同时，为产、学、研的线上资源和线下资源提供"OTO"的结合和互动，不仅建立了研究与传播的共同体，同时也建立了产、学、研与传播相结合的互利共赢的利益共同体，以实现跨界、跨学科融合发展。

二是有利于学术期刊与学术研究的相互借力发展。在这个系统中，学术期刊在论文质量、学术视野、理论深度、作者层次、审稿流程、国际化程度等方面，在学术出版的"流程再造"方面，甚至包括学术期刊编辑部体制机制的改革等诸方面，将有极大的提升空间。学术期刊不再是简单地呈现给读者一本杂志、一篇文章或一次阅读，而是将专业的、精细的、不同形式的服务延伸到从学术研究到成果运用的各方面和各层面。同时，这个平台上的期刊编辑部，再也不是单打独斗的小团队了，它实现了专家群共享、作者群共享、翻译群共享、读者群共享等，作者与编辑部实现了投稿与发稿的双向选择。平台所设置的专题研讨、话题领袖等在这个平台上可以与国内外学术机构和研究者进行充分的互动。尽管如此，学术期刊在这个平台上，也仅仅是该系统的一个标配，虽然也起着关键性的作用，但是已经不是目前的学术成果传播的终点和主体。

三是有利于提升我国学术研究成果的国际显示度和影响力。一直以来，学术期刊都在努力通过国际合作，融入国际学术共同体；而国际学术机构和知名出版商同样也在积极寻求与中国学术期刊及学术研究机构的合作机会。在这个融合平台上，我国的学术期刊将有更多的渠道和机会开展国际合作，学者和学术期刊的从业人员能与国际学者、学术期刊编辑和出版商建立更有效的沟通、联系与对话。更重要的是，在这个平台上，能让大家开阔视野，立足全球学术研究的制高点，利用世界先进的理论、技术和方法，在吸收的同时进行有效地传播，提升中国学术研究成果的国际影响力。

学术研究与学术期刊在新媒体平台上的融合，使产、学、研及其传播的主体在这里交汇和互动，传统的学术研究与成果发表的边界被改变，形成"内容—平台—用户"的最短渠道。

（三）着力推进学术期刊在学术共同体中的新媒体转型

在深化文化体制改革的背景下，中国进入了一个信息传播技术持续演进、国家信息传播战略不断升级的发展时期。媒介产品形态的更替、学术成果传播模式的变化以及受众的变化，使得媒介环境发生了根本性的变化，人们对媒介的依赖程度也随之加强。在学术共同体中实现学术期刊的新媒体转型，是一项系统工程，涉及流程再造、体制机制改革、价值重塑、品牌创新、边界拓展、战略设计等方方面面，必须加快思想观念的转变，并在政府的助力下生成和发展。

1. 加快从"传统媒体思维"向"互联网思维"的转变

其一，链接、服务和流量思维。过去我们通常把学术传播理解为学术成果的内容传播，但是在互联网中，由于传播的双向性，过去单向度被动的"受众"概念受到挑战。这样，大众对信息的需求就呈现出多角度、全方位、双向度和智能化。如果说在"以内容为王"的传统媒体时代以及互联网初级时期，学术期刊最大的优势就是内容，但在大数据时代，互联网的海量信息，已经远远超出了受众的注意力所能关注的能力，"内容"在互联网中的价值比例已经下降，取而代之的是如何通过信息服务，实现有效信息的链接。转型后的学术期刊公共平台，应该是以内容为中心，同时加入越来越多非内容的服务、非内容的价值创造的传播与服务，而且它的非内容的价值创造远比内容带来的市场价值大得多。

其二，平台和跨界思维。我国目前的学术期刊平台，还停留在数字化阶段，而"数字化"并不是数据化。真正意义上的新媒体，不是简单地将纸质版的内容通过电子版在互联网上的简单呈现，这种呈现虽然也能通过搜索引擎找到信息，但这种由搜索引擎所带来的信息，带有明显的纯技术和平面化的局限。转型后的学术期刊公共平台，要打破现有学术期刊编辑部的小而全机制，同时打破学术期刊平台与学术研究平台"两张皮"的状态，树立学术期刊与学术共同体一体化发展思维，在内容、渠道、终端、技术、手段、资金及人才队伍上，实现共享融通，形成一体化的组织结构、传播体系和管理体制。在这个体系中，不同数据之间的内在联系，能建立起用户和信息之间的有效联系，并通过对数据的挖掘和分析，找出不同事物之间的相关关系，实现跨媒体、跨行业、跨所有制、跨地域的跨界多元化，以及全过程、全媒体、全媒介、立体、互动传播，进而实现学术研究的最大价值。

其三，社会化、公众体系思维。在传播体系的构建上，用"互联网思维"改革传统媒体的组织结构、传播体系和管理体系，打破传统媒体的"分立化"行政体系，以公众需求为出发点，在资源的整合及边界的延伸上，从单一媒介到媒介与学术共同体的融合。在这方面，首先应做好整合工作，在发挥骨干科研机构和期刊的作用的同时，应尽可能加大规模；其次，在平台建设的原则上，要遵循学术成果的传播规律和新媒体发展规律，按照新媒体的规律来融合平台，要先研究新媒体的优势，再将学术研究与学术期刊的资源优势相匹配。由于公共平台建设所涉及的面多且广，更要注重每个步骤、每个环节、每个节点以及每个页面设计的极致，达到阅读的权威、方便及简约。这就需要处理好五个关系：整体性与单一性的统一、顶层设计与分层设计的衔接、统一性与差异性的结合、长期性与阶段性的有序推进以及关联性、协调性和法律的刚性协调。将不同学科之间、不同部门之间、不同期刊社之间、不同管理层级之间打通,塑造"一体化"的传播体系。

2. 政府的推动是实现学术期刊新媒体转型的关键

政府对学术研究的指导及投入的合理性和科学性程度,从一个侧面体现着政府治理体系的完善和治理能力的高低。当前,国家鼓励媒体融合,在学术期刊层面,国家肩负着引领、规划和助推学术期刊数字化、国际化发展的重要使命。在学术期刊的新媒体转型进程中,由于牵涉的参与行业、单位和个人不仅数多而且面广,启动建设阶段的资金需求大,需要得到政府的大力扶持。政府对学术期刊新媒体转型的介入和推动,体现在如下几个方面。

第一,做好顶层设计。在国家层面的目标确定方面,中央《关于推动传统媒体和新兴媒体融合发展的指导意见》强调:"要着力打造一批形态多样、手段先进、具有竞争力的新型主流媒体,建成几家拥有强大实力和传播力、公信力、影响力的新型媒体集团。"融合的基本路径是"以中央主要媒体为龙头,以重点项目为抓手,坚持传统媒体和新兴媒体优势互补、一体发展,坚持先进技术为支撑、内容建设为根本,推动传统媒体和新兴媒体在内容、渠道、平台、经营、管理等方面深度融合"。融合的主要方法是"重组媒体内部组织结构,构建现代化的立体传播体系,建立科学有效的媒体管理体制"。明确了媒体融合的方向和路径。同时,在国家的政策支持方面,2014年4月,国家新闻出版广电总局、财政部颁布的《关于推动新闻出版业数字化转型升级的指导意见》(以下简称《指导意见》)中提出的政府重点支持以下方面的工作:开展数字化转型升级标准化工作、提升数字化转型升级技术装备水平、加强数字出版人才队伍建设、探索数字化转型升级新模式。该《指导意见》在财政扶持方面提出:"加大财政对新闻出版业数字化转型升级的支持力度,将新闻出版业数字化转型升级项目作为重大项目纳入中央文化产业发展专项资金扶持范围,分步实施、逐年推进。发挥财政资金杠杆作用,推动重点企业的转型升级工作,引导企业实施转型升级项目。"

第二,在公共平台建设的初始阶段,需要政府的扶持性投入。一是政府数据的开放。政府的相关政策信息、学术信息和有关数据在学术期刊公共平台中有着重要的价值。二是政府采购。政府采购学术期刊公共平台的数字资源,能有效解决目前学术期刊数据库功能重复、建设重复、购买重复、资金投入重复、建设力量分散等问题,优化资源配置,走出"斯蒂格利茨怪圈"。三是政府的财政扶持。学术期刊公共平台在建设的起始阶段,必须得到政府的财政扶持性支持,用以进行内容资源建设、软件配备和硬件购置,为建设数字内容资源投送与运营服务平台奠定基础,待这个平台形成了成熟的运营模式,再依靠自身的力量发展壮大。

3. 在学术期刊的新媒体转型中必须进行"流程再造"

媒体融合中的"流程再造"是指通过对新媒体传播流程的再设计,以期取得在成本、质量、服务、速度等关键绩效上的重大突破。建立学术期刊新媒体公共平台，将为学术研究、学术成果传播以及学术成果的转换应用，提供专业的、全方位的、有影响力的学术研究全过程信息平台。陆小华认为："互联网的两个核心要素，就是便利性匹配和超细分匹配。"只有在同一个协同创新系统中，才能在流程再造中实现学术研究与成果运用的高匹配度。

其一，通过搭建精细化的管理平台，重构组织机制。"学术共同体"的概念不同于"产业价值链"，学术共同体与学术期刊在新媒体平台上的融合是一个系统工程，只有平台是不够的，还必须具有良好的组织机制和管理结构。在网站构建中，要设计精细的、统一的多媒体编辑出版工作平台，对加入平台的单位、作者、出版者、内容资源、渠道资源、版权资源、品牌资源等方面，通过先进的电子技术，设计有效可行的程序，实现精细化管理。建立标准统一的学术期刊编辑库、审稿专家库、作者库、技研发库等，在新媒体流程中共享资源，实现学术研究的传播信息一次编辑、一次同行专家评审，多种生成、多元传播。在平台上要加强国际合作，在合作中借鉴国外经验，充分利用国外成熟的技术、平台、渠道、手段等借力推进，实现更好更快的发展。

其二，建立扁平化管理结构，激发新的发展活力。目前，传统学术期刊大都还属于分立单干的"小、散、弱"的现状，与之相联系的体制机制问题，还不能适应学术期刊与学术共同体在新媒体平台上融合发展的要求。我们必须重构包括学术期刊在内的学术共同体传播生产流程，各研究机构和期刊单位要从实际出发，积极探索适合自己的融合发展模式，将个体的发展，融合到平台的发展中去。同时，通过整合，解决长期以来形成的学术期刊同质化现象。在此基础上，通过流程的再造，重构学术研究与学术期刊的评价体系。

4. 建立健全相关法律法规，严格保护知识产权

作为一个统一开放的新媒体服务平台，在资源共享的过程，必然同时会有大量的版权资源在不同角色中流转，而由于新媒体出版尚属新兴领域，现行的法律法规对新媒体来说，有些已不具备现实的可操作性。虽然2012年全国人大常委会通过了《关于加强网络信息保护的决定》，工信部也有保护个人信息的新规等，但作为法律法规体系，还没有健全和完善，比如，如何在确保知识产权的前提下，加入国际开放获取的行列等问题，还缺乏新的比较完善的法规条文。在学术期刊新媒体公共平台上，很容易产生不同类型的版权保护问题。由此，必须强化法律意识，明确合作主体，制定相应完善的相关法律法规，建立新的著作权管理保障体系，做好网络授权，规避版权纠纷，促进版权产品的使用，强化网络监管，提升消费者合法使用版权产品的意识，科学严密地保护知识产权，使著作权人的利益最大化。

5. 探索可持续发展的商业模式

在平台的商业模式方面，一是发挥财政资金的扶持作用，比如，申请国家关于科研和

出版方面的基金、关于支持文化创意产业发展的资金等；二是争取该平台上参与单位的资金、民间资本、社会资本等的支持；三是各类数据库的收入；四是探索平台资源与成果转换对接、平台资源与资本对接的新机制。在研究成果与成果转换以及与金融的对接过程中，探索平台新的盈利增长模式与途径，比如，政府采购、各研究机构订阅、成果孵化、成果转化、专利、国际版权贸易等。通过以上资本的扶持，壮大学术期刊新媒体平台的产业链，形成"政府引导、市场主导、企业主体"的发展模式，实现学术期刊平台的实体与金融资本、社会资本、高等学校资源、研究机构资源及民间资本的战略合作与对接，形成多种所有制共同发展的格局。

四、学术期刊数字化转型新趋势

我国的数字出版进入了一个前所未有的发展时期，新的传播技术和传播方式已被广泛运用到高校学报工作的每一个环节，进而极大地提高了高校学报的管理水平和资源整合能力。面对国际数字出版新趋势，高校学报必须强化数字出版意识，在数字出版中延伸和发展传统学报的内容和品牌资源优势，强化高校学报编辑在数字出版中"矫正器"和"学科导向人"的角色作用。同时，高校学报的数字化出版呼唤崭新的网络出版管理体制和新型网络出版人才。

我国学术期刊网络化已达到了相当的规模，学术期刊的网络化既方便了读者、研究者使用，其管理手段的网络化，也更加规范和简化了学术期刊编辑出版单位的工作程序，比传统的管理模式更加灵活和高效。它扩展了学术期刊刊载的内容，延伸了出版的形式，丰富了传播的空间，改变着传统学术期刊的生产方式和消费观念。中国的高校学报，作为中国学术期刊的一个重要方面军，也不可回避由技术革命与技术创新所带来的传媒变化。

（一）面对国际数字出版新趋势，高校学报必须强化数字出版意识

在信息时代，运用数字出版的新技术为读者提供更多更好的学术产品和服务，是高校学报编辑的使命和责任。互联网和数字化技术的应用已深入到出版业的各个环节，使出版业的产品形态、运作方式、流通渠道都发生了深刻变化，体现在数字出版上的优势就是它强大的编辑力量、大量的内容资源、传统的媒体品牌、忠实的读者和崭新的盈利模式。数字出版带来的全新技术、生产方式以及相应的理念，为传统高校学报提供了难得的发展机遇。高校学报的数字化、网络化载体形式的改变，使得传统的出版流程和出版模式也随之发生了变化，"出版""出版物""版本"和"版权"的概念也会相应地发生改变，随之而来的，对学术期刊的评价标准也有所改变，如核心期刊的概念将被淡化，因为在网络环境下编辑工作的新特点是以读者为中心，而对读者来说，他们所关心的是所需要的学术信息，并不一定需要了解这些信息来自何处，单期的纸质刊物对他们来说，无用信息居多。这样，订购一种杂志的概念被淡化，而更多的是利用数字媒体具备的方便、迅捷、易检索等特点，根据自己的需要，下载或订购有关的文章。

面对新技术的冲击，一些高校学报由于受到发展思路、体制机制、技术手段、人才资源、经营管理模式等方面的限制，应用数字化技术的意识还比较滞后，对数字出版目前仍然持观望和等待的态度，对于数字化出版的动力不足、办法不多，效果不明显，与国际传媒相比，中国高校学报的数字出版还存在一定差距。如果高校学报始终保持陈旧的体制、落后的技术，将会使我国高校学报停滞不前，甚至失掉传统优势。由此，高校学报编辑如何强化数字出版意识，适应数字化环境的要求，以读者为中心，运用网络技术来组织编辑活动，加强平台整合、产业整合和内容整合等问题，就摆在了我们面前。

面对学术信息传播方式的变革所带来的信息的发布与获取手段的不同，高校学报必须改变原来单一的载体形式，以满足网络时代的读者需求。需求决定供给，只有符合社会需要的媒体才能在未来社会中得以生存和发展，高校学报数字化已成为一种发展趋势。当然，在相当一段时期内，纸质的传统高校学报不会消失，它只会是部分改变形态，传统高校学报正在同数字化高校学报相互整合和融合，将传统学报的内容优势与数字学报的技术和网络优势相对接，实现跨媒体发展。对中国高校学报而言，紧跟世界出版业的发展趋势，围绕数字出版，对现有的出版资源进行优化重组，构建有中国特色的、符合时代潮流的出版模式，乃是加快高校学报发展的重要任务。

（二）高校学报必须在数字出版中延伸和发展传统学报的内容和品牌资源优势

在学术期刊界的数字出版与传统出版的关系基本是：传统出版代表着内容的源泉，数字出版提供着服务渠道和发行渠道，最有代表性的如《中国学术期刊网络出版总库》，就是大规模采用数字化技术而兴建的超大规模学术期刊文献数据库，它是目前世界上最大的连续动态更新的中国学术期刊全文数据库。现代信息技术的迅速发展，数字出版的在线、互动、搜索查询和大储存量，特别是能不受版面和纸张的限制，大规模地满足个性化需求等特点，确实在很大程度上替代了纸质期刊对人们阅读的满足，对传统出版业产生了极大的冲击。但我们同时也必须看到，无论是数字出版还是传统的纸质出版，其本质都是信息的生产与传播，出版业无论发生什么样的变化，哪怕就像《中国学术期刊网络出版总库》这样的数字平台，也都改不了它是一种内容产业，读者需要的是内容。相对于内容来说，技术永远在后面，平台永远是第二位的。从这一点看，出版的形态可能改变，而出版的功能不变而内容生产正是传统期刊业的最大优势。高校学报编辑在数字化出版中的作用，不仅仅是制作出一个数字出版的平台，更重要的是要创造和编辑内容，并使读者能够得到所需的内容，媒体的核心竞争力永远是内容。

目前，中国学术期刊数字化的各种尝试也越来越引起社会各界的关注，一批以学术期刊数字化或以数字化期刊为经营核心的企业应运而生，其中一些期刊数据库、数字期刊平台等，已经形成了一定的市场规模，并实现了良性经营。而目前，高校学报主要是通过两种途径实现数字出版的：一是加入大型期刊网站，主要加入的是中国学术期刊网、万方数据库和中文科技期刊数据库等大型期刊网站。这些期刊数据库网站超大的信息量和下载量,充分显示着学术期刊数字出版的力量。二是高校学报独立建立自己的网站,或是利用大型期刊数据库网站提供的模板建立自己具有自主版权的主页。以上这种加入大型的期刊数据库网站,使读者能很方便地从本学科和读者所需要的内容出发,通过搜索将内容结构化,从而打破了传统高校学报的局限,创造出更多的市场需求。同时,它也创造出了远远高于纸质期刊的利润空间,产生了新的利润源。而高校学报独立建设自己的网站(或网页),使网站(或网页)成为纸质期刊的延伸和补充,充分利用网络的传播优势,提高学报的知名度,有利于学术文献信息的再传递和转摘转引率的上升。

由此,高校学报要积极探索如何把现有的内容优势转化为信息化条件下的传播优势的可行性手段,在期刊数字化进程中发挥自己的内容优势,运用多元化的传播手段融入数字出版进程,利用数字化创新和拓展高校学报的生存和发展空间,充分发挥自身的内容优势,确立在数字期刊源头的主动地位。高校学报的编辑要加强策划能力,充分发掘和整合现有的出版资源,充分发挥自己的内容资源、人才资源、品牌资源的优势,扩大数字出版的社会影响,在数字出版中延伸和发展传统期刊的内容和品牌资源的优势。

(三)强化高校学报编辑在数字出版中"矫正器"和"学科导向人"的角色作用

数字出版的高校学报编辑必须扮演好"矫正器"的角色。数字化出版的特点在于其互联互通和大容量、大规模,高校学报要实现数字化、网络化,就必须首先实现规范化。高校学报的规范化是对学术论文发表形式的标准化规定,是对学术成品的规格化、模式化。在传统出版中,高校学报编辑的"把关人"和"矫正器"的作用,在数字出版中也丝毫没有减弱,并且,高校学报在数字出版的过程中,除遵守传统的编排规范外,学报编辑还必须按照数字出版的相关编排规范标准进行编辑出版,以便与其他检索传播系统互联,及时地在世界范围内进行传播,充分发挥高校学报文献信息的社会功能。在当前,完善数字出版相关标准,就显得尤为重要。在我国传统学术期刊界,自20世纪80年代以来,就开始推行期刊的编排规范化,目前纸质学术期刊的各项规范化文件已很齐备,这些都是高校学报编排规范化的依据。但在数字出版领域,这还是个全新的课题。如果不能很好地解决数字出版的标准问题,就将成为制约我国数字出版产业发展的"瓶颈"。近年来,国家新闻出版总署已开始了出版业的标准化的推动工作,如2006年1月发布了《图书流通信息交换规则》,出版元数据标准化、网络出版标准化的制定工作也在进行中。只有完善数字出版的相关标准,严格执行编辑规范,才能促进高校学报数字出版的全面发展。

数字出版还要求高校学报编辑必须扮演好"学科导向人"的角色。坚持正确而鲜明的学术导向,是高校学报的灵魂所在,高校学报编辑要努力培养自己对相关学科的前沿敏感性,充分应用现代信息交流手段,与相关学科的研究者、作者、读者进行交流,建立起整个学科的研究者群、作者群和读者群。阅读相关的专著和文章,创造条件,更多地参与相关学科的学术活动，使自己对学科的发展趋势保持深刻的理解力和敏锐洞察力，站在学科发展的制高点上，俯瞰整个学科的最新动态和发展趋势，及时把握学科发展方向。在选题的策划、栏目的设置和有目的的约稿方面，高校学报编辑还要充分发挥各种专业的学术性数据库的作用，在把握学科导向的基础上，快速、及时地获取数字化的相关文献资料与相关研究信息，追踪国内外研究的最新动向，策划、组织和发表代表学科前沿发展的权威性文章。只有这样，才能发挥高校学报文献信息的社会功能，引导学术研究健康发展。

总之，数字化出版中高校学报编辑的"矫正器"和"学科导向人"角色要求编辑必须公正地判断稿件的质量，按照编排规范修改、加工稿件，防止学术不端行为。充分利用检索系统与技术，对稿件进行检索与查新，把稿件中错误的或虚假的问题剔除掉，提供给读者内容科学、体例严谨、材料真实、文字通顺、逻辑缜密的信息。

（四）高校学报的数字化出版呼唤崭新的网络出版管理体制和新型网络出版人才

我们看到，数字技术正在成为支撑所有传媒的存在基础、技术标准与发展取向，正在改变不同形态传媒的边界，造就新意义上的数字媒体。就目前高校学报的数字化进程来说，大部分学报编辑部都在尝试着从传统的单一性纸质期刊向数字出版相关融合与整合的方向发展。首先，很多高校学报编辑部全面启用了期刊稿件采编系统，实现了作者的在线投稿、在线查询、上传校样，专家在线审理稿件、提交审稿意见、上传审改稿，以及编辑在线加工、处理稿件等工作，实现了稿件从收稿到发稿的全程数字化管理，也方便了作者、编者、读者、审稿专家的实时在线沟通。同时，建立数据齐全、操作简便的作者、审稿专家和稿件的数据库，改进了传统的操作方法和管理模式，提高了工作效率和编辑质量。其次，建立了网站发布系统，进行网刊发布，出版电子杂志。及时发布纸质出版物的电子版，以方便作者、读者查阅；出版电子杂志，使新媒体技术进入传统高校学报领域。再次，开辟了学术论坛，即时发布学术动态信息，以弥补纸质学报出版周期长的缺陷；定期就某学术问题进行在线交流研讨，通过平台加强与作者之间的联系，能同相关学科的研究人员一起，共同策划、组织更好的稿源，使高校学报更有针对性、更有特色。信息网络技术的超强链接功能，可以为学术交流建立起平台，从而大大提高学术沟通能力，加强行业间的学术交流。最后，实现编辑部的网络电子化办公，提高了工作效率。

信息网络技术的运用，为改变传统的纸质媒体出版发行方式提供了基础。但从目前现有的高校学报独立创办的网站（或网页）看，成果并不容乐观，大多数网站格局雷同，把传统纸质学报的"千刊一面"变成了数字出版的"千网一面"，大多数高校学报的网站（或网页），有的虽然也刊登了预发表文章，而绝大部分的内容则是在纸质版的基础上发行的网络版，对学报网站（或网页）上信息的管理与更新也常常被忽视，信息资源相对匮乏，虽然网站（或网页）的数量不少，但访问量都不大，在网络空间无法延续自己传统品牌的效力。并且，如果高校学报的网站（或网页）要想维持有大量的访问量的话，就需要投入大量的人力、物力和财力，需要有充足的信息量、优质的服务、精良的技术设备和良好的网站经营等，这些都是目前大多数高校学报所难以达到的。同时，目前我国大多数高校学报采取的是加入大型期刊数据库网站的方式发布自己的电子期刊，哪怕是拥有自主版权的主页或独立网站的高校学报，也都同时加入了大型期刊数据库网站，由期刊数据库网站统一制作，全文上网，并提供收费或部分收费的阅览、下载等服务，各高校学报在加入大型期刊数据库网站的同时，也把学报的电子版经营权转让给了各期刊数据库网站，编辑部缺乏对网刊的自主权，不利于期刊的发展。

作为出版形态，从载体上，我们一般将纸质载体的期刊称为传统期刊，而将由计算机、网络等新兴阅读终端载体阅读的期刊称为数字期刊。在我国目前的管理体制下，传统期刊与数字期刊在各自的内在机制上是有区别的，传统期刊拥有正式刊号、主管主办单位和事业或企业法人身份，政府对其有一套成熟的管理办法和管理思路；数字期刊则是一种网络或通信信息产品，它的生产者、发布者可以是期刊社，也可以是任何一个企业，对于数字期刊还没有形成十分明确的、专门的管理体系和管理办法。

数字出版的大趋势，在某种程度上给新闻出版行政管理工作和高校学报的数字化发展带来了新的挑战。政府要努力为数字期刊的发展创造一个良好的政策环境，完善产业政策，加大政府扶持力度，要针对期刊业的数字化发展趋势，努力建立健全与网络出版相适应的新型管理体制，建立和健全编辑责任制度，加强网络出版的流程管理和版权管理。高校学报编辑部要积极推进学报的数字化进程，紧密跟踪国际数字出版的最前沿技术，不断创新和完善期刊编辑出版管理系统软件，全面实现期刊编辑出版和编辑管理的全过程自动化。高校学报编辑要具备相当的计算机和网络知识、具备基本网络操作能力，了解多种媒体表现形式，能顺利在网络编辑系统中进行工作，直接同专家、作者和读者实行双向交流，用自己的专业知识，使网站建设符合学术传播的特性和需求。与此同时，还要改变现有的高校学报网站"千网一面"的现状，积极推动传统期刊实现数字化转型，探索切实可行的措施，打破传统新闻出版产业与新兴网络出版产业相互融合的体制性障碍，促进数字期刊和传统期刊实现行业整合，实现各种形态的数字出版和传统产业之间的平衡对接。总之，与世界先进学术期刊的数字化进程相比，我们还存在相当大的差距，要清醒地认识自身现状，探索出真正符合高校学报网络传播规律的运作方式和发展模式。

第二节　大数据时代学术期刊出版数字化发展策略研究

一、横向多元化模式

随着印刷技术的变革和互联网技术的普及，内容资源的传播更便捷、迅速，覆盖范围更广泛。高校期刊出版社应该牢牢把握服务教学的经营宗旨,抓住机遇,开发新的产品和服务,打造新的盈利模式,在教育出版领域.将传统的纸质图书和音像制品出版升级为以学科和课程建设为核心,结合线上、线下多种出版形式和教学服务为一体的现代数字化出版模式。

（一）完善学术期刊社数字出版平台建设

数字出版平台的建设是学术期刊社发展数字出版的有力支撑,数字化的管理系统、数字化的运营平台和数字化的品牌推广与维护是学术期刊社数字出版平台建设的三个重要组成部分,学术期刊社应重视这三大平台的构建和完善,为发展本社的数字出版提供基础性的支持。

1. 逐步完善数字化的管理系统

数字化的管理系统是学术期刊社提高经济效益,应对市场竞争的重要手段,也是学术期刊社应对数字出版转型的前提和基础。为了实现对出版的信息化管理,大多数学术期刊社都已着手建立了数字化的管理系统,以期对出版资源进行整合,对出版各流程和各环节进行实时监控和掌握。我国学术期刊社管理系统数字化主要集中于发行、财务、编务、办公自动化等几个方面,内容资源管理和客户关系管理的数字化管理系统构建不理想。对于发展规模、实力、环境等主观和客观因素不同的学术期刊社来说,各学术期刊社深化和完善数字化的管理系统应遵循自我研发和寻求合作的数字化管理系统发展方式以及由一到多的数字化管理系统发展路径,开启与本社业务流程相契合的数字化管理系统。

2. 构建数字化的运营平台

对于学术期刊社来说,运营平台是出版社品牌形象的展示窗口,是出版社内容资源价值实现的平台,是出版社对平台前端用户的行为如用户量、交易量、黏度等数据分析的有力依据。对于读者和作者来说,运营平台构建了出版社和读者、作者联系的桥梁,便于读者和作者传达心声;运营平台的优化服务也给读者购书、作者投稿带来了便利。根据运营平台的功能划分,现有的运营平台主要有公共服务类平台、商品交易类平台和社交类平台,学术期刊社应根据自身的经济实力和数字出版发展战略,根据出版社出版物的性质和读者群需求特性,有计划、有步骤地进行本社数字化运营平台建设和功能完善。

（1）平台开设。

运营平台的开设是学术期刊社数字化运营的基础和前提条件现有的学术期刊社运营平台主要有出版社的门户网站,独立于门户网站之外的资源数据库、在线学习平台、阅读社交平台等网站运营平台,依托运营商阅读基地而建的阅读平台,依托当当网、亚马逊、淘宝、天猫、微商城等电商平台而建的营销平台,与技术商合作开发的手持终端阅读App等,学术期刊社应根据自身数字出版发展规划和功能需求开设运营平台。

门户网站是学术期刊社对外宣传的窗口,是学术期刊社品牌形象的展现随着出版市场的发展，出版社门户网站的功能已大大超出了最初的宣传告知、新闻信息、图书分类、资源下载、在线支付或链接支付、客户服务等模块的设定，使学术期刊社依托门户网站进行运营平台建设成为可能；依托门户网站进行图书推送和运营，不仅能节省学术期刊社另建运营平台的支出，还能将出版社品牌推广和运营相结合，提升出版社的运作效力，赋予门户网站以运营平台的功能已成为当今大多数学术期刊社的选择。但除了通过出版社门户网站进行内容输出和运营之外，开设独立于出版社门户网站之外的网站运营平台也不失为实力雄厚的学术期刊社的选择。根据功能和需求分设的网站运营平台，有利于学术期刊社推广新开发的数字产品，增强读者对新产品的认知度。图书出版社多采用此方法，例如，外语教学与研究出版社于2012年11月上线运行的双语阅读平台——爱洋葱，设置了能使读者实现"外语与汉语无障碍阅读"的阅读模块，实现"评论与读后感无障碍分享"的圈子模块，设置了能为读者提供"阅读平台无障碍体验"的App模块，充分阐释了该阅读平台"阅读·分享·发现"的宗旨，通过对出版社内资源整合实现资源再利用，为读者提供了一场阅读盛宴；清华大学出版社在30周年社庆时开通的数字出版门户网站——文泉书局，响应了清华大学"人文日新"这一发展战略，以期将与之合作的28家出版单位在人文社科领域、文学艺术领域、科学人文领域的资源进行整合利用，实现数字资源公众服务平台的价值。

学术期刊社还可以充分利用本社的内容资源，开设不同功能的App，为本社的数字出版和数字产品品牌建设助力。手持终端阅读App能够实现读者对便携和屏幕阅读的需求，App中的信息定制化服务也能满足读者对信息的个性化需求。外语教学与研究出版社在App的开发和利用方面走在学术期刊社的前列，它利用出版社丰富的外语资源建设了外研社英汉/汉英词典、韩中/中韩词典、日语词典、法语词典、德语词典等应用型App。

（2）平台运营。

依托大学出版社的门户网站建立数字化运营平台是学术期刊社建立数字化运营平台最节省人力、财力、物力的方式，也是大多数学术期刊社构建运营平台都采取的方式。通过对我国学术期刊社的门户网站调查，学术期刊社的这一运营平台在页面形式、容量和信息量、服务和互动等几个方面参差不齐，学术期刊社运营平台的作用也发挥有限。

3. 着力数字化的品牌推广与维护

品牌是衡量学术期刊社综合实力、经营水平的无形资产，是学术期刊社发展的关键命脉通过数字化手段创建出版社宣传平台、完善服务、巩固品牌的数字化宣传和推广方式已被广泛应用于学术期刊社的出版运营业务。通过博客、论坛等平台进行图书推介和品牌维护的方式也早已被出版社重视并采用。但是，移动终端和网络的结合以及具有微支付功能、及时性、互动性强的微博和微信平台等多媒体宣传工具的出现已大大改变了媒介环境，给出版界的宣传推广带来了翻天覆地的变化。

微博宣传和微信宣传已成为当今网络宣传的主要方式。学术期刊社应与时俱进，将微博营销和微信营销纳入出版社整体宣传规划，对产品品牌、作者品牌、编辑品牌、出版社品牌、大学品牌进行全方位的整合和多维度宣传，实现品牌构建基础上的品牌推广和维护。

（1）微博宣传。

微博这一社会化的传播媒介打破了以往网络传播的方式，开放式、浅社交、广传播的微博宣传有利于学术期刊社进行话题制造，便于学术期刊社与作者、读者的交流互动，有利于节约学术期刊社的品牌宣传和推广成本，增强宣传和推广效果。

（2）微信宣传。

相对于具有"社会化信息网"标签的微博来说，微信的朋友圈更侧重于"社会化关系网"的构建，封闭式、深社交、精传播的微信宣传有利于学术期刊社培养稳定的用户群体，有利于学术期刊社为用户提供精心设计的资讯这一深度信息的推送和服务，强化出版社品牌。

（二）开拓学术期刊社数字出版发展路径

学术期刊社的发展历史和办社使命，使学术期刊社面对开放的资本融资市场和出版集团化发展等有利的出版环境和政策倾斜时无法发力，受发展实力和发展规模的影响，一些学术期刊社仍徘徊在数字出版门外，而投入资金进行学术期刊社数字出版建设也主要集中在50万元以下，且有大多数的学术期刊社经费来源是自筹经费，没有充分利用政府对数字出版和教育信息化的财政支持

对于想积极尝试，平稳实现传统出版向数字出版的过渡，却因规模和实力受限，并非能凭一己之力实现数字出版发展所需的高额资金、技术投入和高复合人才的要求的学术期刊社来说，可以通过借力数字出版基地和数字出版项目两个平台，开拓学术期刊社数字出版发展路径，为实现数字出版转型积累技术人才和技术经验。

1. 借力数字出版基地平台

自2008年7月上海张江首家国家数字出版基地建设以来，我国现已建设了中南、重庆、浙江、北京、天津、江苏、西安、杭州、武汉、广东、华中等10多家国家数字出版基地。数字出版基地在数字出版产业资源集聚和产业链完善上的作用不可小觑，大多数数字出版基地都形成了集数字出版技术研发、数字内容生产、数字出版版权交易、数字出版平台运营、数字人才培训等为一体的综合性数字出版业务，数字出版业务也涉及电子图书、数字期刊和报纸、动漫网游、视频音乐和数字教育等多个领域近水楼台先得月，学术期刊社可以以国家级数字出版基地为依托，寻求资源集聚效应下的双赢合作——在国家数字出版基地影响力辐射范围内，具有地缘优势的学术期刊社就可以利用这一平台，积极与相关企业合作，以数字出版基地建设中的数字教育项目为契机，积极参与项目研发。在合作中促力数字出版基地建设，带动区域数字出版产业发展，同时在项目实践中汲取数字出版的相

关技术和经验，为本社的数字出版建设与发展服务，实现双效双赢。

国家级数字出版基地的数量有限，因地域环境因素的影响，基地的辐射力也是有限的，对处于国家级数字出版基地辐射范围外的学术期刊社来说，利用国家政策优势，寻求政府支持，与有实力的公司合作打造数字出版基地，也是学术期刊社发展数字出版的契机。

2. 借力数字出版项目平台

规划合理、具有发展潜力和强大带动作用的数字出版项目的提出和实施，不仅能促进当地出版业的数字出版发展，还可以使学术期刊社享受政策倾斜，缓解数字出版发展的压力。例如，被新闻出版广电总局评为2013年数字出版转型示范单位之一的浙江大学出版社自2007年就开始涉猎数字出版领域，为了规避数字出版盈利的不确定性和数字出版发展的风险投入，浙江大学出版社积极申报国家级和省部级的数字出版项目，充分利用专项资金，解决了出版社发展数字出版面临的资金困难；天津大学出版社依其数字出版发展战略所规划的"中国建筑文化遗产数字资源服务平台""中国学术专著六位一体绿色出版云服务平台""卓越大学出版联盟高校数字教材协同出版平台"都先后入选新闻出版改革发展项目库，其小，"卓越大学出版联盟高校数字教材协同出版平台"又获批天津市文化产业发展专项资金；由上海外语教育出版社推出的"交互式外语数字教材编纂系统的研发"和"基于电子书包平台的外语电子教材平台"项目分别获得上海市新闻出版专项资金和上海市文化创意产业扶持资金。

学术期刊社可以充分利用对本社数字出版业务有直接支撑作用或间接辅助作用的数字出版项目的研发和实施，避免学术期刊社发展数字出版的盲目性，为本社的数字出版发展积累技术人才和技术经验，给本社未来的数字出版发展方向和发展思路以指导；另外，学术期刊社可以利用项目研发过程中的技术专利、项目成果等为学术期刊社谋取经济效益。上海外语教育出版社曾被评为"最具品牌影响力的英语教育行业机构"，面对数字出版业态转型，上海外语教育出版社并未故步自封，而是着眼于外语教材立体化开发，以本社特色为抓手，以教材立体化项目为目标，规划了"交互式外语数字教材编纂系统的研发"和"基于电子书包平台的外语电子教材平台"等多个数字出版项目，直接促力于本社的数字出版发展。虽然这些项目目前仍处于研发阶段，但可以预见，上海外语教育出版社的立体化教材开发经验也可以为其他大学出版社所借鉴，全面而具有创新性的立体化教材建设也能够为其他学科的教材立体化建设提供思路，减少不必要的重复建设和资源浪费。

学术期刊社可以规划和实施具有本社特色的数字出版项目，充分利用母体大学的优势学科和优势资源，通过项目实施打造本社的数字出版品牌，完善和强化本社的数字出版品牌构建，为本社的数字出版发展奠定基础。

二、纵向多元化模式

高校出版社多应用此模式，本部分以高校出版社为例进行分析。由于各高校出版社都有其自身独特的优势和特点，同时也有各种劣势和不足，还受到大型出版集团的挤压，如果再单打独斗，可能会走向深渊。要克服自身缺陷更好地发挥优势，则需要加强与其他高校出版社的交流和合作，达到资源互享、优势互补，最终实现双赢。尤其是对于那些竞争力弱小的出版社来说，联合起来与大型出版社相抗衡，从而慢慢成长和扩大自身规模，是防止目标市场萎缩和提升市场竞争力的有效方法。目前，部分高校出版社对校际合作进行了探索和尝试，有一定的借鉴意义。北京师范大学出版集团与安徽大学合资重组安徽大学出版社，即校际合作的一种探索形式。重组后的安徽大学出版社有限责任公司，成为北京师范大学出版集团的成员单位，其出版物署名为"北京师范大学出版集团安徽大学出版社"，全部业务纳入北京师范大学出版集团整体规划。此前的安徽大学出版社尽管效益还行，在高校教材和学术著作出版方面也有一些明显优势，但仅凭自身的经济实力很难从根本上打破"小而全"的格局。北京师范大学出版集团以增资入股的形式投资安徽大学出版社，并持有新公司50%的股权，是此次重组的突出特点，目的是实现真正意义上的互惠双赢，用优势互补实现资源整合，而这个整合则是通过业务对接、资本运作和市场化等方式经营实现的。

因此，高校出版社应以期刊、图书出版为主业，积极寻求外部资源，尝试合作。例如，出版社之间的横向合作，出版上下游之间的纵向合作，与高校、科研院所、政府机构等出版资源的合作，与专业领域相近行业的合作，与境外的出版或教育机构的合作，与民营书企的合作等。从根本上实现高校出版社的可持续发展道路。

（一）高校出版社与民营书业的合作

1. 合作方向的选择

选择与出版社特色发展互补方向，纵向延伸，横向拓展，放弃与特色领域的重合。

高校出版社拥有高校特色和优势学科的专业背景和资源，以高校教材和学术专著为核心产品的品牌经营是高校出版社的优势。面对困境，高校出版社唯有继续发挥在教育出版产业领域的专业优势，寻求教育产业链纵向延伸和横向拓展的合作方向，走特色内涵发展道路才能找到继续生存和发展的空间。

为避免合作双方的市场分割和冲突影响出版社自有品牌特色的发展，也为避免核心资源的流失，高校出版社合作方向和发展路径不宜选择与品牌特色重合的领域，在与特色发展互补的方向进行横向拓展、纵向延伸才是明智的选择。出版社始终要保有自身发展的核心方向和特色优势，出版社的核心力量和主要精力需用于自身品牌的建设和自我核心竞争力的提升，对外合作只能是出版社特色发展的补充和拓展。

2. 合作对象的选择

选择有经验、有担当、有理想的民营公司，放弃只顾眼前利益的书商。合作对象的选择，好比选择婚姻伴侣，双方志趣是否一致，相处是否能够互相理解、互相尊重，优势是否互补,是合作是否成功的关键。国有出版社与民营书业由于运行机制、产品结构、市场资源、营销渠道、管理体制等都有区别,合作初期的磨合和冲突在所难免,关键是要求同存异。对于中小型高校出版社来说,和民营书业合作的目的是为提升自身市场应变能力,并在资源整合中形成新的竞争优势,从"孤岛"中突围;民营书业寻求合作则是为充分享有国有企业的政策资源、资金资源及品牌影响力,以期进一步规范企业的管理。双方追求的共同点应是实现更高层次的文化追求,承担应有的社会责任,同时追求共同发展。以此为合作基础和发展目标,双方才能在面对冲突和分歧时,坚持应有的原则,对于非原则问题互相谦让,才能"和而不同,斗而不破"。

合作初期,出版社缺乏合作经验,合作对象不宜集中和单一,合作周期不宜约定太长,应通过比较和磨合,逐步筛选合适的合作对象。

3. 合作方式的选择

在合作的不同时期,选择以一种方式为主,其他方式为辅的内涵式发展,放弃多种方式的齐头并进。

合作方式的选择决定了合作的虚实。出版社寻求合作是为增强企业竞争力,实现内涵式发展,坚决摒弃"看上去很美"的"虚胖"是出版社应坚持的基本态度,基于此选择合适的合作方式。和民营书业的合作方式虽五花八门,究其实质,可概括为资源合作、资本合作。

资源合作主要体现在选题资源、市场资源等方面的合作。民营书业可作为出版社选题策划的工作室,印制和销售由出版社负责;也可在销售渠道上进行分渠道销售,一般情况是出版社负责主渠道,民营书业负责次渠道。作为资源、市场都比较贫乏的中小型高校出版社,资源合作应是比较合适的选择。资源合作中,出版社要重点学习民营书业高效的运行机制、快速的品牌创新能力、敏锐的市场反应能力。在选题资源合作中寻求新的方向,在市场资源合作中、利用民营书业的市场优势,扩大和巩固品牌影响力,培养和锻炼市场队伍。

当然,资源合作方式也存在很多弊端。一是选题策划依赖民营书业,出版社编辑选题策划能力无从得到锻炼;二是渠道划分无法泾渭分明,发行折扣不统一,使得市场无法协调和互动,合作双方容易产生矛盾和不信任,影响发展。资源合作方式比较适合合作中期采用。

和民营书业进行资本合作应是高校出版社在资源合作基础上探索的一个更高层次的合作方向,应是在合作发展达到一定阶段、各方面条件逐步成熟的情况下的一个自然选择。

地方出版集团及中央各部委出版社转企改制后,利用自身的规模优势、品牌优势及资本优势,兼并重组,以期整体实力、品牌竞争力得以提升,无形中对高校出版社构成了强有力的资源挤占和市场挤压，资源和规模都有限的中小型高校出版社更是感到困难和窒息。高校出版社转企改制，由事业单位转为单一投资主体的"国有独资"公司，高校出版社的隶属关系和公司治理结构的不够完善，限制了以股份制为主要形式的现代企业制度建设步伐。高校出版社如何联合、重组，进行资本运作，推进股份制改造等体制改革是高校出版社管理者和从业者积极探索和研究的重点。规模大一些的高校出版社可积极推进跨地区、跨所有制、跨媒体经营的合作模式成立高校出版集团；有些高校出版社可探索项目股份制，部分实现投资主体多元化。相对于资源合作而言，资本合作的根本特点是控股权和经营权分开，避开了共同经营过程中不可调和的矛盾和冲突，合作双方能够有效平衡，能互补双方优势。

当然，对于优秀民营书业来说，他们对于合作的国有出版社也是有选择的。出版社政策资源、资金资源是否丰富，是否具有创新精神，是否具有高效的市场应变能力，是否能平等友好、相互信任的合作等等，是其选择合作对象时重点参考的条件。出版社要寻求优秀民营书业合作也需逐步完善自我。

总之，高校出版社在与民营书业的合作中，还会遇到新问题，合作定位会依据变化不断调整和创新。唯有不断解放思想，以特色发展为核心，有效突破和创新现有体制，激发活力，借力民营书业，有所为而有所不为，才能逐步突破"孤岛"困境，实现共同发展。

（二）高校出版社校际合作

高校校际合作是指高校之间通过签订协议建立的合作关系，主要目的在于通过科研、教学等方面的合作，实现资源共享、共同发展。目前高校校际合作的内容主要有联合培养学生、跨校选课、师资交流与培训、部分教学设施等资源共享、科研合作等。高校校际合作的特点是合作学校保持独立的身份，学校的财政预算、招生、管理等均不受合作学校影响，双方仅在合作协议所规定的范围进行交流。与联合办学、大学合并相比，校际合作这种关系更为简明，高校寻求发展的主动性更强，更具操作性、灵活性，并体现了合作发展的理念，也为解决教育资源的有限性提供较好的途径。

大学联合体、学院群、大学战略联盟则是校际合作的具体模式。大学联合体、学院群主要是指高校之间合作关系的一种形式，大学联合体主要强调高校之间建立的合作关系，联合体成员在课程选修、图书等资源利用、科研合作等方面相互协作，以达到教学、科研、和其他与学校发展有关的目的。学院群更强调在地缘上邻近的互相独立学院组织起来的学院集团。大学战略联盟是从管理学的观念对一高校间合作的界定，强调的是高校在战略发展上的策略和合作目标的前瞻性。三者都与上文中的高校校际合作属同一范畴，均是指高校与高校之间在保持各自独立性的条件下建立的合作关系，其区别主要是具体操作范围与深度上有所差异。

三、同心多元化经营模式

选题策划是图书生产的首要环节，是学术专著质量控制的关键，也是其获得市场认可的决定性要素之一。一个好的策划方案能迅速形成巨大的社会影响力和读者向心力。所以，制定"专、精、优、特"的策划思路，开发出"人无我有，人有我优"的优秀学术图书选题是学术出版制胜的第一步。在出版界有一句名言，"出版社的艺术就在于将合适作者的合适书稿在合适的时间带到合适的市场"，也有人认为，"出版的本质就是将合适的图书选择合适的时间推销给合适的市场与读者"。

高水平的选题策划是吸引优秀作者和高品质书稿来源的重要因素。同时，只有做好选题策划，才能真正把握住准确的市场动向和行业发展趋势，最终有好的发行和销售。独特、有品位的选题风格也使一个出版社有别于其他出版社，凸显其出版特色，进而形成自己的出版品牌。高校出版社体制转型以后，作为独立的市场主体参与激烈的市场竞争，必须要有自己的特色，树立起自己的出版品牌，才能在出版市场立于优势地位。而这种品牌建设就是通过自身独特的选题风格打造品牌图书来实现选题策划不但提高了图书质量，其选题设计的市场前瞻性也有助于高校出版社灵敏感受图书市场的脉搏，准确把握市场变化和需求，从而可以避免学术图书因专业性强、市场面窄而导致利润偏低，甚至收不回成本的困境。

同时，高品质的选题策划将相应产生一批高质量的图书，增加了社会文化积累、实现社会效益的同时，也使出版社得到市场和社会的肯定，从而树立起自己的良好形象和出版品牌。图书的选题策划力求立体化，研发讲究原创力，在这方面中国人民大学出版社的图书策划有许多独具匠心之处。在学术著作选题上，人大社始终坚持"做人文社会科学的出版重镇"，坚守"深出版"理念，追求原创，关注前沿，比如学术和社会价值极高的大型系列丛书"经济科学文库""管理科学文库""社会学文库"等。

在出版行业激烈竞争的今天，如何寻找适合自己的发展之路，成为高校出版社的当务之急。发展、改革是企业生存的唯一出路，高校出版社既不能盲目跟从，也不能停滞不前。要抓住国家"十三五"期间大力发展文化产业的大好时机，在做好主业的基础上，积累资金、人才等资源，立足服务教学，尝试数字化发展；走校际出版社合作之路；创新选题策划思路，提高核心竞争力，结合自身和学校的优势资源，选择合适的多元化发展模式，直面市场，勇敢地自我发展。

四、数字出版运营平台的品牌策略

（一）高校出版社与数字出版运营平台的品牌

品牌是由出版社独创的，具有显著特点的，用以识别出版社的产品品种的某一名词、术语、标记、符号、设计或它们的组合。品牌的基本功能是把不同出版社之间的图书等其他产品的品种区别开来。品牌是能给拥有者带来溢价、增值的一种无形资产，其增值的源泉来自消费者心智中形成的关于其载体的印象。

高校出版社的品牌，是指高校出版社为自己所有的产品品种都冠之于一个统一的名称或符号，以便使自己的图书等产品与其他出版社的图书区别开来。可见，高校出版社的品牌具有三个方面的含义：第一，品牌是需要建设的，是高校期刊出版社有意识的营销行为；第二，品牌是一种信息，是通过图书等品种和媒体传递给读者和公众的一种高校出版社的形象和观念；第三，品牌是需要认可的，只有被读者接受并认可的高校出版社形象才可以称之为出版社品牌。不为读者大众接受认可的高校期刊出版社品牌只是一种牌子，没有任何实际的价值，因而并不能够形成高校出版社品牌。

数字出版运营平台的品牌隶属高校期刊出版社的，是其数字出版项目中的运营平台项目品牌。所谓数字出版运营平台的项目品牌，是指高校出版社为自己开发筹建的某数字出版运营平台都冠之于一个统一的名称或符号，以便使该运营平台与其他出版社或网络公司的同类、类似的运营平台区别开来。

（二）高校出版社数字出版运营平台的品牌推广

高校出版社建立数字出版运营平台，从其品牌来看，具有以下特点：一是学术性、知识性强，高校出版社一般都有自己品牌的优势资源，拥有强大的学术论文资源、教学研究资源、前沿理论资源以及知识性读物等，对学习型个人和组织具有较大的吸引力；二是系统性、完整性强，高校出版社汇集大学各优势科目甚至从小学到大学各年级的教学资料和品牌成果，集成起来具有很强的系统和完整性；三是有高校人才之后盾，高校出版社背靠名牌高校的这种优势，不仅能为数字出版运营平台提供建设资源，而且能在平台的服务中在线与读者互动，答疑并鼓励读者的学习与工作，也能取得长期的品牌效果。

基于数字出版运营平台的品牌特点，高校出版社可以做出以下品牌推广活动：一是广告推广，在品牌塑造的过程中，广告的快速、范围广、反复性等特点能发挥有益的作用，高校出版社在互联网领域也不可小视广告推广的力量。高校期刊出版社在品牌推广中以何时何地，以哪种方式，需要告知读者怎样的信息都需要在广告策划中精心计划。二是社区推广，高校出版社利用自身的网络社区与专业资源，能迅速与读者建立起良性的交流与互动，在这个过程中推广自己的品牌，三是公关推广，公关是传播企业形象的主要方法。在公关活动中，学术期刊社与社会媒体、读者通过直接的交流，能提升读者的满意度、告知并教育读者，最终取得读者的信任和理解。

（三）高校出版社数字出版运营平台的品牌策略

品牌策略的首要问题是决策是否需要对数字出版运营平台建立一个品牌无品牌决策可以节省广告和宣传费用，降低数字出版物的生产成本和定价，以增强价格竞争力,扩大销售。品牌策略是高校出版社重要的竞争策略之一，它取决于两点。一是取决于其平台的各种元素对于读者的重要性。在一个对价格比较关注的互联网市场中，品牌策略对于数字出版物的销量几乎是紧随其后的。二是长远利益对于高校期刊出版社的重要性。在短期利益诱惑比较大的竞争格局中，高校出版社不需要建立品牌。反之，在这个追求中长期利益的数字出版竞争格局中，高校出版社必须建立自己的品牌，维护和培育自身的读者群。在初始阶段，高校出版社可明确品牌的理性因素，用数据将人力、物力、财力的基本情况勾勒出来，将根据数字出版平台的战略规划拟定品牌管理还需要哪些人才、物资和资金等；然后，高校出版社应掌握品牌的感性因素，认识其文化渊源、社会责任、消费者的心理因素，数字出版平台是一种文化产品，更需要分析其中包含的非理性因素，以更好地与消费者沟通。

品牌对高校出版社数字出版运营平台的益处体现在以下几点：一是品牌可以高校出版社的数字出版特色及其产品品种得到法律保护，可以从法律认定的角度防止盗版；二是品牌有利于培育读者对高校出版社旗下平台的忠诚度；三是品牌有利于高校出版社细分和控制市场，有利于数字出版数据库和产品组合的优化；四是品牌有利于树立高校出版社的良好形象，获得技术提供商、互联网运营商及终端制造商等合作伙伴的信任，为数字出版运营平台的业务拓展开辟市场；五是有利于高校出版社数字出版运营部门的文化建设，增强凝聚力。

一般而言，传统出版领域中的作者品牌和图书品种品牌是自发形成的。就高校出版社数字出版运营平台的品牌建设来讲，核心是数字平台的项目品牌和高校出版社品牌。关于这两类品牌的建设有以下四种选择：一是分散品牌策略，是指高校出版社对不同产品线或对其中的不同的数字出版产品和服务项目分别使用不同的品牌，比如平台可以按照读者的学龄分为不同的"小学乐园""中学天地"和"大学课堂"等；二是统一品牌策略，是指高校出版社对所有数字出版产品和服务都使用同一个品牌，比如浙江大学出版社的数字出版产品和服务都归属于"浙江大学机构知识库"平台中；三是统一品牌和分散品牌并列，是指高校出版社在有意识地分散品牌决策的同时，以一个统一的大学出版社品牌覆盖所有的数字出版产品和服务，比如上海外语教育出版社开设的外教社有声资源网、外教社高等英语教学网等数字出版运营平台皆冠以"外教社"的品牌；四是有重点地分散品牌，是指高校期刊出版社有规划地对自己所提供的数字出版产品和服务中的某一类或几类产品项目给予品牌决策，以区别于同类数字出版产品。这一类或几类有品牌价值的数字出版产品项目一般要包括几条产品线的成果，然后连续不断地更新与维护，通过数字出版物质量的不断保持与维护数字出版运营平台的品牌和高校期刊出版社品牌。高校出版社需走与众不同的求异道路，比如理工类高校出版社寻找的即是相关的优势学科与代表的前沿成果，在这方面的数字品牌必须集中做强。

品牌扩展和延伸，是指高校出版社利用已经具有价值的成功品牌来推出新的数字出版产品和服务品种。高校出版社在几十年的发展中，已经形成了一定的品牌效应。在建立数字出版运营平台的时候，高校出版社可延伸这种品牌效应，形成平行的产业链条，将读者与社会的心理期待与认同转化为网络时代的生产力与消费力。这里就涉及品牌的培育、保护及长期爱护，这是一项长期的工作，不仅仅是花大量的宣传和广告就可以达成的，在品牌维护与延伸方面，高校出版社应特别注意留住老读者、老客户，并对数字出版运营平台注入现代的元素，关注社会、学校和读者的变化，才能赢得持续的发展。

五、提升学术期刊社核心竞争力

当前，学术期刊社核心竞争力战略面临着双重压力：一方面，学术期刊社要培育核心竞争力，以应对跨国出版公司、国内出版集团以及各种民营文化公司的竞争；另一方面，学术期刊社还要理顺制度环境因素，改善不利的资源条件和管理基础。因此，培育学术期刊社核心竞争力应该从政府和学术期刊社自身两个层面共同努力。

（一）政府营造良好的社会政治经济环境

1. 深化出版体制改革，建立现代企业管理制度

企业制度的科学程度、合理程度、现代化程度、企业制度的活力决定了核心竞争力的强弱，是其成长的土壤。学术期刊社在这方面就存在制度缺陷，政府应该通过制度创新和机制改革，激发学术期刊社的活力，减少其效率损失。为此，政府应发挥宏观调控作用，做好如下工作：

首先，清产核资，明晰资产的占有量和归属，建立规范的法人治理结构。这样，使学术期刊社成为享受民事权利，承担民事责任，依法自主经营、独立核算、照章纳税、自负盈亏的独立法人实体，对出资者承担保值和增值责任。

然后，完善学术期刊社高层管理人员的任命和选拔制度，把党管干部和市场选择经营者有机结合起来，培养一批遵守党的政治纪律、懂出版、会经营、善管理的出版家。

最后，完善出版企业的激励机制，重点是对高级管理人员的激励。这样做的目的是为了从制度上保证出版企业摒弃短期行为，放弃粗放型的增长方式，更多地从长远发展的角度来从事经营活动。

2. 规范市场秩序，完善出版产业的经营环境

诚信缺失是影响中国出版产业发展的主要障碍之一。在一个缺失诚信的经营环境中，企业如果可以通过各种非法或违规的竞争行为获取经济利益，那么出版企业的核心竞争力的培育则是不可能的，因此，出版行政部门应花大力气规范出版企业的竞争行为，肃清产业内的诸种不诚信现象，如伪书、盗版、恶意拖欠等等。当前应进一步加大对知识产权保护的力度，特别是网络出版的知识产权保护，适时出台《互联网传播保护条例》以及《互联网著作权行政保护规定》等法规。另外，出版行政管理部门应联合有关中介机构成立专门的信用评估机构，定期向全社会公开出版企业的信用记录，对严重违规的出版企业予以公开曝光。至于加大打击盗版的力度更是必不可少。总之，政府应通过采取种种措施，为出版企业的发展创造良好的经营环境，积极促成全国统一、开放、竞争有序的大流通、大

市场的形成，为我国出版业核心竞争力的培育、提升创造条件。这为出版物市场化运作提供了政策保证，同样也为学术期刊社的发展创造了良好的市场环境。

3. 加大政策扶持力度，增强学术期刊社的竞争能力

与国外的出版业相比较，我国出版业目前还很稚嫩，需要国家在政策方面给予一定的扶持，使其能够迅速发展壮大，从而能和跨国出版公司同场竞技。

（1）进一步完善出版基金制度。

在西方国家，通过政府财政拨款、财团资助、社会团体捐赠等渠道建立起来的出版基金是出版业发展获得资助的重要来源，据不完全统计，在美国对出版业提供直接或间接资助的基金会有100多个。而目前我国出版基金的来源较少，出版基金数量偏少，资助力度较小，国家有必要逐步完善出版基金制度，将国家财政直接投资转化为基金，同时接受社会企业和个人的捐赠，不断壮大出版基金。支持的范围主要限于学术著作、国家重点出版物、技术改造和发行网点的建立等。支持的方式可以是直接资助，也可以采取奖励等间接资助的形式。

（2）融资政策。

多年来，由于出版业的行业特殊性以及单一的产权结构，我国出版业的融资受到许多限制。目前，大多数出版社缺乏外部扩张方式的融资结构，仅靠内部自我积累的方式筹措资金，融资速度慢，资金周转困难。学术期刊社也不例外，面临同样的状况。为此，政府应在投资和信贷方面给予学术期刊社更多的支持。根据我国出版业的现实情况，结合我国学术期刊社的行业特性制定符合我国国情的融资政策，培育适合我国国情的融资渠道和融资环境，以保证我国学术期刊社的发展有足够的资金供应。

（二）培育和提升学术期刊社核心竞争力的措施

1. 明确出版定位，提高选题策划能力

选题策划水平是一个出版社办社水平的标志，出版竞争的本质就是选题的竞争。策划出能体现市场需求、代表市场发展方向的选题是出版社制作高质量学术期刊产品的前提。学术期刊社的特点决定了其选题定位应该明确：一是依托学校的学科优势，出版优秀的大学教材；二是依托学校的人才优势，出版高质量的学术著作，充分占领学术前沿；三是积极开发利用其他出版资源，在出版教材和学术著作的同时，努力开发音像及电子出版物。这些选题在学术期刊社的产品结构中、应该充分显示出主导份额。

学术期刊社在进行教材选题开发时要注意以下三点。第一，教材编写要分层次。我国高等教育发展巨大变化之一就是随着在校生人数的增加以及社会对其需求的变化，高校对大学生的培养目标也发生了很大变化，由传统的精英型培养模式转向研究型和应用型并重，应用型需求更为突出的人才培养模式。因此，高校教材的内容和形态也必须有相应的变化。第二，要注重教材的立体化开发。现代人的学习方式与以往有很大的不同，终身学习、职

业学习已成为一种需要。教材的立体化开发，不仅指在传统意义上要做好教材的配套工作，如出版教学参考书、教辅读物、习题册等，还包括提供新的服务，如电子出版物、网络资源库、网络课堂等。第三，教材要不断修订，才会有长久的生命力。要根据具体学科发展的具体情况，有甄别地确定多长时间修订一次，需要增补什么内容才能跟上时代的发展与读者的需求。

2. 加快数字化、网络化进程，提升出版运作能力

当前，数字出版、网络出版已成为出版业的发展方向和不可阻挡的国际潮流。美国出版商协会曾公布的一份调查报告显示，面向高校出版的数字化教育读物，由于获取便利、价格便宜，用户急剧增多，加之还从学术期刊生产、库存、运输等诸多出版环节降低了出版社和书店的成本，成为出版商数字化开拓的热土；而在专业出版领域，十多年数字化辛苦耕耘，出版者已经有了可观的收获，爱思维尔等一大批专业出版公司的专业出版品种已转为数字产品实现的收入都已过半通过数字化，进一步巩固和提高了自己的品牌优势和核心竞争力。

数字出版在我国的发展还处于初始阶段，但也已初露头角辽宁出版集团建立的"智能大厦"，这是国内第一个将数字化和网络技术应用于现代出版业、实现编辑手段数字化的高新技术基础设施。智能大厦以网络为中心，包括通信、卫星、信息等7大系统，编辑可以足不出户，与远在异地的出版商、作者进行信息传递。利用这一网络系统，从书稿加工、校对、改样到学术期刊印刷完成，摆到书店的柜台销售，最短只需要7天时间，大大提高了出版速度。

学术期刊社开展数字化在内容、人才、品牌方面具有独特优势，学生群体又是数字化阅读习惯相当高的群体。学术期刊社应以更加开阔的思路、更加务实的做法，率先加快数字化、网络化建设进程，尽快实现传统出版向现代出版的转型。当前学术期刊社要抓紧做好以下工作：第一，用数字技术提高出版社的管理水平，积极推进 ERP 系统应用，使出版社管理建立在数字化基础之上；第二，把有条件的重点出版物数字化，争取传统出版和数字出版的双丰收；第三，逐步完成整个出版社数字化进展，建立与教学科研相衔接的数字出版平台，使数字出版与教学、科研成为一个完整的整体，在更好地为教学科研、读者服务的同时，争取出版业的更大发展。

3. 构建创新机制，提高整体创新能力

创新是培育和提升学术期刊社核心竞争力的关键，坚持创新是学术期刊社改革与发展的必由之路。学术期刊社的创新包括观念创新、机制创新、产品创新、管理创新。

（1）观念创新是一切创新的先导。

大学是传统思维与前沿思想相互碰撞的交融地，一切最新的观念往往都在大学中产生。学术期刊社作为出版业改革的参与者，要不断深入研究出版业的现状和发展规律，增强改

革创新意识。作为创新活动的主导者和组织者，学术期刊社更要积极主动地加强利用学校的各种学术资源，对各类学术文化创新活动进行前瞻性的组织和规划，并将其转化为市场上广受欢迎的出版物形式，从而形成一般出版社无法替代的核心竞争优势。

（2）机制创新是出版创新的前提。

在企业发展中，内因起着关键性的作用，而企业生命的源泉在于能够割除和改进羁绊其生存的落后机制，从而建立起有利于企业未来发展的新的制度：由于历史原因，学术期刊社的运行机制已不适应现代竞争的要求。学术期刊社要在内部改革方面下大力气，积极探索适应企业发展的产权关系、管理机制、分配机制、人才培养和储备机制、企业文化建设机制等激活企业的创新能力，重点是要建立起科学的经营管理机制和激励机制。

（3）产品创新是出版创新的核心。

产品是最能直接体现出版创新的外化形式，出版产品的创新包括内容创新和形式创新。出版内容创新是指出版物在选题、品种、结构及内在质量方面的不断创新，其中，选题创新是重中之重。出版形式的创新主要体现在装帧设计和出版载体的创新上，随着读者审美情趣的不断提高，专业学术期刊的装帧形式也越来越受到重视。出版载体的创新则随着当前科技快速发展产生的，主要表现在数字出版和网络出版等方面。

（4）管理创新是出版创新的保障。

学术期刊社开拓市场，培育、提升核心竞争力的一切创新活动都是在企业管理职能的逐步实施和具体执行过程中得以落实的。管理创新是出版创新的根本，是学术期刊社其他创新活动有效运行的保障。管理创新包括管理思想创新、管理方法创新、管理手段创新等多个方面的内容。

4. 实施深度营销，提升市场营销能力

深度营销作为一种全新的营销理念，是以营销 4P［产品（Produce）、价格（Price）、渠道（Place）、促销（Promotion）］为出发点，高效运用 4C［客户（Consumer）、成本（Cost）、便利（Convenience）、沟通（Communication）］和 4R［关联（Relativity）、反应（Reaction）、关系（Relation）、回报（Retribution）］整体创新理论，取得市场综合竞争优势的营销战略它以整体竞争观作为根本点、以全程控制作为市场发展的持久动力构建企业主导的核心价值链，提升客户关系价值来掌控网络和终端。现在学术期刊社的营销已远远超越了"发行"的简单内涵，学术期刊社可以结合本社的实际情况，从以下几个方面入手开展深度营销。

（1）挖掘自身优势、培育品牌特色。

培育顾客的忠诚度是实施深度营销的主要目的，也是实现营销目标的根本保证。研究表明，随着品牌知名度的提高，消费者对品牌的忠诚度也相应提高。在"内容为王"的出版发行业中，学术期刊社要依靠自身的资源优势，走以优势育特色、以特色树品牌、以品牌促销售的新的学术期刊营销之路,提高出版社的竞争"软实力"。

(2)重视市场调研,建立营销信息系统。

学术期刊社只有在营销调研中分析社会发展趋势和读者的潜在心理需求,才能策划和出版适应读者潜在需求的学术期刊社应该在营销调研的基础上建立一个有效的营销信息系统,及时收集、加工、分析有关信息,最终提高出版社对市场趋势的预测能力和营销决策能力。

(3)完善价值链管理,提升营销网络。

深度营销最大的特点是从关注产品的圈子里跳出来,转向关注客户的系统解决方案,通过强化与各级渠道商的合作力度,提高渠道商和消费者的忠诚度,从而控制整个销售网络:学术期刊社要根据销售商的地位和作用,对经销商进行分级管理,构建竞争有序的营销网络

(4)利用新媒体,扩充营销渠道。

深度营销是建立在互联网基础上,以企业和顾客之间的深度沟通、认同为目标,从关心人的显性需求转向关心人的隐性需求的一种新型的、互动的、更加个性化的营销新模式。学术期刊社可以通过网站平台开展网上直销,通过BBS、微博等倾听读者的意见和建议等。

(5)加强人员培养和管理,建立一支高素质的营销队伍。

出版社应该对营销人员进行定期和经常性的培训,以提高营销人员的素质;根据出版社市场开拓的目标和任务,合理配置人员和资源,发挥每位营销人员的特长;营造尊重人才、造就人才、留住人才的氛围,调动每位营销人员的积极性,保证营销队伍的稳定和健康成长。

5. 构建学习型组织,塑造学习型企业文化

所谓学习型组织就是以强烈的危机意识为学习的动力;以解决实际问题为学习的目的;以不断的组织创新、行为方式的创新为学习的根本。在当前瞬息万变的年代,不断学习是提升企业竞争力的首要任务。

企业文化是以企业价值观为核心,以企业精神为灵魂,以企业道德为准则,以企业创新为动力,也激发员工积极性为目的的独特文化现象和管理思想。企业文化是一种潜移默化的、起长远作用的推动力。企业文化中的企业经营理念、企业价值观、企业精神和员工意识等对形成企业核心竞争力具有重大的贡献。

创立学习型文化的关键在于建立学习型组织。21世纪是人才与科技的竞争时代,企业获胜的关键在于谁能学习得更多,谁能学习得更好。不断学习的方式多种多样,最常见的方式就是在企业内部经常性地开展在职培训活动。美国著名经济学家加里·贝克尔(1992年诺贝尔经济学奖获得者)认为,企业培训是企业人力资源投资的最重要方式,也是企业获得竞争力的主要途径。我国的出版改革正在不断深化,把学习纳入企业文化的建设中,在当前的形势下对于出版业来说,是非常必要的措施出版人不仅要在思想上建立起全新的现代出版理念,还要尽快地完成职业技能和知识结构的重塑,以适应日益发展变化的出版

产业的需求从这个意义上说,创建学习型出版组织是现代出版产业发展的战略选择。

6. 实施人才战略,提升人力资源能力

人是生产关系中最活跃的因素,也是出版事业发展的决定力量。出版业是智力密集型行业,高素质的人才是出版社增强和提升核心竞争力的保障。经验丰富的出版人才不仅成为国内出版界,更是成为国外出版机构争相抢夺的对象。因此,学术期刊社一定要抓紧实施人才战略,按照市场经济的规则建立起良好的人才机制,在人才的使用、结构、储备上形成优势。

(1) 树立人力资源开发的新理念。

学术期刊社要转变以往传统的人事管理的观念,树立人力资本的新观念,变人事管理为人力资源管理,以人为中心,视人为出版社发展繁荣的重要资源,合理规划、配置和使用人力资源。

(2) 吸纳优秀人才,营造良好的人力资源环境。

尊重人才、爱护人才,努力建立一个良好的、科学的用人机制,为人才的成长营造一个健康的外部环境,从而吸引人才、留住人才,良好的人力资源环境能使学术期刊社的人力资源质量不断提升。

(3) 制定合理的激励机制。

合理地配置人才,使人尽其才,才尽其用,需要建立一套科学的激励机制。如:实行动态的定岗、定员、定编制度,引入竞争机制,做到能者上,庸平者下,实现人力资源优化配置;在收入分配方面,把岗位和工资、待遇挂钩,真正做到奖优罚劣,奖勤罚懒,打破平均主义大锅饭思想。同时运用多种方法提升员工的成就感、归属感和荣誉感,精神激励的效果有时并不比物质激励效果差。

(4) 加强培训和继续教育,提高人力资源质量。

现代社会知识和信息更新的速度越来越快,这就要求每个人不断地接受新知识,更新知识结构和扩大知识面,以适应市场竞争和个人发展的需要。出版社作为内容提供商,更应该与时俱进,加强学习。对出版业员工的培训和继续教育,不仅要提高从业人员的业务知识和能力,更重要的是提高员工自主学习的能力和创造性思维能力。

第三节 大数据时代学术期刊出版数字化技术研究

一、2005年以后我国期刊出版数字化技术的创新与发展变迁

(一) 期刊采编技术的创新与发展

1. 期刊网络采编系统的广泛使用

随着网络信息技术的普及和应用,人们的阅读和思维习惯慢慢改变,传统的纸质媒介

正逐步被数字化的阅读所取代，传统的出版传播形式已经成为制约期刊发展的关键问题，拥有一个高效、稳定的网上采编系统已成为提高期刊核心竞争力的途径之一。期刊网络采编系统借助于电子计算机和互联网技术，集组稿、收稿、审稿、编辑加工到发排全过程计算机网络化的功能于一身，在建立期刊门户网站的基础上，集成了从采稿到发排的期刊出版全流程采编业务的系统平台，实现了期刊出版流程的自动化、网络化、智能化及功能一体化，使期刊出版更加方便快捷。目前，期刊网络采编系统已经成为国际期刊采编技术发展的潮流和期刊采编工作的新的发展方向，其办公自动化、网络化、功能一体化的功能正越来越被我国广大期刊编辑部所认可和接受。

期刊在线采编系统的开发和应用，改变了原来管理功能单一、信息量小、技术落后的稿件信息采编方式，它把不同载体、不同地理位置的信息资源以数字化的形式存储，以网络方式互相联结，从而提高了期刊的采编工作效率，最大化地实现了资源共享。

我国期刊网络采编技术的发展经历了三个阶段。第一阶段主要是编辑部静态信息发布网页的建立与应用阶段。在这一阶段，一些期刊编辑部建立了 Web 主页，并用以发布包括刊物介绍、联系方式、投稿方式、刊物订购公告等静态信息，Web 主页只作为作者了解编辑部的一种手段，本身并不具有采编功能，这是我国期刊网络采编技术的原始形态。第二阶段是期刊信息动态交互网站的建立与应用阶段。这一阶段期刊网站信息发布空间有了较大扩展，一些编辑部的 Web 主页上已经集成了与作者的互动功能，作者可在编辑部网站上与编辑在线交流，或直接在编辑部的 Web 主页上给编辑留言，了解稿件审理情况。第三阶段是期刊集成网络采编平台的建立与应用阶段。2005 年，中国第一个真正意义上的 IPV6 核心网建成，大大加快了网络传输速度，互联网技术功能大幅提升，我国期刊采编技术开始由单一功能向多功能集成发展，逐步迈入网络互动采编阶段，期刊出版流程的自动化、网络化、智能化及功能一体化得以实现。

随着我国文化大发展大繁荣及转变经济发展方式战略的推进，文化市场日益繁荣，人们对文化信息产品的需求越来越大，技术创新对文化产业的驱动作用也越来越强。在这一背景下，许多商业软件公司开始涉足期刊采编领域，纷纷加大研发投入力度，进行多功能、集成化的期刊网络采编系统平台的研制与开发工作。与国外相比，虽然我国在期刊采编系统的技术研发方面的工作开展较晚，但还是推出了一系列集成性较高且功能较为完善的期刊网络采编系统。目前，玛格泰克（Magtech）稿件采编系统、三才期刊采编系统、勤云远程稿件处理系统是目前我国使用较多的期刊网络采编系统。这些产品虽存在很多相似之处，但也有各自的特点。

（1）Magtech 期刊稿件采编系统。

2000 年，Magtech 期刊稿件采编系统由北京玛格泰克科技发展有限公司研制成功。北京玛格泰克科技发展有限公司成立于 1999 年 3 月，其主要业务为新闻出版行业的应用系统开发和推广，关于期刊及图书的相关应用系统的功能已较为成熟，目前已在遍布全国的 1600 多家期刊杂志社、十多家图书出版社中得到广泛应用。Magtech 期刊稿件采编系统集成了系统管理、主编办公系统、编辑办公系统、专家审稿系统、编委批稿系统和作者远程投稿/查稿系统等功能，是我国最早投入使用的期刊采编系统。目前，Magtech 稿件采编系统的技术较为成熟、功能较为完善、集成功能较多，在我国期刊网络采编领域占有重要地位，是我国期刊商业采编软件领域中专业化程度较高的期刊采编系统。由于其进入市场的时间相对较长，系统较为稳定，深受期刊编辑部的青睐，拥有较多用户。

(2) 三才期刊采编系统。

三才期刊采编系统由西安三才科技实业有限公司开发，最初其业务主要面对陕西省的高校学报编辑部，现已面向全国开展期刊稿件的采编系统服务。与目前市场上其他期刊采编系统相比，三才期刊采编系统在集成作者在线投稿/查稿、编辑在线办公、专家在线审稿、编辑部内部办公及文档管理和统计等功能的同时，还研发了 NoteFirst 参考文献辅助编校系统。使用三才期刊采编系统，编辑在参考文献编校过程中不用逐条查阅，大大降低了参考文献的编校强度，提高了稿件编校的准确性，在刊物质量的提升方面能够发挥积极作用。同时，三才期刊采编系统还具有较为直观的富有人性化的操作界面，增加了编辑工作任务提醒功能，使得编辑可以明确工作安排，避免遗忘。

(3) 勤云远程稿件处理系统。

北京勤云发展科技有限公司于 2002 年开始研发和推广全网络版期刊办公软件"勤云远程稿件处理系统"，是国内起步最早、用户较多的网络版期刊办公软件。北京勤云发展科技有限公司在行业内首次提出了无流程稿件处理理念，摆脱了软件内的设置流程对编辑办公的限制。2005 年，勤云远程稿件处理系统实现了产品版本化，能够为不同需求的用户提供合适的软件版本，满足了客户需求的多样化要求。勤云远程稿件处理系统是集成采编管理、远程投稿、远程审稿、网站管理、费用管理等编辑部日常编审稿件所需的所有功能的自动化系统，是提供编辑部出版期刊一站式服务的电子出版系统，目前已在国内上百家知名期刊社得到良好应用。

2. 期刊群采编平台的建设与发展

期刊网络采编系统的建立，虽然实现了期刊稿件采编工作的自动化、网络化、智能化及功能一体化等功能，使期刊采编效率大幅提升，但各期刊编辑部单打独斗的状况依旧没有改变，除少数大的知名期刊外，大多数期刊的知名度和影响力难以提升。在这一情况下，一些相关的期刊编辑部为了利用刊物发展的集群效应，以吸引更多的作者和读者，纷纷开始加入具有门户网站功能且协同性较强的期刊群采编平台。这种期刊群采编平台一般由网络运营商研制开发、维护和管理，各大合作期刊通过与网络运营商签订使用协议，加入期刊群采编平台以实现编辑部稿件的网络采编，期刊群采编平台的合作期刊用户拥有共享期刊全文数据资源的权利。由于期刊群采编平台的集群优势，一方面能够进一步提高合作刊物的影响力，另一方面还能使作者、读者的投稿和阅读更加方便快捷，深受一些期刊编辑部的青睐。我国目前主要的合作共享型网络采编系统包括"行业期刊群采编平台""网络期刊联盟办公平台""期刊协同采编平台"。

（1）行业期刊群采编平台。

北京玛格泰克科技发展有限公司开发了以期刊联盟网为基础的多刊协同的期刊数字化出版平台。该数字化平台与多刊协作的期刊联盟门户集群服务平台共同构成了期刊集群化数字出版网络服务平台，能够为期刊提供采编系统、网刊发布系统等技术支持（包括相似检索接口、元数据服务接口、参考文献检查与核对接口、审稿人智能推荐接口等服务）。该期刊数字化出版平台能够实现数百个以上加盟期刊同时稳定在线办公，并能够在各加盟期刊的在线投稿、收稿、审稿、校对、编辑加工、数据统计、邮件服务等日常工作方面发挥较大的辅助作用，基本满足了作者、编辑、编委、审稿专家、主编、期刊领导及加盟期刊编辑之间的协同工作和交互活动。目前，北京玛格泰克科技发展有限公司建立的期刊联盟门户集群服务平台包括材料期刊网、上海市科技期刊学会、中国科技期刊网、中国地理资源期刊网、中国复合材料网、中科院自然科学期刊编辑研究会、图书情报知识服务平台、化学研究集成服务平台、资源环境科学数字知识库、中国物理学会期刊网、上海医学期刊网等大型行业联盟期刊网。

（2）网络期刊联盟办公平台。

北京勤云发展科技有限公司于2005年率先提出了期刊互联互通的概念，并于2006年解决了内外网物理隔离的网络环境下软件运行的障碍及内网和外网完全隔离情况下保证内网和外网数据同步的问题。

该公司2007年开始研发期刊界搜索引擎，并于2008年公布了期刊界搜索引擎的测试版。期刊界（网址为：www.alljournals.cn）是全球第一期刊垂直搜索平台，其目的是将分散在互联网上的期刊数据集中搜索，带给用户以轻松的文献查询体验。其口号为"搜尽天下杂志，传播学术成果"。"期刊界"开创性地和期刊办公软件相整合，为期刊编辑部提供一体化的期刊信息化解决方案，其在提供搜索服务的同时，能够智能地为期刊编辑部办公系统推送信息，使期刊网站自动与全球期刊信息相链接，实现了被引文献的追踪、为审稿人推送相似文献等功能。"期刊界"的信息服务贯穿于收稿工作、稿件审理、发表文章的整个工作流程。

2008年，北京勤云发展科技有限公司整合了期刊界搜索引擎和勤云远程稿件处理系统，使其功能进一步提升，不仅能够为期刊门户网站提供热链接，还能够追踪文章的被引情况，让期刊门户网站之间真正实现互联互通，终结了期刊门户网站的信息孤岛局面。同年，北京勤云发展科技有限公司依托其在搜索引擎和稿件处理系统技术方面的优势，开发了网络期刊联盟办公平台。该平台通过为各大期刊编辑部提供统一的采编系统（在平台内具有能够检测一稿多投现象的技术优势），大范围整合期刊资源，实现了各期刊之间的引文链接，并将其成功地应用于中国农业期刊数字平台（http://test.agrijournals.cn）和中国地学期刊网（http://www.geojournals.cn）等行业联盟期刊平台中。

2009年，勤云稿件处理系统8.0版投入研发，并于2010年正式发布。勤云稿件处理系统8.0版采用碎片化技术和云计算技术，增加了帮助编辑甄选稿件、自动推荐审稿人、自动为审稿人推送相似文献、自动校对参考文献等更为人性化的功能。

3. 期刊协同采编平台

中国知网（CNKI）"腾云"期刊协同采编系统是由同方知网（北京）技术有限公司开发成功的，属于合作共享型系统，是以共享期刊用户的全文数据为目的的期刊采编系统平台。"腾云"期刊协同采编系统的合作对象是由清华大学和中国学术期刊（光盘版）电子杂志社联合开发的《中国期刊全文数据库》的各大来源期刊，系统集成了作者投稿系统、作者查稿系统、编辑办公系统、账号管理系统、专家审稿系统等功能，每家编辑部可以根据自身的要求设置相应的流程，个性化特征明显。这对于受知识产权及办刊经费问题制约的一些期刊编辑部来说，"腾云"期刊协同采编系统无疑解决了其实现期刊网络采编的难题，受到了一些期刊编辑部的青睐。

与此同时，由于"腾云"期刊协同采编系统使用的是存放在中国知网平台上的一种期刊主页，其结构是采用模板方式设计的，因此，加入"腾云"期刊协同采编系统的各期刊页面基本一致，风格类似且较为单调，基本不具备作为期刊门户网站的功能，因此，其采编系统市场份额很少。2012年末，CNKI"腾云"期刊协同采编系统3.0版正式上线。3.0版系统对原系统进行了大规模改进，提供了八大功能提升：更加注重用户体验；机器代替人工，实现辅助审校；大数据量补充参考文献校对对比库，提升校对准确率；集成CNKI精准专家库，增加审稿专家评价，提高审稿专家选择的合适性；一键数字出版，多渠道选择；与CNKI主网站深度整合，带来巨大读者、作者流量；增加文章目次定向群发，提高数字出版文献的受关注度；集成短信、在线支付、在线即时通信等服务，提升申请使用效率。系统升级后，CNKI"腾云"期刊协同采编系统的用户数量有了大幅度增加。

（二）参考文献辅助编校系统的开发与应用

《信息与文献 参考文献著录规则》（GB/T 7714—2015）将文后参考文献定义为撰写或编辑论文著作而引用的有关文献信息资源，是源于科学研究时需要参考的各类文献资料，是学术论文中必不可少的元素之一。对于期刊编辑来说，参考文献校对是期刊出版工作的重要组成部分，参考文献编校一直是花费时间较多的工作，参考文献信息编校的准确性是关乎期刊出版质量的关键性问题。

在传统的期刊出版工作中，参考文献只能依靠人工校对，费时耗力，且准确性有限，极容易出错。近年来，为了克服期刊出版过程中参考文献编校缺乏准确性的问题，国外一些软件公司开始研发参考文献的相关编校软件。国际上知名的参考文献编校软件包括 EndNote、Reference Mendeley、ProCite 等。目前我国只有单机版的 NoteExpress 和西安三才科技实业有限公司自主开发的国内首款网络版 NoteFirs 参考文献辅助编校系统。

NoteFirst 参考文献辅助编校系统可以自动修改作者稿件中参考文献的大小写、标点、次序、缩写等格式错误，还可到 Pubmed、Web of knowledege 等权威数据库自动进行数据比对，自动修改参考文献中的数据错误。编辑无需逐条到数据库去验证数据的准确性，大大减轻了参考文献编校的劳动强度。该系统使用简单，一键即可操作，直接通过 Word 修订方式对文稿进行修改，不改变编辑的工作习惯，可以大大提高编辑的工作效率和编校质量。目前，在一些期刊稿件编校系统中已经集成了参考文献的编校功能。

（三）学术不端检测系统的普遍应用

1992 年，美国国家科学院、国家工程院和国家医学研究院组成的 22 位科学家小组将学术不端行为定义为"在申请课题、实施研究报告结果的过程中出现的捏造、篡改、剽窃、伪造或抄袭行为"，这是目前已知的关于学术不端行为的最早定义。在期刊出版过程中的抄袭、剽窃、一稿多投、一稿多发、不当署名等学术不端行为时有发生，期刊编辑部难以防范。而如何最大限度地降低学术不端稿件的发表数量，从根本上杜绝学术不端行为是提高学术期刊质量和声誉的关键所在。

在传统的期刊出版技术条件下，对学术不端行为的辨别只能以肉眼方式进行。在大多数情况下，编辑人员仅能依靠经验判断，准确率极低，对学术不端行为的抑制作用极为有限。而在网络信息技术高度发达的情况下，网络资源极大丰富，包括期刊、报纸、会议论文集、硕博论文等数据库相继建立，重复率或相似度检测的对比数据库日趋成熟，这就为学术不端检测系统的研制提供了更为便利的条件，使期刊出版过程中对学术不端的检测成为可能。

国外对学术不端检测系统的研究较早，相关检测软件也较为成熟。目前，国外具有代表性的学术不端检测系统主要有：Tumitin（全球最权威的英文检测系统）、CrossCheck、Safeassign、马里兰大学的 The Plagiarism Checke 检测平台、爱思唯尔的 PERK。除此之外，plagiarism detect 公司、plagiarism checker 公司、ArticleChecker 公司、the plagiarism 公司、plagiarism search 公司等也都开发出了自己的检测平台。近年来，我国一些软件开发单位陆续发布了各种类型的学术不端检测系统。目前，具有代表性的主要有 CNKI 学术不端检测系统、万方论文相似性检测系统和维普－通达论文引用检测系统三种。

1.CNKI 学术不端检测系统

CNKI 学术不端检测系统由 CNKI 科研诚信管理系统研究中心于 2008 年研制成功。目前，CNKI 科研诚信管理系统研究中心在期刊学术不端检测方面主要推出了"社科期刊学术不端文献检测系统（SMLC）"和"科技期刊学术不端文献检测系统（AMLC）"

两大系统。

2006年，CNKI科研诚信管理系统研究中心开始对"科技期刊学术不端文献检测系统（AMLC）"和"社科期刊学术不端文献检测系统（SMLC）"的研发工作。2008年12月，"AMLC"和"SMLC"正式上线，并已达到大规模实用化的成熟程度，开始为期刊编辑部免费提供学术不端文献检测服务，用来检测编辑部来稿和已发表的论文。

CNKI学术不端检测系统以《中国学术文献网络出版总库》为全文比对数据库，包括学术期刊网络出版总库、中国重要会议论文全文数据库、中国重要报纸全文数据库、中国博士学位论文全文数据库、中国优秀硕士学位论文全文数据库、中国专利全文数据库、英文数据库（涵盖期刊、博硕、会议的英文数据以及德国Springer期刊数据库、英国Taylor&Francis期刊数据库等）、互联网资源、优先出版文献库、港澳台学术文献库、互联网文档等资源。系统的检测时间范围为1900年1月1日至今。CNKI学术不端检测系统支持的文献格式较多，包括PDF、CAJ、DOC、TXT格式的文件以及包括上述格式文件的压缩包均可，一般在1～2分钟之内即可完成对一篇学术论文的检测工作，方便快捷。在论文相似度检测报告中包括"总文字复制比""去除引用文献复制比""去除本人已发表文献复制比"和"单篇最大文献复制比"等指标，检测"相似"的部分字体变红，"引用"的部分字体变黄。

2. 万方论文相似性检测系统

万方数据是目前国内第二大数据集成商。2010年3月，北京万方数据股份有限公司推出了万方论文相似性检测系统。万方论文相似性检测系统采用滑动窗口的低频特征部分匹配算法，利用批量检测简化技术、检测报告快速生成技术、检测结果自动统计技术等多项现代化技术，筛选条件设置灵活，具有支持批量检测、检测速度快、检测准确等特点。目前的检测范围涵盖中国学术期刊数据库（CSPD）、中国学位论文全文数据库（CCDDB）、中国学术会议论文数据库（CCPD）和中国学术网页数据库（CSWD）。万方论文相似性检测系统既可进行单篇论文检测，也可进行批量论文检测，支持PDF、Word、TXT、RTF等多种格式的文件。

3. 维普-通达论文引用检测系统

"维普-通达论文引用检测系统"是由国内第三大数据集成商重庆维普资讯与通达恒远（北京）信息技术有限公司共同研制开发成功的。维普-通达论文引用检测系统采用国际领先的海量论文动态语义跨域识别加指纹比对技术，并使其与空间向量模型相结合，能够对论文的有效片段进行筛取、识别、检测，具有已发表文献检测、论文检测、自建比对库管理等多项功能，可准确高效地检测出论文中存在的不当引用、过度以用，甚至是剽窃、抄袭、伪造、篡改等痕迹，并可自动生成检测报告，显示出引用率、复写率和自写率等指标。详细的检测报告通过标红相似文档、饼状图，形象直观地显示相似内容比对、相似文献汇总、引用片段出处、总相似比、引用率、复写率和自写率等重要指标，能够为教育机构、科研单位、各级论文评审单位和发表单位提供论文原创性和新颖性客观评价的重要依据。

维普－通达论文引用检测系统的检测范围包括：论文库、中文期刊库（涵盖中国期刊论文网络数据库、中文科技期刊数据库、中文重要学术期刊库、中国重要社科期刊库、中国重要文科期刊库、中国中文报刊报纸数据库等）、Tonda 论文库（涵盖中国学位论文数据库、中国优秀硕博论文数据库）、部分高校特色论文库（部分高校共享的论文资源）、自建特色论文库（检测系统使用单位自主拥有的论文资源）、重要外文期刊数据库（如 Emerald、HeinOnline、JSTOR 等）及互联网数据资源（数十亿互联网数据资源，时时更新）。维普—通达论文引用检测系统支持 TXT 格式的文件。自 2010 年 9 月起，维普－通达论文引用检测系统的个人用户在维普－通达论文引用检测系统网站注册就可免费获得论文检测服务。

目前，我国的学术不端检测系统虽都有各自不同的软件算法，但在功能、形式及支持的文件类型等方面大同小异，只是由于后台检测范围涵盖核心数据库的不同造成了最终检测结果的差异。因此，对于现阶段我国学术不端检测系统行业的发展状况来说，一个学术不端检测系统强大与否的根本在于其后台比对数据库收录文献的状况。后台比对数据库收录文献越多越全，其学术不端检测系统的检测结果就越准确。目前，在一些期刊稿件编校系统中已经集成了学术不端检测功能。

（四）期刊发行技术的进步

1. 以期刊在线发布平台的建立

"开放存取"（简称OA）一词译自"Open Access"，国内学者通常将其翻译为开放存取、开放共享、开放获取、开放访问、公开获取、开放阅览等，意指某文献可在 Internet 公共领域里的免费获取。2001 年 12 月，由慈善家 George Soros 创建的基金网络——开放社会研究所（Open Society Institute）在匈牙利的布达佩斯召集了一次有关开放存取的国际研讨会，专门讨论有关开放存取的相关问题。在这次研讨会上，发表了"布达佩斯开放存取计划"（BOAI）（一些人将其称为"布达佩斯开放存取倡议"），成为世界开放存取技术发展的里程碑。"开放存取"是国际科技界、学术界、出版界、图书馆界、信息传播界为推动科研成果利用网络自由传播而发起的运动，是不同于传统学术传播的一种全新的传播机制，对后来开放存取技术的发展起到了至关重要的指导作用，意义深远。

"布达佩斯开放存取计划"首次提出了开放存取的完整定义。该定义包括以下几个方面的内容。

第一，"免费获取"。对某文献而言，"开放存取"即意味着它在 Internet 上可以被任何读者免费获取，并允许任何用户阅读、下载、复制、传递、打印、搜索、超链该文献，也允许用户为之建立索引，用作软件的输入数据或其他任何合法用途。

第二,"保持文献的完整性"。用户在使用该文献时不受其财力、法律或技术的限制,而只需在存取时保持文献的完整性。也就是说,版权的唯一作用是使作者有权控制其作品的完整性,及作品被正确接受和引用。"免费获取"和"保持文献的完整性"是开放存取的最基本特征,其核心是在尊重作者权益的前提下,在任何时间、任何地点都能够借助于用互联网为任何用户免费提供完整的学术信息及研究成果的全文服务。

近年来,为了促进科学信息的广泛传播及提升科学研究成果的公共利用程度,国际上召开了一系列关于开放存取的学术会议,"开放存取"表现出了蓬勃的生命力,正被越来越多的人认可和接受。2003年12月,中国科学院院长路雨祥院士代表中国科学家签署了《柏林宣言》,倡导全球科学家共享世界科技成果及网络信息资源;2004年5月,中国科学院院长路甬祥教授、中国国家自然科学基金委员会主任陈宜瑜院士代表中国科学院和中国国家自然科学基金会签署了《柏林宣言》,我国开始从官方层面支持"开放存取"运动,倡导学术信息资源的免费共享;2005年6月中国科学院在北京举办了我国在开放存取领域的第一次研讨会——"科学信息开放获取战略与政策国际研讨会",标志着我国对开放存取期刊的探讨已经从"做"还是"不做"转向了应该"怎么做"。

"开放存取期刊"(OA期刊,即OAJ)是"布达佩斯开放存取计划"中提出的实现开放存取的两种途径之一。根据"布达佩斯开放存取计划"的定义,"开放存取期刊是指那些可以在公共网络上免费获取的,并且允许用户进行阅读、下载、复制、分发、打印、检索链接到全文、用于编制索引、作为软件数据使用或者其他合法目的,除需要上网之外,没有其他的经济、法律以及技术障碍。进行分发和复制时的唯一限制和规定是允许文章作者对其作品的完整性以及署名权和引用权进行控制。"开放存取期刊与传统的以订阅为基础的(非开放存取)期刊不同,学术信息的免费获取与否是开放存取期刊和非开放存取期刊的主要差异。在开放存取模式下,研究机构或研究基金委需要负责支付学术信息传播的费用。目前,从国际OAJ出版市场来看,较知名的大型OAJ平台有英国BMC出版集团的BMC开放平台、瑞典大学图书馆的DOAJ、印度信息公司开发的Open J-Gate、巴西的科技在线图书馆(SciELO)等。

近年来,我国相继建立了一批开放存取期刊(OAJ)平台,其中具有代表性的有Socolar平台(全球最大的Open Access学术资源专业服务平台,由中国教育图书进出口公司开发成功)、中国科技论文在线平台(中国首家官方在线发表科技论文的公益性平台,由教育部科技发展中心主办)和中国科学院科技期刊开放获取平台(China Open Access Journals,简称COAJ,由中国科学院和科学出版社主办),这三大平台均属于为社会提供免费公共服务的非营利性OAJ平台,主要为用户提供OA期刊的资源检索和全文链接服务,目前在我国OA期刊界的影响力较大。

开放存取期刊平台主要包括OAJ资源链接平台、OAJ非首发集成平台、OAJ首发集成平台、OAJ出版平台四种类型。我国的Socolar开放存取平台属于OAJ资源链接平台，中国科技论文在线和中国科学院科技期刊开放获取平台属于OAJ非首发集成平台。

虽然我国的开放存取运动开展较早，但与国际其他国家相比，还处于初级发展阶段。目前，我国在支持开放获取方面还没有明确的国家政策，缺乏政府管理部门的规划指导和协调，各机构基本都是自谋发展，发展水平参差不齐，整体水平不高。与发达国家相比，甚至与印度相比，我国在开放获取方面还稍显落后。

2. 期刊"优先数字出版"发行技术的应用

在"优先数字出版"技术应用之前，纸质期刊是先于期刊网络平台出版的，即先出版纸质期刊，后出版纸质期刊的数字版。纸质期刊出版周期较长，在科技发展和信息传播速度越来越快的背景下，其越来越不适应作者和读者对成果发表时效性的要求。"优先数字出版"技术的应用改变了原有的出版模式，在纸质期刊出版之前，其电子版可以优先在互联网平台上出版。期刊的"优先数字出版"以印刷版期刊的录用稿件或经编辑加工后的稿件为出版内容，编辑部通过期刊网络出版平台可随时上传。优先数字出版在保持论文高质量的同时，大大缩短了出版时滞，时效性更强，扩大了论文的影响力和传播面。早在1998年，优先数字出版模式就开始在德国的施普林格出版公司得到应用。目前，优先数字出版这一新兴的出版模式已经成为国际学术期刊的出版趋势，国际上许多著名学术期刊和出版商都涉足了优先出版业务。

在中国知网学术期刊优先数字化出版平台上，优先数字出版期刊的名称与印刷版期刊完全相同。编辑部需与中国知网签订"中国知网优先数字出版授权书"方可加入优先数字出版平台。优先出版平台可支持DOC、DOCX、PDF、PS（方正排版文件）格式的文件（或上述格式的压缩文件）。期刊编辑部决定录用或经编辑加工后定稿的文章都可以在印刷之前在学术期刊优先数字化出版平台上优先出版，大大缩短了论文的发表时滞。

优先数字出版有三种方式，即单篇录用稿出版、单篇定稿出版和整刊定稿出版。"单篇录用稿出版"是指编辑部将正式录用但未经编辑加工的稿件在期刊优先数字化出版平台上进行的出版活动，由"中国知网"赋予其出版日期和网址，并永久保存出版记录。在期刊优先数字出版活动中，"单篇录用稿"方式的出版时滞最短，编辑部收稿后即可实现优先出版，但因其没有经过专业的编辑加工过程，论文编校技术层面的质量难以保证。"单篇定稿出版"是指期刊编辑部将已经录用并经过编辑加工后即将付印的定稿稿件在期刊优先数字出版平台上出版的活动，上传稿件须与印刷版的出版年份和卷期号相同。由于以"单篇定稿出版"方式上传的文件是经过编辑加工后的稿件，其出版速度相对较慢，但论文质量较"单篇录用稿"方式有了大幅提升。"整刊定稿出版"方式是指期刊编辑部将经过编辑加工后即将付印的整本期刊的电子版在期刊优先数字出版平台上出版的活动。与"单篇录用稿出版"和"单篇定稿出版"方式相比，"整刊定稿出版"方式的出版周期最长，论文质量最优。

与原来的出版方式相比，中国知网优先数字出版具有一定的技术优势。第一，优先数字出版使文献的传播速度加快，缩短了科研成果发表的时滞，在科研成果尽快转化为现实生产力方面能够发挥积极作用；第二，出版方式灵活，可以单篇出版，也可以整期出版，满足了不同期刊编辑部（杂志社）的个性化需求；第三，传播范围广泛，可覆盖中国知网的相关数据库，国内外读者都可同步检索到最新上传的科研成果。中国知网优先数字出版的这些技术优势，实现了作者、期刊编辑部、读者的三赢。对作者而言，其研究成果的首发权通过优先数字出版能够得到最及时的确认，意味着作者的合法权益能够得到有效保障；对期刊编辑部（杂志社）而言，由于出版时滞缩短，在短时间内即可推出更多全新的科研成果，这样一方面能够不断地吸引优秀作者投稿，另一方面还能够吸引高质量的读者群，实现期刊知名度和影响力的双向提升；对于读者而言，在短时间内就能接触到更多最新的科研成果，在快速了解学界前沿、更及时地了解最新科研动态等方面能够发挥重要作用。从一定意义上说，期刊的优先数字出版契合了国家推进知识创新的战略需要，对于促进国家科技创新体系的建立及创新驱动战略的实施都具有极为重要的现实意义。

3. 网络多媒体杂志的大量涌现

多媒体通信技术的发展，给网络媒体的发展带来了广阔的平台，在多媒体技术支持下，网络多媒体杂志迅速发展，成为流行的网络传播载体。网络多媒体杂志是电子杂志的一种，是在网络多媒体通信技术高度发展的基础上产生的。

网络多媒体杂志没有任何印刷版的原型，是创办者以网络传播技术为基础所创办的，完全脱离了纸质媒体的网络电子杂志，是不同于传统期刊数字出版的一种全新的期刊数字出版方式，其不仅具有传统纸质杂志的一切功能，还拥有汇集现代信息技术的新特征。网络多媒体杂志采用先进的 P2P 技术，具有高速的资讯传播能力，其集动画、视频、音频、3D 技术为一身，并提供了互动接口，方便读者之间及与信息提供商的交流。网络多媒体杂志具有多种多样的阅读模式，可在线或离线阅读，也可下载到相关终端上进行阅读，满足了用户对杂志阅读的个性化需求。网络多媒体杂志具有精美的高清晰度图片、动人的背景音乐、令人兴奋的视频、杂志化的页面安排，丰富了期刊的表现形式，给人们一种强烈的视觉冲击，使期刊变得更加生动、有趣。相对于传统期刊及其数字出版而言，网络多媒体杂志的核心技术特点是其集合了所有"动"的元素，将安静的文字通过技术变成美丽的影像，给人既能看、又能听的全新感官感受。

20 世纪 90 年代末期，我国多媒体电子杂志的发展才刚刚起步。索易网于 1997 年 3 月开始发行电子杂志，并进行了《中国家电市场情报》和《每日新闻》的收费阅读业务，开创了我国电子杂志收费发行的先河，但由于管理不善，致使其运营成本过高、资金链断裂而流产。1999 年 1 月，博大公司建立了我国最早的电子杂志发行平台，一时间电子杂志的数量和订阅者数量激增，但终因市场规模和赢利模式的不成熟而成为中国电子杂志行业的"冲锋者"和"献身者"。当时开展网络电子杂志发行业务的还包括希网、燃情岁月等，都是我国网络电子杂志发展的先驱。

2002 年，Xplus（智通）与广播电台合作开发了艺术类多媒体网络杂志《风格癖》，成为我国网络多媒体杂志技术发展的里程碑，我国网络多媒体杂志开始进入全新的发展时期。以现代艺术类网络电子杂志《风格癖》的出版为标志，我国新型网络多媒体电子杂志开始出现，其技术逐步趋向成熟，使多媒体形式真正成了网络杂志的核心。

2005 年，南方报业集团推出了《物志 Zine》，开始涉足网络多媒体杂志领域。与传统期刊及其数字版不同，网络多媒体杂志是一种新型的连续电子出版物，其视觉冲击力强、发送方式简单、运营成本低、符合当今提倡的环保主流、受众群体广泛等优势，自问世之初就受到广泛关注。自《物志 Zine》出版之后，我国一些传统媒体互联网企业纷纷涉足网络多媒体杂志市场，开展传统媒体的网络电子杂志的出版业务，这标志着我国进入了传统媒体自办网络电子杂志的阶段。

网络多媒体杂志的核心理念是参与性，强调读者与编者之间的互动和交流。这一理念被引入互联网技术以后，人们称其为互联网"Web 2.0"时代。Web 2.0 的本质就是利用集体的智慧，通过互联网这个平台将大家的想法集合起来，共同就一个大家感兴趣的问题来进行讨论和研究，同时也可以将这一服务看作是网络本身特质的延伸。网络杂志与网络新理念的碰撞，制造了当今的网络多媒体互动杂志，网络多媒体互动杂志运用 Web 2.0 理念，开始了新的发展模式和轨迹。

2005 年以来，随着互联网 Web 2.0 技术的发展，网络多媒体互动电子杂志开始进入高速发展时期，网络多媒体互动期刊发行平台逐渐增多，发展速度逐步加快，大批昔日的传统杂志媒体，开始了网络多媒体改革。

网络多媒体杂志规模的扩大直接推动了网络多媒体杂志发行互动平台下载"门户"的诞生。目前，国内具有代表性的网络多媒体杂志发行平台主要有 XPLUS 电子杂志（中国最大的电子杂志在线阅读基地）、ZCOM 电子杂志（全球最大的电子杂志平台、中国最大的中文电子杂志平台）、POCO 电子杂志、摩得互动公司、MAGBOX、IEBOOK、VIKA、万众传媒、杂志中国等。我国网络多媒体杂志的经营模式多为免费发放，主要赢利模式以广告为主。正是看到了多媒体期刊互联网出版巨大的读者群所带来的诱人的广告前景，网络多媒体期刊出版发行的发展较为迅速，从 2005 年底到 2006 年初就出现了 20 多家网络多媒体期刊的发行平台。然而，经过 2006 年至 2007 年上半年的蓬勃发展后，2007 年下半年网络多媒体互动杂志出版行业整体一片低迷，鲜有新的进展和突破，大多已陷入被兼并或破产的窘境。

与传统期刊内容和广告必须捆绑在一起的广告业务手段不同，网络多媒体杂志以广告和内容的动态化搭配模式，实现了广告和内容的分离。广告主购买网络多媒体杂志的广告时，既可按传统的方式按版面购买，也可按广告被打开的次数付费，有时甚至可以将广告本身以网络多媒体杂志的形式通过网络平台进行发行，使广告效应得到大幅提升。同时，期刊编辑部还可以自主经营广告，以广告被读者打开的次数为依据，付费给网络平台。除此之外，网络多媒体互动杂志发行平台还可以通过自己的检测统计系统，搜集整理用户的信息，建立自己的数据库，向第三方提供服务，以实现业务的增值。

（五）期刊阅读技术的革新

1. 移动网络技术与期刊移动终端阅读

媒介形态的变迁推动着阅读行为的嬗变。随着信息技术的快速发展、4G/5G 网络的普及以及 4G/5G 网络的发展，期刊读者的阅读媒体与接收终端发生了显著变化，移动终端阅读已经成为期刊阅读的一种新方式。在这种情况下，人们越来越习惯于把移动网络作为获取信息的渠道，手机阅读越来越成为人们阅读的一种潮流。所谓移动阅读，是指以手机或专用手持阅读器作为承载终端，以 WAP 或软件客户端下载的方式实现图书、报纸、杂志等电子资源的在线和离线阅读的一种阅读方式，其具有易传播性、便携性、易获得性和跨越性等特点。现在，在公交、地铁、车站、机场、饭店等公共场所中，随处可见人们通过手机、平板电脑等移动网络设备进行阅读。移动阅读方式的快速普及得益于智能移动设备的风行。目前，主要的移动网络阅读设备有智能手机、平板电脑等，这些设备具有移动阅读、数据高速传输等功能，便于用户对网络信息的移动搜索，满足了人们利用零散时间进行阅读的需求。移动网络技术的应用，使受众可以随时随地浏览到互联网上的信息，丰富了人们获得信息的方式，方便快捷，逐渐成为人们获取信息的又一个全新的阅读终端。

智能移动终端市场的繁荣进一步带动了移动终端阅读市场的发展壮大，其用户呈现出爆发式增长的态势，一时间，用大屏智能手机、平板电脑等阅读方式成为一种潮流。

2. 多媒体互动技术与期刊多媒体阅读

多媒体通信技术的日益进步，给网络媒体带来了广阔的发展空间，在多媒体技术的支持下，多媒体网络杂志迅速成为流行的网络传播载体。网络多媒体技术的发展促进了网络多媒体杂志的大量涌现，催生了网络多媒体技术条件下的期刊阅读方式的变革。随着互联网 Web 2.0 技术的应用，第三代电子杂志即网络多媒体互动杂志自 2005 年以来进入高速发展时期。网络多媒体互动杂志利用 P2P 平台发送，具有互动性、多媒体性及网络性的基本特征，内容信息来源广泛，丰富多彩，传播速度快，不受时间和地域的限制，阅读便捷且方式灵活多样。网络多媒体互动杂志可以通过电脑阅读，也可通过手机、平板电脑等移动终端阅读。随着移动互联网技术的日益发展，利用手机、平板电脑等移动设备进行多媒体杂志阅读已经成为一种潮流，成为手机移动互联网在期刊出版领域中的一项重要应用。

网络多媒体互动杂志以其精美的高清晰度图片、动人的背景音乐、令人兴奋的视频、杂志化的页面安排，大大丰富了期刊的表现形式，使期刊阅读变得更加生动、有趣，给人们一种不同于以往的全新的视听感受，期刊的可读性大大增强。

（六）"开放存取"技术与期刊开放阅读

自"布达佩斯开放存取计划"（BOAI）发表以后，开放存取已逐渐被学界广泛认可。开放存取具有免费获取学术信息的特征，其核心是在尊重作者合法权益的条件下，通过互联网进行学术成果的广泛传播和共享，为用户免费提供学术信息和研究成果的全文服务，任何人都可以在任何时间和任何地点，平等地获取和使用学术研究成果，而不受其经济状况的影响。相对于传统的出版模式而言，开放存取是一种全新的学术信息传播机制，具有成本低、传播广、获取便捷等优点，学术成果可通过互联网无障碍地传播。开放存取期刊（OAJ）保留了传统期刊的价值，通过互联网实现了期刊学术成果的广泛传播和共享。

开放存取是一种学术信息共享的自由理念和传播机制。目前，我国影响力较大的开放存取期刊（OAJ）平台有Socolar、中国科技论文在线、中国科学院科技期刊开放获取平台等。随着各个重点科研机构库的全球开放，读者可以在更广泛的范围里获得自己所需要的信息资源，可以更自由地进行期刊信息查询和阅览，从而实现了期刊的开放阅读。

二、基于XML的社科期刊自适应排版技术

（一）基础理论及相关技术原理

1.XML定义与特征

（1）XML简介。

XML是一种可扩展标记语言，利用结构化标记能让计算机准确读取相关信息符号，并可自动处理不同文章的信息内容。它利用元素、属性标注数据、界定数据类型，展现了数据与数据之间的逻辑关系。这些构建的数据所定义的标签无需预定义，可由用户自定标签，方便用户对XML数据结构的了解以及操作简便。

（2）XML特点。

①内容分离化管理。XML描述的数据可作为内容与结构单独管理的基础保障，以文本描述的形式独立于平台与语言进行跨平台数据的显示与交换。该特性简便地将XML数据转换为各种常见的格式文件，并应用于不同的领域，例如，XSLT语言即可轻易将XML文档结构进行转换。

②结构化数据管理。XML数据可以表达复杂的结构化数据，也可以表达半结构化数据，XML可将多种数据源的信息进行集成，并进行结构化管理。XML作为数据仓库较便捷管理，并能够快速查询读取，并且用户能够通过查询读取方式有效处理所需数据，无需重新编辑内容，这简便了用户对数据的管理与维护。目前，很多主流的数据库系统DB2、SQL

Server 等均提供了对 XML 数据的支持。

③具有定义与验证机制。XML 数据是否规范或查询定义方法可由 DTD 规范文档、XML Schema 定义与检验。DTD 为国际标准文档，可直接定义与检验 XML 文档的标签、父子集规范合理性；XML Schema 则主要描述 XML 语法，利用多个 Schema 可同时使用 XML 标签，并详细定义了相关元素内容及属性值的数据类型。

结合以上 XML 的简介与相关特点，分析发现 XML 在跨终端应用中，能够有效进行数据的交换、组织与描述、发布。在进行这些操作过程中可以多种数据格式储存，信息扩展化、结构化管理，并能迅速在不同的网络中传输。

面对上述的一系列优点，医学、计算机、出版、金融、电子商务、地质等领域均会涉及该项数据，方便信息内容储存与提取。

2. 学术期刊交互式排版方法概述

（1）排版软件简介。

排版是指将文本、图像等可视化信息元素在版面上调整位置以及大小，从而呈现合理化的布局。目前，国内排版软件主要为交互式类型，即排版操作之时可所见并所得，例如较为常用的 Indesign、方正飞腾、方正书版等。其中，方正书版侧重于文本的处理。方正飞腾与 Indesign 软件均支持文本、图像等之间关系的处理，但方正飞腾较侧重传统排版以及印刷输出，Indesign 软件因汲取了多种排版软件的精华，更侧重于版式设计及多样式输出。

随着信息时代的不断进步，Indesign 软件提供了一系列极其完善的排版功能来满足学术期刊版面多变化的设计工作以及直接将 PDF、HTML 格式上传于 WWW 中等丰富的跨媒体功能。鉴于此，本文选择该排版软件为原型，依照此软件的页面描述式排版布局方案，提出一种自适应排版技术。

（2）排版方法概述。

本节主要介绍 Indesign 软件排版期刊较常用到的方法，分别为开版、样式创建、内容编排以及导出。

首先，开版设置，即依据不同的设备，选择合适的版面尺寸，以及设置版面的出血、辅助线、横竖排、边距、分栏等参数。结合上述的参数设置，完成开版。

接着，内容编排，期刊内容主要包括文本、图像等元素，文本可通过灌入文本框的方式进行填充，并将灌入的文本内容应用对应的段落样式，对于特殊的字符应用对应的字符样式，图像可利用置入的方式将此放置到合适的图形框中，并将图像应用于合适的对象样式。

最后，文档导出，文档导出的格式较多，有可供后期打印的 PDF 格式，也有供阅读器浏览的 EPUB、HTML 等格式。

由以上流程可知，传统的排版流程需要经验丰富的工作人员或较长的时间制作完成，并因制作过程中因输入错误、拖动不规范等误差使得期刊版面无法快速、规范、美观呈现。

3. 学术期刊自适应排版技术原理

本节在对 Word 文档信息分析基础之上，介绍了信息提取的一些原理；接着，以交互式排版方法为原型，分析了当前跨终端信息内容自适应排版的关键技术原理。关键技术主要包括流式文本中文禁则自适应排版技术、图像随页面尺寸自适应转换技术等，具体技术原理介绍如下。

（1）信息提取原理。

在当前多个领域应用中，Word 文档主要为可见可编辑版式文档，其元素均没有关联。而 XML 文档是一种类似树结构的流式文档，其中元素与属性被映射为树的结点，元素与元素之间的嵌套关系映射为树的边，每个元素之间可根据树的结点与边来依次判断。鉴于此，版式文档与流式文档存在较大的差异（结构、性质等），版式文档如何高效转换为流式文档是信息提取技术的要点。

信息提取是指将信息文档提取所有需要的信息，例如标题、摘要、正文、脚注等信息，进行标引并进行结构化数据，最后储存为 XML 数据仓中供后期开发使用。信息提取主要包括两个要素，分别为依据信息特征，提取相关信息数据，信息进行结构化处理。

信息提取主要涉及四个类别：命名实体、实体之间、信息内容、预置事件。在信息文档中，命名实体提取，主要提取期刊的中国分类号、文献标识码、文章编号等；实体之间提取，主要提取作者、工作单位、邮箱、基金项目等之间关系；信息内容提取，则是期刊的摘要、关键词、正文、标题等；预置事件的提取，则是将一些非结构化信息以结构化信息表示，例如作者简介分为姓名、性别、生源地等，需要重新对这些信息进行分词，并进行文本分析，进行相关文本分别标引，每个信息都有相对应的标签。

目前，信息提取方式分为 Word、PDF 等版式文档的提取以及 Web 信息提取。此两种方式存在着一定的差异，首先，在文档格式方面存在差异。Web 文档的抽取有其固定的标签，标题有标题的标签，正文有正文的标签，在提取时无需读取信息内容，可直接查询标签的位置就能快速查询到相应的文字，从而准确定位。但对于作者提供稿件主要以 Word 格式文档居多，文档并没有相应的标签信息可供查询，只能通过标引匹配的方式对文档信息逐一定位。其次，在信息提取的方面存在着较大的差距。Web 文档主要提取预置事件或实体之间信息，则较注重标签内容的语义分析，将标签内容提取至相应的模块中，而期刊类稿件文档具有统一的预定结构，主题框架大致一致，因此技术重点是基于内容如何读取，匹配相应标签。

Microsoft 公司的 Word 文档处理系统不但为作者提供文章编排撰写的服务，也为编程人员提供了一套对象库，可以通过编译自动执行信息提取功。Word 转换 XML 文档，有较多的方式。FASS 推出的 eXtyles 插件，能够将 Word 文档转换为 XML。处理的时候，

eXtyles 插件提供了常用的标签以及到出选项，方便编辑人员对信息的标引，利用 CALS 表模型，选择 NLM 期刊出版类型所定义的 DTD 标准文档，储存为 XML 文件。除此之外，该插件对导出的 XML 文件进行了自动的检验，从而检验出信息提取制作时发生的一些错误并及时更正。但这些操作仍需要编辑人员进行处理，选择相应的标签进行标定。

（2）流式文本中文禁则自适应排版原理。

本节针对文本自适应排版技术进行介绍，为下文的自适应排版模型提出奠定一定的基础。在期刊自适应排版中，文本占了主要部分，文本如何自适应呈现成为重要的技术突破。

流式文本指计算机所支持的文本文档（记载、储存的文字信息）依据不同的界面尺寸重新排列文本信息。当流式文本在不同终端媒体呈现时，文本版面的齐准、匀称是任何媒体文化导向的一种视觉形态和品质。并且，中文文本的设计实践与排版规范学在跨媒体出版视域下起到了举足轻重的地位。鉴于此，出版标准对不同的移动终端设备屏幕推出了较匹配的字体字号。

在不同的屏幕尺寸之下，流式文本会设置为所推荐的字体大小，并且会在指定的界面中进行灌文，然而，在灌文中可能会出现一些中文禁则问题。中文禁则，指的是一系列字符控制的规则。通过字符控制，避免相关字符在开头、结尾、单独等方式出现。中文禁则主要包括单字不成行，单行不成页，标点避头尾，背题等问题。其中，单字不成行、单行不成页为控制期刊字符元素中孤字孤行等字符，标点避头尾控制期刊字符元素中开头、结尾等字符，背题则是为了控制行末标题出现。

文本中文禁则自适应排版技术以自适应反馈控制系统为基础，结合国际出版标准推出开放文档格式描述规范（ODF 与 OOXML），自动控制当前流式文本灌文时出现的一系列中文禁则规范与美观问题。

ODF 是 Open Document Format 的简称，最早由 Sun 开发，并在 2005 年 5 月成为结构化信息标准促进组织标准，在 2006 年 11 月正式成为国际标准（ISO/IEC 26300:2006）。OOXML 是 Office OpenXML 的简称，最初由微软公司研发，于 2006 年 12 月成为 ECMA 标准，2008 年 4 月正式成为 IOS 标准（ISO/IEC 29500:2008）。在中文文档的禁则描述方面，ODF 与 OOXML 描述能力不分高低，差异只体现在描述内容完全不对应。本文选取 OOXML 标准文档格式描述规范，对其禁则问题逐一描述。针对单字不成行、单行不成页问题，OOXML 描述在独立成一行的文本中不可出现孤字，独立成一页的文本中不可出现孤句；针对背题，OOXML 描述在文本页末不可出现任何级别的标题；针对标点避头尾，OOXML 描述某些标点字符不可出现在开头或结尾，具体标点字符如图 6-1 所示。

自适应反馈控制系统是一种可调系统，可以利用期望的性能指标设计模型的输出，可对模型实际输出与期望输出的误差进行比较，从而对模型进行调整，直到误差趋于 0 再进行输出。该系统需要一直计算模型的性能、参数，并依据当前数据与期望数据进行比较，做出最优化的控制结构框架,以及参数等调整的最优方法,如图 6-2 所示。

Characters that are not allowed at the start of a line

!%),.:;>?]}¢°ˇ ̄—‖'""†‡℃:、。"∅〈《「『〕》"〜∽≈〜¬-)〕!"%'),,.:;?]'|}～

Characters that are not allowed at the end of a line

$(*,£¥·'"〈《「『【(〔"!((($(.〔{£¥

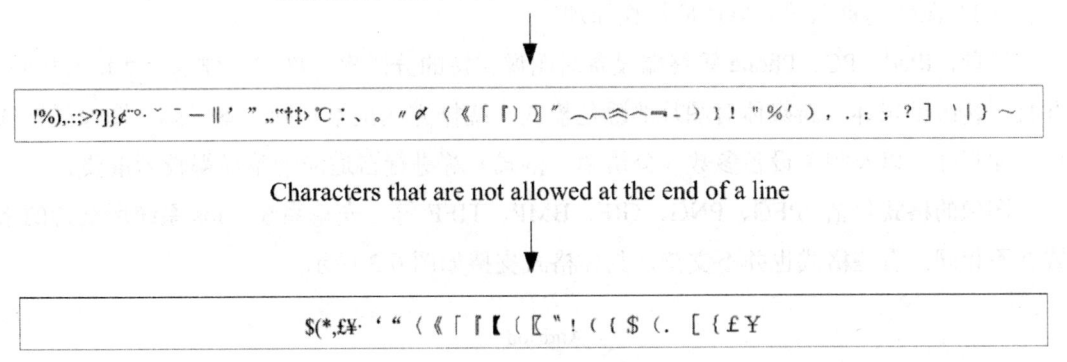

图 6-1　标点避头尾规则

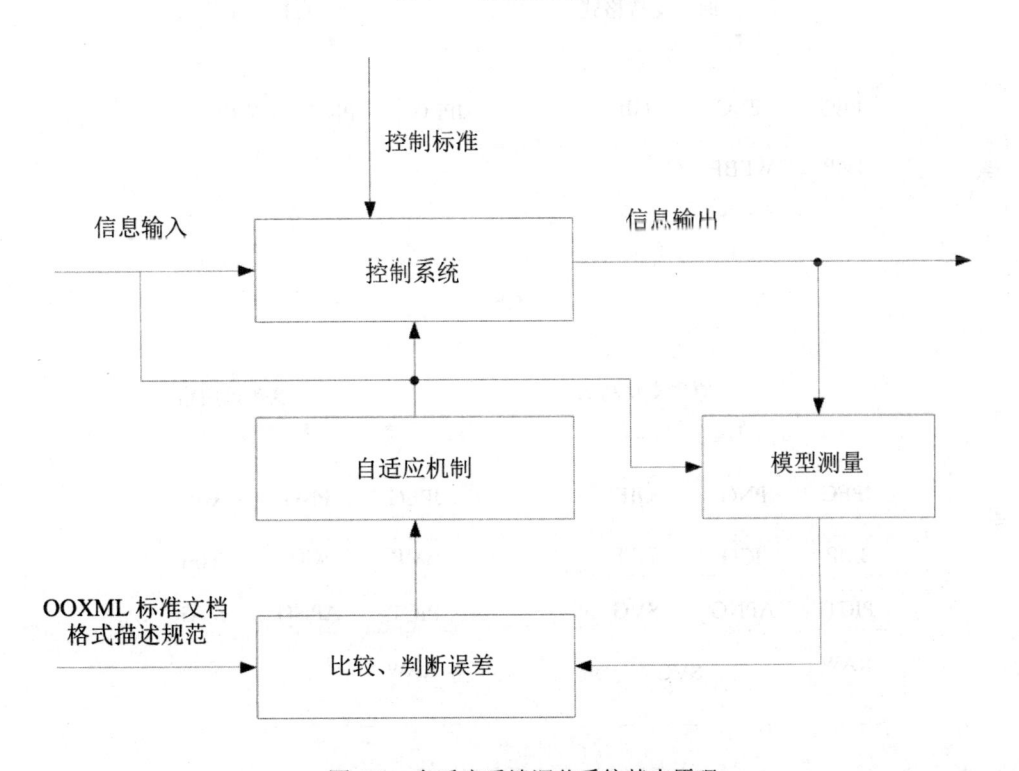

图 6-2　自适应反馈调节系统基本原理

在文本中文禁则自适应排版技术提出之前,较少研究人员曾想到用该系统应用于数字出版领域中,因此,在跨领域的研究应用时系统会存在一定的不足之处。应用于自动化,机械等领域的控制系统只是对信号、数据进行比较与分析,判断数据误差。然而,对于文本信息,其具有较复杂的结构,在信息输入时,信息判断比较误差时需要考虑文本中句子头尾是否有不符合的标点,单行是否仅有一个字存在,单页是否只有一个句子存在等。如何将误差信息准确返回自适应机制,以及如何完善控制系统显得尤为重要。鉴于此,本书

OOXML 标准文档格式描述规范控制文档规范化的基础上，需要研究一种较为简单方便的算法模型，便于自适应控制。

（3）图像随页面尺寸自适应转换原理。

当前，iPad、PC、Phone 等终端设备对图像支持的分辨率、格式、屏幕尺寸均不相同，并且，传统纸媒体与新媒体对图片的颜色模式、绕排方式也不相同，鉴于此，图像能够依据界面尺寸，以及相关设备参数（分辨率、格式）等进行自适应调整显得较为重要。

图像的格式包括 JPEG、PNG、GIF、BMP、TIFF 等，安卓系统、ios 系统所支持的格式并不相同，有些格式也并不支持，具体格式支持如图 6-3 所示。

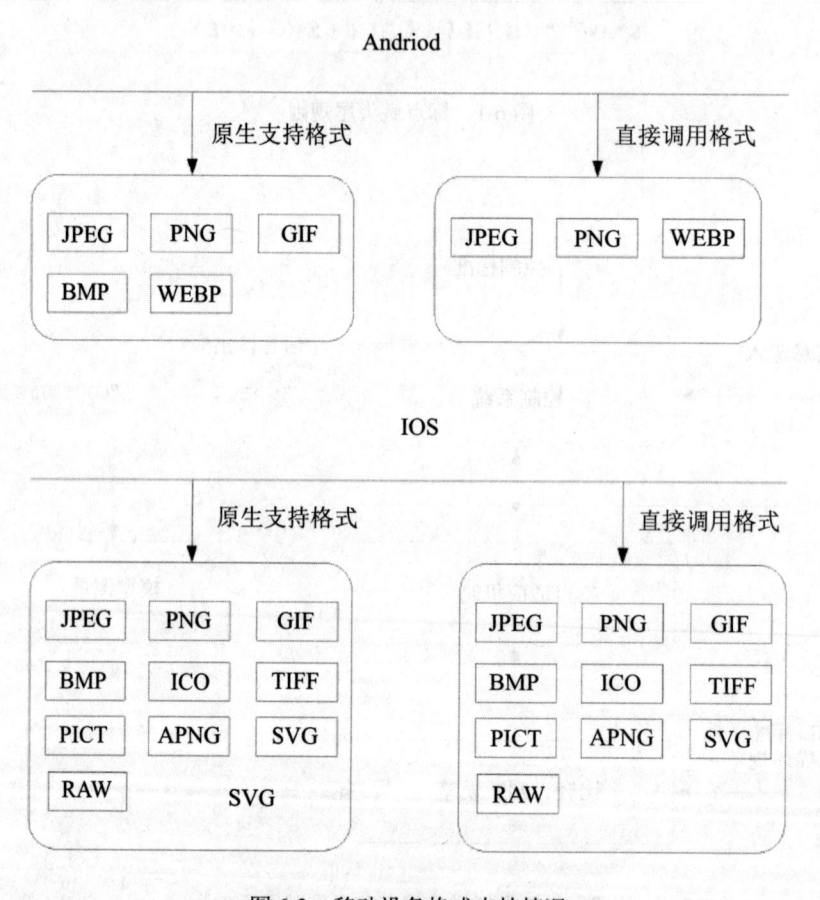

Andriod

原生支持格式：JPEG、PNG、GIF、BMP、WEBP

直接调用格式：JPEG、PNG、WEBP

IOS

原生支持格式：JPEG、PNG、GIF、BMP、ICO、TIFF、PICT、APNG、SVG、RAW、SVG

直接调用格式：JPEG、PNG、GIF、BMP、ICO、TIFF、PICT、APNG、SVG、RAW

图 6-3　移动设备格式支持情况

由图 6-3 所示，不同的移动设备所支持格式的权限也有区别，因此在不同终端设备上更换格式尤为重要，具体而言，需要依据终端设备信息参数，将不符合的设备格式权限的图像重新调整，转换为设备匹配的格式。

另外，移动设备、PC 设备的颜色空间为 RGB，传统纸质媒体的颜色空间为 CMYK，因此，在读取图像的时候，需要依据终端设备，将颜色空间更改为终端设备支持的颜色模式。

图像随页面尺寸自适应转换技术在上述图像格式，颜色模式转换的基础上，以读取待排区域（图像原尺寸）、待排图像所占区域设置、自适应缩放三大步骤为主。其中，待排图像所占区域的设置、自适应缩放直接影响图像随页面尺寸自适应转换技术的实现性与呈现图像布局的规范美观性，而待排区域（图像原始尺寸）的读取则是为了比较图像与页面待排区域的大小，从而为后两步骤奠定基础。

不同的设备终端，所需呈现的图像尺寸比例均不一样，所占区域的位置也不同。因此，在获取设备终端以及图像原尺寸后，需要分析页面待排区域尺寸大小，依据该待排尺寸需判断图像的绕排方式（沿定界框绕排、沿对象绕排、上下型绕排等）。并且，依据绕排方式等判断图像所占区域的大小。该流程以自适应控制系统为原型，自动化实现图像所占区域的尺寸以及具体位置，具体流程原理如图6-4所示。

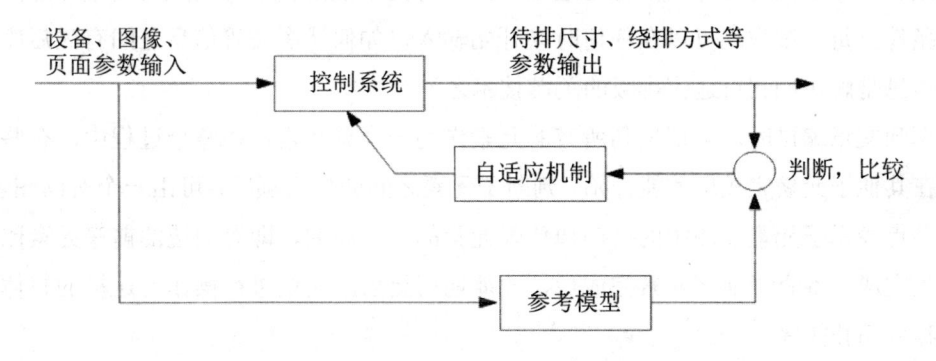

图 6-4　图像所占区域自适应调整原理

如图6-4所示，图像所占区域的自适应调整较为复杂，在参数输入时不仅需要考虑终端设备的参数，图像原尺寸参数，还需要获取待排页面尺寸，并需依据一系列参数输出当前可待排的尺寸及图像的绕排方式，从而进行参数与参考模型的参数比较，判断两者参数是否趋于一致，最后将适合的参数输出。对于上述需实现的步骤，若只是简单地使用控制系统对参数进行自适应调整并不能较好实现图像呈现效果。鉴于此，本技术需要保障图像规范美观呈现的基础上，以自适应控制为模型，需研究一种可自动调节图像所占区域的算法模型，从而可依据设备终端界面，自动控制图像的大小以及所在位置。

除此之外，在图像的大小随着界面尺寸不同而调整时，需要重新采样，且清晰度、平滑度等需重新调整。本技术则利用图像缩放算法对所需改变尺寸的图像进行缩放处理。

目前，图像的缩放算法主要包括最近邻插值、双线性插值、拉格朗日插值插插值、高斯插值、傅立叶变换法等。最近邻插值的方法是通过反向变化得到一个浮点坐标，并取整数，该坐标对应的值为像素值，将每个像素的灰度值调整为相近的像素的灰度值，利用该方法处理较为简单，但是若有接近的多个像素灰度级别发生细微变化之时，会产生块状轮齿现状，从而使得图像不够清晰，平滑。双线插值法通过图像的像素点周围的四个像素点，每个方向进行线性插值,利用该方式可减低计算量,并且比邻插值算法的代数拟合多,看上去的效果相对较好,但具有低通滤波器的性质,使高频分量受损,可能会导致图像轮廓在一定程度上变得模糊。拉格朗日插值算法是指通过像素点的 n 次插值多项式的方法,对像素的灰度级等重新计算,图像整体平滑度较高,但计算量较大使得处理速度较慢。三次卷积插值算法得到一个浮点坐标,通过周围16个邻点,利用卷积插值的方式实现图像缩放,该方法较好克服最邻近插值锯齿现状和双线性插值边缘模糊的问题。可见,不同的图像缩放算法所产生的效果不一,考虑到系统实现时速度、平滑度、清晰度以及移动界面尺寸较小等因素,会选择计算较简单,运行比较快的方法。

(4) 图文拓扑自适应排版原理。

在期刊中,图像与图像、图像与题注、图像与文本段落、参考文献与文本等之间并没有先决条件,每个参数均可以在任何时候开始输入,如何让图文等信息之间有先后序列进行填充信息是解决期刊自适应排版的关键技术之一。

在期刊文章编排时,可把期刊所有的元素作为一个总元素,在整个过程中,有些子元素必须在其他子元素完成后才能开始,判断子元素之间的先后顺序,可由一个有向图表示,图中的各点表示子元素,图中的有向边代表元素的先后序列,即有向边的前序元素比后序元素优先完成,唯有当前序元素完成后,才能遍历至后序元素进行操作,这样的整体排序过程可称为拓扑排序。

有了拓扑排序的序列,即可在 XML 结构化文件上以串行的方式安排各个子元素。在子元素安排时,有些子元素还包含着不同的子元素,这些子元素可以同时进行,例如,并列的2幅图像在排版的时候需要同时设置图像所在的域等操作。考虑此问题,排序采用"栈"的原理来实现拓扑序列。具体方法为:在有向图中逐一寻找父子关系的元素,将读取的第一个父元素进行入栈,并访问该父元素下面所有的子元素,当所有相连有关元素访问完,输出该父元素,再读取下一个父元素,重复上述步骤,直至栈空为止,即所有的元素输出,如图 6-5 所示。

由图 6-5 所示,所有一级子元素（f1,f2,…）设为父元素,在该元素包含的所有元素为子元素（c1,c2……）。读取 XML 结构化文件的标签,设置为相应的元素名称,例如读取 XML 文件中标题 1<title1> 标题 1</title1>,将此标题设置为元素 f1。将 f1 堆栈后,查询 f1 下面的子元素,例如标题 1 包含着副标题,则将副标题命名为 c1,并对所有已遍历的元素进行上两节相关操作,具体的有向图如图 6-6 所示（与图 6-5 相对应）。

(二) 学术期刊自适应排版技术模型设计

本章以学术期刊为样本,依据自适应排版技术的理论和原理,研究与设计期刊自适应排版模型的设计方案,重点研究与提出了流式文本中文禁则自适应排版等模型框架设计,力图实现期刊自适应排版系统。

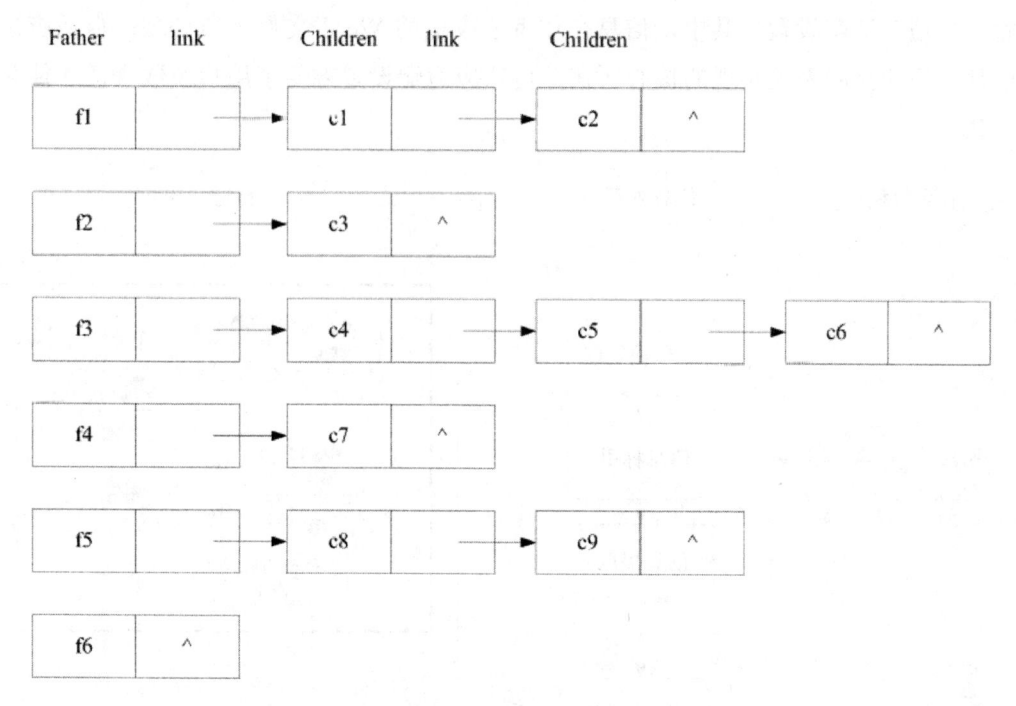

图 6-5　拓扑排序方法

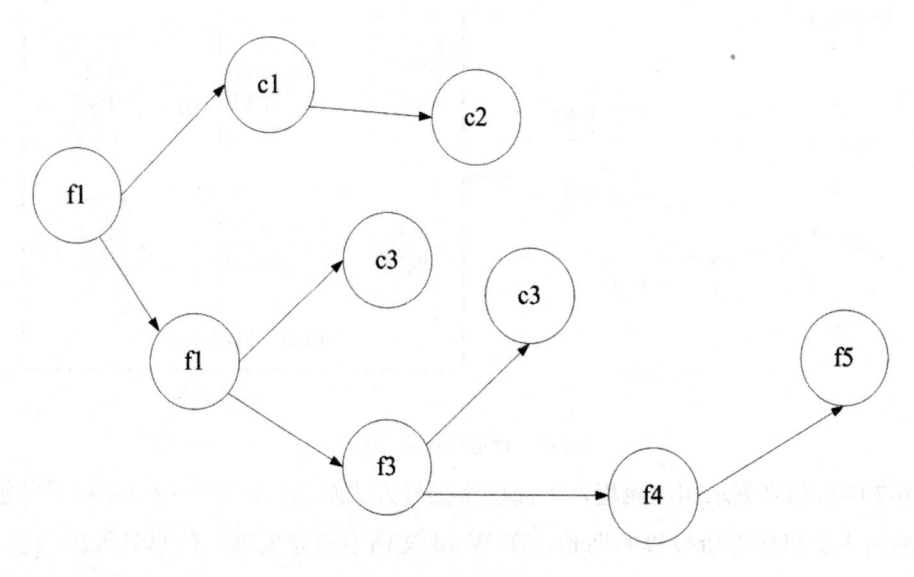

图 6-6　期刊元素的有向图

1. 自适应排版总体结构设计

自适应排版系统在总结传统的期刊交互排版流程基础上，依据上节关键技术，分别提出了信息处理、自适应编排、设备适配设置等流程，具体的自适应排版总框架如图4-7所示。

如图6-7所示，本节所设计提出的期刊自适应排版总框架，贯穿了期刊编辑、制作、输出的整条生产线，该流程主要涉及四大内容，分别包括作者投稿，信息处理、自适应排版、自适应适配设置。其中，信息在作者所投稿的 Word 文件上所处理；自适应排版是期刊自适应排版系统实现的核心所在；自适应适配设置方便了用户获取合适文件并对其下载。

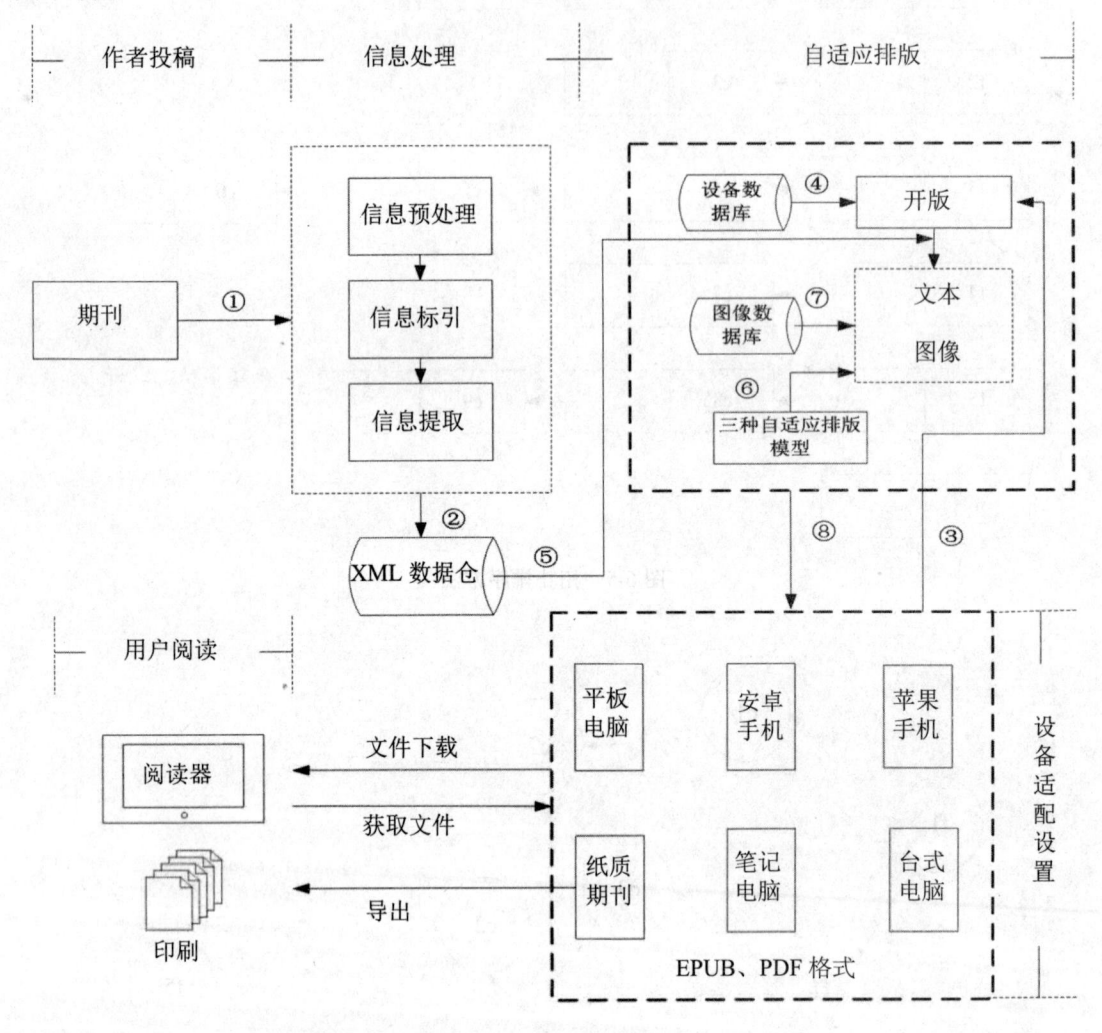

图 6-7　自适应排版总框架

图 6-7 中步骤号表示相应流程，下面以步骤号方式阐述自适应排版框架的具体流程：

①编辑人员将作者所投稿的期刊，在 Word 文档中信息处理。信息处理模块主要为信息分析、信息标引以及信息储存等步骤，经过这些步骤，可将 Word 期刊文件导出为 XML 文件。

②导出的 XML 文件存储至 XML 数据仓中，便于后面信息结构化调取。

③系统利用 API 接口，自动调取 Indesign 排版软件，进行开版设置，在开版设置时，编辑可依据当前数据库设备中的参数，在界面中手动选择匹配的设备或输入适合的参数。

④依据设备的参数，从设备数据库中获取分辨率、界面尺寸，并根据设备参数，逐一

设置期刊版面的尺寸大小，是否需要出血、单栏或双栏等，并设置所有的样式。

⑤开版创建以及样式创建后，导入所需的 XML 数据文件准备填充内容，并将 XML 数据内容以标签名映射的方式匹配相对应的样式。

⑥首先，利用图文拓扑自适应排版模型，以有序排列逐一读取 XML 文件中标签，将标签内容自动灌入版面之中。当碰到文本填充，利用流式文本中文禁则自适应排版模型，控制文本规范排版；当遇到图像填充，利用图像随页面自适应转换模型，确定图像尺寸及清晰度等。

⑦在图像填充时，依据图像标签中地址与名称，在图像数据库中获取相应的原始图像，并将图像调入处理版面中，利用 API 接口调取 PS 软件调整图像参数，将图像保存，并再次调入 Indesign 排版软件进行自动处理。

⑧期刊所有内容排完之后，会自动保存导出 EPUB 或 PDF 格式于相应设备。若是纸质期刊，则自动导出 PDF 格式，便于印刷。

其中，信息处理是自适应排版系统实现的前提基础，而自适应排版更是自适应排版系统实现的关键所在。本书鉴于目前自适应排版系统研究理论与实践较少，多数由人工处理完成，较多的期刊主要面向传统纸质，提出的自适应排版系统，可在一定程度上提高期刊制作效率，并保证了期刊可以高质量、规范化输出于不同终端设备。

2. 文档信息处理模型设计

（1）文档信息预处理。

Word 期刊内容信息包括文本、图像、表格等内容元素。文本内容利用字体、字号、颜色、行距等参数控制显示效果，图像内容利用图像路径所控制。Word 期刊内容在标引、提取之前需要将文档进行预处理，即将 Word 文档中内容的信息表现出来。

依据 BioMed Central（英国伦敦生物医学中心，简称 BMC）在 Keton DTD 标准基础上经过简化与兼容性处理后所提出的 XML 范例期刊文档，本模块实现了标签集合的设置（如图 6-8 所示）。

BMC 提出的 XML 结构树包含 64 个标签，<art> 标签为最高级父标签，该标签包括 <fm>（标题+摘要）、<meta>（元数据，储存作者信息）、<bdy>（正文）、<bm>（后续，包含参考文献等）。其中 <fig> 为图像标签，所包含的 <title> 为图示标签，例如记录图 6-8 等信息，<caption> 为图解标签，例如记录基于 BMC 标签结构的元素标签集合等具体信息，<graphic> 为图像文件标签，利用路径的方式指引图像具体位置，另外 <zw> 为文本标签，专门记录段落等信息，<keyword> 为关键词标签，<sec> 为文本中章节标签。

依据上述所描述的 XML 结构树，在 Word 文档中新建每个标签，方便之后期刊信息的提取，以及样式处理。

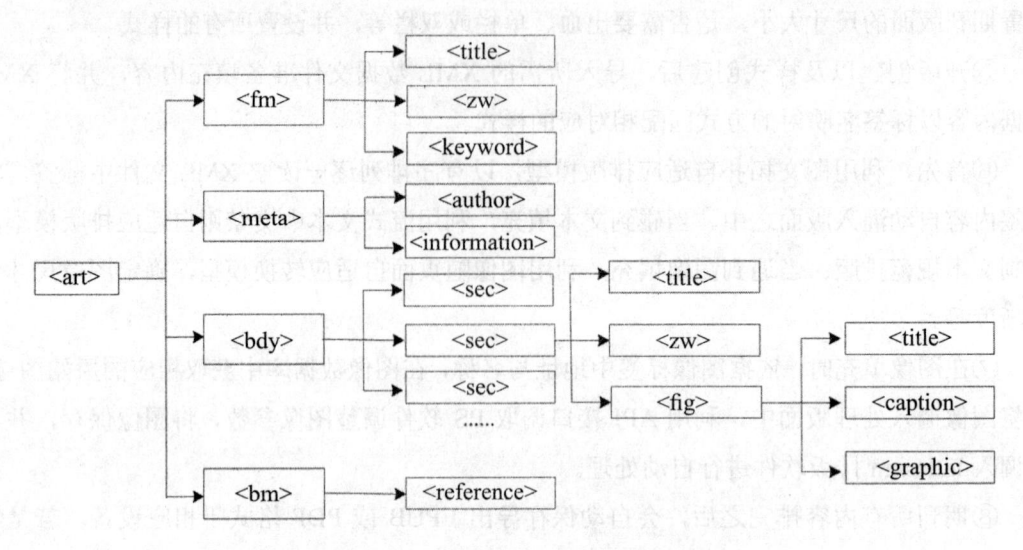

图 6-8　基于 BMC 标签结构的元素标签集合

（2）文档信息标引。

文档信息标引是在文档预处理的基础上，对信息进行内容提取以及标识引导的过程，通过该方法，信息内容可以从版面文档可转变为结构化文档，从而方便后期文档的合理化管理与信息提取。

文档信息标引可利用自动化、半自动化、手动标引的方式进行标引，自动化标引，是一种直接可以用编译语言直接语义分析信息内容，将信息内容添加为合适的标签；半自动化标引，则是可以利用编译语言自动标引一部分的内容，另一部分的内容需要手动完成；而手动标引，则需要专业的出版编辑人员对每个信息进行添加合适的标签。考虑到不同的期刊内容元素有一定的差距，并加上自动化标引技术的限制（关键词判断不明确等），若直接用自动化标引会引发问题。

信息标引可在 Word 中直接进行处理，这方便了专业编辑人员对接受的终稿直接进行操作。编辑人员需要分析版面所有信息元素的前提下，对每块元素寻找匹配的标签，进行标引，将内容与标签之间有相应关联。需注意的是，编辑需要有顺序的标引，不可跳动标引。信息内容通过标引因有相匹配的标签，方便了信息检索，同时也为自适应排版奠定基础。

（3）文档信息提取。

文档信息提取将编辑所标引的信息与标签逐一提取，即提取时利用读取版面中文本归属标签名的方式，将其以结构化方式逐一呈现，具体流程如图 6-9 所示。

如图 6-9 所示，本模块将编辑所标引的内容以及标引选择的标签进行归类与结构化处理。首先，读取编辑所选择的标签长度，设置为 length，并逐一遍历标签名。其次，判断遍历的标签个数是否小于标签长度，若小于标签长度，则需判断该标签是否属于父集，若属于，则将此标签以及标签中内容添加到根元素中，若不属于，则需寻找该标签的上一级父集，只需将该标签及内容添加到该父集的子集中。最后，再次判断遍历的标签个数是否超过标签长度，若没有，继续上一步操作，若超过，即完成所有的标签结构化成列。完成上述所有步骤，即可在 Word 界面中另存为 XML 文档，储存至数据库中。

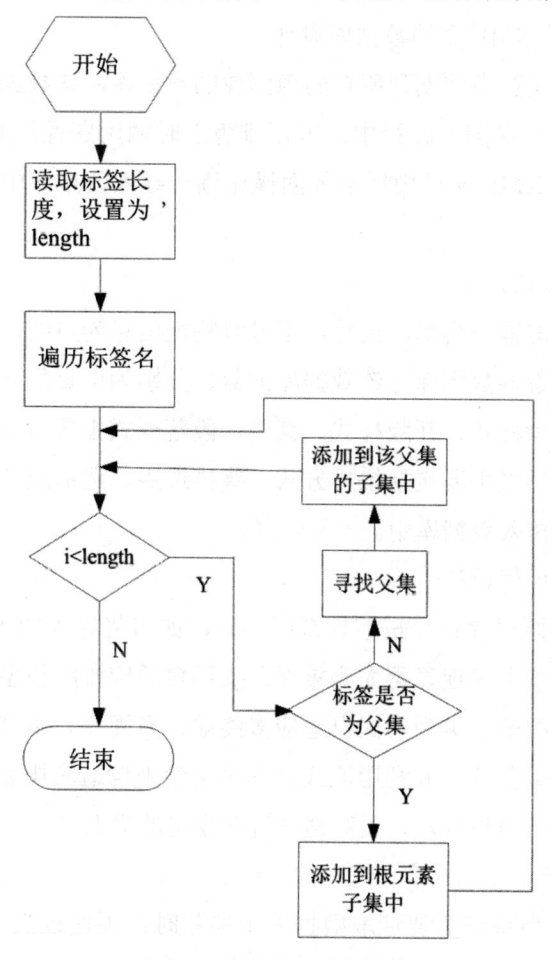

图 6-9　文档信息提取流程图

3. 数据库设计

（1）数据库需求分析。

由中国移动终端设备市场运营态势与未来前景预测报告分析可知，移动设备（iPad、phone）已经成为随处可见的通信工具，这无疑归功于移动设备具有方便携带、互动交流等特点。人们对移动设备的信息处理能力逐渐增强，以及对信息的需求也不断增强，这些现状不断促进移动设备向多功能、多形状、多系统发展。随着研发的技术不断加强，如今终端设备种类越来越多，并且功能、系统、形状等特点均不一样。而且，这些终端设备的屏幕尺寸，分辨率等参数有着显著的差异。可见，提取的 XML 信息由哪种样式、哪种图像格式、哪种版面尺寸自适应排版，则需要从终端设备数据库中获取相关参数进行分析。

此外，XML 文档中图像标签只有路径，在调取的时候无法直接依据路径置入图像。鉴于此，为了方便查询图像，特建立图像数据库。而 XML 文档一般针对单篇期刊文章制作导出，总类与数量较多，为了便于管理，对 XML 文档建立 XML 文档数据库。

（2）图像数据库及 XML 文档数据库设计。

本节设计一个能够储存当前期刊所有的源图像的数据库，该数据库可以以文件夹的形式以每篇文章为单位保存在同一路径中，方便排版之时调用图像。此外，XML 文档数据库可由编辑将制作完的 XML 文档由后台界面操作逐一导入数据库中，在后期排版之时在调取使用。

（3）设备数据库设计。

本节以储存设备的屏幕分辨率、尺寸、型号等特征信息为目的，设计一个能够满足当前系统读取匹配的终端设备数据库。该数据库的数据分别为屏幕尺寸、屏幕分辨率、屏幕清晰度、段落样式、对象样式、开版样式。其中，段落样式主要包括字体字号、段前距、段后距、行距等，对象样式主要包括绕排方式、绕排边距、边框尺寸样式等，这些数据信息可由导入的方式逐个传入数据库中。

4. 文档自适应排版模型设计

不同的设备，其界面尺寸、分辨率均有所不同，如何将导入的 XML 文档以规范、美观的形式在不同终端设备上呈现显得尤为重要。文档自适应排版模型的提出，一定程度上能够将期刊内容灵活、规范、美观形式自适应多终端、多视窗。本节在分析终端设备参数的基础上自适应设置开版参数，并利用流式文本中文禁则自适应排版、图像随页面尺寸自适应转换等模型，将文档信息规范、美观地呈现在设定的界面中。

（1）开版模型设计。

数据库建立之后，当系统需要调取数据库中参数时，则通过当前设备的名称型号 ID 值，与数据库中 ID 值相匹配的方式，读取该设备所有的参数，并进行开版设置（期刊页面大小、出血、栏数、边距等）。若无法获取相关名称型号，判断当前设备的界面尺寸，若是尺寸在手机范围内则以手机默认参数设备调取使用，再进行开版设置，具体如图 6-10 所示。

开版设置依据当前终端设备的参数来确定设备当前所需版面的尺寸、分栏、边距、出血、辅助线等，根据已确定的版面尺寸、边距等确定正文字体字号、标题字体字号，从而根据字号确定行距、段前距与段后距等参数。例如，对于移动设备无需设置出血、分栏等；而对于纸质期刊，则需要设置出血、分栏，从而符合出版的需求。

获取了移动终端分类及字体推荐表格中小屏幕、中屏幕、大屏幕以及超大屏幕的字号后，由所推荐的字号计算得到的行距等段落样式，并将此样式匹配于相应的屏幕中。读取设备屏幕尺寸，将屏幕尺寸与当前设定的中小大屏幕进行判断。

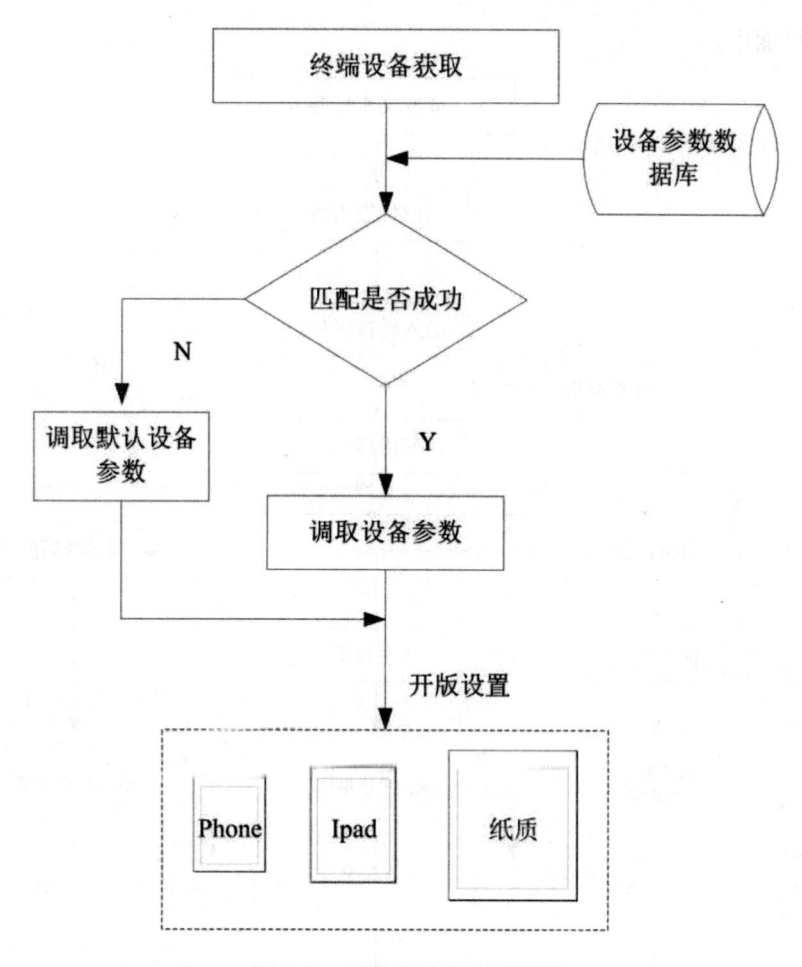

图 6-10　设备参数读取流程图

（2）流式文本中文禁则自适应排版模型设计。

本节在 XML 标准文档格式描述规范以及中文禁则规则的基础上提出了一种文规范排版的技术。在读取文本标签之时，可利用该方法将文本内容灌入至文本框中，并利用自适应控制系统判断当前是否出现中文禁则问题同时进行控制，直至符合要求在读取下一条标签，具体流程如图 6-11 所示。

由图 6-11 所示，本节提出的流式文本中文禁则自适应排版主要流程步骤如下：

①读取标签，将所有的子元素提取相应的标签内容，置入待排区域中。

②通过内容的标签名，查询同命名的样式，将样式与内容进行映射，从而将此内容应用匹配的段落样式。例如，置入标签名为 title 的内容后，依据 title 名称在样式表中查询 title 名称的段落样式，并进行 Map。

③对当前灌入的内容判断中文禁则问题，首先，当 title 标签应用样式后，判断当前标题与标题后衔接的内容是否在同一页面（栏）中，若在同一页面中，则直接下一步；若背题的标题在页末，则将通过控制系统，具体为调节当前标题段前距，逐步调整，直至标题

放置在下一页面中。

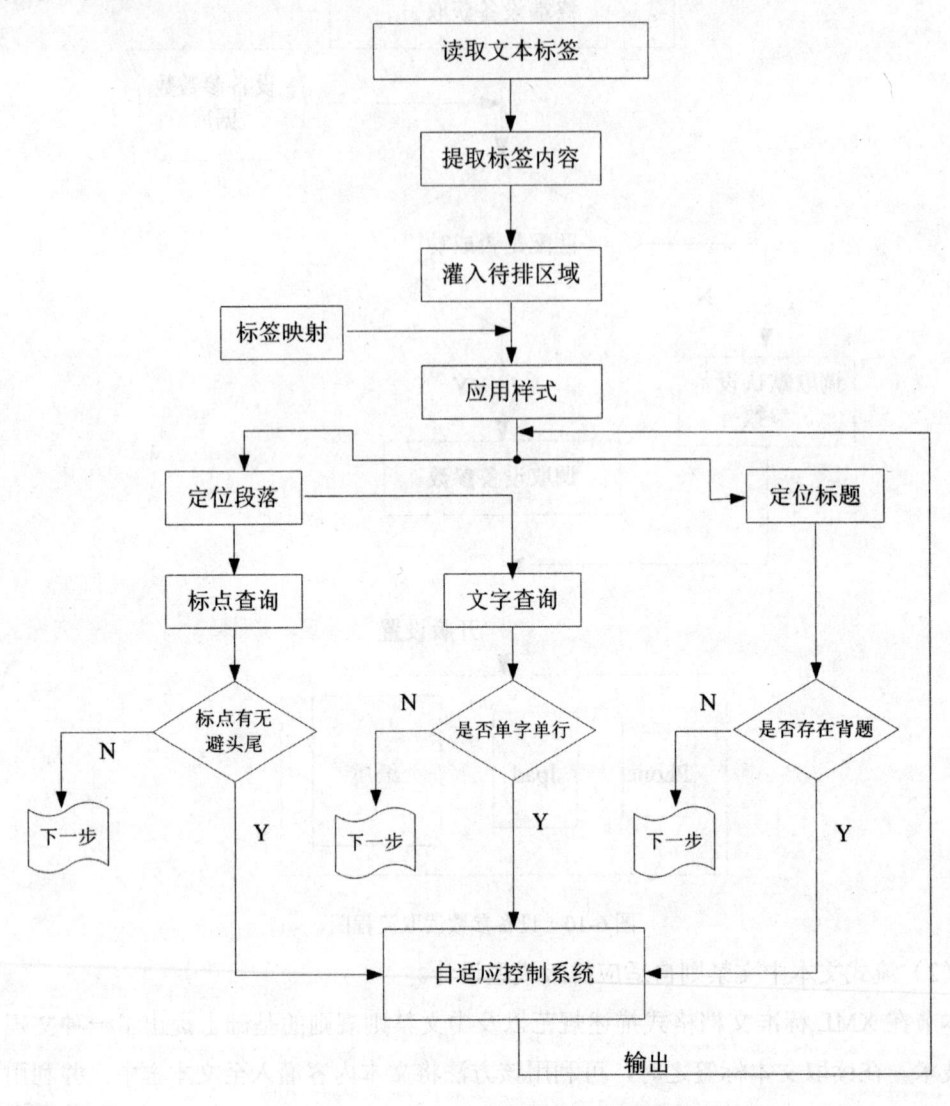

图 6-11　流式文本中文禁则自适应排版流程图

④当 zw 标签应用样式后，查询该段文本的标点与文字。在中文文本中，行首与行末均不能出现较多的标点，为了较好控制这些标点规范呈现，本流程判断当前文本信息是否有不符合的标点存在。

⑤当有不规范的标点存在，如。、：、？等标点存在行首时，则利用自适应控制系统，即逐步增大上一行的字间距，将上一行的字符移动到这一行；对上一行的标点进行逐步挤压，或逐步减少上一行的字间距，将行首的标点移动到上一行的末尾。若【、"、《等标点在行末时，同样需要逐步增大上一行的字间距，将上一行末尾的标点移动到这一行；对上一行的标点进行逐步挤压，或逐步减少上一行的字间距，将行首的字符移动到上一行的末尾。

⑥判断当前的文本段落是否有不多于一个单字（一个汉字或分离的单词）成一行，当

单字成行时，则需要控制系统进行控制，即判断单字字符数值，若大于 4 个字符数，加大上行的字间距，将上行分离的字符移动到该行。反之，利用标点挤压方式减少上行的字间距，将该行的字符移动到上行。

⑦判断当前文本段落是否存在界面起始段落只有一行，当单行成页时，同样通过控制系统解决该不规范问题，即先定位于前一段落，并调整该段落的行距，逐步调整，直至将内容缩至前一段。若行间距超出该范围，再需往上定位，并调整该段落行间距，逐步调整，直至将内容缩至前一段。以此类推，需将单行内容缩至前一段才可完成。

通过上述步骤，可完成流式文本规范排版，在不同终端页面尺寸基础上自动调整文本框尺寸，样式的选择，以及自动解决背题、标点未避头尾、单字成行，单行成页等不规范问题。

（3）图像随页面尺寸自适应转换模型设计。

本节依据读取的设备所能支持的格式，颜色模式，分辨率等参数不同，重新调整图像的格式、分辨率、清晰度等参数，从而满足当前终端设备需求。在调整完图像参数的基础上依据剩余页面空间尺寸决定当前待排图像所占区域的大小及位置，并将置入的图像进行自适应缩放。

①图像参数调整。本小节通过分析设备支持的参数调整图像的参数，具体流程如图 6-12 所示。由图 6-12 所示，本小节提出的图像参数调整主要流程步骤如下：

A. 从图像数据库中读取名称相匹配的图像，获取该图像的格式、颜色模式、分辨率等参数。

B. 读取设备参数数据库中设备所能支持的格式、颜色模式等参数。

C. 将图像的格式与设备所能支持的格式相匹配，若不能匹配，调取 PS 软件，将图像格式调整为较为常见的格式，如 PNG、JPEG 等格式。

D. 判断图像颜色模式是否符合当前设备终端要求，一般，移动终端，PC 终端等电子设备支持 RGB 颜色模式，而纸质媒体支持 CMYK 颜色模式。调取 PS 软件，并进行判断，若为纸质媒体，则将图像模式转换为 CMYK，若不是，则保留原先的模式 RGB。

E. 判断图像分辨率是否达到设备的需求，若是输出至纸质媒体，图像分辨率只需保留为原先的 300 dpi，若是输出至移动设备，需将图像的分辨率调整为 72 dpi。移动设备降低图像分辨率，有利于图像的快速加载，降低流量的消耗，便于用户查询浏览。

②图像所占区域设置。图像参数调整为设备所支持的参数后，需将图像置入系统。在图像置入时，需要设置图像所占区域的位置以及大小。设置图像所占区域的大小及位置需从文本的行间距、图像的原始尺寸、当前页面剩余空间尺寸等数值比较，从而确定较合适的比例尺寸，该比例数值就为当前图像所占区域的大小，具体流程如图 6-13 所示，其步骤如下：

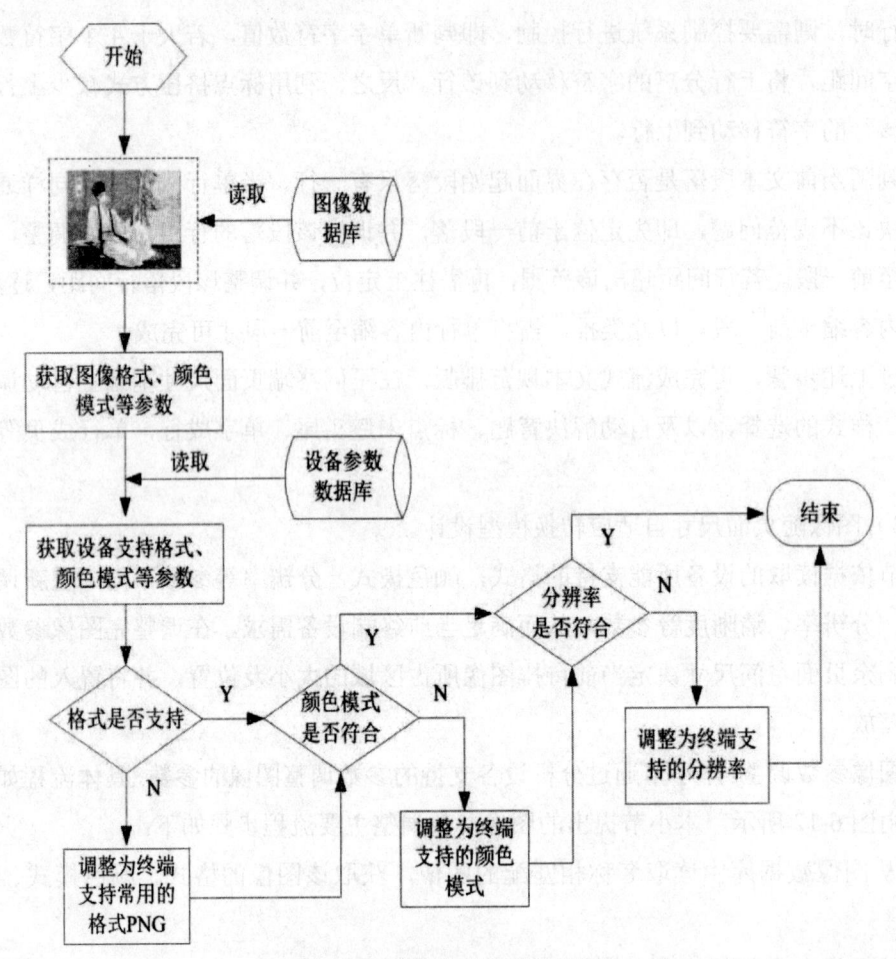

图 6-12　图像参数调整流程图

A. 图像尺寸读取，首先，依据 XML 文档图像标签从图像数据库中寻找同命名的图像；其次，将所寻找的图像先参数调整，再调取至系统之中，并读取该图像的源尺寸。

B. 读取版面当前待排剩余页面空间 Page_space（待排剩余页面减去图注所占的位置），并读取文本行距 lending。

C. 将 Page_space 与 lending*n 的数值进行比较，n 值由当前 w 与 Page_space 数值确定临界行数（数值可为 3，4，5，…），结果为：若 Page_space<lending *n，图像所所占区域框在新建的页面中依据新建的页面与图像源尺寸确定尺寸以及位置，并自动绘制；若 Page_space>lending *n，图像所占区域框在当前待排剩余页面中依据 Page_space 与源尺寸确定尺寸与位置。

其中，设置图像所占区域起始位置具体是指确定当前图像与文本的绕排方式，以及绕排方式参数（绕排选项、绕排位移等）的基础上，设置当前图像所占区域框在版面中的具体起始坐标位置。唯有确定当前设备界面图像的绕排方式以及参数，才能确定图像所占区域的所需的大小。

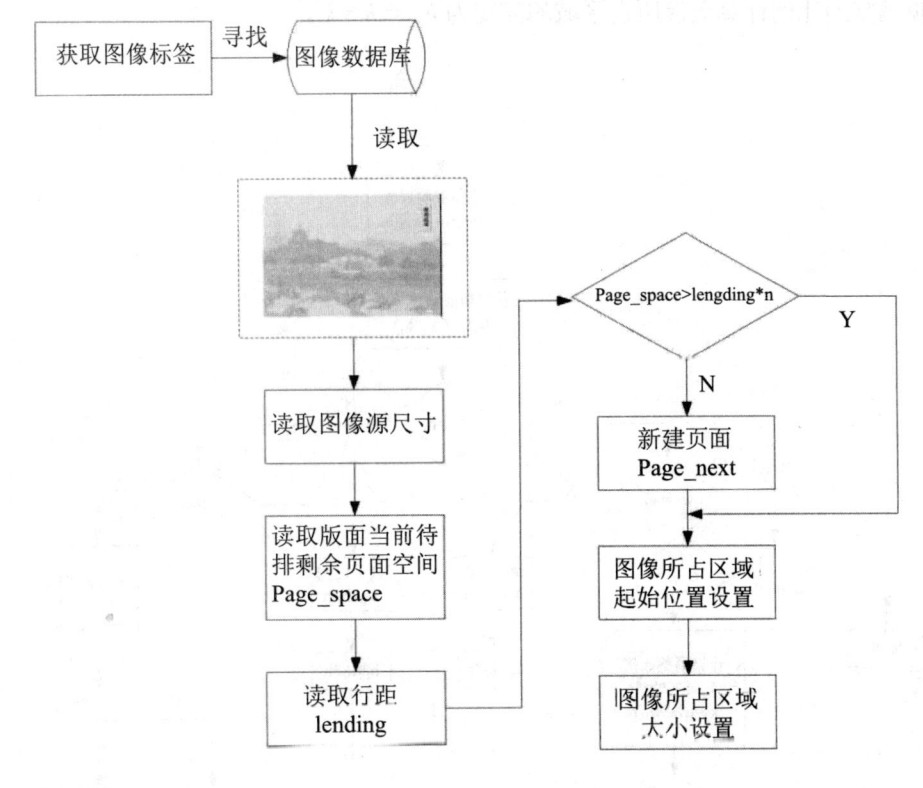

图 6-13　图像所占区域设置流程图

当前，纸质版学术期刊因考虑双栏排版宽度较小，所排的图像以上下型绕排方式居多，当有并列的图像时，一般也为左右两张。而电子版学术期刊所面对的移动终端设备界面尺寸相对于纸质媒体较小，设定的图像一般为上下型绕排方式，使得当前版面布局较合理规范化。确定当前图像的绕排方式及参数后，即可确定图像所占区域框的起始坐标位置。依据当前的起始坐标、Page_space、图像源尺寸等确定当前图像所占区域的大小，具体流程如图 6-14 所示。

由图 6-14 所示，图像所占区域大小设置具体的步骤如下所述。

A. 获取图像源尺寸、行距以及当前剩余页面空间，当前剩余页面空间可能为新建的页面，这里统一称为剩余页面空间。

B. 图像高度与剩余页面空间高度进行比较，再将图像的宽度与剩余页面空间的宽度进行比较，判断图像所占区域尺寸调整比例的计算方式。

C. 当 $h \leqslant h_1$，$w \leqslant w_1$ 时，需判断 h 是否大于 $2/3 \times h_1$。若大于，则直接将图像所占区域的高度 h_c 设置为当前图像的高度 h；若小于，则分别计算高度与宽度的调整比例，高度的调整比例 k_1 为剩余页面高度与图像高度比较值乘以 $n\%$（数值以参考版面布局美观度等试验比较获得），同理，宽度的调整比例 k_2 为剩余页面宽度与图像宽度比较值乘以 $n\%$。并比较 k_1 与 k_2 的大小，若 $k_1 \geqslant k_2$，则选择调整比例 $k_c = k_1$，而当 $k_1 = k_2$，选择调整比例 $k_c <$

k_2。依据调整的比例计算图像所占区域的高度为 $h_c = h \times k_c$。

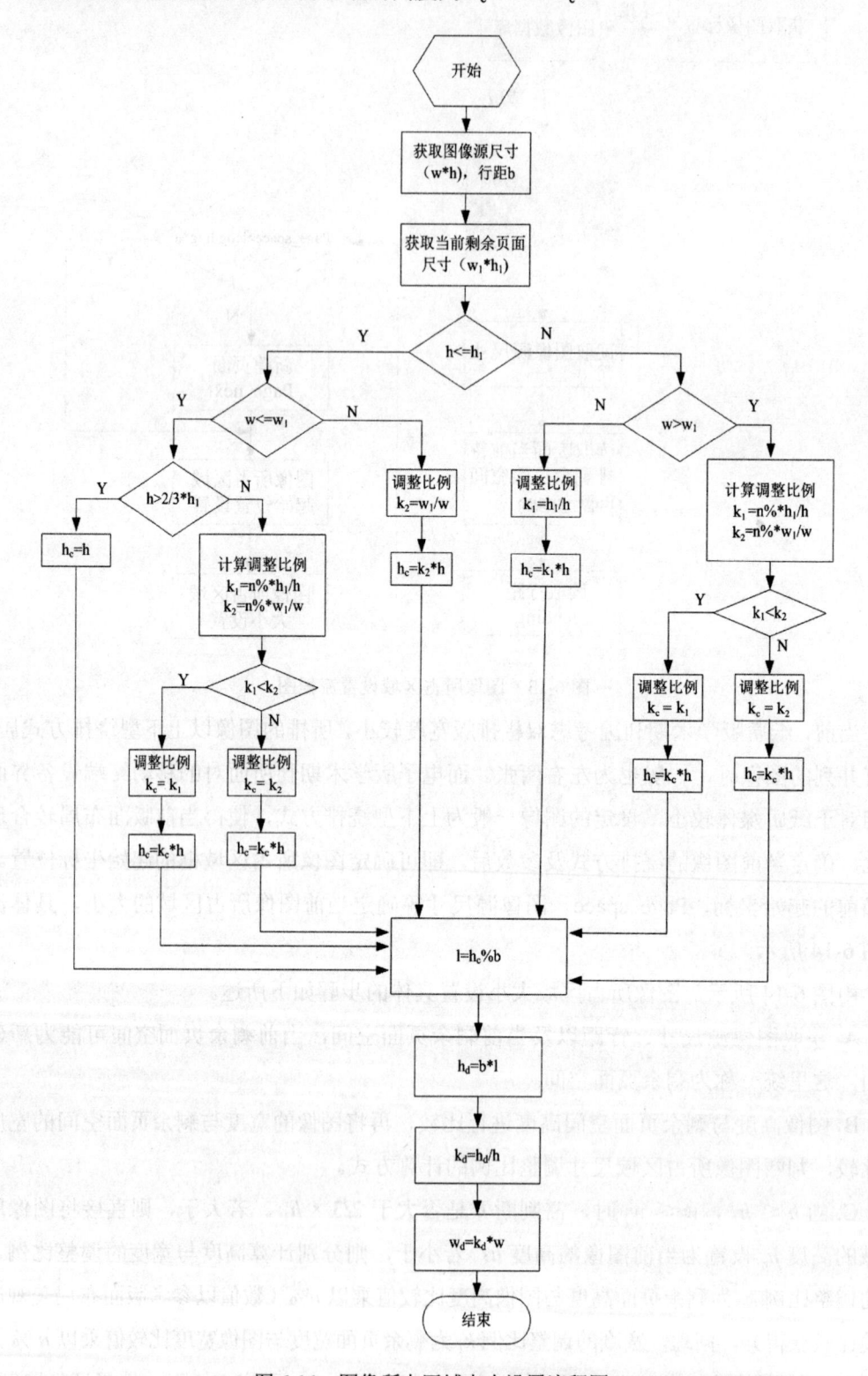

图 6-14 图像所占区域大小设置流程图

D. 当 $h \leqslant h_1$，$w > w_1$ 时，计算宽度的调整比例 $k_2 = w_1/w$（剩余页面宽度与图像宽度比较值），并依据调整比例计算图像所占区域的高度为 $h_c = h \times k_2$。

E. 当 $h > h_1$，$w > w_1$ 时，计算高度的调整比例 $k_1 = h_1/h$（剩余页面高度与图像高度比较值），并依据调整比例计算图像所占区域的高度为 $h_c = h \times k_1$。

F. 当 $h > h_1$，$w \leqslant w_1$ 时，则分别计算高度与宽度的调整比例，高度的调整比例 $k_1 = n\% \times h_1/h$，同理，宽度的调整比例为 $k_2 = n\% \times w_1/w$。并比较与的大小，若 $k_1 \geqslant k_2$，则选择调整比例 $k_c = k_1$，而当 $k_1 < k_2$，选择调整比例 $k_c = k_2$。依据调整的比例计算图像所占区域的高度为 $h_c = h \times k_c$。

G. 依据版面布局的美观规范性，将图像所占区域的高度栏数与文本栏数成正比。鉴于此，将计算得到图像所占区域的初始高度 h_c 整除行距 b，得到 l 值，并将高度调整为 $h_d = b \times l$，计算对应的比例值 $k_d = h_d/h$，从而计算得到图像所占区域的宽度 $w_d = k_d \times w$。

③图像自适应缩放。双线性插值算法可将图像不管在平滑度，还是在清晰度方面较好地呈现在不同的版面之中。因此，本书选择双线性插值的计算方法处理图像缩放问题。双线性插值算法以加权平均的计算来得到相应新像素值。图像的像素位置示意图见图6-15。

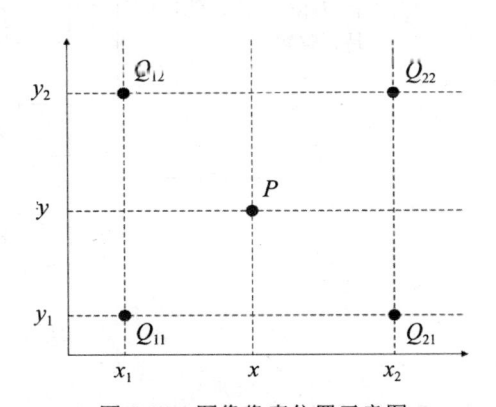

图 6-15 图像像素位置示意图

本节以该算法为基础介绍图像自适应缩放的处理流程，具体流程如下（图6-16）。

A. 读取所需处理的图像，获取该图像的尺寸与 RGB 通道，通道为3，图像用 rows 代表行数，cols 代表列数，channels 代表通道。B. 创建该图像矩阵，并获取图像缩放比例 t（源图像尺寸与图像所占域尺寸比较值）。C. 对于缩放的图像每个像素点 $P(a, b)$ 利用 $P \times t$ 的计算方式得到源图像所对应的像素点 $P'(a', b')$，其中，a' 为 $a \times t$，b' 为 $b \times t$，$P'(a', b')$ 若不是整数，则通过双线性插值计算方式算出 $P'(a', b')$ 的数值，从而也算出了 $P(a, b)$ 的数值；若 $P'(a', b')$ 是整数，则直接将该像素数值赋值于 $P(a, b)$。D. 上述计算方法在3个通道之中分别计算，直至每个通道计算完成。E. 输出图像，将图像置入于待排图像所占域的框架之中，将缩放处理后的图像放置在合适的位置中，从而呈现规范、美观、清晰的版面及相应图片。

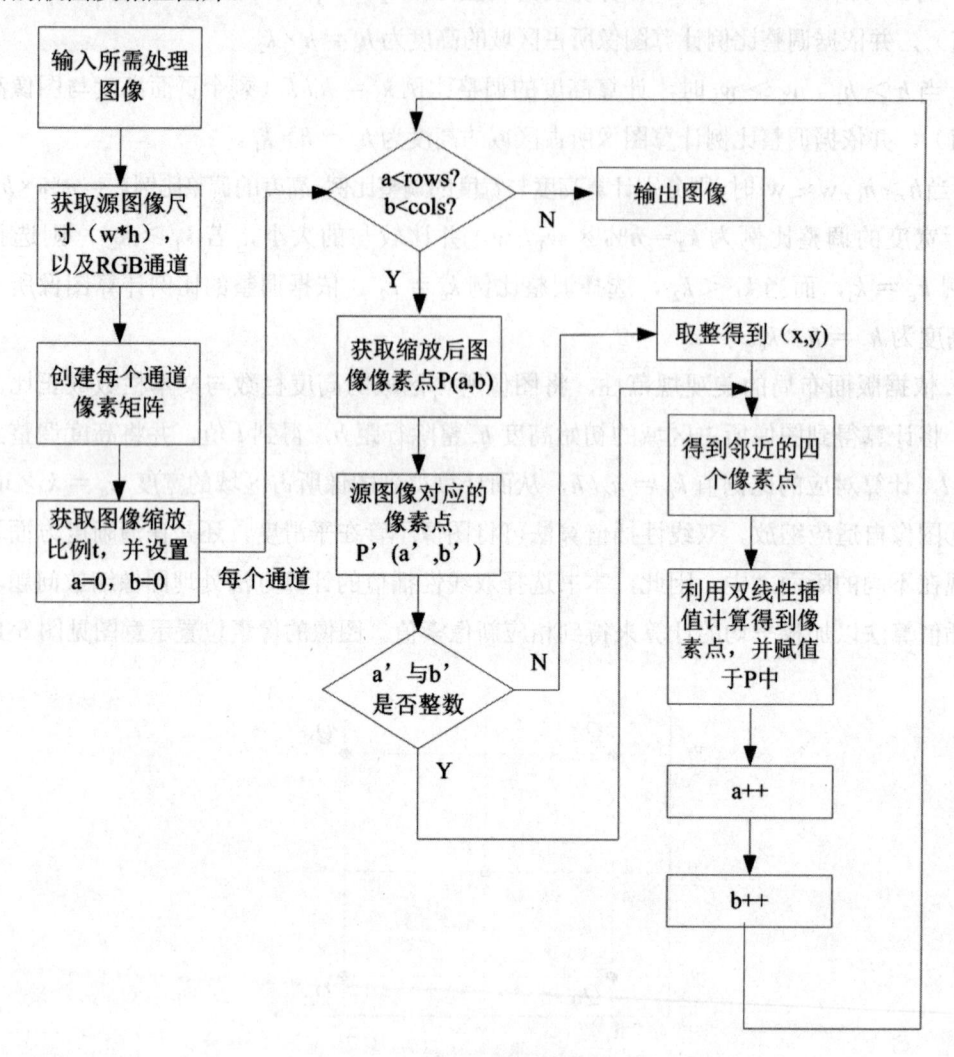

图 6-16 图像自适应缩放处理流程

④题注设置。在期刊中,有些图像会有将题注放在图像下面作为辅助说明。因此,在处理完图像后,对一些图像需要进行题注设置。题注的设置具体流程(图 6-17)为:

A. 图像所占域大小以及位置读取,获取题注框的起始位置值 (x, y) 与末尾位置 (x_1, y_1)。

B. 读取标签内容,并计算当前题注所占内容行数,从而确定题注框起始位置为 $(x_1, 0)$,末尾位置为 (x_1+nb, z)。其中,x_1 指图像所占区域末尾位置水平值,题注可直接设置在图像所占区域框之下,因此 x_1 值设为一致;z 值指设备界面当前的 w,具体界面需要具体分析,若是纸质媒体,则需要考虑双栏期刊,设置的 z 值需要考虑期刊的左栏,还是右栏,若是左栏,可将 z 值设置为 $(w-cols)/2$,$cols$ 为栏间距;当为右栏,需将 0 值设置为 $(w-cols)/2+cols$,而 z 值为 w。

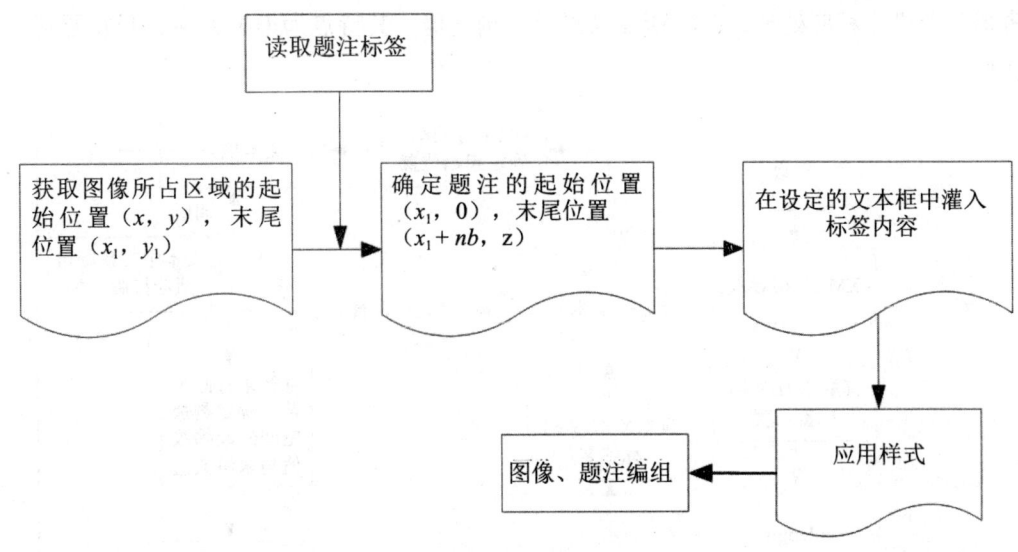

图 6-17 题注设置流程

C. 在题注框中置入所读取的标签内容，并应用设备相匹配的样式，文本框可设置对象样式，文本内容设置段落样式。

D. 将图像与题注进行编组。

（4）图文拓扑自适应排版模型设计。

本节依据 XML 标签的逻辑关系，参考拓扑排序的方法实现读取的 XML 标签内容有序排列在设备界面之中。读取 XML 标签的根元素 art，在该根元素下逐一读取父级元素与子级元素，具体流程（图 6-18）如下：

A. XML 文档导入，读取 XML 文档长度 length，并设置变量 i = 0；

B. 若变量 i ＜ length，读取当前标签名，判断该标签的类型，并遍历查询该标签元素的父元素与子元素，并依据末行回车符的坐标位置，确定标签所填充的具体起始位置，逐一填充，并应用样式；

C. 其中，当读取到图像标签时，需调用图像随页面尺寸自适应转换模型，通过该模型自动转换图像尺寸大小，以及图像所占区域的位置；当读取到文本标签时，会调用流式文本中文禁则自适应排版模型，通过该模型自动控制文本排版规范问题。④返回至②，直至 i>=length 时，结束流程。

（三）学术期刊自适应排版系统实现

1. 系统的总体体系结构实现

本节在设计的自适应排版系统框架基础上，建立了一个自适应排版系统，重点实现了本书所研究的三种自适应排版技术。本系统主要包括期刊文档传输平台、期刊自适应排版软件以及 Word 文档信息处理模块，如图 6-19 所示。其中，期刊文档传输平台采用浏览器/服务器（Browser / Server）模式，本模式允许用户通过浏览器向服务器发送请求，服务器则会进行相应处理,并将所需信息返回浏览器,其特点为维护方便、开发便利、成本较低等。

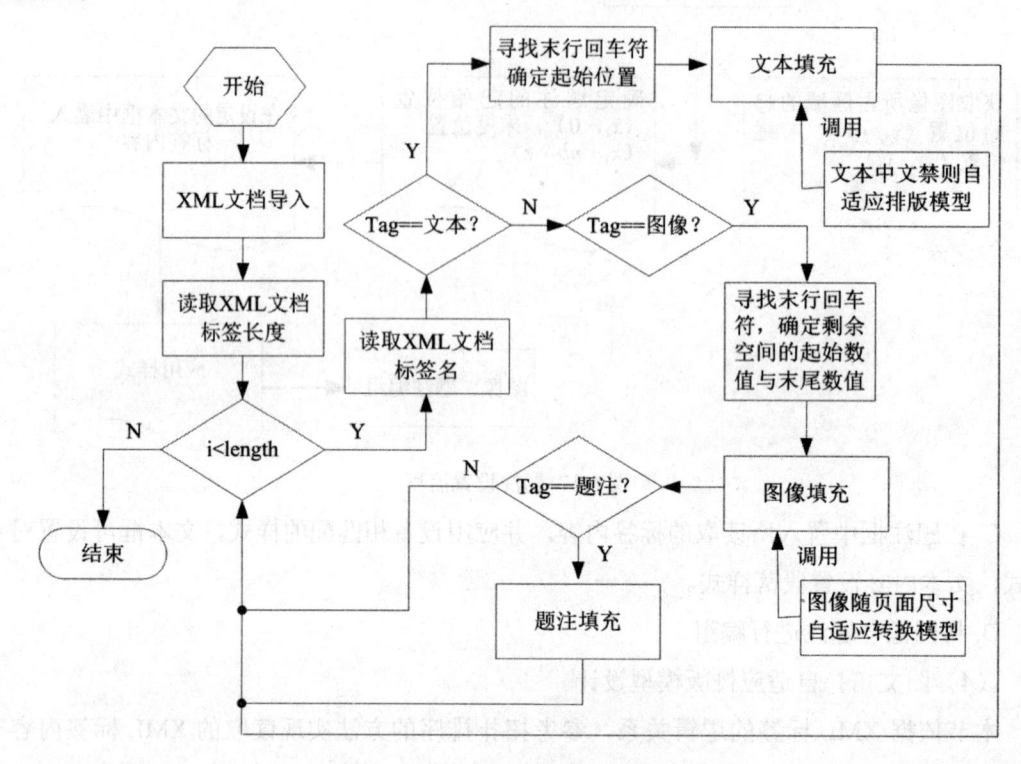

图 6-18 图文拓扑自适应排版流程图

如图 6-19 所示,期刊文档传输平台方便用户上传、下载期刊文档,便于用户审阅修改。服务器会将编辑处理的期刊文档,通过网络传输给阅读者。阅读者只需在浏览器中下载期刊,并通过终端设备阅读器(掌阅、咪咕阅读、WPS 等)打开下载的数字期刊进行阅读。Word 信息处理模块实现了 Word 文档转换为 XML 文档。自适应排版软件专门负责调取软件,对期刊内容自动排版,保证期刊内容规范美观性。对于 Word 信息处理模块,编辑只需对每段信息进行标引、导出;而对于自适应排版软件,编辑只需输入设备尺寸等参数以及导入 XML 文档即可。本系统主要功能特点如下:①编辑信息管理,对编辑信息有效管理,主要包括编辑在线审稿登录账户信息,下载由作者所投稿的 Word 文档以及上传编辑修改完的 XML 文件等管理。②XML 文档信息管理,对 XML 文档的关键信息进行管理,包括期刊的名称、作者、摘要等。③设备数据信息管理,对各种设备的数据进行有效管理,具体包括设备的分辨率、屏幕尺寸、支持格式、所显示的字体大小等。④图像数据管理,对当前期刊所需使用的图像存于同一个文件夹,并存储在图像数据库中,以便调取。⑤期刊开版操作,依据读取的设备参数,在调取的排版软件中创建设备所匹配的版面,包括版面尺寸、出血、栏数、边距等开版参数设置,以及字体等样式设置。⑥期刊编排操作,将用户所需下载的数字期刊,依据 ID 名称调取 XML 数据仓中同署名 ID 的 XML 文档,并应用自适应排版关键技术，保证期刊内容正确有序规范排版。⑦期刊导出操作，将编排的期刊以纸质、数字两种类型进行导出。纸质以 PDF 格式进行导出，而数字期刊以 PDF、EPUB 格式导出（PDF 适合在 PC 电脑中浏览，EPUB 适合在移动设备中查阅）。⑧数字期刊付费下载，将数字期刊发布到移动商城，方便用户浏览以及下载期刊。并用金币的形式标明数字期刊价格，用户可在期刊移动商城利用金币购买数字期刊，购买成功则会扣除金币数量，若金币数量不够，则不能正常购买。

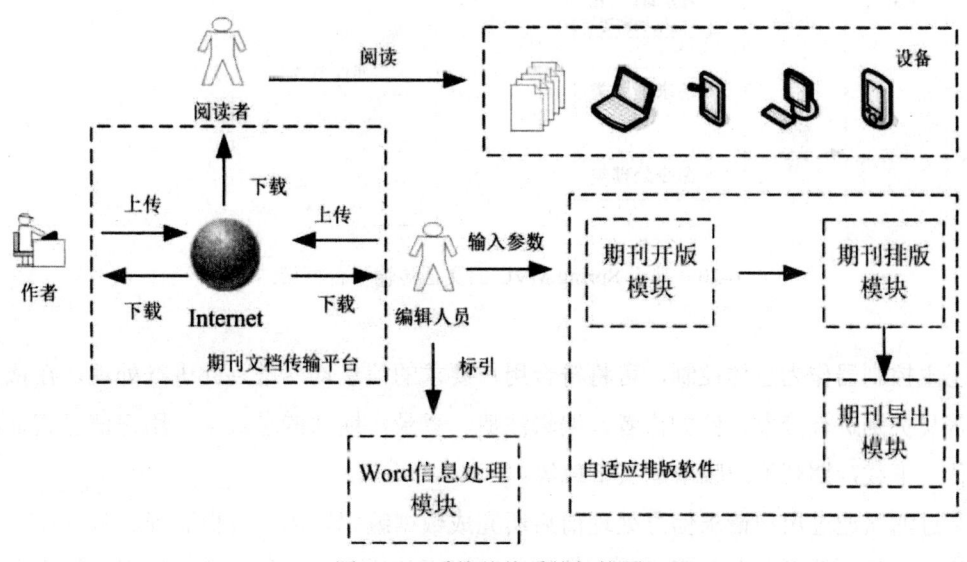

图 6-19 系统总体系统架构图

综上所述，自适应排版系统基本实现了期刊的传输、编辑加工、排版制作、上传发布等整个流程，在期刊的排版制作流程中实现了数字期刊的自适应排版关键技术。

2. 文档传输平台框架与实现

文档传输平台采用了模型—试图—控制器（Model-View-Controller，MVC）模式，轻量级 Spring 框架提供了对 MVC 模式的实现机制。该模型将框架分为视图层、控制层、业务逻辑层、数据层。

其中，视图层是用户与系统交互的接口，由所有的 Web 页面构成，在实现的过程中主要由 JSP（Java Server Pages）页面形成，例如作者所浏览操作界面。控制层主要实现 MVC 模式中控制器这一部分的所有功能，其任务主要为接受用户请求，调动业务处理对象，并执行业务逻辑，获取执行结果，最后结合数据请求以及执行结果选择较合适的视图组件返回到用户。而业务逻辑层是整个传输平台的核心，负责处理系统的具体业务。数据层包括数据访问及数据存储，负责向业务逻辑层提供数据支持。文档传输平台体系结构如图 6-20 所示。

（1）文档传输平台控制层架构。

控制层作为通过接受用户请求调动业务逻辑对象，依据对象执行业务逻辑，并返回执行结果的重要过程。在文档传输平台中，主要控制以下内容：

图 6-20　基于 Spring MVC 的文档传输平台框架结构图

①主控制器作为总体控制，可将符合用户要求的信息均发送到此进行处理，在依据不同的信息类别进行分发，例如作者、编辑注册、登录，期刊信息查询，用户信息查询，文档上传、下载，期刊不同版本购买下载等；

②过滤器通过用户请求信息处理前后所完成数据编码转化、身份验证、数据压缩等工作后将处理信息发送至业务逻辑层，结果返回再由其修正。例如作者、编辑等用户在操作信息查询，均会经过过滤器，由过滤器操作后，发送于各种具体的业务逻辑层进行业务处理；

③请求辅助类主要实现用户请求辅助工作，将用户请求信息与所需配置参数进行封装并调取业务逻辑对象供命令处理类调用。而命令处理类负责处理逻辑动作（登录、注册、提交等），该动作需依据请求辅助类所获取的业务逻辑对象来处理，并将结果选择视图层界面发送给用户。例如作者、编辑等用户在注册、登录、查询等操作时，通过请求辅助类对该请求与配置文件封装，命令处理类利用对象处理注册等动作，选择注册等 Web 界面返回给用户。

（2）文档传输平台业务逻辑层架构。

本平台业务逻辑层包括纯业务逻辑与非纯业务逻辑两种类型。纯业务逻辑类型依据添加用户等具体功能定义其原型接口方法，再通过这些接口控制具体的功能，例如添加、删除期刊，上传文档等。同时在接口的调用过程中，若该业务需数据存储层交互，则必须通过数据访问层中具体访问方式所调用。

非纯业务逻辑，主要实现传输平台中用户、文档、设备等信息管理。例如，用户管理主要管理这些用户的个人信息，较为重要的是需要管理阅读者订阅所需花费的金币，即阅读者在下载时，需判断金币是否允许阅读者下载，若金币较充足，即可下载，若金币不充足，则不能下载，需注意的是，金币购买同一期刊文章，不同版本下载一次或多次，价格一致。

（3）文档传输平台数据层架构。

该平台的数据层中数据访问由数据实体以及数据访问类组成，数据实体起到各层之间传递数据，而数据访问类主要对数据储存操作。此外，数据储存层用于储存关系型数据库，在本平台中所有的数据库利用 MySQL 实现，MySQL 数据库是目前 Web 应用较好的存储、调取的数据库之一。本平台所需要的数据库包括用户（作者、阅读者、编辑）信息、XML 数据、设备信息等。①编辑信息列表：编辑注册的个人信息，例如 ID、姓名、密码、单位、工号。②作者信息列表：作者注册的个人信息，例如 ID、姓名、密码、单位、邮箱、邮编、基金来源、期刊名称、Word 文档。③阅读者信息列表：作者注册的个人信息，例如阅读者 ID、姓名、密码、邮箱、金币信息、设备信息。④期刊信息列表：期刊的所有信息，例如期刊文章 ID、文章标题、作者、文章售价、文章版本、文章格式、文章销量。

上述所有的信息列表，在数据库中建立如图 6-21 所示的 E-R 结构图（实体－联系模型）。

（4）文档传输平台实现。

文档传输平台利用 bootstrap/jQuery 等框架实现前端界面，利用 JSP 技术实现信息管理后台。本平台利用扁平化的表现方式实现了所有界面，在作者投稿界面作者可注册、登录，以及上传文档（Word、图像），编辑也同理可在类似界面中注册、登录，并下载文档、审阅文档。

另外，编辑需通过 Word 信息处理插件处理作者投稿文档储存为 XML 文档，上传于浏览器中；并通过自适应排版软件的排版文档（不同版本）上传于浏览器中，方便阅读者浏览以及下载。

阅读者可直接登录浏览器，阅读期刊文章，并选择性下载期刊文章。阅读者可在浏览器界面利用标题、作者、来源查询选择所需期刊，并查询费用等详情，即可下载期刊文章，并可将下载的文档直接由 WPS、掌阅、咪咕阅读等较常使用阅读器所阅读。文本内容以及图像内容均可被阅读器所支持，并且呈现的效果比之前的一些自适应研究所呈现图文排版较规范美观，更适合阅读者阅读体验。

3.Word 文档信息处理模块实现

本模块功能采用了 Java COM Bridge（Java 与微软 COM 组件之间构建的桥梁），可利用自带的 DLL 动态链接库，通过 JNI 方式实现在 Java 平台上对 COM 程序调用，此开发的插件需要编辑手动安装，安装后，编辑进行标引文档，导出上传即可，主要实现的功能如下：①信息预处理模块，本模块对国内期刊进行归类，自动化实现期刊内容标签生成，并储存在 Word 界面之中。另外，依照 DTD 文档规范，利用代码方式创建易懂的标签名，方便编辑者对文档的简单处理。②信息标引模块，本模块实现编辑对 Word 文档进行标引，具体方法为选中文本，点击合适的标签，依据文档结构逐一选择。③信息导出模块，本模块实现文档导出为 XML 文档，并存储至 XML 数据仓之中。

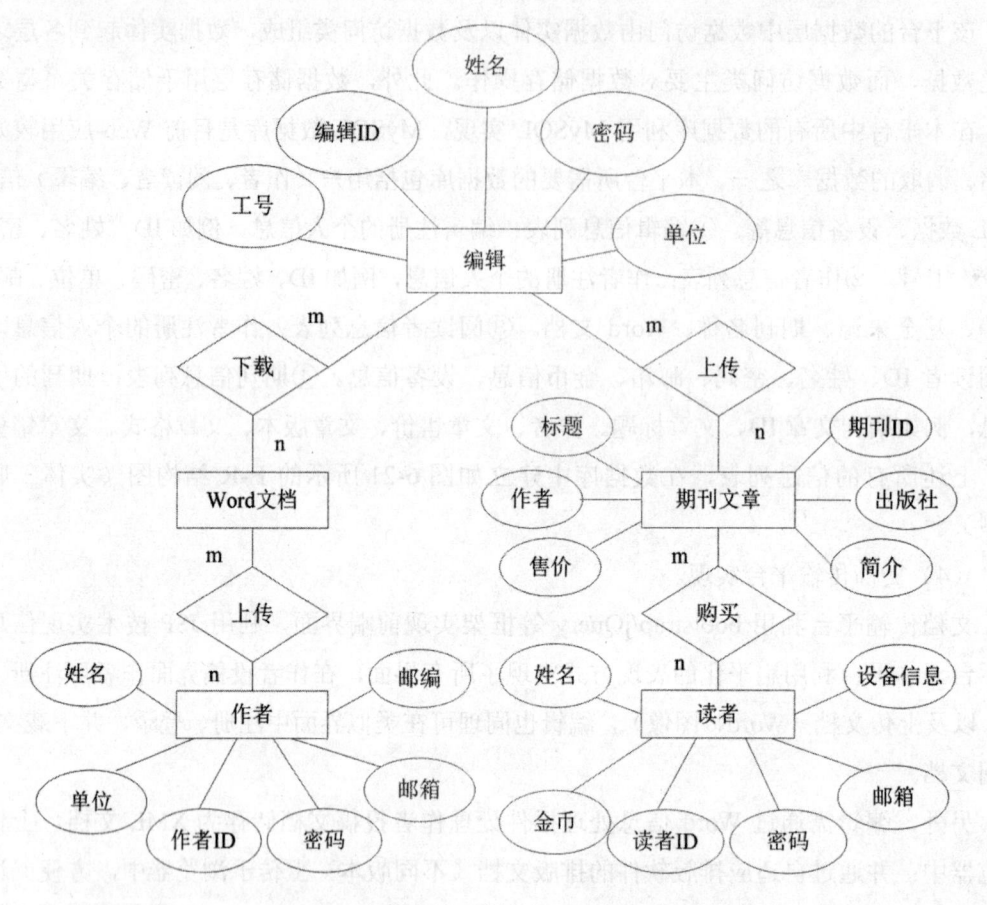

图 6-21 文档传输平台实体之间 E-R 结构图

三、大数据时代文献检索技术

（一）基于语义分析的文献检索技术

1. 文献检索相关算法与技术

（1）分词技术。

对于文献的基于语义的查找，主要技术是关键字提取。在这个提取的过程中，要经过分词、消歧、去冗余、合并等一系列操作，要提高查找结果的准确性，就要在以上步骤中对其进行优化。以上流程要实现，首先就要对文献进行分词处理，这样才能够为关键词提取做好准备。

目前中文的分词主要应用开源的 IKAnalyzer 分词工具包。首先将词典中所用内容加载到 Dictionary 类中，形成 map 结果，以 isEnd（）标志结束词。对要分词的字符串进行预处理，例如转码、大小写转换等。然后对字符串一个一个字的进行匹配，如果能够在 map 中找到这个词并达到标志位 isEnd（），说明这是一个单独的词，继续进行下一个词，否则标志为 hitlist，循环下一个字，如果能和上一个字匹配，在字典中找到这个词，那么这就是个词，以此类推，直至结束。

目前国内主要应用的几种分词工具，依次是 LTP、NLPIR、THULAC、jieba 这四种分词工具。

LTP 是哈尔滨工业大学研究的基于中文的语言处理系统。LTP 是基于 XML 的结果表示形式，提供了一整套包含词法、句法、语义等六项中文处理核心技术的自底向上的语言处理模块，并且为此提供了应用程序接口和可视化工具。

NLPIR 大数据搜索与挖掘共享平台工具能够从多方面为用户进行服务，对大数据文本，不仅能够进行多数数据处理工具所能处理的分词、词性标注、词频统计等功能，还能够对文本进行分类、网络抓取等功能，并且其所有功能都备有对应的二次开发接口，方便工具功能的完善与扩展。

THULAC 工具由清华大学自然语言处理与社会人文计算实验室共同研制的一套中文词法分析工具包，能够对中文文本进行分词和词性标注。

Jieba 是一个能够对中文进行分词的插件，有三种分词模式，对应不同的需求，分别是：精确模式：为了更加适合文本分析，试图将句子最精确的切分；全模式：能够将语句中的所有词语快速扫描出，但是不能够解决词语的多义问题；搜索引擎模式：在精确模式基础上，对长词进行再次切分，从而提高召回率。

（2）候选词提取算法。

目前关键词的提取基本可分为三大类，一是基于统计的方法，即主要计算词汇的出现频率，排除掉一些文章中常用词后，剩下的使用频率最高的词汇即要查找的关键词；二是基于机器学习的方法，对大量的文献进行分类，属于同一类型的文献依照某种特征归为一类，当再出现同类型的文献是，由训练样本集得到的结果进行关键词提取；三是基于语义的关键词提取，能够在语义层次上对关键词进行选择，不再单纯地依靠字符的匹配来进行关键词的选取，通过此方法得到的关键词更加契合文章主旨，满足用户查询的需要。

① TF_IDF 方法。

TF_IDF 是一种统计文献中词的数目，通过所估计词在文本中所占的比例来得到一个词的重要程度。一个字词在文章中的重要程度主要体现在出现的频率上，排除了文献中常用词外，字词的比重与字词出现的频率成正比。TF_IDF 常用来对字词进行加权（主要是字词出现频率），从而达到提取文章关键词的目的。TF：查询词语在文本中出现的次数。IDF：一个词成为关键词的可能性，由 TF 除以该文档中包含的所有词语的个数得到。使用 TF 和 IDF 这两个标准，能够比较容易的获取到在某一文献中出现频率高，在文献集中出现次数第的字词，这个字词，通常是我们所找的关键字。

② TF_IWF 算法。

就本质上而言，TF_IDF 是一种控制噪音的加权方法，它的依据是文本频率小的词越重要，文本中出现频率越大的词就越无用，这个依据对于大部分信息并不是完全正确的，当我们的文本本身就是某一类文献的集合，那么文本频率大的词很有可能就是这类文献的关键词，所以在 TF_IDF 的基础上，提出了词语逆频率方式加权算法 TF_IWF。

③ KEA 算法。

KEA 是一种用来实现关键词提取的算法，该算法主要根据文本中的一些特征进行计算，例如词频、词位置、词长短等特征，再选用机器学习中的朴素贝叶斯方法，利用这些已经选择好的特征进行机器学习，最终达到提取关键词的目的。

进行计算的前提是得到训练模型，首先对一些已知关键词的文档进行分词处理，再进行消歧、合并等操作得到候选关键词，接着将所有文档的候选关键词集中作为候选关键词集合。

由于 KEA 算法使用朴素贝叶斯模型，所以选取特征为：A.TF_IDF：算法 TF_IDF 排除了文献中常用词外，字词的比重与字词出现的频率成正比。TF_IDF 常用来对字词进行加权，提取文章关键词。B.First occurrence：特征词出现的位置也影响这特征词在文章中占有的比重，例如一个词出现在文档的摘要或标题中，那么这个词就极有可能是关键词，first occurence 的计算由第一次出现位置之前的词汇数除以文章中总的词汇数。

对每一个候选关键词进行离散数值化处理形成特征向量，用于作为关键词模型训练样本集合。判断候选关键词和文章原本提供的关键词是否一致，根据是否一致来标记是正例还是反例。利用经过训练样本学习得到的模型对测试文本进行关键词提取。KEA 算法的过程如图 6-22 所示。

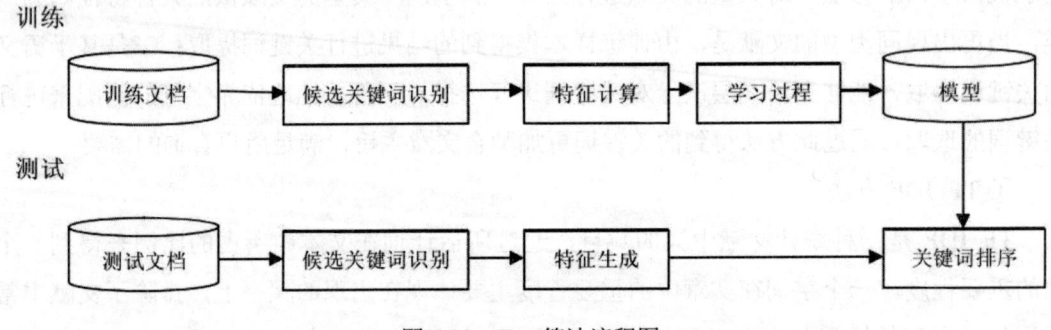

图 6-22 Kea 算法流程图

由于 KEA 主要是针对英文文本进行关键词的提取，所以由于语言的差异性，对于中文，KEA 并不适用，但是这种思想方法是共用的。

KEA 只是顾及候选词的词频和候选词在文本中第一次出现的位置这两个特征属性就进行机器学习这显然是不全面的。

④语义提取。

目前国内对于关键词的提取方法主要分为两种，第一种是对文章进行分词后对词语的权重（出现频率）进行统计，第二种是利用分词后词语之间的相互关联关系，构建语义网和语法网络，构建方法主要依赖于语义词典。

但是以上两种方法存在不足。A. 统计方法：过度地依赖单词的频率，忽略了词语在文本因出现的位置不同而呈现不同的重要程度。B. 构建网络：由于汉字语言词义的多样性，利用同义词或者近义词构建的网络不能够准确的与文献的主题词进行语义关联，从而导致进行的语义关联不能够真正地发挥作用。C. 模型构建条件：此方法需要进行机器学习中的聚类算法，所以需要大量的样本集进行训练，而大量的相关领域样本集，限制了语义分析网对于文献类型的分析，不能够对所有类型的文献进行分析。

基于以上缺点，提出了基于语义的关键词提取方法，如图6-3所示。通过图6-23可知本方法主要利用聚类方法对词语间的距离进行聚类分析，最终提取出关键词。本方法的主要改进优点是从语义的角度对词语进行判断，利用哈工大的《同义词词林》来进行语义之间相关度计算，能够对各种类型文献进行分析，不依赖语料库。

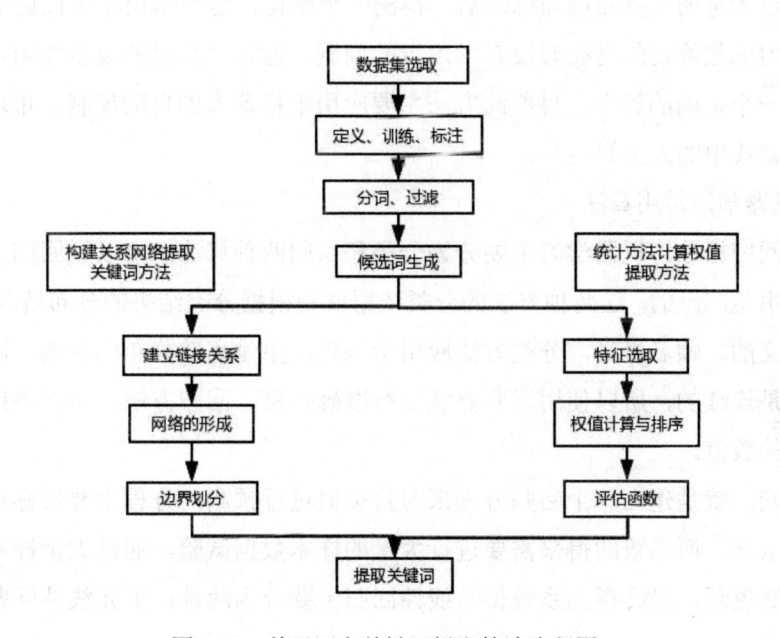

图6-23　基于语义关键词提取算法流程图

（3）机器学习算法。

机器学习主要分为三大类，监督式学习、非监督式学习和强化学习。

监督式学习使用预定义的训练集合，训练系统，使得系统一直被训练，直到能够达到用户所需的精度水准。监督式学习，就像是学生在老师那里获取信息、知识、老师会为你提供提示，并告知最终答案的过程。最终的目标是对于没有学习过的内容，根据学习过程中获得的经验，能够获得正确的结果。

目前监督式学习主要应用于手写文字的识别、声音图像处理、对于邮件的分类与拦截、网页检索等方面。

非监督式学习是指为系统提供大量的无分类的数据,系统能够通过自己对数据进行数据的分析,从而得出数据内存在的关联关系,进而进行分类处理。系统主要的功能就是对未分类的数据进行合理的分类。就如同学生对于课本知识的预习一样,在没有老师教导下,学生进行自学,但学习的结果是不确定的。在机器学习中,计算机在网络中自动收集信息,并自我进行聚类。

非监督式学习可以对目标不是十分明确的目标进行解决,不局限于有明确分类的问题。目前应用非监督式学习在人造卫星故障诊断、社交网站解析、视频分析、声音信号解析等技术上均有应用。

强化学习其实是一个连续决策的过程,这个过程与监督学习有些相近,只是强化学习中所应用的数据不是预先准备好的,而是通过学习来进行不断的调整,从而达到一个"理想"的结果。举例说明就像是学生在没有老师的指导下自学,对于学习到的知识正确性与否不确定,但通过大量的文献阅读与练习后,得出一个结论,这个结论非常接近于正确答案。

强化学习的最终目的是在对没有学习过的问题,通过计算机的反复练习,也能够对此类问题得到一个正确的答案。目前此方法主要应用于机器人的自动控制、市场战略的最优化、计算机游戏中的人工智能等。

(4) 机器学习常用算法.

①线性回归算法。机器学习主要分为分类和回归两种算法,所以说回归算法在机器学习领域的应用是广泛的。这两种方法的分类依据就是根据分类结果的分布情况,即离散性、连续性而定义的。顾名思义,分类方法应用于判定结果是离散分布的预测;回归算法试验数据的结果是连续的,所以使用回归算法进行准确计算。回归方法,可以最终得到一个在预测范围内的数值。

所谓回归,就是建立一个回归方程来对目标值进行预测,方程主要目标是对方程中未知系数进行求解,而系数的得来需要进行大量的样本数据试验,通过大量样本的特征来对系数进行不断更新,最终得到系数值。线性回归主要分为两种:多元线性回归和广义线性回归。

②逻辑回归算法。逻辑回归算法虽然名字中含有"回归",但它实际上是一种分类方法。逻辑回归算法是通过对大量样本集进行学习,最终得到的一个分类模型。

③决策树。决策树是在对数据进行一系列特征判断后进行分类的过程。此方法提供一种类似在什么条件下得到什么值的方法。决策树分为分类树和回归树两种,和线性回归一样,它的分类依据也是根据变量的连续性和离散型。目前适合数据规模较大的决策树构造算法为 SLIQ、PULIBC、RainFOrest、SPRINT 及 BOA 等。

决策树经常应用于数据挖掘算法,它的概念简单易懂,即是使用者不了解机器学习,不深究它具体如何工作的情况下也能够对此方法进行使用。决策树分类器就像是拥有判断模块和最终的终止模块的流程图，通过不断的判断达到流程图的终止块，当然此判断模块不止一个，有多少种分类情况就包含多少个终止模块。

无论如何判断，通过自上而下的多重判断后最终都能达到一个终止模块上，但是在这个判断流程上，有的判断块对结果起到至关重要的作用，而有的判断块的存在与否并不影响最终的结果，所以为了提高判断的效率，我们需要找出那些决定性的判断块即特征划分依据。

决策树的生成过程：一是特征选择。在众多特征中选择能够对结局进行影响的特征作为判断节点，对于特征选择有着不同的评估标准，从而产生了各种不同的决策树算法。二是决策树的生成。从上到下，经过一个个节点的判断，对数据不断地进行分类，直到所有的数据都进行了所有的特征判断后，判断结束，此时数据到达树的叶子节点。三是剪枝。决策树容易过拟合，有些判断条件无关紧要，即是不对这些条件进行判断也不影响最终的结果，所以需要对决策树进行减枝操作，减少数据的判断流程，从而提高算法效率。剪枝技术有预剪枝和后剪枝两种。决策树的优点：决策树简单易于理解，可以让任何人轻松理解；当进行机器学习时，它们可以根据数据的类型来进行处理数据的分类；由于决策树对缺失值和异常值不敏感，所以这种情况有助于节省数据的准备时间。

决策树的不足：树中的决策点越多，任何预期的结果的准确度越低；决策树不适合数据的连续的问题的分类；决策树每次判定时只考虑一个属性，可能不是最适合于决策空间的实际数据。

④朴素贝叶斯方法。贝叶斯分类算法作为统计学中的一种分类方法，利用概率统计来对数据进行分类，朴素贝叶斯方法就是贝叶斯放法中的一种，其分类原理就是利用贝叶斯公式，使用对象的先验概率得出其后验概率，然后再所有的结果中选择最大的后验概率所属的类来作为该对象的类。

朴素贝叶斯方法应用与样本特征数目较少且相互关联度不大，否则其效率比不上决策树分类方法。朴素贝叶斯方法的计算前提是各特征的概率相等且相互独立，所以此方法比较适用于分布式计算。

⑤KNN（K-最近邻算法）。KNN（K Nearest Neighbors）算法同样是机器学习算法中比较容易理解的一种分类方法。KNN方法时基于实例学习的一种分类方法，通过对新数据与训练数据之间的距离进行计算，然后再选择K个聚集点中最近的一个作为分类结果。在$K=1$的特殊情况下，那么无需进行计算，数据直接分类为这唯一的一种类型。KNN算法用于分类，每个训练数据都有明确的分类，可以明确地判断出它属于K中的哪个聚集堆，所以KNN算法属于监督学习的一种分类方法。

KNN算法的过程为：选择一种计算距离的函数方程式，通过数据的特征属性值，对其进行与已知数据聚集点的距离计算；在所有的距离计算结果中，选择与其距离最小的聚集点进行分类；对于离散分类和回归分类两种方法，判定依据分别为特征出现的频率和它的权值来进行分类计算。

⑥K-均值算法。K-均值算法属于分割式聚类算法，是一种比较简单易懂的聚类算法，算法的主要目的是让数据加入后各个簇中的数据与其质心的误差平方和最小，这也是此方法的评价标准。

K-均值聚类算法名称的由来是由于它要分为 K 个不同的簇，每个簇的中心都要采用它所包含数据的样本集的均值计算得来。K-均值事先给定 K 个簇，这个 K 值由用户来进行确定。其优点是容易实现，不足是在于当数据量比较大时，由于要不断更新质心，计算距离值，所以收敛较慢。

2. 基于语义的文献检索排序系统实现

本节具体描述了系统的实现与测试，通过实验对系统的性能进行分析，将 TLCR 算法的改进实现，测试功能。功能测试主要是相较于已经标注关键词的文献，是否能够有效提取出文献中的关键词。性能测试是对提取出的关键词是否准确进行测试，评价准确性的标准即常用的准确率、召回率以及两者的均值 K-measure 这三个标准。

（1）语义信息检索的意义。

信息资源检索发展的历史是一个漫长的过程，从最早的纸质人工检索，到现在的智能计算机检索。特别现在的学术论文，基本都是以电子文档的形式在存储和网上传播。目前全世界有许多网站收录了大量优秀的文章，例如中国知网、SCI、EI 等国内外知名网站，网站中存有各学科各领域相关的文章，如何在如此纷杂的数据中快速准确地找到对自己有帮助的文章是目前一个主要的研究课题。

传统的信息检索技术大多只是依靠文献中关键词、目录和索引中的内容进行简单的索引，虽然检索的速度快，但是检索的准确性不足，不仅因为用户输入的查询内容表达不准确，也包含检索系统不能够完全理会用户真正要查询的是什么，不能对文章的中心主旨进行准确提取，只是基于文章词汇表面意义的提取。所以，传统的信息检索技术已经不能够满足人们的需求。

基于语义的信息检索技术能够在语义层次上对文献进行理解、知识的表示和处理。能够对用户输入正确的理解，文章主题准确提取和对两者恰当的匹配是语义检索专注的主要三个点。举个例子，用户输入"机器学习相关的算法"，那么系统查询返回的结果不能是一篇篇的有关机器学习的文章，让用户再在返回的大量结果中进行细致的查找，而是应该直接返回那些只是介绍机器学习算法或者改进机器学习算法的文章，以此节约用户时间，提升准确性和高效性。

目前语义分析的流程，机器学习方法和关键词提取的算法等技术已经广泛应用于基于语义的文献检索的系统中，成为系统性能提升的主要技术。

（2）系统概述。

①需求分析。本系统主要用于文献的排序，当用户在知网等文献网站下载到本地大量的与查询内容相关的文献后，对这些文献进行阅读顺序的先后排序，让用户再有限的时间内得到查询内容最全面的信息。为了实现排序的目的，对现有的语义分析算法进行改进。

传统的信息检索多是依据文本中词的频率，目录中出现的词等表面信息对关键词进行提取，提取出的关键词在语义上不准确，不能够满足用户的需求。因此在本书的文献检索系统，是基于语义分析的，使用朴素贝叶斯方法提取文本最终的关键词，虽然留一定传统的关键词提取方法作为朴素贝叶斯方法的特征，但多数选用与语义相关的关键词提取算法作为特征，当用户输入查询内容后，对下载后的文档按照与查询内容相关联程度进行排序，最终返还给用户一个排序结果，方便用户选择性的读取。

对原语义分析算法进行改进，加强在语义上的分析，并对结果进行相关度的排序，研究细节包含：A.解决查找文献领域性问题，即查找文献都是相同领域的，对关键词的提取有影响，所以本书使用 TF_IWF 算法，对查找文献中关键词在所有样本书献中比例结果取对数，降低同领域文献间的相互影响，且无须使用大量的训练样本进行训练，增强了系统的应用领域与准确度。B.原方法在关键词提取速度和准确性上做了平衡，使用朴素贝叶斯方法对关键词最终的提取，但此方法的特征选用的多是与词义无关的特征，最终结果的准确度相较而言不高，本系统对其特征进行更改，使用 TextRank 来代替词语第一次出现位置这一特征，使得结果更加准确。C.传统的检索只是对输入的检索信息与文章提取的关键词做简单的字面上的匹配，如果提取的关键词中包含输入的查询语句中的词，那么就返回该文章，没能够完全理解用户的意思，所以系统通常返回的结果冗余且大多数不是用户真正需要的。本系统对文献提取的关键词与用户输入做词义的相关度分析，如果相关则将关键词在文章所有关键词所得的比例进行相加，最终按照所有相加结果进行文章的排序，为用户读取的先后提供选择。

②系统处理流程及开发平台。本系统总处理流程图如图 6-24 所示。

其中语义分析算法的具体流程如图 6-25 所示。

开发平台：

- 硬件：CPU：2.30 GHz；
- 内存：4.00 GB；
- 系统类型：Windows7；
- IDE：Eclipse4.5.0 + jdk1.8.0_91；
- 数据库：MySQL-5.6.24-win32。

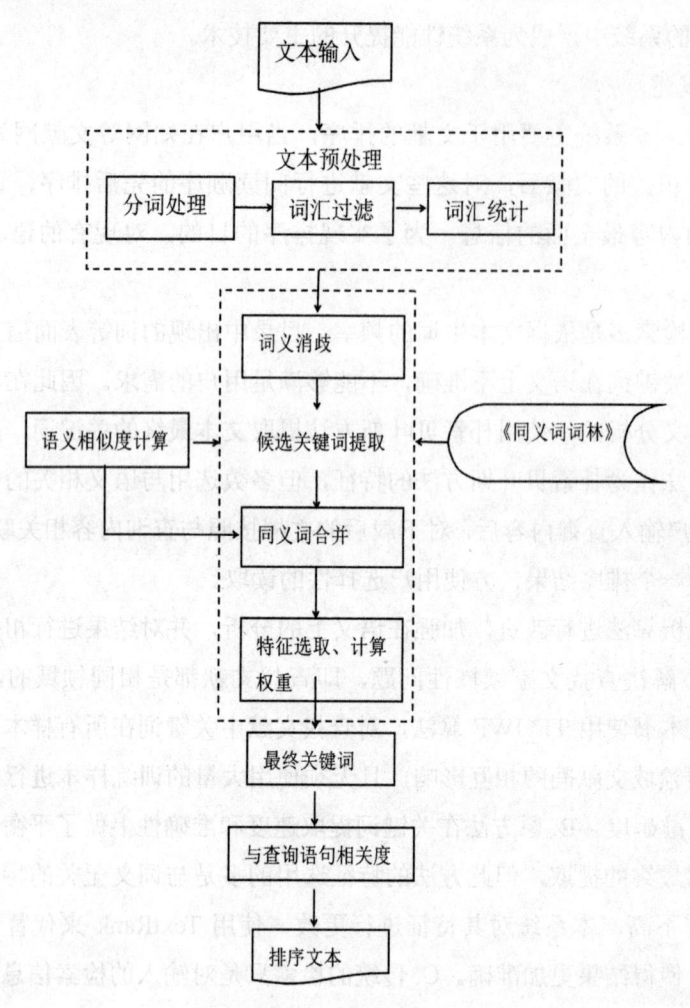

图 6-24　系统总流程图

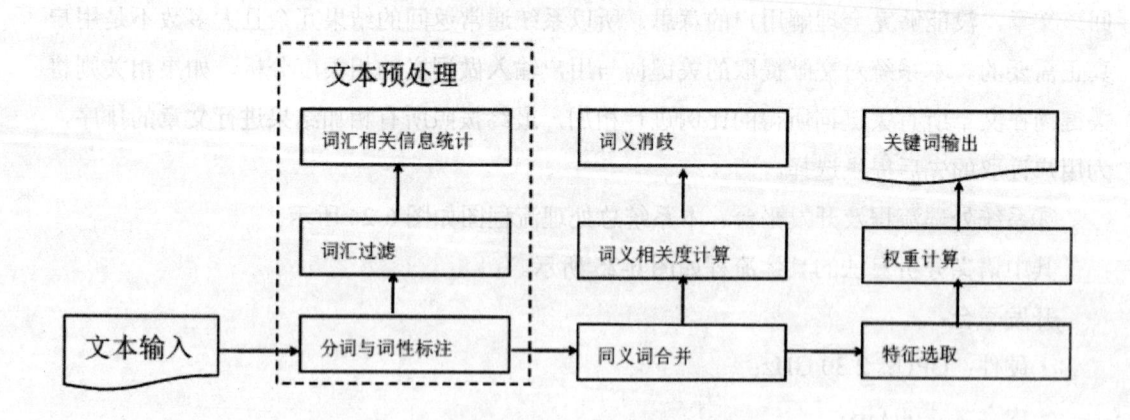

图 6-25　语义分析流程示意图

对于分词系统，使用 NLPIR 系统，调用 NLPIR 提供的 Java API 接口，因为开发环境 JDK 是 32 位的，所以下载 NLPIR-ICTCLAS2013-Win-32-jni 开发包，主要代码如下：

```
// 创建 NLPIR 实例
NLPIR nlpir = new NLPIR（）;
// 要进行处理的文本
String str = "待处理文本";
// 转换文本编码格式，使得分词接口能够安全处理，不会出现乱码
byte[] strByte = nlpir. NLPIR_ParagraphProcess（str. getBytes（"utf-8"），1）;
System.out.println（"结果："+new String（strByte，"utf-8"）;
```

关键词提取中主要代码：计算每个候选词的 idf

```
Map.Entry<String, Integer> entry = iter_dict.next（）; float value =（float）Math.log（docNum / Float.parseFloat
  （entry.getValue（）.toString（）））;
wordIDF.put（entry.getKey（）.toString（），value）;
```

TextRank 计算主要代码

```
for（Map.Entry<String, Set<String>> entry : words.entrySet（））
{
String key = entry.getKey（）; Set<String> value = entry.getValue（）; m.put（key, 1 - d）;
for（String other : value）
{ int size = words.get（other）.size（）;
if（key.equals（other）|| size == 0）continue;
m.put（key, m.get（key）+ d / size *（score.get（other）== null ? 0 : score.get（other）））;
}
max_diff = Math.max（max_diff, Math.abs（m.get（key）-
  （score.get（key）== null ? 1 : score.get（key））））;
}
```

获取两个汉字的相似度使用工具包中已有 API：

以下代码在词林字典中获取编码方式的距离：

```
Similarity.cilinSimilarity（word1，word2）; for（String code1 : codeSet1）{ for（String code2 : codeSet2）{ double s = getSimilarityByCode（code1，code2）;
if（sim < s）sim = s;
}
}
```

获取词汇间概念相似度，即词义上的关联度：

```
for（String conceptWord : SegmentNewWord（newWord, 3））{ Collection<Concept>
```

concepts = getConcepts（conceptWord）; if（newConcepts.size（）== 0）{ newConcepts.addAll（concepts）;

continue;

}

ConceptLinkedList tempConcepts = new ConceptLinkedList（）; for （Concept head : concepts）{ for （Concept tail : newConcepts）{ if（StringUtil.isNotBlank（refConcepts））}{ for （Concept ref : refConcepts）{

tempConcepts.addByDefine（autoCombineConcept（head，tail，ref））; }

} else { tempConcepts.addByDefine（autoCombineConcept（head，tail，null））; }

} }

newConcepts = tempConcepts;

}

系统的功能主要由以上几段代码进行实现，对文本中的词语进行语义上的关联与词频的计算。

（3）性能与功能测试。

我们选用 200 篇已经标注关键词的不同领域的文献进行关键词的提取，关键词提取算法分别采用 Kea 方法，选用 TF_IDF 方法、组成词语的长度 Length 和词语在文中第一次出现的位置这三个方法作为特征的 KEA++ 算法和选用 TF_IWF、Length、First Occurence 和词义相关度 CoherenceScore 作为特征的四特征语义提取算法和 TLCR 算法，同样在准确度、召回率、F-measure 和时间 time 数值上进行比较（关键词的个数固定选取 6 个）。实验数据如表 6-1 所示。

表 6-1 四种算法实验数据表

—	Precision	Recall	F-measure
Kea 算法	0.254	0.230	0.242
KEA++	0.375	0.386	0.380
四特征方法	0.531	0.555	0.543
TLCR	0.561	0.573	0.567

因为使用的实验数据没有具体的领域划分，从图 6-26 可以看出改进后的算法受文献领域性的影响降低，关键词提取的准确率有明显的提升，但随着特征选取数目的增加，且算法的复杂度也在增加，实验进行所需时间同样在增加，所以改进后的方法在牺牲一定的时间效率上，增加了结果的准确性。

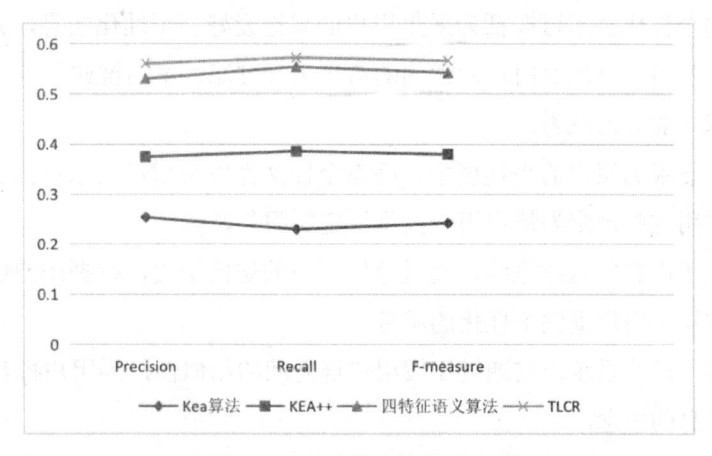

图 6-26 四种算法性能对比图

算法返回关键词数目对实验数据有着显著的影响，通常文献关键词为 3～8 个，所以选取排名靠前的关键词，进行对比分析，实验结果如图 6-27 所示。

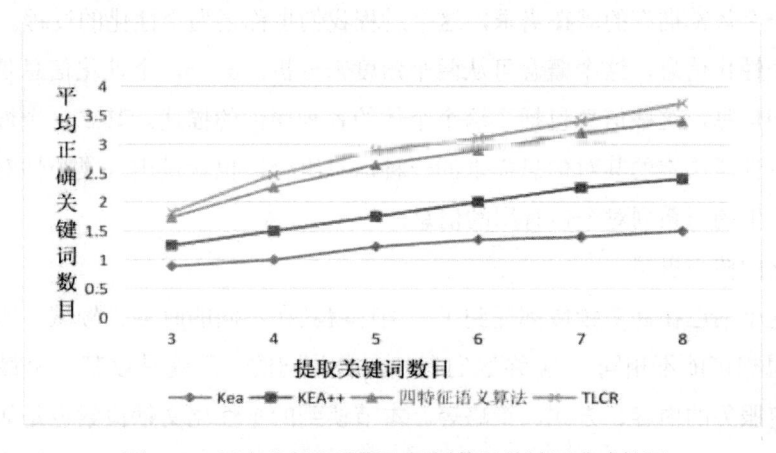

图 6-27 语义分析方法提取不同数目关键词准确性图

由图 6-27 可知，随着关键词在一定数目内增长，关键词提取的平均正确率也增加，明显改进后的语义关键词提取算法准确率更高。

（4）查询结果分析。

经过上面的实验数据可知，算法 TLCR 在关键词的提取上，相较于 KEA、KEA++ 和选取四个特征的算法，TLCR 在准确度有很大的提升，同时随着查询关键词数目的增加，准确度也得到了提升，当我们选取的文档无论是领域相关的还是领域内无关的，TLCR 算法在关键词提取的准确度上，都高于原有的语义分析提取算法，所以 TLCR 算法不受领域性的影响。

（二）大数据时代个性化文献检索技术

1. 个性化检索相关技术研究

（1）个性化技术。

本书所指的个性化技术可概括为采集用户的兴趣爱好、个性化信息，为用户提供感兴趣的文档信息，甚至可直接对用户检索到的信息进行过滤、主动推送。

个性化技术一般分为三类：

第一类是系统根据用户的兴趣模型、静态个性文件以及用户与系统的交互结果，制定一系列规则并利用这些规则为特定用户提供特定的服务。

第二类是基于内容的过滤系统，通过分析用户的访问历史，挖掘用户的访问模式，系统以此模式为依据为用户提供个性化的服务。

第三类是协作过滤系统，它通过比较用户群之间的相似性，为用户推荐内容。

①个性化信息的概念。

个性化是指使事物具有个性，或者使其个性凸现。这里包含了两层含义：其一，个性是需要经过培养而逐步形成的，这个过程可以称之为使个体个性化的一个过程。其二，个体总是具有一定特性的，让这种特性得到别人的了解、认可，并在一定的空间得以体现、展示，是每个个体都拥有的潜在需求，这个过程我们也称之为个性化的过程。

什么是个性化信息，这个概念可从两个角度来分析：其一，个性化信息是反映人类个性特性的一切信息，这些信息包括了这个个体的各种属性的描述。其二，个性化信息是指由人类个体特性所决定的其对信息需求的一种信息组合，也就是由人类个性对信息需求的决定关系而产生的一系列对个体有用的信息。

②个性化的核心思想。

个性化这个词已在许多领域都提到了，当然就其在不同的时期、领域、服务内容等，它的内涵和思想可能不相同。但终他们有一点是共同的，那就是以某一个最终服务对象为中心来决定服务的内容、方式、策略等。本节谈到的个性化文献检索也是如此。服务的对象就是需要到网络上搜索自己所需文献资料信息的用户，服务的 终目标就是要把用户真正所需的相关文献以最快、最准、最全的方式从信息海洋中提炼出来，把结果通过恰当的手段显示出来给服务对象。因此，系统个性化的核心思想就是以系统用户为中心，以一定的信息、计算机、网络技术为手段，提炼用户的真正兴趣与偏好，形成用户个性化信息库。以此为基础把从 Internet 网中搜索出的文献信息按用户个性化信息库进行过滤，以相关度高低重新排序显示，并可主动地推送其所需的个性化文献信息的一种思想。

③个性化的基本特征。

从个性化服务的核心思想出发，主要突出以下几大特点，同时也是本系统索要达到的目标。

第一，用户需求至上。市场的占有率始终是商家追逐的对象，如何占据这样一个市场，取决于产品生产者对用户需求或市场需求的把握。而此时的用户需求，不是针对个体用户，而是一部分用户整体的共性的概括，也就是在市场中占有更多比重的需求。因此也根本谈不上个性化，但随着社会的发展、人类文明的进步、人们需求层次的逐步提高，需求正逐步走向个性化。所以本书所提及的用户需求是指每个用户的个性化需求，突出异中求同，这就要首先保证不同的用户需求的差异性的满足，然后再抽取他们的共性。而不是采用先确定市场的整体需求，再调和个别用户间的差异的传统方法，即同中求异。

第二，以用户描述文件为基础。要实现个性化服务，首先需要跟踪和学习用户的兴趣和行为，并设计一种合适的表达方式。对于个性化服务系统来说，重在用户的参与，为了跟踪用户的兴趣行为，有必要为每个用户建立一个用户描述文件。系统的个性化服务就是建立在此文件基础之上的，该描述文件在本系统中是以数据库形式存储的，用来刻画用户的特征与用户之间的关系。

在制定用户描述文件之前，需要考虑以下问题：A.有没有现成的标准；B.收集什么样的数据及其格式与表达方式；C.如何收集数据？所采取的方法？D.数据能否自适应的更新？E.数据体现用户兴趣的程度。

个性化服务在不同的系统中有其不同的特点，本系统的突出特点就与其他个性化服务体系的特点有些不同，具体还与用户对该系统的应用情况有很大关系。用户描述文件从内容上可以划分为基于用户兴趣的和基于用户行为的两种类型。本系统的搜索工作将以此为基础，展开用户个性化文献信息检索行为。

第三，准中求全。查准率与查全率是衡量信息检索效率的主要技术指标。查准率则是指被检索出的相关信息占被检索出的信息总数的百分比，查全率是指被检索出的相关信息占总信息量内所有相关信息总数的百分比。

在日常使用中，很少有某个检索工具能同时保证较高的查准率与查全率，通常是以牺牲查准率来提高查全率，而查准率的提高势必会影响查全率。优秀的检索工具就是要做到在此两者之间达到一种均衡，确保相关信息为用户所用。

第四，基于相关度的方法。相关度的方法说贯穿了本信息检索系统的始末，从关键词匹配到搜索结果的显示，都与相关度的计算方法息息相关。不同的Internet信息搜索系统，包括一般的搜索引擎和一些专业搜索系统，甚至一些已出现了的个性化信息服务系统，内部所采用的计算算法可能不一样。就像关键词的匹配，可以建立在布尔模型向量空间模型、概率模型等模型的基础之上，各模型的算法各不相同，突出的重点不一样。布尔模型就是一种简单的关键词组的布尔关系匹配，因而它在相关度方面的功能也是最弱的；向量模型相对于概率模型来说又要更适合于提高相关度的匹配。本系统也是采取该方法综合用户输入的关键词及用户描述文件得到一个更优化，更能体现用户个性化需求的检索结果。

第五，自学习与信息主动推送。用户在进行个性化信息检索的同时，系统根据用户的行为，及时更新用户的兴趣模型，称之为系统自学习。具体体现为对用户描述文件的更新修改，达到用户在不同时期有不同个性化信息需求的目的，做到真正意义上的个性化。

信息主动推送服务是根据用户兴趣模型中反映的用户兴趣、爱好，系统不但能被动地为用户提供个性化服务，也能主动地把用户感兴趣的信息以一定的方式提供给用户。

④个性化的意义。

Internet上的个性化服务是指作为Internet使用者的个人，可以按照自己的目的和需求，在某一特定的网上功能和服务方式中，自己设定网上信息的来源方式、表现形式、特定网上功能及其他的网上服务方式等，以达到最为方便快捷地获取自己所需的网上信息服务内容。个性化信息服务将接收信息的控制权交到了用户的手中。

个性化信息服务，首先应该是能够满足用户的个体信息需求的一种服务，即根据用户提出的明确要求提供信息服务，或通过对用户个性、使用习惯的分析而主动地向用户提供其可能需要的信息服务。其次，个性化信息服务也应该成为用户展现自我，宣传个性的一个窗口。具有一定个性的个体通常都有表现自我、表达自我、让他人了解自我的愿望。最后，个性化信息服务应该是一种培养个性，引导需求的服务，这样可以帮助个体培养个性、发现个性，引导需求，促进社会的多样性和多元化发展。因此个性化服务的意义就在于：

首先，是服务业发展的方向，新的信息时代的到来和信息革命对人类社会的冲击，是展现个性，倡导创造力的一个崭新契机。使人们有可能在高水平的生产力的基础上重新恢复符合人性的、为个性发展提供广阔发展空间的个性化服务。这正是现代社会与近代社会相区别的重要标志之一。

其次，个性化信息服务是推动信息服务业的强动力，是满足用户需求的服务，是培养个性、表现个性的信息服务。只有这样的服务才能真正满足用户的需要，尤其是信息时代人的全面发展的需要，因此，只有这样的信息服务才能在信息时代的大市场中站稳脚跟，才有可能使信息服务业得到迅速的、有效的发展，才能从根本上改变信息服务业目前的被动局面。

最后，从全社会的信息化的发展来看，个性化信息服务引导用户的信息需求，吸引用户步入信息世界，成为信息的使用者和提供者。它通过带动个人和家庭的信息化，从基础的层次上推动全社会的信息化建设，加速信息社会的成长。是一项从根本上推进社会变革的、十分有意义的事业。

（2）用户兴趣模型。

①用户兴趣模型概念。

文献检索的实质过程是将信息集合与用户兴趣集合相匹配的过程。就个性化文献信息检索系统而言，一方面要对原始的各种类型信息进行收集、整理、加工、处理，使得每条信息的主题内容得到特征化表示，然后有序地存入数据库中，以供匹配的过程调用。另一方面，我们也要提取用户的兴趣爱好，构造出表现用户兴趣的特征表达式。在检索的结果中，自然而然地会产生结果与用户真实需求相关度的问题。在传统的文献检索系统中，一般用检索相关度的概念来表示文献与用户检索表达式的相关程度。对于检索相关程度，我们可以比较容易地进行量化，布尔模型、向量模型、概率模型等检索模型中主要衡量的就是检索相关度。单纯考虑检索的相关度，并不能很好地解决用户真实需求与文献之间的相关性问题。而且传统的文献检索系统较多考虑的是如何提高检索的准确性问题，却没有给予用户更多的关注。对于不同背景的用户使用相同的检索手段对文献的获取结果没有区别，相同的用户在不同的时间内检索，得到的结果也几乎完全一致。因此将用户的相关背景信息加入信息服务过程中，能在一定程度上弥补只考虑检索相关度的不足。运用用户兴趣模型来存储和管理用户信息，是减少由用户需求到文献获取过程中失真的很好手段。

用户兴趣模型用于描述用户的个人信息、专业背景、偏好倾向和历史行为等，通过这些信息，系统可以发现和预测用户的信息需求。在信息获取过程中引入用户兴趣模型，能提高了信息获取相关度，有助于定位用户的需求，为用户提供更准确的信息。

②用户兴趣获取方式。

建立用户兴趣模型时用户兴趣和信息需求的获取在因特网上主要通过以下三种方法来得到：

第一，用户主动提供。主要包括用户注册，以及通过提交关键词的方式来表达自己的信息需求。这种方式需要用户事先总结自己的信息需求，由于语言表达和分类的模糊性与多样性，用户利用这种方法很难将信息需求表达清楚。同时，使用这种方法的个性化系统不具备自适应能力，当用户的兴趣随时间、环境的变化而变化，但未及时更新时，系统的准确度将会大大降低。

第二，监视法。用户的信息行为本身就记录着用户的信息需求、兴趣爱好，因为用户的兴趣爱好在其行为中得到了自然的体现。由此，我们可以通过监视用户的行为来描述其兴趣，这便是构建用户兴趣模型的监视法。在监视法中，用户输入的关键词等信息将被记录下来，如果当前用户兴趣中包含用户模型中已有的某个对象，那么这个对象的权值会有一定程度的增加，从而提高了其描述用户兴趣的准确性。反之，如果很长一段时间内监视模块都没有捕捉到与用户模型中已有的某个对象相近的用户兴趣，那么这个对象的权值就会降低，直至最终被去除。这说明该用户的兴趣已发生改变，先前的这个对象已不能用来描述该用户的兴趣。监视法构建的用户模型有一个从粗糙到准确的过程，并能反映用户兴趣的变化。

第三，服务器端数据挖掘。WWW中的每个服务器都有访问日志文件，它记录了关于用户访问和交互的信息。通过这些数据的分析可以理解用户的行为，从而为用户提供个性化的服务。从服务器端获取用户的相关信息的常用方式有两种：一般访问模式挖掘和个性化使用记录挖掘。一般访问模式挖掘通过分析群体用户的使用记录来了解用户的访问模式和倾向。个性化使用记录挖掘则倾向于分析单个用户的兴趣，目的是根据不同用户的访问模式，为每个用户提供特定的信息或服务。

③用户兴趣建模方法研究。

用户兴趣模型是关于用户信息、兴趣爱好、行为特征的可计算描述，从内容上可以划分为基于兴趣的和基于行为的两种类型。基于兴趣的用户模型可以表示为加权矢量模型、类型层次结构模型、加权语义网模型、书签和目录结构等。基于行为的用户模型可以表示为用户浏览模式或访问模式。在具体实现时可以综合这两种表达方式。

用户兴趣模型的准确性、实效性直接决定了个性化服务的质量优劣，因此用户兴趣建模是实现个性化检索服务的关键技术。目前针对用户兴趣建模方法的研究已经取得一些进展，本书对此进行了总结。

第一，基于正反例集的建模方法。用户兴趣类可粗粒度地划分为用户感兴趣类（IC，Interesting Category）和用户不感兴趣类（NIC，Not Interesting Category）。这种粗粒度划分的建模一般都被视为一个二类归纳学习问题，其算法大多要求用户同时提供正、反例集。

California 大学 Irvine 分校开发的 Syskill & Webert 系统要求用户对浏览过的页面标注 hot 或 cold，由此获得训练用户兴趣模型的正、反例集。然后根据这些训练样本计算出每个词出现在正、反例集中的概率。关键词及其出现在正、反例集中的概率构成了用户兴趣模型。

CMU 大学开发的 PWW 系统采用的用户建模方法与 Syskill & Webert 类似，所不同的是 PWW 不要求用户对页面进行标注。它观察用户对页面中超链接的选择，推断用户选中的超链接所指向的页面为用户感兴趣类，反之则为用户不感兴趣类。通过这种推断获取训练用户模型的正、反例集，而后计算每个词出现在正、反例集中的概率，以此构成用户兴趣模型。

推断用户访问过的页面为用户的 IC 页面、反之为用户的 NIC 页面，也可能给系统带来严重的后果，典型的有：用户可能点击某个超链接，浏览链接页面，结果发现该页面其实并非自己感兴趣的内容；用户可能忽视某些自己感兴趣的页面，从而导致有些应该浏览的页面未被浏览；由于传统 Web 浏览器的界面结构易于引导用户向深度优先搜索，用户容易忘记退回到过去的页面以浏览某些自己感兴趣的超链接。

为了减少对用户的干扰，降低因推测而引入的系统噪声，应晓敏等提出无需反例集的用户建模方法。这种建模方法不需要用户提供 NIC 页面，也无需对用户的兴趣进行推测。建模过程只需将用户感兴趣的页面（或文件）作为训练例集，根据用户各个兴趣类的精细分类结构进行特征子集的选择，从而构成用户兴趣模型。

第二，基于本体论的用户偏好建模。本体论原本是一个哲学概念，用于描述事物的本质，在信息科学中主要应用于知识获取和共享。但不加限制的本体论是无法应用的，它所包含的概念及概念间的联系十分复杂。如果限制在不同层次和不同领域内，本体论就可以加以简化,用来解决如用户兴趣模型等问题。其中较为关键的一项技术是本体间的影射问题。比如在用户感兴趣的一个主题内,如阅读,有一个较规范的本体,用户可以直接基于它来描述自己的兴趣模型。但显然这是不可取的,不同的用户对同一个问题观察角度不同,理解就不同,用本体来表示也就会不同,而这也正是用户个性化的表现。如果要大家都按照同一标准理解表示,用户之间就没有区别,那也就不存在检索结果同用户需求不一致的情况。

根据用户的兴趣模板在一定范围内比较时,会遇到表述不同的本体间的匹配问题,这里要引入映像机制(mapping),将用户本体模板中的概念同本领域中的类似概念联系起来,就可以解决群体知识同个人知识间的差别。

第三,基于示例的用户兴趣建模。有学者通过用户提供的能够表明个人某一兴趣方向的各类示例文本,经过文本映像和文本结构分析,获得文本的逻辑表示,将文本的段落作为识别用户兴趣的基本要素。在聚类分析基础上,考察特征项、段落和类别的表达能力,建立用户兴趣模型,通过计算与文本的匹配程度,将满足约定条件的文本推荐给用户。利用相关反馈,追踪和更新用户兴趣模型,提高个性化检索系统的效率。

在用户给定的示例文本的基础之上,利用特征项的类别区分度,抽取能表现用户兴趣的项作为用户兴趣模型的基本特征项集。然后,基于统计上的 Fisher 准则,进行判别分析,以获取特征项在相关文本的判定中的重要程度。

第四,基于分类模板的用户偏好建模。有学者提出了一种基于分类模板的用户模型。该模型与信息源的内容组织相关联、以信息源的分类体系为框架。由于可以借用一些现成的基本分类体系,使得在用户建立初始的兴趣模型时,用户的兴趣定位比较全面、准确。特别是通过类别信息来描述用户兴趣的做法符合人们通常表述其兴趣的思维习惯。其基本思想是在信息过滤中,如果信息源端在信息收集时预先进行领域的粗分类(如计算机类、通信类、自动化类等),使得过滤系统中从数据流的内容上看就是针对某一特定领域的。这样无疑会在一定程度上提高用户获取信息的效率。在面向领域的信息过滤系统中,其动态数据源的内容在总体上可以体现该领域特有的知识框架。利用领域知识的组织体系等现有的知识库作为构建用户兴趣模型的基础,这就是分类模板的基本思想。

第五,基于加权概念网络的用户兴趣建模。概念是对象本质在人脑中的映像,词或词组是概念的一种、表述形式。区别于词与词组,概念具有语义唯一性。在语义空间上,概念间存在丰富的语义关联关系。有学者提出了将概念作为用户兴趣的特征项,利用动态学习算法,挖掘蕴含在用户反馈文档中的概念及其概念关系,建立加权概念网络 WCN 的用户兴趣模型,从而捕捉和表述用户兴趣。基于 WCN 用户兴趣模型,实现检索提问的个性化理解以及文档个性化评价。

(3)信息检索系统模型。

信息检索系统是用来存储被查找、检索、处理和发布给不同用户群的信息项的信息系统，其核心是文本信息的索引和检索，通常被用于处理目录纪录与文本数据。对纪录的存储，在特定的情况下查找令人感兴趣的信息，信息检索系统更需要对结构化数据进行有效的组织。

信息检索系统一般由用户界面、搜索引擎、文档数据库三个主要部分组成，用户界面是用户与系统的接口，主要用于接受用户的查询信息，根据用户的输入生成查询表达式，并将查询表达式送往搜索引擎。搜索引擎是信息检索的关键部分，它主要用于信息的查找，根据查询表达式在信息检索系统的文档数据库中查找相关的文档。文档数据库是主要用于存储文档，在大型的信息检索系统中，文档数据库一般存放在后台数据库中。

信息检索系统的一般模式如图 6-28 所示。

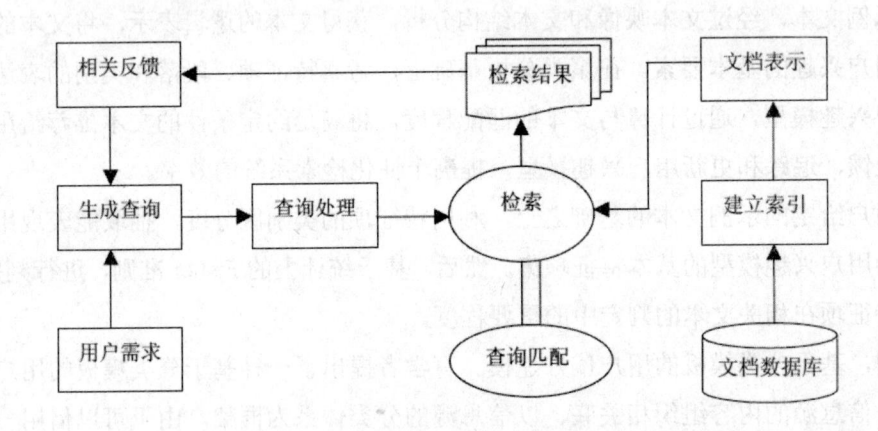

图 6-28 信息检索系统的一般模式

给定一个用户查询条件，对与其相关文档的判定方法的不同产生了不同的信息检索模型。信息检索模型给出了文档的表示方式、查询的表示方式以及查询与文档的匹配过程。不同的检索模型产生不同的返回文档及其排序。检索模型决定了文档的相关性，同时决定了文档同某一查询的相关程度。

①布尔模型。

布尔模型是应用最普遍的一种检索模型，尤其是在商用信息检索系统中。在布尔模型中，一篇文档通过一个关键词条的集合来表示，这些词条都来自一个字典。在查询与文档匹配的过程中，主要看该文档中的词条是否满足查询条件。满足则认为是相关的，若不满足则认为是不相关。布尔模型的一个查询是由一些逻辑操作符号（如：AND、OR 和 NOT）连接起来的关键词所组成。一般来说，在布尔模型中，用 AND 连接的关键词越多，检索到的文档数量就越少，而且文档减少的数量非常明显。用 OR 连接的关键词越多，检索到的文档数量就越多。因此为了提高检索精度，用户在查询过程中应该尽量将查询需求描述清楚，以减少检索到文档的数量。

布尔模型主要存在三方面的缺点：查询串中的关键词被同等看待，不能说明关键词的相对重要性；不能将文档按照与查询串的相关性来排序；用户很难掌握布尔操作符的使用方法，很难将一个查询公式化。

但是，布尔模型的优点是容易实现，而且计算代价相对较小，在处理商业化的文档数据库系统中占有主要地位。

②向量模型。

在向量模型中，信息检索系统如果涉及 n 个关键词，则建立 n 维的向量空间，每一维代表不同的关键词。信息库中的文本以及用户的查询都通过该空间中的向量米表示。文档向量是一个 n 元组，其中的每个坐标都通过对应关键词的权重来表示。权重越大，则相应关键词对于该文档来说越重要。查询向量与文档向量类似，只不过查询向量中的权重表示对应关键词对于用户来说的重要程度，一般来说权重 1 表示期望在文档中出现的词条，而 0 表示不希望出现的词条。

向量模型具有如下优点：向量模型的权重计算方法能够提高系统的检索性能；利用计算得到的相似度可以对获取的文档按照相关度排序；模型能够检索出与用户的查询输入条件"近似"的文档。

向量模型也有其局限性：在向量模型中，关键词是被假设为相互独立的，而实际上一篇文档的关键词间可能存在着一定的联系；在查询中，不能像布尔模型一样使用关键词之间的逻辑关系。

③概率模型。

概率模型以概率排序规则为基础：如果文档按照与查询的概率相关性的大小排序，那么排在前面的文档是有可能被获取的文档。

比较典型的利用概率模型的系统有 Kwok 与 Robertson 等，它们在利用样本计算词条权重的过程中考虑了关键词在文本中出现的概率，其中 Kwok 系统还考虑了关键词在整个样本集合中出现的频率。

概率模型的效率要明显优于布尔模型，但比向量模型略差。概率模型的主要优点是检索到的文档可按照相关性概率来排序。它的缺点是：在没有获得样本书档之前，无法估计词条的相关性；与向量模型一样，采用了关键词的独立性假设；没有考虑词频。

贝叶斯网络是概率模型的一个特例，它以概率的方式定义了关键词的权重随着与其相关的关键词的权重的改变而改变的方式。该模型适合于超文本系统，但是计算复杂度很大，不适合太大的网络。

④语言模型。

一直以来，语言模型被应用于语音识别、汉语输入法等研究，但 1998 年以后，具有语言模型的信息检索模型的研究开始兴起，并在近几年的时间内取得了很大的进展。在信息检索中的语言模型是一个用来生成自然语言的概率模型。简单和基本的语言模型就是人们常用的一元（unigram）模型，在该模型中用一个词在文档中出现的相关频率来表示。更复杂一些的模型则同时还考虑词出现的顺序、短语，以及在时间和文档集合变化时语言的统计信息变化。

把语言模型用于信息检索有几个方面的原因。首先，用语言模型构建信息检索系统可以让人们使用概率理论知识作为工具从理论分析上对系统和实验进行设计，这在当前信息检索领域是一个很大的进步。其次人们可以方便地把语音识别过去三十年来在语言模型上取得的丰富的研究成果用于信息检索的研究，如平滑技术和多主题文档集合的语言模型的合并等。后，将语言模型用于信息检索模型，有可能为多文档、多主题、多数据集、多语言、不同用户和用户查询构建一个统一个框架。

当然现在基于语言模型的信息检索研究还处于起步阶段，在2001年召开了第一届语言模型和信息检索研讨会，其发展还不很成熟，目前依然有很多问题需要进一步研究和解决。

2. 个性化文献信息检索系统设计与实现

（1）系统结构设计

个性化文献信息检索系统的体系结构如图6-29所示，即首先收集用户信息，然后根据用户信息对用户兴趣进行建模，在构建用户模型的基础上，系统结合关键词进行查询。当用户对检索返回的文献资料做出反应之后，系统会根据用户的行为调整用户兴趣模型，同时会自动扩展用户的查询关键词，并能根据用户的兴趣过滤出一些与用户兴趣不相关的信息。本系统主要包括用户界面、用户兴趣建模、信息检索、信息过滤和结果反馈等五个部分。

用户兴趣模型包括初始用户兴趣模型和用户兴趣更新两个模块，用户兴趣模型是用户兴趣的特征表示，它由一组代表用户兴趣的主题词条组成，并且每个主题词条都有各自的权重，权重的大小表示用户对某一主题感兴趣的程度。它包括三部分：I_p、I_n、I_q。I_p是吸引因子，它表示与用户兴趣相关的特征向量。I_n是排斥因子，它表示与用户兴趣不相关的特征向量。I_q是查询向量。初始的用户兴趣模型中I_p、I_n是通过训练文本得到，I_q是用户输入的值。用户兴趣模型更新是根据用户的相关反馈进行的，它的作用是维护用户兴趣的改变，以便系统中的用户兴趣模型能反映用户当前的兴趣。

查询扩展主要用于对查询进行扩充并调整查询中的关键词权重。原始的查询为用户输入，它可能不能准确地表达用户的兴趣，并且如果用户输入的查询太短检索到的信息可能会很少，因此查询扩展能检索到更多并且与用户更相关的信息。被扩展的查询来自用户兴趣模型中的I_q。

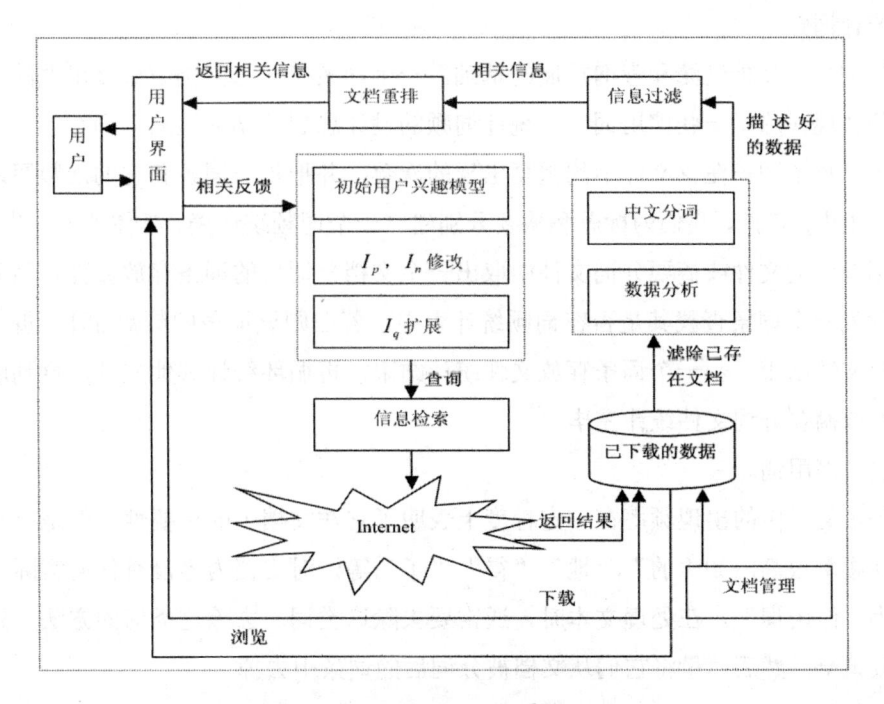

图 6-29 个性化文献检索系统结构图

信息过滤用于过滤出与用户兴趣不相关的信息，判断一篇文献资料与用户兴趣相关不相关的方法是计算此文献资料与吸引因子和排斥因子间的相似度，如果与吸引因子间的相似度大于与排斥因子间的相似度则认为此信息是相关的，并将相关的文献资料返回给用户。

（2）用户界面设计。

作为一个交互式的检索工具，图形用户界面的设计直接影响一个检索系统的好坏。本系统用户界面的设计目标是用户通过此界面可以查看最新检索到的文档信息并可浏览、下载感兴趣的文档，是系统与用户的交互接口，用户在此界面上所做的动作（浏览、下载）都将被记录下来，并作为用户的反馈信息。

（3）信息预处理模块。

在个性化文献信息检索系统中，从文档中抽取查询词的上下文信息以及对文档进行倒排索引时，我们都需要对文档进行预处理。主要包括对文档进行词条的切分、统计词频以及去除无意义词，也称停用词。

①切分词条。

中文文档是由单个的汉语单词组合而成的，检索时需要分析单词与单词之间的某种关联性，首先需要切分出文档中的每一个单词。而对于英文文档而言，每个单词之间用空格自动隔开，这一步很好实现。而针对中文文献信息检索系统的特点，主要是对标题和摘要进行分词。在本系统中，我们为用户建立了两个用于存放分词信息的文件夹，分别存放标题和摘要被切分后形成的词条。

②统计词频。

统计词频是文档过滤和查询扩展的基础，一个词条在一篇文档中重复出现的次数是其重要性的体现（除了一些停用词）。统计词频的设计思想是循环地从分词存放文件中取出词条，统计每个词条在该文件中的重复出现的次数，并把每个词条和它的次数写入对应的词频统计表中。在此，我们为标题和摘要分别建立一个词频统计表。具体地统计步骤如下：首先从标题分词文件或摘要分词文件中取出一个文档分词后的词条存放文件，然后读取该文件。读入一个词条查找其是否在词频统计表中，若在则该词条的频数加1，重复读入词条直到该文件结束。当一个词条存放文件统计结束，再循环统计其他文件，直到所有标题分词文件或摘要分词文件统计完毕。

③去掉停用词。

词条在文档中的出现频率在一定程度上表明了它在文档中的重要性。但是有一些词条虽然出现频率很高，如"的""地""得""了"等，对文档内容没有任何实际意义，我们称之为"停用词"。在处理文本时，通常要去除这类词。去除这类词的方法是先尽量将这类词收集全，然后尽量将它们从文档被分词后的词条中去掉。

去掉停用词的设计思想是打开词频统计表和停用词表，从词频统计表中取出一个词条查找其是否在停用词表中，若在则将其从词频统计表中去除。

④计算词条权重。

一篇文档被转换成向量是通过该文档中的特征项的权重来表示的，因此我们需要计算每篇文档中的特征项的权重。词条权重的计算通常采用TF-IDF方法计算，由于反向文档频率无法确定，只能计算词条权重，然后计算每个特征项的权重保存到词条权重表中。

（4）用户兴趣建模。

用户兴趣模型又称用户描述文件（user profile）是用户兴趣的特征表示，它刻画了用户的特征与用户之间的关系。用户的兴趣是多方面的，如何正确地描述用户的兴趣，是我们个性化检索的基础。只有在建立好用户模型的基础上，才能更好地为用户查找相关的信息。为了实现个性化服务，还需要跟踪和学习用户的兴趣和行为，因此还需对用户模型更新。

①用户兴趣模型表示。

不同个性化服务系统的用户兴趣模型各有其特点，用户描述文件从内容上可以划分为基于兴趣的和基于行为的两种类型。本书研究的是两种类型的结合，在用户注册时，由用户给出初始的兴趣，并给出查找与此兴趣相关的查询关键词。在系统界面我们给出了下载和浏览按钮，以便用户对感兴趣的文档进行相应的操作，并捕获用户的行为，根据用户的这些行为更新用户的兴趣模型。对用户兴趣使用一组主题词条表示，可以通过数据库进行组织，用户兴趣模型可通过公式（6.1）定义。

$$U=\{(t_1,w_1), (t_2,w_2), \cdots, (t_n,w_n)\} \qquad (6.1)$$

其中 $t_i(i=1,\cdots,n)$ 是主题词条 $w_i(i=1,\cdots,n)$ 是主题词条 t_i 在用户兴趣模型中的权重。假设用户对汽车知识感兴趣，可能包括轿车、SUV 和跑车等多个兴趣方向。每个兴趣方向由三个部分组成，$C_i=(I_p, I_n, I_q)$，I_p、I_n 分别表示用户兴趣方向的感兴趣和不感兴趣的模型，I_q 是查询向量，用来描述用户具体的兴趣。I_p、I_n、I_q 的向量空间与 U 相同，它们的特征项都是来自 U 中的 $t_i(i=1,\cdots,n)$，但权重 $w_i(i=1,\cdots,n)$ 却各不相同，I_q、I_n 中的特征项的权重初始值是从训练文本集合中得到的，I_q 中的特征项为用户注册时输入，它们的权重取平均值。因此一个用户的兴趣可表示成如图6-30所示的一颗兴趣树。

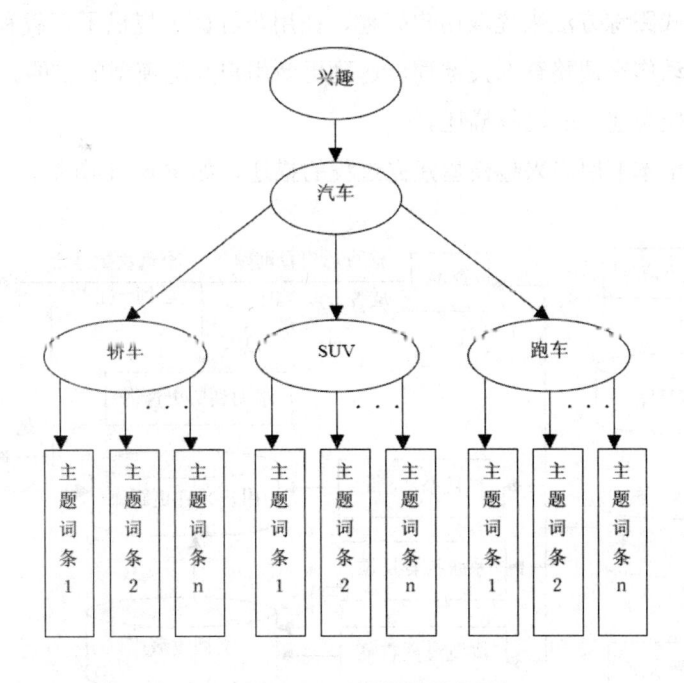

图 6-30 用户兴趣树

我们为用户的每一个兴趣方向建立一个用户兴趣模型，每一个兴趣方向都有相应的查询关键词，这些查询关键词将被送往搜索引擎进行相应信息的检索。在初始状态时，用户输入各兴趣方向的查询关键词。初始的用户兴趣模型以从某一领域（如：汽车）的训练文档中获得，得到一个 n 维的特征空间，其中的每一个特征项表示兴趣模型中的一个主题词条，它们的权重从训练文档中得到。

②用户兴趣模型更新。

个性化服务系统在第一次使用时一般都要求用户注册，包括填写用户的基本信息、和感兴趣的内容，以便定义用户的兴趣模型。当然也可以隐式地收集用户信息，例如徐宝文、张卫丰等研制的个性化搜索代理系统PSA。在PSA系统中选择交互法来生成用户兴趣模型，在用户第一次使用时，系统给出一系列问题让用户回答，根据用户的回答获得用户兴趣。

用户兴趣模型初始化好以后，在用户使用个性化服务系统期间，个性化服务系统可以自适应地修改用户兴趣模型，从而使得用户兴趣模型能更好反映用户当前的兴趣。个性化服务系统采用跟踪用户行为的方法来调整用户兴趣的权重和用户兴趣层次结构。用户跟踪的方法可分为两种：显式跟踪和隐式跟踪。显式跟踪是指系统要求用户对推荐的资源进行反馈和评价。隐式跟踪不要求用户提供什么信息，所有的跟踪都由系统自动完成。隐式跟踪又可分为行为跟踪和日志挖掘。行为跟踪是指跟踪用户的查询、浏览页面、标记书签、反馈信息、点击鼠标、拖动滚动条、前进、后退等。日志挖掘利用 Web 日志可以获得页面的点击次数、页面停留时间和页面访问顺序等信息，分析 Web 日志更新用户兴趣模型。

本书采用显式跟踪方法来提取用户兴趣，在用户界面上提供了下载和浏览按钮，系统根据用户的反馈动作来调整查询关键词，达到更新用户兴趣模型的目的。

③用户兴趣模型建立的过程描述。

下面我们给出本书用户兴趣模型建立过程的描述，如图 6-31 所示。

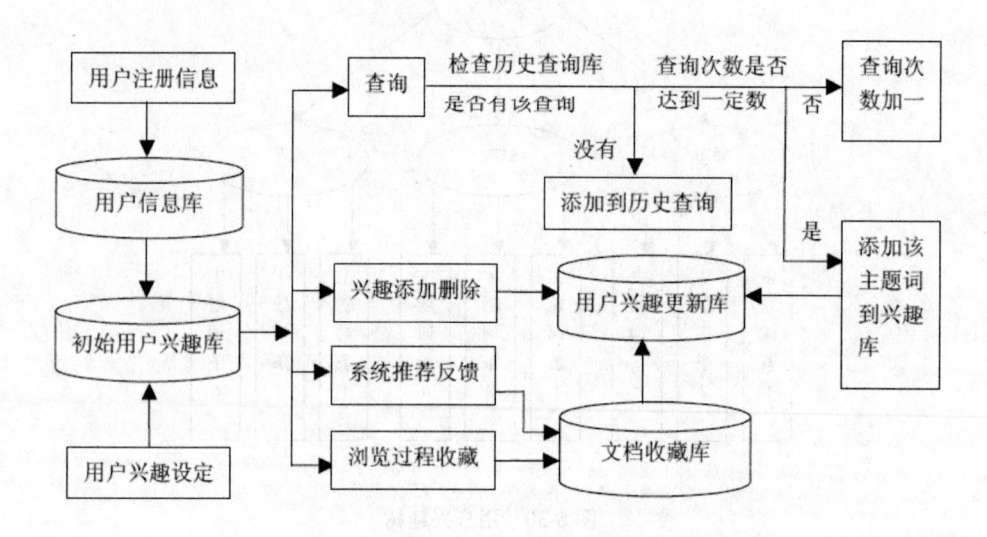

图 6-31 用户兴趣模型建立过程的描述

新用户的注册使用。在用户注册时要求填写个人基本信息如性别、年龄、专业背景、学历层次等信息，这也是我们前面所论述的获取用户长期兴趣所需要的信息，这些信息为必填项目。

对用户兴趣的设定。这部分在于获取用户初始兴趣。主要通过用户在系统给定的兴趣分类中进行选择，这种方法是针对比较明确自己兴趣方向的用户。

用户兴趣维护更新。对此系统主要通过以下几种途径来实现：A. 提供用户的收藏行为。在系统使用过程中用户可以收藏自己感兴趣的文献以便系统分析。B. 对用户检索行为进行分析。利用查询扩展方法对用户的查询关键词表进行更新，来更新用户的兴趣模型。提供用户进行兴趣管理的模块，以便用户随时可以添加或删除用户兴趣。

系统推荐反馈。系统根据用户新的兴趣模型，主动为用户推荐其感兴趣的信息。

（2）系统特点及问题。

本系统是基于用户兴趣建立的，它主要用于搜索用户某一类兴趣的新信息，并能够为用户提供浏览、下载等功能。系统采用 Java 语言开发，运行在客户端，数据库采用 ACCESS2000 数据库管理系统。具有个性化、节省检索时间及提高检索精度等特点。

由于系统尚处在试验阶段，有些功能还不完善，因此系统还存在一些问题。

①系统特点。

第一，个性化。系统根据用户的反馈过程自动获取用户兴趣并更新用户兴趣模型，进而搜索用户当前感兴趣的信息，因此它能满足用户的个性化要求。

第二，节省检索时间。系统启动后能自动地为用户搜索感兴趣的信息，不需要用户在每次检索时都要输入查询关键词并不断地变换关键词去查找感兴趣的信息，这种查找方法浪费了用户大量的时间。如果其中没有用户感兴趣的内容，用户可再根据自身需求继续查询。

第三，提高检索精度。系统查找用户感兴趣的某类信息，并能根据用户的背景和兴趣模型自动滤除与用户兴趣不相关的信息，提高了检索的精度。在长期的使用过程，系统能根据用户的反馈自动地更新用户兴趣模型，进一步地提高了检索精度。

②系统存在的问题。

目前系统存在的问题是：用户反馈动作设置相对单调，我们只设置了很相关（下载）、一般相关（浏览）和不相关（不作为）。由于目前我们无法捕获用户在浏览器上的动作，比如用户浏览的时间以及之后的行为，我们无法获得，影响对用户兴趣的提取。由于系统涉及的领域较多，开发的工作量较大，对兴趣类的划分和兴趣类的特征向量的提取不是很精确。系统没有经过长期的测试，无法确定其中一些参数的优化程度。

（三）文献检索的信息可视化技术

1. 信息可视化及文献检索可视化相关概述

（1）信息可视化概念。

随着信息全球化时代的到来，地理、文化和语言之间的隔阂越来越小，人们整天需要面对大量的信息和各种形式的数字媒介，海量的信息使得人们在选择时很难抉择，这大大加重了人们的日常生活负担，降低了工作的效率，使人对生活产生疲惫感，这时候人们非常希望有一种新的视觉交流方式来帮助大家处理和分享信息。因此现在视觉设计的重点就在于如何使用户能够容易的接收信息、快速理解信息中的内容从而做出相应的决策，于是由多学科交叉的"信息可视化"设计学科应运而生。

大量文献资料中对信息可视化技术都有不同的描述，下面简单介绍几种比较著名、具有代表性的描述：信息可视化就是将广泛存在的非具体数据以一种能够满足人机交互的方式表达出来，使得信息接收人员能够方便的分析数据、从而找出数据之间的规律、最终完成对信息的处理。信息可视化最终就是通过有意义的图形将数据表达出来，进而能够观察数据、理解信息内容，最终做出决策。或者将信息可视化描述为人们为了满足对各种事物的认知，通过借助现代网络科学技术，进行的一种复杂信息交叉、非空间的、非数据性的信息视觉再现。

本节则是通过将信息可视化归纳为一种依赖高新网络技术，利用各种科学的研究、计算理论，进而将虚拟的信息、不具体的数据及隐藏在其深处的数据关系以一种大家容易接受、理解的图形图像进行分析展现的过程。信息可视化以挖掘、找出数据信息中的结构关系和隐藏属性为主要任务，以各种抽象信息之间的关系为研究对象，显示结果主要针对易用性要求极高的各个能力层次、背景和需求的用户。

（2）信息可视化模型。

信息可视化参考模型一般采用如图6-32所示模型。

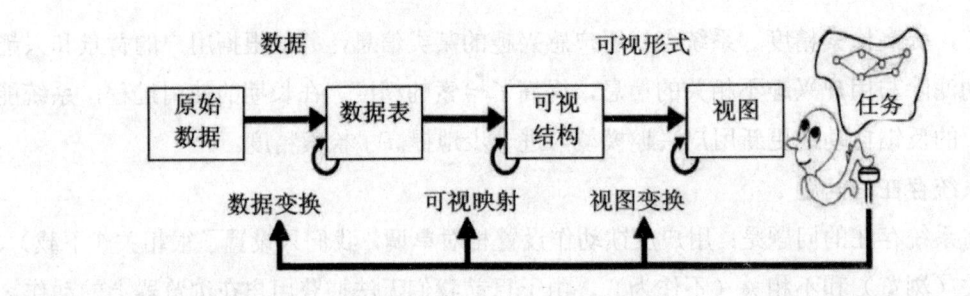

图6-32 信息可视化参考模型

从上面的信息可视化模型中，我们可以发现，用户要想最终理解和使用数据，就要经历各种信息数据的传递、反馈等数据的变化过程。信息的使用者，可以通过传递过程中信息的变动、更正等这些调整对数据进行的可操作的控制。用户可以通过信息视觉化技术将原始基础性的数据通过数据变换转化成数据列表；进而通过可视映射将上述数据列表转化成一种可见的一种结构视图；然后通过视图变换将上述结构视图转化成真正意义上的可见的、可理解的显示模式。通过此模型，我们就会发现：要想最终解决信息可视化相关问题就要有针对性地去处理该信息传递过程的各个节点，进而保证对的信息可视化。

（3）信息可视化技术。

①信息可视化的方法。

通常来讲信息可视化过程中，我们一般依据信息源自身特性进行有选择性的信息可视化方式。根据信息源自身特性，我们将可视化方式大致分为七大类，分别是：一维、二维、三维、多维、时序、层次、网状的信息可是化方式，下面就逐条对上述其中四种可视化方法进行一定的概括解释。

一维信息可视化。简单意义上讲我们所知的直线关联性的消息，数据、高级程序、文字等都可以认为是一维信息的代表。而一维信息可视化就是通过解决查询事件的特定特质，进而通过现有的字体大小、文字颜色、文字种类以及常见的信息视图去表达信息的可视化。通过运用此项技术，能够从很大程度上帮助信息检索客户最大限度地理解认识这些一维信息，进而找到合理有效的方法处理相关一维问题。

二维信息可视化。二维信息可以理解成事件本身由两个重要的属性构成，而事件本身的组成则是由上述属性之间的相互匹配、作用而一同出现的现象，即双属性数据集合。研究二维信息可视化的最主要问题是确定两种属性的相互关系和作用，进而确保客户通过二维信息可视化界面找到数据之间的关系、规律，从而更好依据显示问题找到解决方案，进而更加高效的选择、过滤、计算相关数据之间的联系。

多维信息可视化。多维信息可以理解成事件本身由多个重要的元素构成，而事件本身的组成则是由构成元素之间的相互匹配、作用而一同出现的现象，即多元素数据集合。但是由于人们对事物认知程度的局限性，还不能够过多的了解、描述多维度信息，只能停留在人们常说、常见的二维、三维的环境中，现实中我们发现多维信息则可以看作是不同类型之间的二维、三维等环境的多种自由组合，还是最终可以通过上述简单维度信息处理多维度信息；故而通过什么方式方法去降解多维度信息的同时，又能保证在这一实践过程中，信息质量不发生偏颇是文章的研究重点。在信息检索结果的可视化中，其关键词包括文章作者、文章发表刊物名称、引用、发表时间等多个相互关联的元素，在视图中同时要保证使其在一个可以被人们直接看到的、尺寸限制的提示性界面中显现，还要使搜索结果合情合理、具有信息关联性，这种复杂的信息可视化就可以看成信息多维可视化。

网状信息可视化。网状信息，顾名思义，是指与其他任意数量的节点之间有着联系从而形成类似网状的信息。他们之间没有更多的内在联系、组织架构，更多的则是点与点之间的直接联系，进而体现点与点之间关联的多种特性，其可视化就是将这种点对点联系的内容进行再现、可见的一种方式。

②信息可视化映射技术。

人们为了解决多维信息的降维问题，也就是对所见信息进行降维处理，通过多年的理论实践研究，发明了新型的信息可视化映射技术，其中今年来被人们广泛应用的就是潜意识语言理解分析、网络路径查询、信息多维尺度方式等，本书重点对寻径网络加以介绍，具体内容如下：

PFNET 这项可视化技术最早被各界使用。该技术以数据本身的特有经验属性，然后针对相似或者迥异的事件之间的关系进行评价，进而利用很成熟的理论知识、原理构架一个具有特殊种类的网状模型。它通过对事件的理解、分析，进而形成自己特有的网络表现方式，然后由该技术进行理解分析，进而实现不同事件之间进行分层归纳。

PFNET 拓扑模型主要由 q、r 进行表示，进而可以表达成一种基于两种元素的组建函数模型 PFNET（r, q）。因素 r 的具体含义是：明氏度量，该参数就是用来计量路线的实际长度；因素 q 的具体含义是：事件自身各种约束因素被考虑情况下的最低成本耗费线路。路径和链接 K 权重比例关系由 w_1, w_2, ⋯, w_k 最终决定，即分别代表每一个单独链接所代表的 K 值大小。

PFNET 方式能够简单直观地展现事件之间的各种内在关联，这种模型就是人们能够主动认知的一种认识模型。尽管这种数据理解方式所要求的事件本身节点数量的限制，但是由于信息搜索可视化自身的因素就不多，进而理论上能够满足构建需求。

③信息可视化显示技术。

通过对文献进行检索再对检索结果进行聚类分析，最后将处理的数据计算机上进行可视化展现，其中展现的方式多种多样，下面重点介绍以下几种信息可视化显示技术：

第一，整体+细节技术（Overview+Detail）。著名教授 Card 根据自己的实际理论研究，将整体+细节技术进行解释：人们通过同时使用整体视图、细节视图去勾勒整个事件关联信息源；整体视图能够保证事件信息的整体空间性，能够迅速找到分类，并且通过整体内部大致含义找到信息细节方面的导航信息，进而充当信息细节的关键控制部件；细节视图就是在选定特殊信息的情况下，进一步满足信息更为详尽情况、显示更多信息的内在细节，通过对整体视图的一种点击操作来完成。整体、细节的最终外在窗口能够显示同一个信息环境包括的多个可视化视图；一部分用来显示信息详尽细节性的空间视图，可以变成缩小化的信息窗；另一部分能够整体展现信息的，即为信息整体窗。

整体+细节技术视图的优势就是：使用客户通过利用整体视图能够整体把控、理解整个消息在传播过程中的位置，进而找到信息之间的大致联系，并提供与事件自身有关的内在消息，比如通过该种方式能够在信息检索过程中，直接查看与信息相关联的文献的整个文章构架，给用户以信息的可控性。信息的细节视图就可以根据信息的细节进行文献等的最终定位，从而保证快速、高效获取信息。

整体+细节技术视图的劣势就是：真正使用的客户需要在两者之间不断的切换、重新构建、重新建立映射关系，进而很大程度上造成客户使用过程中一部分时间、经历用在了信息之间切换、匹配过程的等待中，延长信息检索所用时间。

第二，Focus+Context。著名研究学者 Card 认为，人类在理解认知整个信息的过程中，要求以整体的可视化方式呈现，同时又能够探究局部的信息内容，进而进行局部信息的处理。该种对信息进行处理的技术主要包括：整体+细节技术及 Focus+Context 技术。

Focus+Context 技术的理论研究最早受鱼眼视图的影响而产生。在某一固定位置，某一像素进行一定量的位置移动，而这种移动的过程中出现越靠近事物中心点，像素实际的偏移值越大，即人们常说的鱼眼现象。这一现象就会导致越靠近事件中心，其真实值域就会被扩大化；越偏离事件中心，其真实值域就会越来越小。而最新研究成果：Focus+Context 技术就可以保证客户通过察看聚焦中心的一个微小的数据的同时；又能够最大限度地展现事件的整体完整区域。Focus+Context 信息可视化技术既能保证整体信息可见的同时，显示一定的细节信息。

这种信息可视化技术通过使事件信息范围尽量扩大化，同时保证信息焦点的细节化，保证两种信息互相结合，且一直随着客户自己信息需求的变化而改变。这种技术出现的必要因素包括三类：①客户需求的实际信息既包括整体范围的广泛信息，又包括少数细节性信息；②客户需求的整体信息与细节信息中所包含的信息内容量是不同的；③两种信息能否最终柔和在一个信息载体下，同时在同一窗口下进行体现。该技术研究领域的关键点就是保证事件中心信息足量显示的情况下，采用什么方式方法最终完成更大化的信息范围，同时又能够保证两者之间的一种完美转换。

第三，平移＋缩放技术（Panning +Zooming）。在 20 世纪 90 年代，Furnas 和 Bederson 等率先对可缩放用户界面进行研究，并且将其定义为：利用平移与缩放技术显示信息，在显示空间里使用比例尺来作为交互手段的可视化操作界面。平移和缩放技术有以下特性：首先在交互方面，用户可以利用平移和缩放直接作用于信息空间。其次，将比例尺的大小作为显示信息的组织手段，信息的显示结果取决于用户所使用的比例尺层次。各种信息的缩放，并不仅限于单纯的视觉外观尺寸，同时包含了文字所表达的语义内容的缩放。随着比例尺的大小变化，空间对象的内容详细程度会随其几何尺寸而变化。最大的弱点在于用户在平移与缩放的交互过程中，则需要时刻谨记那些无法看到的信息所在的位置，因为并不能在大型信息空间中提供足够的上下文位置信息。

第四，双曲树（Hyperbolic Tree）。Lamping 和 Rao 等研究人员研究了一种可以应用于大型层次结构的整体＋细节技术，这种新型关键理论被称为基于双曲几何的双曲树。该理论最大的优点就是将空间中被广泛聚焦的内容进行显现，同时又能保证整体结构的体现。本理论通过一种有规律性的函数将上述关联性描述在一个曲面上，然后通过一种规定的映射函数关系，将其显现在固定位置。其中使用鱼眼技术来实现整体和细节之间的过渡。

Hyperbolic Tree 理论的优势：通过信息交互的方式能够很好地结局结构树中整体和细节相互之间的稳定过渡。不足之处：当把需要显示的特定节点移动到屏幕显示的中心时，这个节点的父节点就会被移动到周围其他节点附近，这样就很难发现它们之间的父子关系，同样也很难分析同一节点的不同父亲节点之间的相互关系。

（4）文献检索可视化。

①信息可视化与文献检索。

文件信息检索的环境就是将各种文献资料、各种情报信息、各种发问、各种著作等文件检索模式，通过可视化信息技术内部的一种转化关系，将上述不存在可见性质的信息以图形、图片的方式，依靠电脑屏幕等二维或者三维载体的可视化界面按规定要求呈现出来。也就是说，浩瀚的信息数据及其之间的某种关联比作是一种信息存在环境，该环境下包括相当数量的文件著作，他们之间通过各种引用关系而相互的关联存在。但是由于数据之间具有复杂、多变性，他们之间客观存在的种种关系却是不可见的，然而我们可以通过这种可视化技术来规律性的呈现上述特性。

不管信息具体呈现的方式、方法有什么不同，其最终目的都是通过可视化技术所产生的视觉工具向人们传播各式各样的、无形的、抽象的信息。人们获得对事物认知的一贯方式就是借用信息浏览，因此我们可将文献检索看成：人们为了获得某一类特殊的信息，最终通过查找、搜索等方式完成可用信息的搜索工作。而这种获取信息过程，可以认为是先对信息进行内部结构分析然后再次呈现出来的可视化过程。可视化与信息检索存在着相互影响和促进的关系。信息检索和信息可视化在各自领域的研究进展和技术发展都对对方的发展有很大的影响。对于任务分析的研究和对用户的研究在信息检索与信息可视化关系中起到了桥梁的左右。信息可视化的空间显示与立体查询特性为信息检索的实现提供了理论上的帮助，并且信息可视化提供对信息的认识优势也在一定程度上改善着信息检索的方式。

信息可视化和信息检索之间存在着相互影响、相互发展、相互作用的关系，促使了检索可视化的出现。检索可视化技术是人们客观性的将事物内在的各种抽象的数据关系、语义含义转化成一种能够借助外界可见事物进行呈现的一种先进信息检索方式。因此它可以通过各种外在事物的大小、尺寸、形态等可见信息进行展示，进而实现客户对信息检索内容的理解，提高信息检索的各方面功能。

②信息检索模型。

信息检索就是客户通过利用可视化形式的信息检索系统，主动选择、匹配在数据库中能够满足客户所需信息的一种方式。向量空间模型有以下特点：在算法方面，使用分部匹配方法，完成了对多值相关性的计算；在对词的计算方面，使用加权处理的方式，优化了检索效果；在结果输出方面，使用降序输出，方便了对显示结果数量的控制。

③文献检索可视化的特点。

文献检索所具备的突出的优势，能够从根本上减少人们获取信息时面对的各种困难，进一步增强人们获取、识别信息的能力，帮助人们扩展自己的认知度。正是由于这种新技术的大胆改革、大胆创新，从而保证了信息检索可视化技术得到长足的发展和进步，得到广大研究学者的青睐。对比传统意义上的信息检索方式，该种独特的、高技术的可视化信息检索就有自己独特的优势，具体如下：第一，信息的可视化完成了信息整体外在可见性，它将大量的抽象性数据、文献资料及他们之间的一种内在无形的联系转变成一种能够肉眼识别、能够被人类感知的一种技术，形象地描述了信息空间；第二，可视化技术满足人们对信息交互式查询，人们与信息的各种交互方式都能在可视化空间中得到实现；第三，它的出现最大限度满足人们认识、理解、使用海量信息的需求，进而通过利用这种手段达到快速、高效的处理各种信息的能力；第四，它的出现开辟了信息检索的新型方式方法，在数据处理过程中将大量虚拟的数据信息、文献资料等转化成一种能够直接被人们理解、接受的一种可视化形式的信息载体；第五，这种新技术的出现最大限度地满足了客户的使用需求，且拓展了信息的检索模式，为帮助人们分析信息提供了独特的方法，并且保证了对海量信息进行检索的便利和易操作性。该种技术方式为未来的新型的可视化方式出现开辟了空间，逐渐成了人们分析信息最有力的工具。

④可视化检索的优势。

随着社会的不断发展，信息的来源渠道日趋广泛，信息的数量与日俱增。多种信息交织在一起导致了人们对于对自己有用信息的获取收到了干扰，在当前大数据的环境下，人们对于有效信息的获取给予了更多的关注。据统计数据表明，当前人们对于信息的获取有70%靠视觉来获得，对于听觉系统来说只占到20%，触觉上来说对于信息的掌握上面仅剩10%。因此，对于信息的获取主要的方式还是依赖于视觉的信息获取，近年来，可视化信息检索已经受到了业界专家的推荐和认可。比如微软公司推出的Bing搜索引擎，其很多方面就是基于该种理念来实现的。

信息的可视化检索具有很多优点，具体如下所述：

首先，其在检索结果的信息传递与理解上做到了更加直观的特点。可视化检索的结果以更加直观的图形或图像进行显示，对于信息检索人员来说既提高了效率又对信息的认识更加深入，印象更加深刻，提高用户检索的积极性。

其次，该技术在用户信息检索中的交互性更好。与检索人员进行思想上的交互，达到对于检索深层次的沟通，通过提供更加有好的交互界面，实现了人们对于有效信息的获取。

最后，可视化检索对于人们工作效率的提升将起到极大的帮助作用。随着全球大数据热潮的到来，人们对数据更加敏感，对信息的获取整合要求能力更高。通过采用可视化的检索手段，使得人们在工作中可以通过多种方式进行自由检索。

因此，可视化检索优势在有效信息的获取上面发挥了巨大的作用，它在人们的视觉信息的获取上面将起到极大的辅助作用。我们有理由相信，可视化信息检索是未来发展的趋势，在人们的未来生活中将发挥巨大的作用。

2. 基于社会网络分析的文献检索可视化

（1）社会网络分析的定义。

对于网络来说大家并不陌生，我们在日常生活中见到的最多的就是我们赖以获取信息的互联网或者移动网，它们为我们的日常生活提供了便利。在我们人体中也有网络，比如神经网络，它通过网络的各个神经元进行信息的交互，实现对于我们人体的动作协调、寒冷感知等功能。

实际上，对于我们赖以生存的社会环境来说也是一个庞大的网络，我们称之为社会网络，在这个网络中我们每个人之间都发生的彼此的联系，有的是因为有了工作关系，比如同事关系，有的是有亲情关系，比如家人孩子。在这个大网络中，对于每个个体来说就是一个节点，通过这些节点的作用可以产生信息的交互、生活的协助以及工作的协同等。比如教师，也可看成是一个群体，教师通过它们之间的相互作用来实现对于教学成绩的提升。对于类似群体可以通过抽象进行社会网络方面的研究。

在对社会网络的研究中，可以通过一些工具对这种网络关系进行分析，我们称之为社会网络分析（social network analysis）。在社会网络分析中，人与人之间的关系用连线表示，每个人表示为网络中的节点，网络中节点的关联程度表示着社会成员活动的密切程度。对于这个网络中的节点属性主要通过点度中心性和中介中心性来做出权衡，并通过社会网络分析工具进行直观的显示。

（2）社会网络分析算法。

目前有多种社会网络分析算法，其中以下几个算法非常适用于对检索可视化结果的呈现：其中膨胀词（Burst Detection）突变检测算法能够分辨出某个科研领域人们研究兴趣的突然变化；最小生成树（Minimum Spanning Tree）是指生成原图的极小连通子图，且包含原图中的所有结点，并且有保持图连通的最少的边，Samoylenko 等成功实现了基于最小生成树的期刊引用关系知识图谱；路径网络简化（Pathfinder Network Scaling）算法它依据一个三角不等式检验以决定是保留还是删除某个连接，该算法最初被用于作者共引分析，而后扩展到一般的共引分析，其标准是两个节点间的直接连接长度不能超过通过中间节点连接起来的多路径长度。

MST 寻径算法：将图中的边按权值从小到大排序，然后从小的开始依次选取，若选取的边使生成树 T 不形成回路，则把它并入 TE 中，保留作为 T 的一条边；若选取的边使生成树 T 不形成回路，则将其舍弃；如此进行下去，直到 TE 中包含 n-1 条边为止，具体过程如图 6-33 所示。

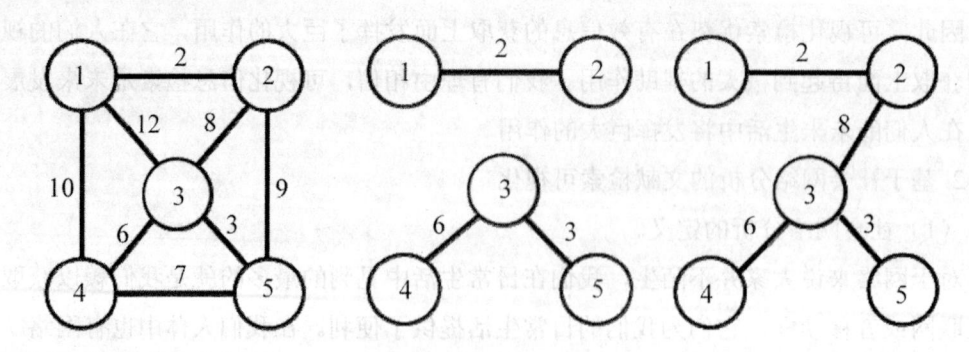

图 6-33 最小生成树图

程序伪代码如下。

1. 将图的存储结构转换成边集数组表示的形式 elist，并按照权值从小到大排好序；

2. 设数组 c[1..n-1] 用来存储最小生成树的所有边，c[i] 是第 i 次选取的可行边在排好序的 elist 中的下标；

3. 设一个数组 s[1..n]，s[i] 都是集合，初始时 s[i]:=i；

4. i:=1；{ 获取的第 i 条最小生成树的边 }

   j:=1；{ 边集数组的下标 }

  while i<=n-1 do   begin

      for k:=1 to n do begin { 取出第 j 条边，记下两个顶点分属的集合序号 }

            if elist[j].fromv in s[k] then m1:=k；

            if elist[j].endv in s[k] then m2:=k；

  end；

      if m1<>m2 then begin { 找到的 elist 第 j 条边满足条件，作为第 i 条边保留 }

            c[i]:=j；

    i:=i+1；

            s[m1]:=s[m1]+s[m2]；   { 合并两个集合 }

            s[m2]:=[ ]；   { 另一集合置空 }

    j:=j+1；{ 取下一条边，继续判断 }

    end；

5. 输出最小生成树的各边：elist[c[i]]。

（3）引文分析。

对于论文中引用文献我们并不陌生，通常来说，对于发表的文章一般都要求在结尾将引用的文献进行记录和展示，同时对于文献在文章中的引用格式也有限定。引文分析就是对这种文章的引用进行分析的方法。对于引文分析而言，其意义重大，通过引文的分析能够了解到这个研究领域学科之间的交流和信息传播的规律。通常来说，如果一篇文章被多个人进行了引用，那么这边文章的价值将会非常大，对人类社会以及科学发展起到的作用就更大；如果引用的较少就说明该研究领域在该问题上研究的人员不多，再就是可能该问题是该领域中的一个偏门领域敢于研究的人不多。因此，其在知识的研究领域上有很好的分析效果，对于趋势的把握以及热点的跟踪将起到非常重要的作用。

此外，对于这种引文的研究更重要的是对于知识的传承，通过先行者在该领域的研究，我们进行引用和延伸，实际上是站在了巨人的肩膀上进行更深层次的研究，这对于出成果以及知识点的衍生将起到更大的作用，这也是推动科技与社会进步的重要力量。通过对于这种知识架构的网络分析，能够看到各个引用文章对于研究内容的支撑作用，一般来说从单篇引用来看，如果引用的次数非常多，那么就表明该篇文章与该领域的研究有很强的相关性，形成了热点研究方向。

总之，引文分析是一种非常重要的研究分析方法，通过该分析能够对引文所在的知识体系进行了解，对其研究的深度以及广度做出分析，同时也能够看到其在知识发展历程中的各种变化态势，对于引用用户以及科学发展情况也能够进行预测，是一种非常好非常实用的分析研究方法，对于世界知识体系架构以及研究成果的集成和推广具有重要意义。

第四节　大数据时代我国学术期刊开放存取实现途径研究

开放存取属于一种理想化的新型学术交流模式，开放存取的发展促进了学术交流体系的不断发展和变革，促进了学术信息的共享，有利于学术交流以及科学技术创新。目前，开放存取出版主要是集中在学术期刊出版领域中，这是因为，学术期刊作为学术交流体系的重要环节，维系着学术交流体系的研究人员希望无障碍的享用开放存取资源，非营利性的信息传播动机和加以利用的需求。

一、期刊出版模式与开放存取出版的特点

（一）付费订阅模式出现的新问题

在传统的学术交流体系中，纸质期刊的用户订阅出版商业模式发挥了重要的作用。在传统的出版商业模式，科研人员将科研成果投稿给出版社（编辑部），出版部门组织同行专家评审后出版；图书馆系统通过代理商订阅学术资源并对其进行分类整理，读者再通过图书馆或直接从出版社（编辑部）订购来获取自己需要的学术资源。这种模式也被称为"用户付费订阅模式"。

但是，在数字网络环境下，传统学术出版模式正愈发制约着现代学术交流的进行，用户付费订阅模式遇到了瓶颈。首先，出版学术作品时会凸显如固有的时滞性、版面限制性、内容单一性等问题，不能够适应研究人员快速浏览、下载、存取资源进行交流的需求；第二，在线数据库出版由于收费和版权纠纷等问题，也会受到一些指责；第三，商业出版机构参与学术出版，根本目的还是追求利润最大化，致使传统的学术交流渠道愈发聚集到少数出版商的手中。如大型商业出版集团形成对学术期刊出版市场的垄断局面后，学术论文的订阅获取价格被提高了很多，实际上阻碍了学术交流传播；第四，学术出版及增值服务的价格不断攀升，图书馆经费难以支撑学术出版物购买的费用，只得减少学术期刊的订购种类。

"学术交流危机"迫使研究人员丧失了浏览和借鉴更多文献的机会。这些瓶颈在学术出版的开放存取中找到了出路。学术期刊OA出版这一免费、在线、开放的新型学术交流模式，迎合了科学界在网络环境下进行学术交流的内在需求，因而被大力支持和推动，发展和壮大起来。一旦学术交流的方式产生变革，学术期刊出版的方式也应该顺应随之变化起来。

（二）开放存取出版的类型与特征探析

开放存取出版是一种不同于传统学术出版传播的全新机制，在不违背知识产权的精神，尊重作者权益的前提下，其核心特征有两点，一是打破价格障碍，利用互联网免费为用户提供学术信息和研究成果的全文服务；二是打破使用权限障碍，可自由获得学术信息。

1. 开放存取出版的基本类型

从使用途径这一角度，在科学领域，开放存取出版主要包括了两种形式：即 OA 期刊（Open Access Journals）和 OA 仓储（Open Access Repositories）。

OA 期刊遵循严格的同行评审制度，会对作者需要出版的论文进行审查，从而确保论文的学术质量。其特征是"作者付费发表，用户免费阅读"，OA 期刊也被称为金色 OA。金色 OA 出版模式是一种理想的开放出版模式，由于其具有不确定性，因而是一种探索性的 OA 出版模式。

OA 仓储既能够为作者提供免费存储的服务，也能够为用户提供免费检索以及下载的服务，也被称为绿色 OA。OA 仓储又可以划分为两种：学科 OA 仓储和机构 OA 仓储，一般情况下，提交到 OA 仓储的论文不需要采用同行评审，作者可以通过"自存档（Self-Archiving）"的方式将文献资源上传和存储。文献的内容既包含了未经评审的预印本（preprints），也包括已评审的后印本（postprints）；文献种类也较多，包括期刊论文、会议论文、研究报告、学术著作、多媒体教学课件等等，其特点是"文献自存档，免费阅读"。相比较而言，作者或作者所在单位的自存储更为现实，也更为实用。

还有一些个体的学术交流形式，以及正在兴起的基于在线的社交网站学术交流传播形式。开放存取出版的类型如图 6-34 所示。

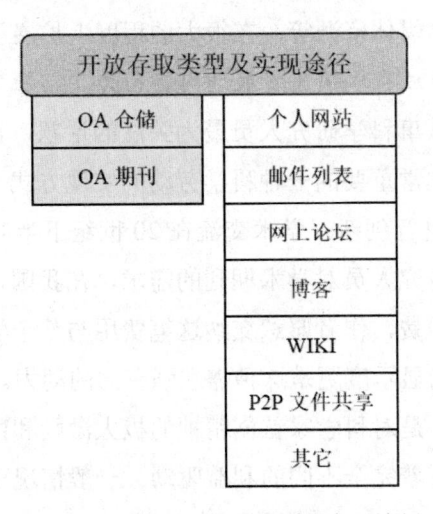

开放存取类型及实现途径	
OA 仓储	个人网站
OA 期刊	邮件列表
	网上论坛
	博客
	WIKI
	P2P 文件共享
	其它

图 6-34 开放存取出版类型及实现途径

从用户使用权利这一角度进行划分，又可分为两种类型。一种是免费的开放存取（Gratis OA），即学术成果可以被免费的获取。免费获取重点是指消除了价格壁垒，但未必可以自由使用；另一种是自由的开放存取（Liberal OA），即学术作品不仅可以免费获取，还消除了对作品再利用的部分或全部限制，既消除了价格壁垒，又部分或全部消除了许可壁垒，解决了免费获取和自由使用的问题。

2. 开放存取出版的基本特征

根据文献分析和本人实习的体会，开放存取出版具有以下三点基本特征。

（1）获取与交流学术信息的及时、便利与交互性。

开放存取出版是需要依托网络的，信息的发布和获取均采用数字化的信息资源，使用者可以在全球各地通过互联网进行无障碍的交流，从而能够打破时空的限制；重视增强学术信息交流的交互性，实现了读者、作者及编辑之间的多对多、一对多及一对一的互动交流模式；注重学术交流的时效性，提升了文献处理的自动化程度，缩短了出版周期。

（2）作者付费拥有版权，读者获取拥有更宽泛的使用权。

"知识共享协议"（Creative Commons License，CCL）采用基于"保留部分权利"（Copyleft）的理念，作者拥有作品的版权，但只要能够保证作品的完整性，用户就可以各种合法合理的方式使用，如自由下载、链接与复制等。在计算机网络数据交换的层面上，遵循元数据收割协议（Open Archives Initiative Protocol for Metadata Harvesting OAI-PMH），有利于 OA 数据的有效传送和长期保存，可以说，在利用上读者没有经济、版权、技术上的限制。

（3）作品的呈现形式多样化、丰富性。

开放存取出版在作品形式上呈现资源的多样性，不仅包含各种纯文本的电子出版物，还有音频、视频等各种多媒体学术信息，如会议文献、电子教学资料、还包括不同格式的图片、文字、影像与其他多媒体资源等，在很大的程度上扩展了学术信息的交流方式。

（三）优先权之争是开放存取快速发展的内在动力

科学发现的优先权是从事科学研究人员最为关注的话题，也是开放存取出版不竭发展的内在动力。学术交流是非常重要的一种科学劳动的实现方式，对于科研人员来说，尤为紧要的科学精神就是能够进行创新。学术交流在 20 世纪下半叶以来，期刊的增长和学术出版商的增加更多归因于研究人员对学术期刊的需求，在我国，除了极少数学术期刊外，发表论文基本上都要交版面费，作者愿意交纳这笔费用与整个学术评价体系和高校之间的相互攀比有关，学术成果的显示度更是这种需求强有力的动力。

获得最大的社会承认，是对科学家首创精神的极大激励和鼓舞，这与大众畅销书出版为了增加销量和"码洋"有着完全不同的利益驱动。一般情况下，科研人员发表论文或者出版学术著作，最主要的目的是为了能够在学术系统内获得优先发现权，将此作为一种荣誉并视为自己科研成果的最高"报酬"。学术交流给有造诣的科研人才提供了施展才力的渠道，并能够从学术交流的过程中获得成就感；与此同时，科研人才学术评价体系，使他们之间的学术交流还具有一些功利因素。学术研究人员对学术发表优选权的重视，才给予了 OA 出版不竭的动力，成为其发展进程中不可或缺的内在动力。

二、开放存取期刊的运行观察

（一）学术交流模式变革的评析

学术期刊出版是顺应学术研究的需要而产生的，它与现代科学技术的发展有着密不可分的联系。在学术出版活动中，作者、读者、评议者都属于参与者，往往可以进行角色的多重互换。作为作者的研究人员将自己的专业论文投放到学术期刊上希望能够进行发表，他们这一举动的根本目的是期待能够在更大规模和更广范围内传播自己的研究成果，从而获得同行认可，提升自身的学术地位。由于学术交流的不断增加，进而吸引了出版商加入学术出版领域中，逐渐成了学术出版市场中的主体。

不论是在印刷条件下的纸质出版还是在网络环境下的数字出版，都会随着人类自主创新的内在动力需求，相依而进，相伴前行，改变的只是学术期刊出版的商业模式。本书整理出学术交流体系中各种角色需求与满足的新特点，以便进一步从学术交流体系经济运行的角度做进一步的探讨，如表 6-2 所示。

表 6-2　学术交流体系中角色需求与满足新特点

角色	需求与目标
研究者（作者）	愿意付费尽快发表论文，以最短时间和最大范围向世界各地的同行传播和交流
	发表论文的期刊/平台权威性较高
	允许免费获取
	允许自由使用，但保留署名权，提高引证率
	允许公开保留（入库自存档）
	进行互动交流（圈子），便捷快速丰裕获取使用所需论文信息
研究者（同行评议）	便利进行内容创新性评议
	允许评议意见公开，并互动交流
商业出版者/非营利出版者（审查者）	便捷开展论文形式与质量审查
	提升期刊论文引证率、期刊/平台的品牌力
	形成基本和开源的多元结构资金保障体系
	尝试为作者提供多种纯 OA 理想模式的补充选择
	商业出版者希望获取更大利润

续表

角色	需求与目标
图书馆	订阅文献资源以利读者使用
	难以持续承受付费访问模式经费压力
	加工再利用进行深度研究服务
研究者（读者）	免费获取论文
	方便检索分类信息
	进行互动交流（圈子）
研究机构	科研经费转移支付学术论文发表费
	本机构学术成果强制存档（机构仓储）
	本机构发表更多高质量成果，显示核心竞争力
学术性社团	活跃学术交流促进创新思想与成果
	建立学科仓储，尽可能吸收相关OA论文
	发展会员，尤其是有科研潜质的会员
资助机构/资助者	设置专门公益性机构，资助学术交流，开放存取出版
	企业或个人支持公益事业，资助学术交流，开放存取出版
政府管理部门	政策导向与资金扶持
	保护知识产权与鼓励受资助科研成果的共享
	促进人才队伍壮大发展
	促进国家科技竞争力的提升

（二）学术期刊出版商业模式博弈的评析

1. 开放存取出版挑战过度商业化期刊出版

从国际上看，运用商业经营模式出版商使学术出版成为大规模的国际化产业，促进科学发现、技术创新与大批的研究人员培养，为学术交流和学术传播做出重要贡献，这也是学术出版能够快速发展的一个重要原因。出版商参与学术出版在相当大的程度上促进和推动了学科的发展与进步。但是出版商追求的根本目标是为了能够获得高利润，如果他们在学术出版中处于无利可图的境地，受到伤害的将不仅是出版商，也会包括学术交流体系的其他成员和学术出版本身。

OA 出版是学术出版领域的一场革命，是学术出版发展和变革的方向与趋势。打破出版商对学术资源的垄断，平衡学术出版与学术交流模式中各种角色的利益关系，实现学术成果的共享和自由交换，是学术界和图书馆界发起参与 OA 运动的初衷。OA 出版作为一种全新的出版模式，反对将作品的复制权从作者转移给出版商，正在挑战现有的商业出版模式，希望减少对文献网络传播的限制。从期刊出版运行的角度，OA 出版实质上是代表读者利益的公共服务机构与商业出版机构间的一场关于利益调整的争斗，是对学术出版过度商业化的一种反抗。

2. 满足刚性需求的期刊出版模式比较

对学术期刊出版是刚性需求的判断，来源于学术期刊出版中的同行评议起到创新性的甄别把关作用。严格的同行评议是科学研究、学术交流成果固化并能够得以传播的有效把关机制，同时也是作者获得科学发现优先权的重要保障。

目前，OA 出版在全球学术交流系统中的文献占有率不足 20%，传统用户订阅收费仍是期刊出版的主导商业模式。开放存取运动并不是要完全颠覆用户订阅的出版模式，而是希望能够通过引入更多的竞争者参与到学术出版领域的竞争和博弈，进而达到促进学术交流和学术出版过程中各相关者利益平衡的积极效果，在调动出版商参与学术出版积极性的同时，尽量减少其对利润的过度追求。出版商也在积极利用数字网络技术，进一步改善信息共享的学术交流提供需求，提升学术论文发表的速度和获取品质。要保证期刊正常可持续运行，经费保障是最基础的要素。当前，开放存取已经引领了学术期刊出版的潮流，在交替发展的过程中，原有的模式可以改造。开放存取出版模式是对传统用户订阅出版模式的修正，不论何种模式，共同点有两个：一是满足学术交流体系中对期刊出版的刚性需求；二是寻求运行经费的支持。不同之处是，OA 出版存在的先天缺陷是缺乏可持续经济支撑来源的常态机制，而商业出版的市场机制有活力，但存在的诟病是过度追求商业利润。本书认为，OA 出版与用户订阅出版在博弈中，可以产生各种逐步实现利益平衡的经济运行方案，最终支持学术交流系统发展的永续学术出版需求。

（三）学术期刊出版运行模式的评析

经济运行机制是 OA 出版模式可持续的核心问题。基于网络的 OA 出版使学术期刊的出版成本得以降低，但并不代表出版不需要成本。通过学术期刊出版运行的比较，分析两种出版商业模式可能协调产生的各种运行模式。

1. 学术期刊出版商业模式的对比

本书认为，基于用户订阅的期刊出版和基于作者付费、读者免费的 OA 期刊出版，商业模式中出版机构的地位、作用有差异。

在用户订阅出版商业模式中，出版商在学术出版市场中扮演着主体地位，通过经营期刊托起作者、评议者和图书馆、读者间的联系，一边是文献生产方、一边是文献传播应用方，如图 6-35 所示。

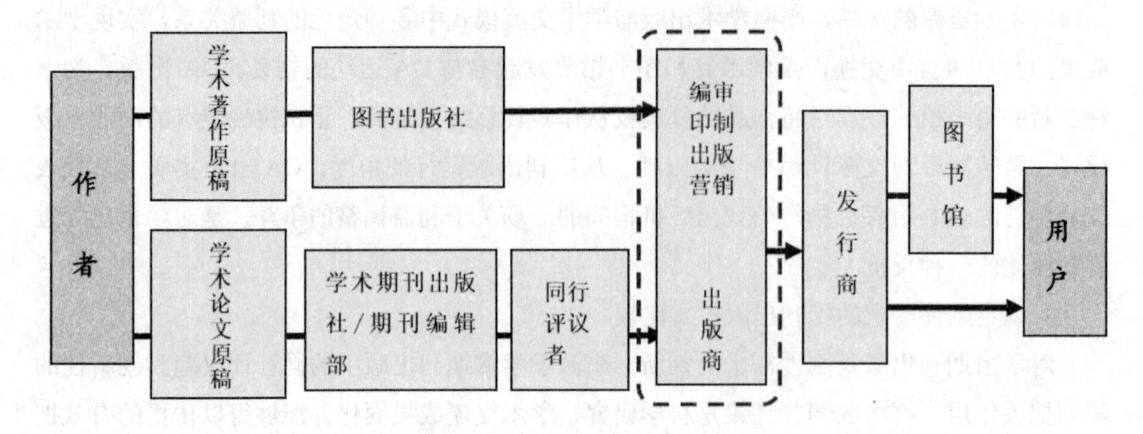

图 6-35 基于用户订阅学术期刊出版模式

进入 21 世纪以来，科技学术期刊的数字化、媒体化转型成为必然的发展方向。数字出版是指利用数字技术进行内容编辑加工，并通过网络传播数字内容产品的一种新型出版方式，其主要特征为内容生产数字化、管理过程数字化、产品形态数字化和传播渠道网络化。这种新型出版方式的四个典型特征为：内容生产、管理过程、产品形态的数字化以及传播的网络化。OA 出版模式中，大量 OA 期刊或 OA 仓储符合数字出版的形态特征。

在数字网络环境下，出版机构的主体地位发生弱化，这是由于 OA 出版使作者、读者和评议者多了新的网络学术交流通道，并且这种新型通道使学术交流的各方更加畅通便捷，这是信息技术进步馈赠给学术交流模式创新的礼物。网络环境下两种学术期刊出版模式的交汇如图 6-36 所示。

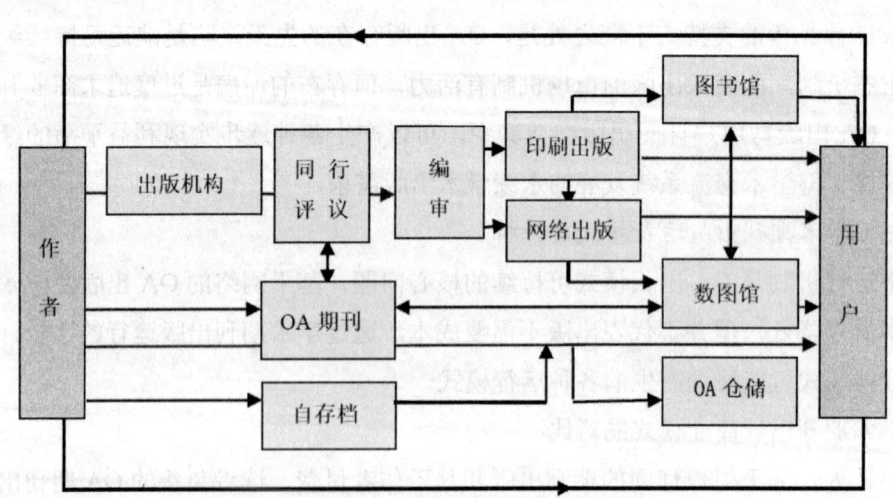

图 6-36 网络环境下的学术期刊出版模式

用户订阅商业模式不再成为学术出版市场的唯一模式，但 OA 出版和用户订阅出版两种出版传播模式将会共存，并且用户订阅模式将会向 OA 出版模式进行选择性改善也是必然。

2. 学术期刊成本构成的对比

用户订阅模式的学术期刊出版，其成本可以用管理会计中的固定成本和可变成本来分析。其中，固定成本与期刊的发行数量无关，而可变成本则与期刊的发行数量有直接的联系，图 6-37 显示了一般学术期刊的运行费用构成。

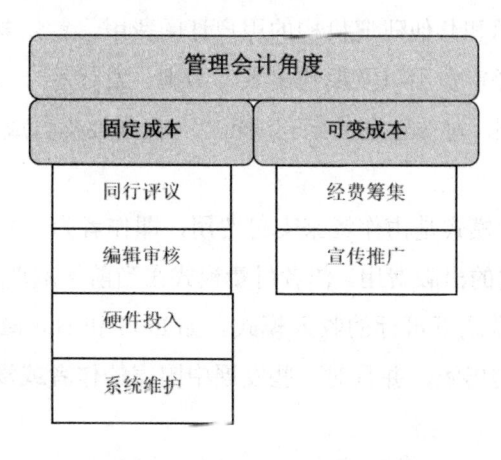

图 6-37　基于用户订购的传统出版模式成本构成

OA 出版模式为读者提供免费的访问服务和为研究人员提供免费的存取，这种出版模式也需要支出成本。基于作者付费、读者免费的 OA 出版模式，成本构成包括有：同行评议费用、员工的薪资、硬件的投入和维护费用以及一些相关的管理费用。因此，设备投入、系统开发和运行费用仍然是 OA 出版模式要解决的问题，如图 6-38 所示。

图 6-38　基于作者付费的开放存取出版模式成本构成

对二者成本费用进行比较，在基于用户订阅的传统出版模式中，固定成本约占总成本的六成左右（其中也包含一些和期刊生产无关的固定成本）；而对于 OA 出版，其固定成本约占总成本的九成左右。在全球医学研究领域中，影响力最大的基金之一英国 UK Welcome Trust 公布的一份调研报告数据显示，实行 OA 出版模式能够有效减少约三成的出版费用。

3. 期刊出版经费来源的对比

对基于用户订阅的传统出版模式，学术出版机构（学术期刊出版社／期刊编辑部）通过发行销售，依靠图书馆和其他研究机构的用户订阅费用，首先要支付期刊所产生的成本开销：审稿费用、同行评审费用以及期刊出版、印刷、发行等一系列成本费用；其次，在此过程中赢利，产生利润。对非营利的期刊编辑部，仅需要支付成本开销，对学术出版商，还追求利润的最大化。

OA 期刊的基本运行模式是由作者来支付费用，即作者为了将自己的研究成果进行出版和传播，需要支付一定的出版费用。作者付费模式在当前学术期刊出版中只占很小比例，但它代表了在 OA 出版模式下可行的收入模式。如 PloS 和 Bio Med Central，主要采取这种形式维持其学术期刊的出版，并且对一些发展中国家的作者或没有课题经费的作者则可以减免。

由于同行评议过程中需支付一些费用，所以理论上讲，OA 期刊向作者收取一定的审稿费是合理的，尤其是一些退稿率很高的国际高端学术期刊。OA 期刊组织审稿和组织同行评审，一旦论文被采纳，需要支付出版费，然后进行网络传播，读者可以免费访问；作者所在机构可以免费再利用，如建立和运行学科仓储、机构仓储等。

我国的情况则不尽相同，OA 期刊绝大多数是由传统期刊转型演变而来的，没有对选择 OA 出版的论文进行专门收费，以此作为期刊运行费用的来源，只有非常少数的期刊在正常收费外，再按篇收取 OA 费用，或按版面收取 OA 费用。即使收费，需要经过科学分析论证，并需要接受公众的监督，不能追求盈利而随意提高收费的标准。

期刊是连续性出版物，仅靠作者付费且付费水平不高的情况下，维持 OA 期刊的运行有难度，还需要开拓筹资渠道，在保证期刊出版质量的同时能够使期刊正常运行下去。通常，OA 期刊采取多元化的筹资模式，一方面，发挥期刊社／编辑部自身力量自主经营；另一方面还需要争取更多的各种资助，或者采用组合的经济运行方法。近些年来，在 OA 期刊出版上有很多新的探索，在解决经费问题上，有的主要靠作者付费，有的主要来源是政府或机构的资助。OA 期刊经费来源如图 6-39 所示。

（四）开放存取期刊类型分析与特点评析

在西方发达国家，科学研究和学术交流比较充分，学术出版商的学术期刊集中度和高端期刊的集中度优势明显，经过数字化期刊和数字出版平台建设，文献已经全部数字化出版传播，拥有在学术期刊出版中的话语权。可以认为，发达国家产生图书馆系统的学术期刊订购危机有其特定的历史根源和现实表现。OA 期刊出版在化解订购危机上作用积极明显。

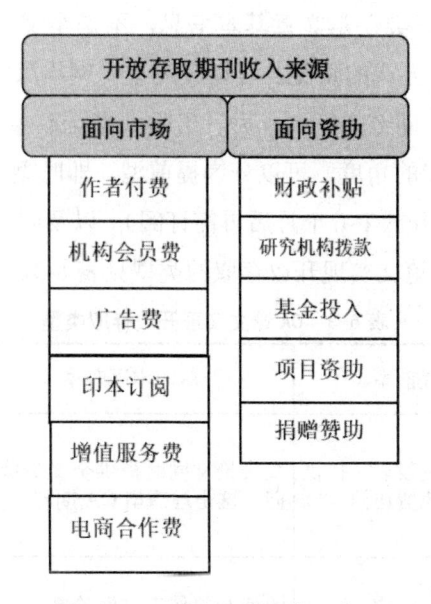

```
开放存取期刊收入来源
├── 面向市场
│   ├── 作者付费
│   ├── 机构会员费
│   ├── 广告费
│   ├── 印本订阅
│   ├── 增值服务费
│   └── 电商合作费
└── 面向资助
    ├── 财政补贴
    ├── 研究机构拨款
    ├── 基金投入
    ├── 项目资助
    └── 捐赠赞助
```

图 6-39　开放存取期刊收入来源

1. 开放存取期刊的出版类型分析

国际上将 OA 期刊分为三大类：第一类是直接完全 OA 期刊，是 OA 期刊的主流；第二类是延迟 OA 期刊，指网络传播的期刊文献晚于纸质期刊出版一段时间；第三类则采用纸质刊与电子刊的混合模式。在 OA 期刊的不断发展的过程中，一些学者总结出了十种实现开放存取出版模式的途径。在开放存取出版实践中，国外涌现出和继续探索着不同的 OA 期刊类型。

（1）开放存取期刊的类型划分。

OA 期刊出版以网络版为主要形式，有创刊时就采用 OA 期刊形式，但并不排斥同时发行印刷版；也有从传统订阅期刊转化为纯 OA 期刊。现在，由于学术社团、大学和学术出版商出版的传统印刷期刊纷纷采取 OA 模式，很多著名的出版商将其全部或部分期刊转变成混合 OA 期刊，使混合 OA 期刊得到较大的发展。国际著名的 OA 期刊文献检索系统 DOAJ（Directory of Open Access Journals）已经开始为这一类 OA 期刊划分出独立的列表，以适应 OA 期刊新的发展趋势。

OA 期刊模式呈多样化态势，出版的期刊类型可分为三大类：第一类是原生类 OA 期刊，论文评审后直接采用 OA 出版；第二类是延迟的 OA 期刊，第三类 OA 期刊采用纸质刊与电子刊共存的混合模式。

（2）开放存取论文的类型划分。

从期刊载文采用的OA出版方式角度，可以分为完全型、部分型和题录信息型OA出版等，其中，前两类期刊OA出版的文章都是全文的，只是第一类为一期刊载的全部文章，第二类为部分文章；但第三类仅是文章基本信息，不是全文，因此算不上真正意义上的OA文章；从期刊采用媒介方式的角度，可以分为单一网络版、纸质电子混合版，前者是只出版电子版的OA期刊，即数媒期刊；后者出版纸媒与数媒两种媒介的期刊；从OA期刊与纸质期刊出版是否同步的角度，可以分为提前型、即时型和延迟型。其中延迟型中又有纸质出版后阶段OA型（开放1~6个月后再需订阅），以及同一期刊某时段OA出版型等。经过文献分析和提炼，OA论文实现开放存取的类型见表6-3。

表6-3　OA论文实现开放存取类型

开放内容	预印本提前型	后印本同时型	后印本延迟型
全部论文全文开放	论文经评审接受发表。提供全部论文全文免费访问	发表论文同时提供全文免费访问。这是理想型OA期刊	仅作者许可，论文发表数月后才提供全文免费访问
部分论文全文开放	作者付费论文提前开放，期刊选择开放部分论文内容	即使开放作者付费论文全文，以及期刊选择开放部分论文全文	出版数月后选择期刊中部分论文全文免费访问。

目前，OA论文实现开放存取主要集中在科学技术和医学学术期刊出版领域，社会科学、人文学科的研究人员对它还不熟悉。因此，OA出版的发展还需要各方面的共同努力，包括研究人员、大学、学会、图书馆、基金会、非营利性出版机构，以及商业出版者。

2. 开放存取期刊运行的新特点

（1）开放存取出版制度有科学性人性化改进。

OA期刊出版实施的开放评审的创新，受到国际出版商和学术期刊界的广泛关注。OA期刊的同行评议（open-review）过程和传统纸质期刊相比，增加了许多更加科学化、人性化的改进。改进之一是，同行评议过程中不评价论文的学术性水平，而是在论文发表后由读者或所有同行进行学术性评议。改进之二是，更进一步将历来的匿名同行评议变成开放的同行评议，即将同行评议内容公布出来。允许读者对发表的论文、同行或编辑的审稿意见以及作者的修改情况公开发表意见，指出其中所存在的问题以及不足之处；也允许作者随时对自己发表的论文进行修改和完善，进而使论文的发表最终成为一个编者、审者、读者、作者四位一体互动的动态过程，以提高学术交流的效果，论文的发现关注度。

（2）作者付费出版更趋向于投稿知名学术期刊。

由商业出版机构控制的高影响力学术期刊，一旦实行"作者付费、读者一定范围免费获取"的商业模式时，比一般的 OA 期刊更加具有竞争力。实施作者付费的 OA 出版模式，作者的投稿意愿趋向于知名学术期刊，这给商业出版机构带来了设计新的盈利模式的机会。出版商的经营方式转变后，客户由读者转向了作者，出版商的角色也从内容销售者转变成传播服务的提供者，这种转变同样可以确保出版商仍然持有的高额利润。

作者支付出版费并不仅仅是自己掏钱，更多的是科研经费的项目预算项列支，因而读者免费获取实际上是公共研究经费支付方式的转移：由图书馆支付给出版商转换为由作者支付给出版商，出版者转变向读者收费售卖内容的经营模式，形成通过向发表论文的作者收取发表费来维持运行的局面。

（3）大型集团实现书刊出版多元开发与资源互补。

就科技期刊的收益而言，OA 出版模式普遍降低了纸质期刊的发行量、广告量和总收益。一些国外大规模的出版社，比如：牛津大学出版社、剑桥大学出版社、威利－布莱克威尔出版公司、斯普林格出版集团、新加坡世界科技出版公司、英国独立出版商布鲁姆伯瑞（Bloomsbury）（因出版哈利·波特系列而名震天下）等，多采取书、刊联合出版的规模化经营方式，这种赢利模式体现了多元化与互补性。

相比国内的情况又有所不同，国内的科技期刊绝大多数是由期刊社（编辑部）或者由一些机构进行办刊，期刊出版的主要获利来自用户订阅的发行量、版面费和广告收入等传统途径，出版社办刊的比例不高，因此，OA 期刊出版为国内科技类出版社发展社办科技期刊带来了新的契机。

三、我国开放存取出版模式与运行图景

（一）我国学术期刊出版的基本态势分析

根据分析和实践体会，对我国当下学术期刊出版的总体情况形成如下基本判断。

1. 数字化集成期刊平台具中国特色

OA 期刊必须集聚成群，形成具有 OA 效能的集合体，才能达到真正的开放。在国外，学术期刊出版的运作是随着商业出版的市场化力量增长而运行，高品质的期刊逐步集中在少数国际化的出版商数字出版平台上，传统出版的版权机制使学术论文传播与应用归集到出版商手中，控制着整个期刊的订阅价格和传播走势，这也是图书馆和作者最不满意、过度提价引起订购危机的地方。

在国内，20 世纪 90 年代，向市场经济转型的中国正好赶上国际上数字图书馆建设以及知识资源基础设施建设的互联网应用热潮，国家通过科研项目经费投入，使维普、同方、万方等具有科技、教育行业背景的知识资源集成商应运而生。现在，已经形成以同方为首的三大集成运营商，成为具有中国特色的期刊出版数字平台。该类平台与期刊社（编辑部）建立联系，将纸质期刊大规模数字化，形成数字出版加工工艺流程，进行知识分类并建立检索，提供数字化期刊文献服务，极大满足了研究和教育领域用户的文献获取需求，此外，

还有一些面向垂直领域的数字出版平台。这些平台服务运营商主要面向研究型图书馆、高校图书馆，机构档案馆，共同建立了文献资源数字化服务的 B2B 商业模式。

经过多年的发展，再如今的大数据时代背景下，数字出版平台已经从早期的期刊形态扩展到图书、学位论文、年鉴、工具书等几乎所有的资源类型，在用户订阅商业模式不变的前提下，从响应速度、跨库查询、知识聚合、云服务等方面，提供更加贴心的知识服务，对比纸刊发行，学术期刊的网络数据库发行量逐年攀升。同时还将我国的文献资源进行国际传播，国际上著名的国会图书馆、大学图书馆以及各种机构的图书馆都购买我国的这种集成资源库内容。

总体上看，我国的 OA 期刊网络平台尚处于各自为战的状态，已有平台的技术含量和数据质量都比较低，缺少 OA 首发出版平台，缺乏国家层面的大型综合的高技术含量的 OA 期刊集成出版平台。

2. 借船出海国际化探索取得共识

科学研究尤其是基础研究的成果交流，科学发现优先权的竞争驱使研究人员创造的前沿性、基础性研究优质稿源流向高端学术期刊。我国科技论文在国际上的整体表现力受到内高校和科研院所、科研管理人员的普遍关注。随着我国学术期刊质量的持续提升，凭借刊登优秀英文论文得以在国际排名持续占据着比较靠前的位置，学术期刊的国际影响力也获得了比较快速的提高。

近年来，全国一些比较具有实力的高校、科研院所纷纷创办起全英文版期刊，走期刊国际化道路。通过与国际上知名度较高的出版集团进行合作、全球范围的聘请相关专家成为杂志的编委和审稿专家，扩大期刊的影响力。目前，国内很多英文学术期刊与斯普林格（Springer）、爱思唯尔（Elsevier）、Emerald、Landes 等国际著名出版商展开合作。如《癌症》《国际肝胆胰疾病》《中国肺癌》等期刊，通过加强国际合作组建国际编委阵容、创建 OA 期刊、加入爱思唯尔出版集团，采用国际先进的 Scholar One Manuscripts 网上投审稿系统严把学术质量和编校质量关等举措，提升期刊的显示度，国际权威数据库将这些期刊先后收录，国内外学术界和期刊界也一致对这些期刊给予好评。

3. 优先数字出版新形式开始应用

数字出版技术越来越成为推动现代期刊编辑出版方式变革的主要力量之一，借助网络传播手段，研究人员越来越关心学术期刊的发表速度。国际权威期刊出版集团，如 Elsevier、Springer 等已采用优先数字出版，快速出版的途径如，出版纸质期刊的网络预印本，印刷版与网络版同步上网，期刊优先加工上网，与刊社共建网上出版快速通道等。优先数字出版这一新兴的出版模式已经成为国际学术期刊出版的趋势，加快论文出版周期，不仅是为了争夺研究成果的优先发表权，而且也为了保持科研成果的新颖性，延长科研成果的传播期。从 2009 年起，我国万方、同方等信息内容集成商先后开展了优先数字出版服务，融合期刊"纸本、数字两种出版"制作生产一体化出版流程，实现数字化征稿、编辑、印刷、数字出版、发行一条龙服务。现在，优先数字出版的论文快速增长。

4.落实运行经费推进开放存取出版

如前分析，OA 出版的运行经费由自主经营和争取资助两部分构成，但学术期刊要大规模地转向开放存取都将面临财政问题。在没有外部经费支持下，OA 期刊只能采取对论文的高选择性和对作者的高收费运营安排。在国外，开放存取资源的"非商业使用"与商业运作模式之间的关系等受到研究关注，研究人员、出版商、大学、资助机构和政府对开放获取所带来的经济等后果还存在许多争论。国外发达国家尚且如此，我国的 OA 期刊出版需要经费的可持续性保障。与国外不同，我国的 OA 期刊基本上是从传统纸质期刊转型，或者选择混合出版模式。让研究人员更充分的共享研究成果与成果发表的运行资金缺口的矛盾，如果都选择财政投入显然难以实现。因此，需要结合国情做出相应的调整或授权，找到更加可靠的瓶颈化解出路。

在我国，数字网络技术推进学术期刊的发展，学术期刊出版的国际化趋势明显，整体实力提升；国家对科技文化建设的强大投入将使研究成果的优秀稿源更加丰裕，但对出版速度、出版质量控制和出版内容推广提出更高的要求。这使得，一方面，具有中国特色的信息内容集成商积极寻找满足作者和刊社需求的优先数字出版模式，另一方面，如今已发展成全球性产业的 OA 期刊，从理想化起步，但多数期刊财务状况不清晰。

我国单一或者小型平台的学术期刊 OA 出版很难壮大，有政府投资背景的公益性 OA 出版平台将会继续发展，学术期刊 OA 出版的发展态势明显，但现阶段所占的比例和在国际 OA 出版中的份额都很小，因此，发展我国的学术期刊 OA 出版还需要动员各方面的力量共同扶持。

（二）开放存取期刊运行模式的构建

在我国，两种学术论文的出版传播趋势发展都很明显，一是在国内仍处于起步阶段的 OA 期刊出版；二是传统的用户付费订阅出版。通过前面的研究分析，这两种方式都在朝着满足学术交流快速、便捷、互动和学术期刊品牌建设的要求方向进行选择与协调。从运行的角度，无论哪种出版传播方式，都需要有人来承担成本费用。选择 OA 期刊，费用往往由作者或出版者承担；选择付费订阅，费用要由用户承担，包括图书馆购买和读者个人付费阅读。

笔者认为可以从以下三个方面构建我国 OA 期刊的运行模式。

1.开放存取平台模式的期刊运行形式

正如前述，OA 期刊出版的固定成本非常高，在浩瀚的互联网上，没有强大的推广策略很难被用户访问到，论文的发现率很低，即投入产出的性价比差。根据现阶段我国 OA 期刊发展的状况，单一的或者少数期刊搭建网站开展 OA 出版，这种模式没有生命力。能够有显示度的是平台类 OA 期刊群，包括学科平台和综合性信息内容集成平台，尤其是后者，具有聚集资源、连接用户数量规模大的特点，有能力生存发展下去。

目前，我国市场经济体制仍在完善过程中，OA 期刊单纯或者主要依靠资助的方式不可能成为常态。因此，依靠财政投入是一种重要的形式，但是这种形式缺乏市场活力，创新比较困难，服务难以提升。在 OA 出版平台商业模式下，有三种基本的期刊运行形式，或者称之为模型，即电子印本（e-Print）、原生型（Native）以及选择型（Selection）。其主要特点是文章要经过同行评议，在作者付费（国内较少）和许可下，用户可以免费或者自由使用文献资源，但电子预印模式中只有部分满足同行评议条件。OA 出版平台模式的期刊运行形式分析见表 6-4。

表 6-4 开放存取出版平台模式下的期刊运行模型

模式	类型	特点	方式
开放存取期刊平台	电子印本（e-Print）	已完成尚未正式发表的学术论文，包括未投稿的文献、未采用的文献和已经被采用但尚未发表的学术文献。以电子方式复制的学术文献，包括预印本和后印本两种形式。学术论文的数字形式，大多以 PDF 格式或 PS 格式存在。专门收集、整理和提供上传、下载预印本资料的网络数据库服务系统——电子预印本系统	电子印本资源搜索系统
			电子印本
			学科信息门户
			电子印本资源系统
	原生型（Native）	采用开放存取出版模式直接利用网络创办的期刊，没有既定模式的束缚。也可以先开放再经过同行评议后发表在同名纸刊上	对在线论文进行同行专家评审，评出优秀论文作为纸本期刊主要稿源，电子与纸本互相促进
	选择型（Selection）与数字复合出版有交叉	从传统纸质期刊转变出版纸媒与数媒两种类型期刊；又分为数媒提前、即时、延迟开放等多种情况	提前型
			即时型
			延迟型

2. 用户订阅模式的混合运行形式

我国 STM 领域的学术期刊运行主要采取了学科平台和信息内容集成平台的方式运行，尤其是通过集成平台之间的市场竞争和创新发展，平台与出版社/编辑部的合作不再是简单的买卖内容关系，而是提供各种增值服务，帮助几乎所有的期刊都采用了数字化出版形式，用户订阅模式下我国学术期刊的数字化出版服务形式见表 6-5。

表 6-5　用户订阅模式下我国学术期刊的数字化出版

模式	类型	特点	方式
用户订阅	出版者（Publishers）	期刊生产者和销售者，又分为编辑部和期刊社/社办期刊等机构形态；实力强的期刊出版社建立或者购买自己的电子期刊服务系统；有条件期刊社创办英文期刊或加入国际出版商平台	自建网站提供信息访问服务
			通过信息内容集成商提供服务
	信息内容集成商（Aggregators）	汇聚各出版社期刊，数据加工制作流程化转档、标引以便检索；以相同界面及查询系统供用户查询、访问与使用；为出版社提供论文提交、审稿等系统，出版社不必建立和维护自己系统；用户可以从统一入口登录	个别订阅
			机构单位包年订阅
			全文资料库期刊包库订阅
			平台商与出版社合作出版发行

国际上期刊出版的数字化、平台化、集团化运作成效显著，国际学科领域和综合性STM数字出版平台吸引我国优质的研究成果向其投稿发表。世界级数字出版集团爱思唯尔、斯普林格等纷纷进入中国，在科技与医学领域开展国际合作（爱思唯尔根据用户黏性特性提高访问其数字出版平台价格，追逐高额利润行为引起中国用户的强烈反对）。但要肯定，我国的信息内容集成商在推动中国期刊整体水平提升和培育期刊国际影响力方面，做的工作非常有意义，能够对我国学术期刊国际影响力的提升起到客观科学的评价引导。尽管它是一种用户付费订阅的商业模式，但还是能够被广大机构用户和研究教学人员所接受。用户订阅模式下采取的混合型平台运行措施，如表 6-6 所示。

表 6-6　户订阅模式下的混合型平台运行形式

模式	类型	特点	方式
混合型平台（Mixed）	信息内容集成商平台（Aggregators）	为期刊提供绿色网络出版通道，出版期刊的网络预印本，印刷版与网络版同步上网，期刊优先加工上网，与一些期刊共建网上出版快速通道等	优先数字出版（单篇定稿出版和整期定稿出版）
			独家授权出版
	学科平台（Disciplinary）	学科领域知识动态聚合、动态发布，面向专业人群需求的资源集成平台	采用云存储技术，运用新终端，资源的积累、聚合进行实时推送
	行业平台（for industry）	聚合专业领域的相关资源提供各种类型的信息服务	垂直专业网站

目前，比较现实的问题是，与信息内容集成商签订了"独家数字出版合作协议"的期刊社/编辑部，担心实施期刊 OA 会降低独家数字出版合作费，打破其已有的期刊运行经

费格局，而又难以找到更好的经费来源渠道。这也是我国 OA 期刊出版中需要化解的困境。

3. 社交媒体应用的开放存取补充形式

在过去这些年里，作为一种旨在让科学界和公众能在网上免费获得研究结果的学术出版模式，OA 出版表现出良好的发展势头。除了 OA 期刊与 OA 仓储两种主要的形式之外，适应互联网特性和学术交流内在需求的社交媒体应用，在全球科学界也引起越来越多的研究人员关注。

目前，开放存取运动的重点由启蒙个体的觉悟转到资源的大规模整合，以及泛在的互动式参与交流方面。本书关注到，专门为科学研究提供数据与资料开放获取的新型学术社交媒体能够集聚了全球数以千万计的科学家按照学科或者研究兴趣互动交流，并产生新的学术成果。

本书将这种直接依托在线开展的学术活动称之为媒体型模式，包括自建型、共建型与社交媒体型三类，目前它是 OA 期刊和 OA 仓储等有益补充，其中又可以细分成多种形式，如表 6-7 所示。

表 6-7　媒体型模式下的补充开放存取期刊类型

模式	类型	特点	方式
媒体型（Media）	自建型（Self-type）	个人文档包括已发表、未发表、未录用等各种形态采用网站提供的各种服务发布，分享。	个人网站
			电子书（e-Book）
			博文（Weblog）
			电子邮件清单
			服务列表
	共建型（Shared）	发表意见看法交流观点、数据	网上论坛
		对概念、术语、新词等参与在线编辑	Wiki 环境网站
		信息聚合允许用户持续接受朋友的数据流，跟踪其朋友的行为，而无需访问网站。	RSS 反馈
		由 B/S 演进到 P2P，连接资源发布和获取者，直接发表、找到、下载资源，	P2P 文件共享网络
	社交平台型（Social platform-type）	采用社交媒体创建 OA 期刊出版平台，编委会组成和审稿体系完全颠覆了传统期刊出版的模式	以 Open Access 为基础的科学界社交网络

四、我国开放存取期刊出版实现途径与发展策略

（一）当下我国学术期刊出版运行的多元图景

不论何种期刊出版的商业模式，其目的和基础的运行经济来源都是要解答的共同问题。本书基本上排除了单个或少数几个期刊联合的自建 OA 平台，以及依附主管部门网站建设 OA 期刊的模式选择，而将重点放在跨机构、跨学科、跨媒介的大型平台的选择上。对平台功能的研究继承前人对刊群的聚集效应、数字出版平台的双边市场效应等结论，不再展开论述。

1. 开放存取期刊的多元平台模式与资金安排

根据我国学术期刊出版的基本态势和可行的 OA 期刊运行模式，本书总结出与 OA 期刊出版相关的 OA 期刊平台、混合型平台与媒体型平台等三种平台模式，以及用户订阅模式的选择性改进模式，并进一步对各种模式的资金安排及主要来源做出相应判断。现阶段我国学术期刊出版运行资金来源的多元模式见表 6-8。

表 6-8　我国学术期刊出版运行资金来源的多元模式

模式	类型	资金主要来源
OA 期刊平台	电子印本（e-Print）	资助
	原生型（Native）	资助
	选择型（Selection）	兼有
媒体型平台（Media）	自建型（Self-type）	市场
	共建型（Shared）	兼有
	社交平台型（Social platform）	市场
混合型平台（Mixed）	信息内容集成商（Aggregators）	市场
	学科平台（Disciplinary）	资助
	垂直行业平台（for industry）	市场
用户订阅模式的选择性改进	出版者（Publishers）	兼有
	信息内容集成商（Aggregators）	市场

2. 对多元平台模式的选择评价

根据 OA 期刊的各种实现途径，具体对上述四类平台进行分析。

（1）开放存取期刊平台。

在我国，电子印本和原生型平台的运营应以政府资助为主，建立综合性的大型平台。

具体可以是目前已经建设运行多年的平台,如电子印本系统和科技论文在线平台,仍需要继续运行下去。至于是否需要在原国家新闻出版总署的体系下建设新的国家学术论文数字化发布平台,本书认为需要慎重论证。在 OA 期刊平台和混合型平台业已存在的情况之下,学术论文数字化发布应该主要依靠上述两类平台,以及不断改进创新的商业性信息内容集成商平台;选择型平台则市场和资助兼而有之,其中的纸质版与电子版的提前、即时与延迟开放选择,反映了传统期刊出版转型在策略上的具体思考,应以尽量缩短纸质版与数字版的时差为好。

(2) 混合型平台。

混合型平台中的学科型模式也是需要以财政和资助为经费来源主要途径的一类。学科平台需要政府资助的理由比较明显,它可以依托某研究机构或者大学,或者是由高校图书馆建立与维护;信息内容集成平台和垂直行业(专业)平台则可以走市场路线,其中的信息内容集成平台已经形成中国特色的市场运营机制,行业(专业)平台主要扎根相关行业领域提供专业化知识服务,进行市场化运作,也是一种被看好的形式。垂直型信息内容集成商平台和行业平台将引领学术期刊出版的潮流。

(3) 媒体型平台。

媒体型平台中的自建型、社交媒体型平台本身就是市场的产物。由于学术社交媒体的兴起,OA 期刊在学术交流过程的位置向前移,更多的社交媒体形式的学术交流嵌入学术研究过程中,这将会影响学术生态环境的改变和演进。鼓励作者在参与科学研究的过程个人自建仓储,及时发布交流更具有活力;共建型平台应该主要鼓励研究机构、高等院校建立机构仓储(也可以建学科仓储),让各种获得资助的论文发表后,能够通过 OA 仓储实现共享。社交媒体应用与共建型这两种是比较现实可行的方式。

(4) 用户订阅模式的选择性改进。

尽管采取用户付费订阅模式运营,信息内容集成平台也是在国家各种专项资金的先期高投入下建设起来的,建成后的运行采用市场运作方式。信息内容集成商平台在提升服务中已经创新了一些满足期刊社和作者需求的期刊出版方式,尤其是优先数字出版已经成为加快出版速度、提高引证率的有效方式,越来越被期刊社和作者所接受。尽管独家授权出版模式存在争议,对用户使用文献资源带来不便,与开放存取的理念相冲突,但它是信息内容集成商与期刊社合作打造期刊品牌力的一种可行方式。国际上期刊出版也有这种趋势,可以在信息内容集成商平台之间的竞争中,通过努力提升服务品质和差异化出版等方式努力克服和减少负面的影响。

用户订阅模式的出版者情况也应细分,对企业法人性质的刊社,应该走市场路线开拓各种营收渠道;社团法人的刊社,由于其公益性质不以营利为目的,应该主要通过资助继续发展。

本书认为，现阶段两种商业模式及其中间的各种过渡性设计都是现实可行的，尤其是混合模式中的信息内容集成商平台目前已经是我国学术期刊出版的主体力量。我国学术期刊 OA 出版将是一个混合多元的出版格局。

（二）发展我国学术期刊开放存取出版的策略

中国的学术期刊走向国际，为提升我国的科技能力做出贡献意义重大。学术期刊 OA 出版的发展需要不同领域不同层面的共同努力与合力推进。本书提出如下发展建议。

1. 国家及管理部门的支持

学术期刊 OA 出版涉及科学界、教育界、出版界、文化界以及信息技术界等各个领域。因此，在国家层面应明确支持开展 OA 出版试验；结合国情，部委联合制定相关政策，完善法律环境；通过新闻媒体大力宣传开放存取的意义和作用。

出版界应该主动与其他相关部门建立联系，共同研究 OA 出版这一全新学术出版模式的各种运行机制，促进我国期刊出版业做大做强。新闻出版管理部门，应对全国学术期刊发展现状进行总体调查，掌握期刊开展 OA 出版的经验与问题，联合科技、教育与科学系统确定一批试点期刊社（编辑部/出版集团）。支持发展英文版学术期刊，对愿意做 OA 试验的英文版期刊应该大力支持。另外，还需要建立适用于 OA 出版模式的计量及评价体系。

2. 科研院所、高校、基金会的支持

鼓励本机构研究人员利用 OA 期刊，加入国际 OA 相关机构和项目；建立 OA 机构/学科仓储，鼓励本机构研究人员将研究成果以标准的文档格式存档，并允许免费查询；研究机构、大学、科研基金提供者应制定强制性政策，要求所有科研论文开放存取，并纳入考核环节；支持国际化办刊模式创办英文学术期刊，提供资金、场地、人员、办公条件等支持。

还需要帮助学术期刊平台打通接入国际著名 OA 期刊索引平台以及国际著名期刊引文索引平台的知识链接，使国内学术论文能够顺畅地进入这些重要索引，提高我国论文被发现、下载和应用的影响力。

3. 期刊出版机构的努力

适应传统出版逐渐转向 OA 出版模式的潮流，学习掌握 OA 出版的法律、政策、国际出版界 OA 出版进展，大力提高 OA 期刊影响力，为读者、作者、学会提供更多的增值服务。有条件的出版机构应走国际化办刊道路，直接瞄准学科前沿，建立英文专业期刊平台，快速出版传播学术研究成果。

4. 信息内容集成运营商的支持

制定中文论文 OA 出版工程/项目标准，争取出版管理部门支持引导形成行业标准。开发能够整合各种媒体类型的 OA 文献搜索技术。平衡各方利益诉求，提升知识服务能力，防止过渡商业化行为，完善数据库出版中的优先数字出版模式等模式，探索混合型OA出版的方式。

5. 出版研究机构的作用

出版教育与科学研究机构应连续性关注国际上OA出版的新动向，跟踪研究国外OA出版中的先进经验和相关政策，及时掌握其发展动向，尤其是了解国际大型出版商的OA出版走向，为政府部门和企业在我国OA出版中可能出现的政策、法律、经费、管理、技术等问题提供智库支持。

第五节 大数据时代学术期刊出版数字化产业链研究

一、数字出版产业链的形成与演化

简单地理解，产业链的形成是由于产业专业化分工而引起的，但是，其中，却是一个复杂的过程。由于技术的进步，导致产业分工日益细化、深化，产业的生产环节、价值链条不断拉伸、拉长，迂回生产的程度与日俱增。在此过程中，出于发挥不同生产环节间的协同合作效应、降低相互间的市场交易成本等的需要，企业间就通过战略合作、纵向联合等方式实现了关联，由此也就促成了产业链的产生。可见，产业链的形成与技术的进步、产业关联等有密切的关系。数字出版产业链的形成有其深刻的社会背景与时代背景，是在产业融合的大背景下，由多种因素交织作用的结果。把握数字出版产业链形成的背景，剖析其形成的影响因素，才能解开数字出版产业链形成的内部机理，找出影响其形成与发展的关键主导因素，也才能以此实施产业链的打造与整合。

（一）数字出版产业链形成的背景：产业融合

产业融合是数字出版产业链形成的社会背景和时代背景，出版产业与IT业的融合，一方面，催生了数字出版产业，产业链的形成具备了产业基础；另一方面，产业融合也促使了数字出版产业分工的产生和细化，推动了数字出版产业链的形成。

1. 产业融合催生数字出版产业

（1）产业触合概述

产业融合（Industry Convergence），作为一种20世纪90年代以来全球产业发展的经济趋势，最早源于数字技术的出现而导致的信息行业之间的相互交叉。1986年5月，日本通产省在其发布的《二十一世纪产业社会的基本构想》报告中第一次提到了"知识融合化"，是全球较早关注产业融合现象与趋势的国家政府部门。随后的1987年，日本学者植草益教授在其出版的《产业组织论》一书中，关注到了产业融合现象并讨论了产业融合对市场的影响。1994年，由美国哈佛大学商学院举办了题为"冲突的世界：计算机、电信以及消费电子学"的学术论坛,全球学术界、业界的专家、学者首次就产业融合问题进行了广泛探讨与交流。1997年,"在数字技术与管制范式之间搭桥"会议在加州伯克莱分校召开,会议讨论了产业融合与相关的管制政策。"哈佛论坛"和"伯克莱会议"的成功举行表明产业融合作为一种经济现象,开始得到了全球的真正关注。

产业融合,"指的就是在技术革新的推动下发生的不同产业或同一产业间的边界的模糊化和产业重组的动态过程"。Greenstein 和 Khanna 则认为,产业融合是一种伴随着产业的增长而发生的产业边界收缩或消失的经济现象。欧洲委员会则在其《电信、媒介与信息技术部门融合及其对走向信息社会管理影响的绿皮书》中,将产业融合定义为产业联盟和合并、技术网络平台和市场三个层面的融合。而我国学者周振华则认为,产业融合是"产业边界固化走向产业边界模糊化的过程",并指出产业融合是在信息化进程中,主要表现在电信、广播电视和出版部门等行业的固定化产业边界趋于模糊化甚至消失的一种产业现象。

产业融合作为一种产业结构发展演化的重要趋势,是产业发展的内在规律与必然结果,随着产业不断向前发展,产业门类的增多、产业间关联性的增强,产业边界也会从泾渭分明走向模糊化。虽然如此,产业融合并非自发而生的,是在一定因素的相互作用下促成的。具体来说,包括技术创新、政府放松经济性规制、企业跨产业合并、战略联盟组建,以及企业间竞合关系的推动、市场需求的扩大、跨国公司的发展等。在产业融合趋势下,产业边界趋于模糊,打破了产业固有的边界属性,一方面使得产业间的关系日益紧密,合作日益加强,产业间的交易费用也随之得到降低;另一方面,产业边界的模糊甚至消失,导致产业间的替代性增强,加之政府管制的放松,带来的市场活力的进一步释放,将会由此加速产业的竞争合作效益,并推动产业效率与效益的提升。产业融合,也会导致产业结构发生重大改变,对产业结构的优化与升级具有重要意义。

(2)数字出版产业是出版业与 IT 业融合的结果。

综上可知,产业融合是由信息技术领域向其他产业领域拓展、渗透、融合而出现的一种产业边界模糊化与产业重组的产业发展趋势,是"在以信息技术为核心的高新技术迅速发展的驱动下"出现的一种现象。产业融合,首先表现为了技术融合,即信息技术在其他产业领域的应用与创新扩散。其中,突出表现为了数字技术的融合,有人甚至认为产业融合主要就是由数字技术推动的一种产业重组、整合现象。正因为如此,进入21世纪以来,随着数字技术的迅猛发展,数字融合成为了产业融合研究的趋势。也因如此,可以说,出版业正在经历的数字化浪潮,正是由于产业融合而引起的,周振华也指出产业融合现象最先发生在出版、传媒等行业领域。自20世纪六七十年代以来,在出版领域兴起的数字化变革,也印证了出版业正在经历以技术融合、数字融合为主要形式的产业融合趋势。

出版业发生的产业融合现象的历程大致为:20世纪50年代末、60年代初,出版领域开始采用计算机技术开展科技期刊的编辑出版活动。随后,随着计算机技术的进步及其软硬件的发展,计算机技术开始逐步应用于出版物的电子化编辑、排版、存储、读取等活动中,出现了磁盘、光盘等新的出版物产品,由此也产生了一种全新的出版形式——电子出版。之后,20世纪90年代中后期及进入21世纪以来,互联网技术的出现与迅猛发展,移动通信技术的发展和普及,移动终端技术的日臻完善,则催生了网络出版、手机出版等新的出版方式。IT企业也从原来的为出版活动提供技术支撑,直接介入出版业务领域,从事出版物内容的数字化生产、传播等业务活动。也是在此过程中,出于业务发展的需要,开始出现了出版业与IT业之间的企业兼并行为。其中,既有像爱思唯尔等传统出版商对技术企业的兼并,也有如亚马逊等技术企业对内容出版商的并购。然而,更有意义的则是出版企业与IT企业之间的战略联盟合作,比如微软公司与《纽约时报》、谷歌与传统出版社及图书馆、我国的北方联合出版传媒集团与盛大文学、中南传媒集团与华为等的战略合作,不仅实现了业务的联动,也模糊了产业边界,出版业与IT业相互融合的趋势进一步增强。而像中国当前正在大力建设的数字出版产业基地,将出版企业与IT企业集中于相对特定的空间区域内,则更加速了双方之间在更大范围内的合作、融合。及至今日,数字出版的概念业已被认同,出版业的数字化趋势与数字化程度日趋明显,数字出版的产品形态与业务形态不断涌现,数字出版市场规模与日俱增,出版业与IT业之间已经从技术、业务层面的交叉、融合,延伸到了市场的相互渗透与融合。今天,谁还分得清楚,在数字出版市场中,哪些完全属于IT市场,而哪些又完全属于出版市场呢?

由此可知,随着计算机、信息技术在出版业中的应用,出版业与IT业正在发生着相互融合的现象,出版领域的数字化过程其实就是出版业与IT业的融合过程。从出版业的数字化发展历程看,其既遵循着技术融合—产品融合—业务融合—市场融合—产业融合的产业融合的演进过程,同时也与方卿教授等提到的基于并购、战略联盟、产业集聚等实现出版与IT融合的方式基本一致。数字出版概念历经电子出版、网络出版、数字出版的演变过程,其实也正体现了出版业与IT业融合的广度与深度的不断增强。

产业融合的结果,则是新的产业形态的形成。出版业与IT业的融合,其结果则是催生了数字出版产业,数字出版产业是出版业与IT业融合的产物。方卿教授等也指出,数字出版产业是出版业与IT业在数字技术的影响下形成的新兴产业,产业融合是数字出版产业发展的唯一选择。这就为数字出版产业链的形成提供了产业基础。产业链的形成是以产业的存在为前提的,产业的存在是产业内部分工得以存续的前提条件,而产业链则又是基于产业分工形成的。基于此,产业融合催生了数字出版产业,使得数字出版产业链的形成具备了产业基础,推动了数字出版产业链的形成。

2. 产业融合促使数字出版产业分工关系的产生

出版业与IT业的融合,催生了数字出版产业,为其产业链的形成奠定了产业基础,与此同时，在产业融合的过程中，也促使了数字出版产业分工的产生和细化，建立起了新的基于数字出版的产业分工关系，推动了数字出版产业链的形成。

产业融合带来的产业间相互渗透、相互交叉的效应，打破了原有的产业边界界限，导致两个或多个产业之间的边界相对模糊化甚至消失，其结果必然导致新的产业业态或新的产业发展方式的出现。这其实也就改变了原有产业的分工关系，新的产业形态的出现，也意味着新的产业分工关系的建立。故而，产业融合的过程，其实就是原有产业间分工链条的分解以及新的产业内分工秩序的重构的过程。胡永佳也认为，产业融合的实质其实就是产业间分工的内部化。产业融合导致的数字出版产业分工关系的形成主要体现在以下两方面。

从其融合的过程看，在其融合初期，主要表现为技术的融合，也即将 IT 技术简单应用于出版物的编辑活动中。自出版业开始采用计算机技术开展出版活动始，相当长一段时间内，出版的数字化（主要是电子化）进程发展十分缓慢，融合的方式也较为单一，主要就是应用最新的计算机技术开展出版物的编辑出版活动，产品形态也仅是磁盘、光盘、联机数据库等电子出版物。这一方面当然与当时的技术水平尚未成熟有很大关系，另一方面也与出版业与 IT 业的融合尚处初期，融合仍不充分不无关系。直至 20 世纪 90 年代，随着信息技术的发展成熟，在出版业中的应用日益广泛，手机出版、双方的融合也日渐加深。随之也就衍生出了网络出电子书、数字期刊、数字报纸、按需出版、自助出版、语义出版等多种出版方式，网络游戏、数字动漫、数字音乐等多种产品形态，并细分出数字内容生产提供、内容的数字化加工处理、数字内容的发布与分销等前后关联、分工不同的数字出版业务领域。由此，也就产生了基于不同的数字出版方式、数字出版产品与服务形态、数字出版业务领域的分工关系。

从其融合的程度看，当出版业与 IT 业融合程度较低时，由于参与、介入的 IT 企业尚属少数，传统出版"编、印、发"三位一体的分工关系尚未被打破，新的分工关系也仍未建立起来，因而，其核心业务流程仍然沿用传统出版三位一体的分工结构。随着数字技术应用的不断加强，出版业与 IT 业融合程度的日益加深，首先是原有的传统出版产业链"编、印、发"的分工结构关系被打破，印刷环节退出。其次，是原本相互割裂的出版市场与 IT 市场联系日益紧密，产生了新的市场需求与细分市场——数字出版市场，也吸引了更多企业的加入。近年来，我国传统出版企业加快了数字化转型步伐，已有超过 95% 的出版社开展了电子书等数字出版业务，微软、谷歌、华为等 IT 企业也加快进军数字出版的号角。此外，随着技术企业的涉入，传统出版企业与技术企业之间的角色地位、产业分工也被重新定义，随着各关联企业之间关联关系的强化，相互之间的分工协作关系也日渐清晰、明确。产业融合程度越高，其分工也日趋细化和完善，分工结构也越趋稳定。

数字出版产业分工关系的渐趋明晰，也就意味着产业纵向链条关系的逐渐形成。从这个意义上讲，产业融合重构了传统出版产业链的分工结构，促使了数字出版产业分工关系的产生，由此也推动了数字出版产业链的形成。因而，数字出版产业链也在技术、产品、业务、市场等层面也表现出了鲜明的融合性。

（二）数字出版产业链形成的动因

产业链作为一种介乎企业组织与产业之间的中间组织形态，其形成机理异常复杂。刘贵富就指出，仅用一种理论只能解释产业链形成机理的"冰山一角"，而无法全面揭示其实质，交易费用理论、资源依赖性理论、战略联盟理论、企业资源理论、生态系统理论等理论均构成了产业链形成机理的理论阐释。茵明杰等则认为，影响产业链形成的因素包括了技术、需求、政府决策等诸多方面。龚勤林则认为，市场机制与计划机制均构成了产业链的形成机制。

基于此，本书认为，数字出版产业链的形成是多重动因交互推动的结果。从其具体的形成过程看，并结合产业链形成的影响因素，影响数字出版产业链形成的作用因素主要体现在技术、市场及政策三个层面。为此，下文将从技术、市场、政策三方面深入剖析数字出版产业链的形成动因，以挖掘数字出版产业链形成的内部机理。

1. 技术动因

产业链因产业分工而形成，但分工的引起和变化，则是由于技术的改变和进步，因而多数产业链形成研究均将技术因素放在了首位。具体到数字出版产业链，产业融合是数字出版产业链形成的社会与时代背景，而产业融合则是技术推动的结果，从这个意义上讲，将技术因素视为推动数字出版产业链形成的首要因素并不为过。

技术因素对数字出版产业链形成的影响，主要是通过对传统出版产业及其产业链的影响和改变体现出来的。关于数字技术对于传统出版产业的影响和改变，早已引起了业界的关注。早在1996年春，美国出版商协会就举办了一系列由传统出版商高管与技术商面对面的交流会，以直面网络技术对传统出版业的影响。英国出版商许可协会（the Publishers Licensing Society）主席Maurice Long，在1999年的一次专访中，也谈及了新技术对传统出版业及其价值链带来的改变。Hanno也指出，互联网技术、按需印刷、电子书等技术变革影响了出版价值链从出版、批发、零售到读者消费的方方面面。

数字技术，打破了传统出版产业链的分工结构，重构了出版产业链，并由此形成了全新的基于数字技术的出版产业链类型。数字技术对传统出版产业链的改变和重构主要体现在以下三方面。

一是改变了传统出版产业链的分工关系。随着数字技术的进步，出版业与IT业融合的趋势日渐增强，伴随着的则是传统出版产业分工关系的分解以及新的产业分工关系的重构，有关这一点在上一节已有较为深入的论述。产业分工关系的改变和不同，则意味着产业链性质的不同。

二是重构了传统出版产业链的关联方式。信息、互联网等技术，不仅改变了传统出版产业链的业务流程，变"编、印、发"的核心业务环节为了"内容的生产提供、数字化加工、发布分销"，而且还重塑了出版商等产业链主体在产业中的角色地位，技术商的地位得以凸显，传统出版商及分销商的地位相对弱化。业务流程及角色地位的改变，也就意味着企业之间在业务关系、竞争关系等方面的关联方式的改变，传统的围绕出版物出版企业为核心的关联方式，演变为了以技术商为主导的关联方式。而关联企业间的关联关系即为产业链的结构，关联方式的改变，也就意味着产业链结构发生了改变。

三是重塑了传统出版产业链的价值创造活动。产业链各环节的价值创造活动及其价值贡献，会因技术经济的改变而被重新界定，产业链的价值创造会向关键环节（主导企业）转移和集中。由于数字技术的介入，传统出版产业链各环节的价值创造活动及其价值创造贡献被重新定义，产业链价值从传统出版商或分销商手中向掌握着技术优势与平台优势的技术商或平台商转移，传统出版产业链的形态也随之改变。

可见，数字技术改变了传统出版产业链的分工关系，导致产业链性质的变化；重构了传统出版产业链的关联方式，致使产业链结构也随之改变；重塑了传统出版产业链各环节的价值创造活动，产业链价值向技术商和平台商集中，并改变了产业链的形态。由此，由于数字技术的作用，传统出版产业链被完全重构，一条新的数字出版产业链也因此而形成。上述三方面有着一定的因果关系，其前提是产业分工关系。因为分工关系的改变，相应的业务流程才会发生改变，并影响了关联企业之间原本的角色地位关系，从而导致其关联关系的变化；分工关系的改变，也意味着其价值创造活动需按新的分工关系重新界定。

2. 市场动因

市场因素也是推动产业链形成的重要因素。市场需求、市场结构的变化，也会形成新的产业链。

当前，数字阅读、数字娱乐等数字消费需求的兴起与普及，正是数字出版产业链形成的市场动因。近年来，我国成年国民的数字化阅读接触率逐年稳步上升。

黏性十足的数字阅读需求、潜力无限的数字消费市场，为数字出版市场规模的扩大奠定了坚实的基础。我国数字出版产业迅猛的发展态势，很大程度上正是得益于其旺盛的市场需求。

数字出版市场规模的日益扩大，带来的规模报酬递增（即产量增加的比例大于投入增加比例的现象），对于数字出版产业链的形成具有重要影响。专业化分工与规模化有着密切联系，正如斯密所指出的，分工受到市场规模的限制。而劳动专业化分工是规模报酬递增的主要原因，当市场容量扩大时，分工将会深化，社会得到更多专业化报酬递增的好处。数字出版市场规模日益扩大带来的规模报酬递增，一方面，在使得市场具备了可观的盈利空间，从而吸引了更多产业主体加入数字出版市场竞争中来的同时，另一方面，也使得产业分工的专业化程度大大增强。近年来，数字出版市场主体规模的日渐增多，数字出版业务流程的专业化分工日益增强，也表明了这一点。而数字出版最终产品或服务的生产、提供，需要经过多重技术工序环节，也即经济学中所说的"迂回生产"环节。生产专业化程度的增强，必然导致迂回生产程度的提高，产品的生产过程被划分为了一个个专业化的纵向生产环节。在此过程中，为了降低不同迂回生产环节间的交易成本、提升协同效应、获得规模报酬，不同环节间协调合作的要求愈加强烈，生产环节内部的关联关系也更加紧密。由此，也就形成了数字出版生产环节之间相互协调、竞争合作的纵向产业链条的雏形，产业链就是市场之外维系这些生产环节竞争合作关系的协调机制，每一个为实现数字出版最终产品或服务产出的迂回生产环节，就相当于数字出版产业链的一个环节。

可见，数字消费需求所表现出的巨大潜力，为数字出版市场规模的扩大奠定了坚实基础，而数字出版市场规模日益扩大带来的规模报酬递增，则对数字出版产业链的形成起到了积极的推动作用。

（三）数字出版产业链的演化过程

随着数字技术的创新与进步，数字出版产业链关联企业间的竞争格局也在不断发生着改变，产业链原有的企业陆续退出，外部新的企业则又源源不断地进入，产业链的竞争格局、均衡结构不断被打破，由此也导致了产业链的演化。从前述的数字出版产业链形成过程看，也反映了数字出版产业链的演化特征。

在数字出版产业链形成的初期，也是数字出版兴起的初期，数字出版的方式简单单一，主要是内容的电子化，涉入的企业更是凤毛麟角，因而此时的数字出版产业链可以说是一种单一化的产业链形态。但是，严格来说，此时数字出版上下游的分工的关系链条雏形尚未显现，数字出版产业链条尚未正在形成。

随后，随之出版数字化进程的推进，出版业与IT业融合的不断加深，数字出版的发展方式趋于多元化，数字出版市场也更加壮大，数字出版开始显现出了良好的发展前景。由此，也带动了一大批企业竞相涉足数字出版市场。但是，与此同时，数字出版也衍生、分化出了两条截然不同的发展路径，一条是出版业（传统出版企业）主导的数字化转型，另一条则是IT业（技术企业）主导的数字出版。传统出版企业以传统出版业务的数字化改造为抓手，逐渐向数字出版转型。然而，传统出版企业的数字化转型颇有被逼无奈之感，原因在于，在数字化浪潮兴起的初期，由于传统出版仍占主流、数字出版盈利模式尚未清晰，数字出版并未引起其重视，开展的积极性也不是很高。但随着传统出版业务遭受数字出版的巨大冲击，传统出版企业不得不开始艰辛的数字化转型之路。而技术企业，不仅在最初就积极开展数字出版，也在最开始就扮演着"数字出版产业推动者与产业链组建者的角色"，也因此，技术企业在数字出版产业链形成过程中占得先进，占据主导地位。

然后，随着数字出版技术对传统出版业的影响程度的与日俱增，出版业与IT业融合趋势的增强，数字出版产业链也在逐渐廓清，产业链的分工关系逐渐明晰，产业链关联企业的协调合作的要求日益突出，数字出版产业链的融合化趋势也就显现出来。关于数字出版产业链融合化的发展趋势，也已得到了出版业界的关注。

基于此，本书认为，数字出版产业链在其形成、廓清的过程中，沿着"单一化—分化—融合化"的轨迹演进。而至于数字出版产业链未来的演化趋势，就当前产业链发展趋势看，网络化是其演化的重要趋势。产业链形态发展的重要趋势之一就是网络状产业链，对此，茵明杰、李想、任红波等均进行了深入研究与阐述，邓肯（Duncan）、古拉蒂、诺曼和拉米雷兹（Normann & Ramirez）等，也对模块化分工条件下企业价值链上成员的战略网络发展趋势（网状价值链）进行了分析。本书认为，随着数字出版产业链整合的推进，产业链主导企业实施纵向一体化以打通产业链的趋势会日趋明显，在产业链加速融合的过程中，伴随着数字出版平台化发展趋势、关联企业战略联盟关系的进一步增强，数字出版产业链的分工将由分解和细化向重新聚合化方向演进，产业链的纵向分工将逐渐淡化，产业链形态的价值网络化、关系网络化的特征将逐渐明晰。

二、数字出版时代学术期刊产业价值链的类别归属

（一）内容资源导向型产业价值链

出版产业从本质上讲是属于内容范畴的一种产业，出版产业的竞争归根到底是一种围绕以内容为核心的各种资源的竞争。出版产业价值链上掌握内容资源的环节在整个产业价值链中占据着主导地位起着决定性作用。不同时期，学术期刊出版流程中掌握内容资源的主体会有所不同。例如传统纸质出版时期掌握内容资源的主体是各家期刊社，数字出版时期网络出版发行需要强有力的技术做支撑，因此数字出版初期网络运营商会由于技术优势掌握着较多的内容资源。在产业价值链中，谁掌握了内容资源谁便占据了产业利润的最高端，所以当前学术期刊产业价值链利润分配中网络运营商占据着高份额。在利润追逐的驱动下，掌握了内容资源的网络运营商会采取"一体化"策略尽自己最大能力包揽全业务流程进而压缩产业链，希望将更多利益集中在自己手中；而压缩产业链反过来也会加剧和巩固其主导地位，形成"垄断"现象，以便将更多内容资源及利润优势集中在自己手中。但随着时代的发展，技术成本会降低，这种掌握着内容资源的主体会发生改变，产业价值链利润分配也会随之改变，但高利润分配额始终会偏袒于内容资源握有者，因此可以说数字出版时代学术期刊产业价值链是内容资源导向型产业价值链。

（二）技术、生产与经营综合主导型产业价值链

技术在产业价值链形成过程中起着重要作用，技术的先进与否直接关系着出版产业的流程与组织形态，尤其数字出版时代，技术的进步在很大程度上解放了生产率，提高了生产效益。学术期刊出版属于精神文化生产活动，学术期刊作为物化的产品形态起着传播精神文化内容的作用，学术期刊通过编辑出版发行各环节的价值创造与追加以达到满足市场

需求的目的，数字出版时代的学术期刊作为一种出版物商品是脑力劳动的结晶，是精神文化生产活动的价值创造。生产出来的学术期刊作为一种精神文化成果或科技创新成果，只有像普通商品那样通过市场交换才能发挥其价值。学术期刊经营活动在整个出版产业价值链中通过出版环节的基本组成部分——发行体现出来。数字出版时代市场竞争提升，经营活动的重要性更加凸显，因此学术期刊更要懂得经营、会经营。然而，数字出版时代学术期刊产业价值链并非仅有技术、生产或经营某一环节就可以完成：离开技术，生产和经营将不能流畅进行；离开生产，技术和经营将无所依据；离开经营，技术与生产将不能实现其价值，所以说数字出版时代学术期刊产业价值链是一条技术、生产与经营综合主导型的产业链。

（三）联盟企业间相互依赖型产业价值链

相互依赖型产业链是指由联盟企业构成的某产业链中的上下游企业（或厂商）之间是互为供应商和用户的关系，联盟企业之间是彼此依存度高的产业价值创造关系。上游产品若离开下游企业的支持其价值将无法实现，下游企业若离开上游企业的供给其生存将难以为继。数字出版时期学术期刊产业价值链联盟企业间就存在着这种高度相互依赖的关系，上游的作者、传统期刊社为下游的技术商、网络运营商提供内容资源，下游的技术商、网络运营商为上游的作者、传统期刊社提供技术和营销支持，彼此之间相互依赖，不可分割。在产业价值链中若联盟企业间关系稳固，那么产业链效率和效益就会越高，上下游企业都受惠；若联盟企业间关系松动，甚至产生冲突和矛盾，那么整个产业链就会效率低下，既不利于企业自身发展、也不利于整个产业发展。

三、数字学术出版产业链的基本构造

产业链，是基于价值链基础上形成的一种战略联盟关系链，是相互关联的企业之间组成的一种战略联盟组织形态。从社会网络视角看，战略联盟是社会网络的一种，美国哈佛大学商学院教授兰杰·古拉蒂（Ranjay Gulati）就将战略联盟定义为了一种社会网络组织。挪威商学院（BI Norwegian Business School）产业营销学教授 Hakansson 认为，网络是分析企业关系结构的重要视角，基于网络的视角，其包含三大基本要素——主体、活动和资源。网络主体控制着资源并以此开展生产活动，活动包括资源的联结、交换、创造或使用等，资源则是网络组织内部相互关联的、能够创造价值的对象。对于产业链而言，主体即构成产业链的关联企业；活动即产业链的价值创造活动，或可称之为产业链的价值环节；资源即能够使得产业链产生价值增值的要素，是产业链价值创造活动所必需的资源要素，三大基本要素之间相互关联、相互影响，共同组成了产业链的基本构造。数字出版产业链是数字出版关联企业基于价值增值活动所构成的战略联盟关系网络，是出版产业链在数字出版环境下的发展和延伸。传统出版产业经过多年的发展，形成了由出版商—印刷商—发行商共同组成的产业链形态，并由此推动了传统出版产业在过去一、二百年间的快速发展。

然而，当前数字出版产业链仍处于形成和廓清阶段，产业链的基本构造尚待完整，产业链主体的关联关系尚待理顺，产业链的价值创造活动与价值环节有待明确。由此也导致了数字出版产业链主体间的各自为政、分工不明、等诸多问题，严重制约了数字出版产业的健康、快速发展。如何构建并完善数字出版产业链，首先需要明确构建怎样的数字出版产业链的问题，也即数字出版产业链的基本构造。基于此，本书依据 Hakansson 教授的企业关系网络分析框架，从主体构成、价值环节、资源三方面。

（一）数字出版产业链的主体构成

产业链的构建，需要有一定的、具有关联关系的企业参与，这些关联企业基于一定的分工关系联结在一起就构成了产业链的组织形式。产业链的主体构成是研究产业链结构的前提，只有明确其主体构成，才能把握产业链主体间的角色分工及其关联关系，也才能明确把握产业链的结构。数字出版产业链的主体，即数字出版关联企业，既是数字出版产业链各环节价值增值活动的实施者，也是数字出版资源的所有者。随着数字出版产值规模的日益扩大、数字出版的盈利前景日趋明朗，数字出版也逐渐吸引了众多企业的参与，产业链的主体数量与日俱增、产业链主体类型更加多元。从目前数字出版产业链主体构成的实际情况看，基于其在数字出版产业链中承担的业务活动及角色定位不同，数字出版产业链的主体大致可以划分为数字出版产品与服务提供商、数字出版技术开发商与平台提供商、数字出版产品与服务分销商等三大类，其中各自又包含几类具体的主体要素。

1. 数字出版产品与服务提供商

数字出版产品与服务提供商，是进行数字出版产品或服务的开发、生产及提供的产业链主体。数字出版产品与服务，既包括内容产品，这是数字出版的核心和基础；也包括有形产品，比如电子书阅读器、点读笔等电子产品；还包括无形的数字出版服务，比如数字教育出版领域的教学服务，以及数字学术出版领域的学术服务等。数字出版产品与服务提供商，即具体从事上述产品或服务的开发、生产与提供业务活动的企业。其身份、地位相当于传统出版中的出版商，是数字出版产业链的源头，是数字出版产品与服务市场分销等其他业务活动开展的前提，肩负着为数字出版市场提供产品及服务的重任。

从当前数字出版产品与服务提供商的来源及其业务发展方式来看，其具体又可分为混合型数字出版商、集成型数字出版商和纯数字出版商三类。

（1）混合型数字出版商。

混合型数字出版商，是指同时从事传统出版和数字出版业务的数字出版产品与服务提供商。这类数字出版商主要由传统出版商转型而来，随着出版数字化程度的加深，数字化转型是传统出版商在数字出版时代的必然选择。也正是因为此，可以说，目前绝大部分传统的学术期刊出版单位，在坚持原有的传统出版业务的同时，也相继开展数字出版业务活动。从当前的情况看，我国绝大多学术期刊社均已开展数字学术期刊出版业务。其主要是以传统出版内容的数字化，涉足数字出版产业链的。传统出版商手握相当数量的、基于传统出版业务形成的优质内容资源，并熟谙出版运作规律与市场需求特点，这是技术商所不具备的，其也因此得以在数字出版产业链中占据一席之地。尤其是在我国，对出版物的出版有着严格的准入规定，大部分优质的内容资源仍掌握在传统出版商手中，这也是传统出版商与技术商/平台商各自为政、合作意愿较低的重要原因，凭借着其所掌握的内容资源，传统出版商并不甘愿由技术商或平台商主导数字出版产业链。中国移动等技术商与平台商虽然在数字出版产业链中占据主动，但是，缺乏优质内容资源仍然是制约其开展数字出版业务的一大困境。

然而，混合型数字出版商在数字出版产业链中的处境却不甚乐观。一方面，其虽具有一定的内容优势，却固守其内容优势，无法摆脱传统出版思维，另一方面，则缺少技术，也没能占得数字出版市场的先机，由此导致从产业链剩余利润中所获甚微。国外有亚马逊等忽略传统出版商的利益，控制并压低电子书价格，严重影响了出版商的利润水平；国内有中国移动等分走了电子书市场的大部分利润，"出版商辛辛苦苦，到头来钱都被中国移动给赚走了"，这是国内出版社的普遍心声。

为此，在数字出版产业链中，混合型数字出版商该何去何从，至少，加强与技术商的合作，充分利用其内容优势对内容进行深度开发与整合，实现内容增值，而非固守内容，是其应有的做法。

（2）集成型数字出版商。

集成型数字出版商，是从事纸版出版物的数字转化加工与数字出版产品或服务的集成发布业务的产品与服务提供商。数字出版产业较之传统出版产业，其产业集中度更高，企业集成的内容资源越多，越能对内容进行深度挖掘与整合，形成规模效应，成就"赢者通吃"。这也造就了集成型的数字出版业务发展方式，集成型数字出版商应运而生。集成型数字出版商，通常以获取纸版出版物的网络出版与传播权，进行数字化转化加工并集成提供给用户为其业务开展的主要方式。依靠其规模优势，集成型数字出版商往往占据着数字出版产业链的主导地位，斯普林格、爱思唯尔、中国知网、龙源期刊、超星（读秀）等典型的集成数字出版商，无不把持着各自领域的数字出版市场。

集成型数字出版商有的是从传统出版商转型而成，比如斯普林格、爱思唯尔、威立等，他们在传统出版时代本身就拥有相当数量的内容资源，其后又通过不断地兼并重组，进一步增强了其内容的集成量，从而发展成了今天数字出版时代的佼佼者。而更多的集成数字出版商则是技术开发商出身，通过与大量不同的传统出版商合作，获取其纸质版的出版物的网络出版与传播权，并进行数字化加工处理后，整合集成发布。他们所拥有的内容资源量与集成能力，是传统出版商所无法比拟的，海量的文献数量成就了他们今天的垄断地位。比如我国数字学术期刊市场的中国知网、万方数据、维普资讯，目前已基本垄断了整个数字学术期刊市场；再如我国的数字图书馆市场，超星、读秀、书生之家等，也凭借其内容集成优势，占有较高的市场覆盖率。

无论是从传统出版商转型而来，还是技术商出身，集成型数字出版商的共同特点均是充分利用规模经济优势，通过整合数字化加工后的传统出版物集成发布，以满足用户的多元化需求。

（3）纯数字出版商。

纯数字出版商，是立足于某一数字出版领域、直接从事原生数字出版业务的产品与服务提供商。纯数字出版商从一开始从事数字出版，就主要聚焦于某一数字出版领域，并以其经营理念、技术优势等决胜数字出版市场，其聚焦的市场定位发展方式、独特的经营理念，往往更能使其在所涉及的数字出版领域取得更突出的市场地位。纯数字出版商通常不涉及传统出版，而是以完全数字化的方式开展数字出版业务，既没有经过传统出版环节，也不参与传统出版内容的数字化加工。然而，也有像盛大文学在数字出版市场站稳脚跟后，也开始将其触角延伸至传统出版。近年来，盛大文学坚持力推全版权运营模式，依靠其原创内容资源进行多媒介的深层次开发，积极向传统出版、影视剧等领域拓展，使版权价值最大化，实现了自身利润及作者分成的双赢。

2. 数字出版技术开发商与平台技术提供商

数字出版技术开发商与平台提供商，是为数字出版业务活动提供技术与平台支撑的产业链主体。如果说内容是数字出版产业发展的基础，那么数字出版技术则是其推动力。作为技术驱动型产业，数字出版产业因技术而生，数字出版技术开发商从最开始就扮演着数字出版产业推动者与产业链组建者的角色。数字出版产业的发展及其产业链的构建高度依赖技术商和平台商的有力支撑，技术商与平台商参与构建数字出版产业链，不仅极大地推动了传统出版商的数字化进程，也促进了数字出版产品的分销。如，在我国，有超过90%的出版社和报业集团采用方正自主开发的数字出版技术解决方案，开展其数字出版业务活动，方正集团为我国传统出版商的数字化转型提供了必要的技术支撑。又如，中国知网、维普、万方、龙源四大数字期刊出版平台，承担了我国绝大部分期刊的数字化加工与市场分销重任。再如，中国移动和内容提供商共建的手机阅读平台，则撑起了我国手机阅读的一片天地。由此可见，数字出版技术开发商与平台提供商在数字出版产业链中的地位。现实情况也确实如此，技术商与平台商主导了数字出版产业链的发展与利益分配。

数字出版涉及的关键技术主要有三类，一是作为数字内容阅读载体的终端设备的研发技术，二是肩负数字出版产品与服务发布、分销的数字出版平台技术，三是服务于数字出版业务活动开展的应用技术，由此，数字出版技术开发商与平台提供商大致可以分为终端设备技术商、数字出版平台技术商和数字出版应用系统开发商三种类型。

（1）终端设备技术商。

终端设备技术商，即通过研发、生产数字阅读终端设备从事数字出版的产业链主体。一方面，数字内容需要借助 PC、平板电脑、电子书阅读器、手机等阅读终端设备进行读取，另一方面，阅读终端设备也是数字出版产品与服务分销的重要渠道，相当数量的数字出版产品与服务是直接经由阅读终端发布的。尤其是移动终端的出现及移动阅读的兴起，带动了移动阅读 App 的快速发展，成了移动阅读产品和服务的重要分销渠道及形式，移动阅读业务也正如火如荼地开展。此外，有的终端设备，如电子书阅读器，本身就属于数字出版产品的一种。基于此，阅读终端设备的研发、生产也成了数字出版产业链的重要一环，这类设备的开发商、制造商也就构成了数字出版技术开发商与平台提供商的主体要素之一。

（2）数字出版平台技术提供商。

数字出版平台技术提供商，即从事数字出版平台技术研发与提供，并依靠自身搭建的数字出版平台开展数字内容出版与发布业务的技术商。数字出版平台既包括进行内容的数字化加工的出版平台，如 App 产品制作平台、数字出版管理平台等，也包括进行数字内容投送的发布平台，比如各类的应用商城、网络文学网站等。数字出版的网络化、虚拟化特征，使得数字内容的出版、发布及消费一体化成为可能。平台技术商对应于传统出版中的分销商，控制着数字出版产品与服务分销的渠道，其在数字出版产业链中的重要性不言而喻。

数字出版平台技术商中，有的以数字出版平台技术的提供为主，不直接从事数字内容的出版或发布业务。有的数字出版产业链主体，通过自主研发数字出版平台开展数字出版分销业务，这也属于平台技术商的一种。

（3）数字出版应用系统开发商。

数字出版应用系统开发商，是面向数字出版的共性应用技术需求，开发数字出版应用系统的一类技术开发商。数字出版业务的开展，离不开一些共性的应用技术的采用，比如数字内容编审校系统、数字内容存储格式系统、数字内容格式转换技术、数字出版物投送系统、数字权利管理系统等。微软、谷歌、方正阿帕比等均是数字出版应用系统开发商的典型代表。

其中，以数字权利管理系统（DRM 系统）最为典型、应用需求最为广泛。无论是传统出版还是数字出版，版权管理和保护均是出版商面临的一大难题，如何解决这一问题是实现包括数字出版产业在内的整个出版业持续健康发展的重要前提。因而，围绕数字内容产品的权利管理，为数字出版商与分销商开发数字权利管理技术、提供数字权利管理服务就必然成为数字出版产业发展的一个重要环节。

终端设备技术商、数字出版平台技术商与数字出版应用系统开发商之间，甚至包括前述集成型数字出版商之间，往往会出现身份重合现象。

3. 数字出版产品与服务分销商

数字出版产品与服务分销商，是利用数字出版投送平台或电子商务平台，从事数字出版产品与服务分销业务，连接内容与服务提供商和消费者的数字出版市场主体。其对应于传统出版产业中的发行商，是产业链中直面消费者的重要环节，在数字出版产业链中占有不可替代的地位。首先，这是专业分工及协作的体现，有利于提高产业链的运作效益。其次，是扩大数字出版产品分销的需要，依靠分销商的参与，能够扩大数字出版产品及服务信息的传播范围，尽可能接触到更多的读者和消费者。再次，分销商由于控制着分销渠道，往往也主导着产品定价权与收益分成权，进而由此形成了对数字出版产业链的支配权。

（二）数字出版产业链的价值环节

产业链的价值环节，即产业链的分工环节、生产环节，产业链最终产品或服务的产出，需要经由多个迂回生产环节，连续向产业链的最终产品或服务投入资源、追加价值，这些能够为产业链最终产品或服务实现价值增值的迂回生产环节，就是产业链的价值环节。一条产业链中，从原材料的生产供应到最终产品的生产、流通、销售，存在着多个价值创造与转移的环节，其中，不同的环节基于其资源禀赋条件、所处的产业链地位、对最终产品的价值贡献等不同，存在着价值增值与产业链最终收益的不同，这也即方卿教授所指出的产业链价值的差异性。因而，这也决定了在产业链众多的迂回生产环节中，有的环节属于产业链的基本环节，对产业链价值增值的实现起着核心作用，其价值产出与收益水平处于产业链的高端；有的环节地位、作用则相对弱化，是产业链的辅助环节，如出版产业链中的纸张、油墨等材料的供应环节。本书所探讨的产业链价值环节，主要是指的产业链的核心环节。

产业链的价值环节是产业链分工关系的体现，对产业链价值环节的划分就代表了产业链的纵向分工的安排与确定。厘清产业链的价值环节，有利于把握不同环节企业的价值创造活动及其价值增值贡献情况，明确产业链附加价值高的环节，并以此主导产业的发展。正如郎咸平所指出的，只有分清产业链的哪些环节附加价值更高，并由其去主导产业链的整合对产业的发展才更有利。在由数字出版产品与服务提供商、技术商与平台商、分销商构成的数字出版产业链中，在当前数字出版产业链分工仍有待明确的现实背景下，探讨并分清其产业链的价值环节，有助于我们明确产业链的分工，理顺产业链的纵向关系，剖析数字出版产业链不同环节的价值增值状况，及其中附加价值更高的环节，从而能够使得产业链主体数字出版业务的开展有的放矢，获得更高的产业链价值回报。

1. 数字出版产业链价值环节的划分

产业链传统的价值环节，也即其分工安排的划分，是产业链分工结构的体现。传统观点主要是按产业链的纵向价值环节分为产业链的上游、中游、下游，以制造业为例，其核心价值环节分别为上游的原材料供应（或研发设计）、中游的制造生产、下游的市场分销。

应该说，这种较为粗犷的产业链价值环节划分方式，有利于理顺产业链的纵向分工关系，进而实施产业链的纵向控制与管理；有助于明确各环节在产业链中的地位，从而实现分工协作。其具有相当的普适性，因而，大多数产业链的分工划分及其研究均采用这一方式，尤其突出表现在制造业领域。传统出版产业链的研究也主要依据上述方式，将产业链的结构分为了"编辑出版、复制印刷、发行"上、中、下游三大基本环节。这种三位一体的价值环节划分思路也影响到了对数字出版产业链价值环节的划分及确定，当前对数字出版产业链的研究，绝大部分仍按照上、中、下游的三元分工视角，对数字出版产业链的分工与价值环节进行分析。

然而，数字出版产业链价值环节的划分仍否适用这一分工方式，值得商榷。而对数字出版产业链价值环节的划分及确定，关系产业分工的安排，关系对产业链价值创造过程的把握，是构建完整的数字出版产业链需要解决的重要问题。数字出版产业链相较于传统出版产业链，其最大的变化就在于产业分工的不同。我们认为，传统出版产业链上、中、下游的分工方式，已难以适应数字出版产业链，究其原因，至少体现在以下几方面。

一是数字出版的平台化趋势，带来了产业链的内容编辑加工、产品与服务数字化加工、市场分销等迂回生产环节的一体化，数字出版产品与服务的生产、发布、消费均可直接在数字出版平台上实现。

二是数字出版产业链主体身份的重合。数字出版产业链构成主体身份的重合，不仅体现在前文所提到的技术开发商与平台提供商之间，更体现在了产品及服务提供商与技术开发商及平台提供商之间、产品及服务提供商与其分销商之间、技术开发商及平台提供商与分销商之间。通过前文"数字出版产业链的主体构成"的分析也可以发现，这三大产业链主体之间事实上确实存在诸多重合之处。虽然，一般情况下，产业链中也会出现个别产业链主体通过实施纵向兼并，从而获得在产业链中的多重身份，但是这仅是针对企业个体而言的，从整体上看，上中下游不同环节的产业链主体类别并没有较大重合，依然保持着一定的专业分工，以提升产业效率。相反的，数字出版产业链却是三类不同的构成主体之间发生了重合。数字出版产业链三大构成主体之间这种较为复杂的异构性，模糊了不同类型产业链主体之间的身份、地位，按照产业链上中下游的分工序列，对数字出版产业链的分工结构及其价值创造环节进行划分的方式，显然就不太适宜。

三是数字出版产业链的技术关联性。前文提到，数字出版产业链的关联关系，突出表现在了技术关联上。而传统的产业链上中下游的分工序列，主要是基于有形产品投入产出的关联思维，将关联企业之间的价值增值活动划分为了产品的研发设计、产品的制造和产品的分销三大分工环节，这三大环节严格遵循着从前到后的时空序列进行划分的，这也正是龚勤林所说的产业链关联关系的时空顺序。传统出版产业链，严格来说，仍然属于有形产品的关联，是围绕着出版物的投入产出，围绕着出版物实体从出版商到印刷商到发行商之间的转移，对产业链的价值创造过程的时空序列进行划分的。而数字出版物产品基本摒弃了实物形态，更多地表现为一种无形的、虚拟的产品形态，因而，数字出版产业链的关联已非有形产品的关联，至少传统的印制环节已经退出，这种基于有形产品的产业链上中下游分工序列也就不相适宜。

基于此，数字出版产业链的价值环节该如何划分与确定，这就需要对数字技术对传统出版产业链价值环节的重构进行分析。作为出版产业链在数字时代的延伸，数字出版产业链是基于数字技术对传统出版产业链的重构形成的，数字技术不仅重新定义了内容、渠道、技术等产业链资源的价值贡献与作用机制，也改变了传统出版产业的产业逻辑与产业流程，重构了传统出版产业链的价值环节，并在此基础上形成了全新的产业链价值环节。从这个意义上说，数字技术对传统出版产业链价值环节的重构过程，也即数字出版产业链价值环节的确立过程。

2. 数字出版产业链的主要价值环节

在数字技术的作用下，传统出版产业链的三大核心价值环节——编辑出版、复制印刷、发行分销被重构，传统出版产业链三位一体的分工结构被打破，形成了全新的"资源生产+市场分销"的数字出版产业链二元分工结构，"资源生产"和"市场分销"是数字出版产业链的两大价值环节。数字出版产业链的价值增值活动主要围绕这两大价值创造活动展开，产业链主体竞争的焦点也主要集中在对内容资源的垄断或对分销渠道的控制上。在这一分工结构下，技术商与平台商，或以内容提供商的身份开展资源生产的业务，或以分销商的角色从事分销平台的构建及内容的分销业务。

（1）资源生产。

数字出版产业链的"资源生产"价值环节，即从事数字出版产品的生产及服务提供的产业链业务环节。从狭义上讲，资源生产主要指的内容资源的生产，包括内容的出版（传统出版）及内容的数字化加工。从广义上讲，资源的生产，除了内容资源生产外，还包括数字出版产业链最终产品或服务的产出所必需的资源的生产活动，如数字内容加工技术及加工平台的研发、生产，学术服务、教育服务等数字出版服务的提供业务，以及电子出版产品的研发生产等。

由此，资源生产价值环节又包含有以下主要的价值创造活动：

一是内容资源的出版，也即传统出版部分。先经由传统出版业务，再将传统出版内容资源进行数字化加工及发布，是当前数字出版业务的重要开展方式之一，这也是混合型数字出版商参与数字出版的主要方式，如目前我国绝大部分的出版社、报刊社均是如此。从当前的实际情况看，这种价值创造活动虽然在产业链的价值环节中占有不可或缺的地位，但是其产生的附加价值较低，或者说所得的产业链剩余利润较少。如何挖掘其内容资源的价值，最大限度提升其价值增值能力、提升其附加价值，成了摆在传统出版企业面前的一大难题。

二是内容资源的数字化加工。内容的数字化是数字出版业务流程中的十分重要的一个环节，尤其是传统出版在过去几十年甚至上百年间所产出的海量的内容资源，仍有很大的数字化空间，以及大量的数字化工作要做。具体又包括两个方面，一方面是内容的数字化转换，对纸质内容资源的数字化转换是一项系统而庞杂的工程，也是当前传统出版企业数字出版业务的重心。另一方面是数字内容的拆分、重组，即将已经数字化的内容进行碎片化，以实现数字内容的深度挖掘与多元利用，最大限度增加内容资源的附加价值。这在数字教育出版和数字学术出版领域体现得尤为明显。如目前CNKI正在重点建设的知识元库，能够实现对单个学术定义、新概念、表格、图片、公式、数字等知识单元的直接搜索与推荐，在满足科研人员的专业化需求、提升科研效率方面具有积极意义。

内容资源的数字化加工主要由技术商或平台商承担，传统出版企业无论是通过技术企业直接开展数字化业务，或是数字化业务外包，内容的数字化加工重任最终均落到了技术企业身上，而且当前传统出版企业的数字化加工能力，也远逊色于专业从事数字化加工的技术企业。从内容数字化加工所能产生的附加价值看，内容的数字化无论是在技术投入、资金投入，还是人力、物力投入方面均是巨大的，这也是数字出版产业固定成本高而边际成本低的重要原因。没有内容的数字化，内容的网络化传播也就无从谈起，而大部分技术商或平台商在完成数字化加工后，直接介入数字内容的分发环节也是其常见选择。也正是因为如此，内容的数字化加工业务活动，向产业链追加的价值相对更多，产生的附加价值往往也相对更高。

三是数字出版产品的开发、生产，主要指的是App产品的制作。通常内容资源数字化加工之后，就直接流向市场分销环节发布给消费者。随着移动阅读的兴起，衍生出了移动阅读客户端这种新的数字出版产品形式，虽然从广义上讲内容App产品的制作也属于数字化生产的一部分，但App产品的制作也有其独特的产品特质与需求特性。当前，从事App产品生产的产业链主体包括传统出版企业、专业的App制作商以及分销商，但由于目前用户的付费阅读习惯尚未完全形成。因而，当前App产品制作业务环节的价值收益还不是很理想。

四是数字内容加工技术及加工平台的研发、生产。这一业务活动肩负着为资源生产及市场分销提供必要的技术支撑的重任，如果抛开数字出版单位自建数字出版平台不谈，这类业务活动由于没有直接介入产业链最终产品的价值创造过程，严格意义上讲属于产业链价值活动的辅助环节，而非主要的价值创造环节。从事这类业务活动的产业链主体，有的是如Adobe、方正等专注于技术解决方案提供的技术企业，其他大部分则是诸如中国知网、中文在线等自主研发相关技术从事内容数字化加工业务。因而，其产生的价值收益也分两类情况，前者的收益主要为一次性收取他人购买技术解决方案的收入，后者的收益情况则与内容的数字化加工相同。

综上所述，资源生产价值环节主要通过服务于内容资源的生产、生成，向数字出版产业链追加价值。内容作为产业链的基础资源，以及数字出版市场需求的核心，围绕着内容的生产、提供，围绕着内容资源价值增值实现的业务活动，本身就更容易产出更多的附加价值。数字内容提供商与数字出版分销商之间通过事先确定的收益分配方案，共同分享产业链产出的价值。而内容提供商控制、拥有的内容资源量越多，基于其内容资源集成量所具备的规模优势，其议价能力也会越强，能够获取的价值收益也就越高。

（2）市场分销。

数字出版产业链的"市场分销"价值环节，即开展数字出版产品与服务的分销业务及其相关配套业务活动的产业链业务环节。从事市场分销的产业链主体，就对应于传统出版中的发行商。无论是传统出版，抑或是数字出版，市场分销环节均具有举足轻重的地位，是联结资源生产与市场消费环节的纽带，关系着产业链价值增值的实现。数字出版产品与服务只有经由分销商，发布至消费者手中，其价值才能得到体现，产业链剩余利润才得以产出，产业链价值再创造活动才得以继续。

市场分销作为数字出版产业链核心价值环节，主要体现在市场分销主体对产品与服务价格的决定权上。分销商不同的定价策略，在产业链利益分配确定的情况下，就决定了上游的资源生产环节能够获得的收益；同时，不同的定价策略，也会影响产品的销售及收入，这在一定程度上也决定了产业链的价值产出。传统出版业中，出版物都是明码标价的，而数字出版物却不是如此原则上其定价是由分销商决定的，从市场的角度产品价格通常也是由分销商确定的。一些具有较强市场势力的分销商，通过对分销渠道的控制，也主导着定价权。

（三）数字出版产业链的资源

产业链的本质是产业链主体关联关系的体现，产业链关联企业之间，基于一定的技术经济联系，才形成了链条式的关联形态。产业链的这种关联性，从资源依赖理论视角看，任何一个企业组织生产活动的资源都不是自给自足的，都有获取外部资源的需求，由此产生了对外在单位的依赖性。企业组织之间基于资源的依赖性产生的联系与相互合作，就一同构成了产业链的组织形式。产业链最终产品的产出过程与价值增值的实现过程，就是产业链主体之间连续向产业链投入人力、物力、财力、技术等资源的过程。把握产业链主体的价值创造活动，有必要深入分析产业链的资源。

1. 数字出版产业链资源的内涵

本书认为，数字出版产业链中的资源，是产业链主体所拥有的相互关联的用于产业链价值创造的要素。其必须满足以下几方面的基本特征。

首先，资源必须是能够产生价值的要素。产业链的资源，是服务于产业链价值增值活动的基础要素，产业链最终产品的产出、产业链价值的实现，均需要产业链各方依据各自的资源禀赋条件及在产业链中的分工，向产业链投入相应的资源。但是，产业链各方投入的资源必须对产业链的价值增值产生贡献，换言之，就是投入的资源本身能够产生价值，以此才能凭借其价值贡献分享相应的产业链剩余利润。否则，这种资源就是无用的，也不应该纳入产业链资源范畴。价值性，是产业链资源的首要特质。从这个意义上讲，无论是对于传统出版企业还是IT企业，开展数字出版，首先应对自身的资源做一扫描，审视哪些资源能够产生价值、带来收益，哪些资源目前无法产生价值。对于那些能够产生价值收益的资源，要千方百计最大化地开发、利用这些资源，以实现其价值的最大化；对于那些暂时无法产生价值的资源，则应进行针对性的加工、处理，使之能够产生价值。以此，才能对企业能不能开展数字出版业务、如何开展数字出版业务以及能够实现的收益，有清晰的认知，而不是首先考虑其收益问题。

其次，资源应当是那些即将被使用的要素。资源只有被利用起来，才能够产生价值。这就意味着，当前传统出版企业认为其具有内容资源优势，不甘心于当下的收益分配方式而抵触与技术企业合作的想法和思路是不明智的、错误的。这是因为，一方面以传统出版企业当前的技术、经济实力，自建分销平台难度很大，投入产出效益也不见得很高，唯有将其内容交由技术企业。另一方面，传统出版企业不与技术企业合作，其内容资源难以达到消费者手中，也就无法产生价值，其内容资源优势也就不足以称之为优势。这也是为什么当前部分出版社明知将其内容交由中国移动等电信服务商，其收益微乎其微，但仍然打包给中国移动的重要原因，因为固守其内容更无收益可言，合作还能产生些许收益。

数字出版产业链资源的使用性，有一大难题严重困扰着产业链主体，即资源在前一刻还能使用，但是到了下一阶段却无法使用。技术设备的淘汰升级以及内容格式的更新换代，是这一困扰的典型表现。上述两方面问题，造成了市场资源的巨大浪费，如何解决这一问题，以提升产业链的资源利用效率，是数字出版产业链各类主体在资源的使用过程中需要认真思考的重要问题。

再次，资源之间必须是相互关联的。产业链的资源不应该是独立的，只有相互关联，才有利于形成协同效应，增强产业链的价值增值能力。产业链作为关联企业之间基于价值链基础形成的战略联盟组织，从战略联盟的角度看，正是出于对他人资源的需求和依赖，才结成了战略联盟关系，以实现资源的互补和共享。突出数字出版产业链资源的关联性，需要强化产业链主体间的协调合作，实现产业链资源的整合与共享。由中国出版集团打造、得到国家发改委等支持的中国数字出版网——大佳网，其构建的初衷之一就是实现行业信息资源的共享、为行业决策提供信息支撑。但是自大佳网建立之后其他出版集团反映一般，其初衷并没有达到。这也反映出了当前我国数字出版产业链主体间缺乏信息沟通，产业链信息的不完全、不充分，严重限制了产业的健康发展。为此，就需要强化产业链主体间的关联关系，推动产业链资源的整合。

此外，资源是具有流动性的要素。资源要产生价值与关联，必须让其在产业链的各环节间流动起来，以此实现向产业链的价值创造活动持续追加价值。产业链的价值创造过程，其实就是各类资源在产业链迂回生产环节的流动过程，在其流动过程中产生关联、产出价值收益。当前，我国数字出版产业链的运行仍不够通畅，还存在一定程度的产业链断裂现象，如传统内容提供商仍在一定程度上缺位。由此，也就限制了产业链资源合理、顺畅地流动，并进而制约了产业链的有效运行。为此，就有待加强产业链各方的协调合作，打造结构健全、完整的数字出版产业链，从而实现资源在产业链不同环节之间的顺畅流动。

2.数字出版产业链资源的主要类型

产业链的资源，即产业链的价值创造过程所使用的相互关联的、能够产生价值增值的生产要素，从产业链最终产品的产出看，需要多种生产要素的投入。

数字出版产业相较于传统出版产业，很重要一点改变是重新定义了内容、渠道、技术等资源在产业发展中的作用机制。探讨内容、渠道、技术等资源在数字出版产业链中的作用机制问题显然更具有现实意义，更有助于出版企业对内容、渠道、技术等资源在传统出版产业链与数字出版产业链中的区别有清晰的认知与把握。基于此，下文将分别就内容、渠道、技术这三类主要资源，产业链主体应如何对其开展控制活动，应如何进行资源的创造、交换、使用作一探讨。

（1）内容资源。

出版业属于内容产业的范畴，内容资源是其核心资源。无论是传统出版还是数字出版，"内容为王"始终是其产业发展的不二法则。数字出版用户的本质需求仍然是对内容的需求，因而，对内容资源的争夺与控制也成了数字出版产业链主体竞争的主要焦点，由此可见，内容资源对于数字出版产业链的重要性。由于内容资源在数字出版产业链中的突出地位，以内容提供商为核心推动数字出版产业链的整合成了一种较为普遍的观点。

一方面，对内容资源的控制是数字出版产业链资源争夺战的"主战场"，无论是内容提供商还是分销商，无不在想方设法占据更多的内容资源。

内容资源的控制活动要想为产业链主体带来竞争优势，很重要的一个前提是内容资源的大量占有与控制。只有大量占有内容资源，才能发挥规模优势与规模效应，满足用户的多元化需求。

与数字出版产业链相比，传统出版产业链对于内容资源的规模优势要求并没有那么强烈。传统出版物在向分销环节转移的过程中，只是其物权发生了转移，出版物内容的所有权，或称内容的出版权，仍掌握在内容提供商手中。出版物的规模效应更多地体现在分销环节，由批发商积少成多、集散成众，再发送给零售商。一个大型的图书卖场，其拥有的单品图书数量在十几万至几十万种不等，如曾经作为我国最大的民营书店而今已经倒闭的北京第三极书局,就号称拥有30多万种图书,而我国当时的年出版图书品种数量不过20多万种。可见,从满足读者多层次、多元化需求的角度看,传统出版业对规模效应的要求更集中在分销环节对出版物物权品种数量方面,这也是国外小型的出版社或出版工作室盛行的重要原因之一,他们可以以特色、内容取胜,而不一定需要规模优势。

但是对于数字出版产业链而言,内容资源转移至分销环节进行发布时,其网络出版与传播权也基本随之转移。整个商业逻辑均发生了改变,这意味着分销商可以对内容资源进行再开发与利用。对于只控制有少量内容资源的产业链主体而言,虽然也能够从中获利,但是,一方面与其他产业链主体(尤其是分销商)的议价能力较弱,这使得其能够从产业链中获取的收益较低;另一方面如若自建分销渠道,由于内容资源集成度较低,较难以满足用户日趋多元化的需求,也难以取得成功。即使是对优质内容、原创内容资源的占有、控制,也都需要具有一定的规模效应,才具有竞争力。

另一方面,对内容资源的创造、使用等活动,纸质内容资源的数字化转换仅是完成了第一步,只完成数字化转换的内容资源并不具备价值增值能力。

严格来讲,真正具有价值的内容资源,不是完成了数字化转换的内容资源,而是能够实现重复开发利用、实现资源的重新整合的内容。而这就需要对内容资源进行碎片化处理,即进行所谓的内容拆分、重组的价值活动。具体来说,就是用户的需求已经不再是传统出版时代的期刊更多的是某一篇篇期刊论文,用户对知识单元、信息单元的需求更多,阅读需求的碎片化、个性化、针对性特征越发明显。这也是为什么中国知网按单篇论文定价的重要原因。在此情况下,就需要对数字化内容进行内容单元上的拆分,以实现对内容的重组与个性化推送。也只有这样,才能实现内容资源的"一次制作,多元利用",最大化挖掘内容资源的价值。

在开展内容资源数字化加工活动的过程中,还需要注意内容资源的存储格式问题。存储格式不仅关系到内容资源的开发利用与在不同终端间的无缝分发问题,还关系未来格式升级转换后格式迁移的转换成本。从目前的主流趋势看,对碎片化后的内容,适宜以XML的方式进行存储,因其采用"内容与样式分离"的思路,这既方便对内容资源进行重复开发与使用,对不同的内容格式也具有很好的适应性,能够实现内容的跨终端发布。

(2)渠道资源。

渠道资源,主要是分销渠道。无论是传统出版业还是数字出版产业,分销渠道的作用都不言而言,因而,无论是在传统出版还是在数字出版,都有关于"渠道为王"的观点和争论。在传统出版产业链中,处于上游的出版环节和处于下游的发行环节,其价值丰度都较高,都属于产业链价值的高端。在传统出版产业链中,有时发行环节走上了产业链的高端,比如大众出版领域的巴诺书店等大型连锁书店,其产生的附加价值更高。这一特点,在数字出版产业链中表现得更为明显。控制着市场渠道资源的产业链主体,往往也控制了产业链的主导权。

（3）技术资源。

技术因素，无论是对传统出版还是数字出版，都起着十分突出的作用。就传统出版而言，从竹简到纸张，从雕版印刷术到活字印刷术到金属印刷术再到现代印刷工艺，出版业的每一次巨大进步与变革，都离不开技术的推动。就数字出版而言，高速发展与迅速普及的数字技术是催生数字出版产业的技术背景。

虽然技术资源均作为产业发展十分重要的资源要素，但是，技术资源在传统出版产业链与数字出版产业链中的作用机制、产生的附加价值却有所不同。在传统出版产业链中，技术力量主要体现在印刷工艺与载体形式方面，广义来看，桌面排版技术、发行信息系统等也属于数字出版范畴。因而，传统出版产业链中的技术资源主要运用于印刷环节，而印刷环节在整个"编、印、发"三位一体的产业链环节中，属于产业链的低端，分享的利润价值最低。然而，在数字出版产业链中情况却不一样，技术因素的影响力体现在了产业链的方方面面，网络、信息等技术不仅重塑了产业业务流程及出版商等产业主体在产业中的角色，也改变了产业链的利益分配格局。作为产业链的最初创建者与推动者，数字出版技术商（广义上包括了平台提供商）控制了数字出版产业链的主导权，分享了丰厚的产业链剩余利润。

技术资源，是企业价值创造活动所使用到的技术要素的总和，是用于企业技术创新与技术创造的支撑要素。基于企业价值创造过程中需要的技术要素，有研究将技术分类了三类——产品技术、过程技术、市场技术。数字出版过程中涉及的技术活动众多，数字出版技术也有多种。从数字出版产业链价值创造过程看，其技术可以分为两类：一是资源生产技术，包括对多媒体内容处理的信息处理技术、数字化转换技术、文档格式技术、数字权利管理技术等；二是市场分销技术，包括了网络传播、电子商务、移动阅读等数字内容传播技术。

上述技术中，很多都是从IT领域的基础性、应用性技术发展而来，很多技术发展也较为成熟，但是这并不意味着这些技术都属于数字出版产业链的技术资源，更不意味着产业链的主体将这些成熟的技术移植过来就能够成为其技术资源。有关技术的概念，从不同的层面和视角有不同的理解，从知识的角度看，技术是相互关联的能力、知识、设备组成的一种资源概念。从这个意义上讲，技术就是一种知识，知识是技术的外化表现形式。而知识是由人掌握的，也只有人才能掌握和运用技术本身所包含的知识。购买技术、设备本身，不代表着企业掌握了相应的技术资源，只有引进掌握了技术知识的人才，才能称得上企业掌握了相应的技术资源。而且，技术、设备本身是固定的，是会被淘汰的；而人才却是会增值的，人才的知识会不断更新和发展，并保证企业技术的持续创新。由此可见，数字出版产业链主体对技术支持资源的控制，关键是掌握懂技术的人才，而这恰恰是当前数字出版业极为欠缺的。

　　传统出版一直有着"内容为王"与"渠道为王"的争论，而数字出版中，基于数字技术的作用，又增加了"技术为王"的观点，形成了"内容主导 VS 渠道主导 VS 技术主导"的"三国争霸"的局面。无论谁是主导者，这其实都反映出了内容、渠道、技术资源的重要性。对于内容、渠道、技术而言，无论最终由谁主导产业链，只有实现资源之间的相互关联、资源互补与优化配置，才能够为产业链的价值增值贡献力量，并实现自身的价值。因而，对于数字出版产业链而言，重要的不是争论内容、渠道、技术谁是主导性资源，而应该思考如何实现三者的协调整合与优化配置，实现产业链价值的形成。

四、当前学术期刊产业价值链运转过程中存在的问题

　　数字出版时代学术期刊产业融合了内容与信息两大产业，各环节经营主体在价值创造的同时推动着产业价值链的运转。任何产业在发展初期都会由于产业价值链的不成熟，在运转过程中会暴露出一系列问题，学术期刊产业价值链也不例外，当前数字出版时代学术期刊产业价值链运转过程中存在的问题主要表现为产业价值链短、小、杂、乱。

（一）产业价值链短小

　　完整的产业价值链应该是具有一定的延展性，各环节间企业数量设置得当且整体产业价值链会围绕着用户需求有序开展价值创造与追加。然而当前处于数字出版发展初期的学术期刊产业价值链表现为短、小、杂。

　　1. 短：上下游环节未得到充分开发

　　数字出版时代学术期刊产业价值链的短主要体现在上游原创环节没有得到相应的重视，下游衍生环节没有得到相应的开发。经过访谈我们得知，目前学术成果的创作者广泛分散在各大高校及科研院所，大多数情况下学者在完成学术论文创作后会选择与期刊社签约以求得公开发表。一般情况下经营资质较好的期刊社会通过一次性付酬的方式给予作者相应的稿费，这样学术论文的转载权（包括数字版权）也会完全掌握在期刊社手中。数字出版时代，学术期刊社在将学术论文转卖给网络运营商时，由于数字传播具有一次复制无限传播的特点，由作者的学术成果创造的价值可远远高于作者公开发表时获得的一次性稿费报酬。更有甚者，市面上一些经济效益差的期刊社会通过收取"版面费"来获得经济利益，这种情况下青年学者和硕博研究生由于处于学科研究入门阶段学术造诣浅、人脉关系少，体制机制下为求得公开发表其学术论文而被收取"版面费"的概率会更大。数字出版时代学术期刊产业价值链中源头的原创环节由于作者的权益长期得不到相应的重视，会导致创作者的投稿积极性下降，导致刊物质量的整体下滑，进而导致我国学术期刊产业整体原创性的下滑，不利于我国学术行业的长远发展。下游衍生环节没有得到相应的开发是指，对内容资源的深层挖掘和开发利用不够。大数据时代，大量的内容资源、用户资源和信息资源构成了一笔丰厚的可开发可利用资源，数字出版时代的学术期刊产业属于内容与信息

相结合的产业，利用技术优势对大量的信息进行筛选、整合、重组，延伸产业价值链对整个产业来说会有更大的价值创造空间。

2. 小：营销环节的缺失

数字出版时代学术期刊产业价值链的小主要体现在营销环节的缺失上。目前不管是网络运营商搭建的学术期刊运营平台还是学术期刊社、高校学报自建的网络在线平台都是将自己掌握的内容资源放置在平台上等待着有需求的用户自己上门来寻找。数字出版时代，虽然网络技术的进步为刊物的发行销售提供了有力的渠道，但没有经过特定推广营销的学术期刊在纷杂混乱的网络环境中也会迷失方向，最终石沉"网络大海"。另一方面由于学术期刊不像一般的日化快消产品那样市场需求广泛，所以学术期刊更需要注重用户的培养，而目前我国学术期刊消费领域主要依靠机构用户，对个人用户的开发力度小，甚至忽略其开发，所以通过营销环节拓展数字出版时代学术期刊的产业价值链显得尤为迫切。

数字出版时代学术期刊产业价值链在发展初期还表现出杂、乱，即产业在分工、合作、竞争的基础上形成的以价值创造为目的的无数条价值链，这些大小不一、长短不同的价值链条相互纵横交错，共同为终端的读者提供产品与服务。数字出版时代的学术期刊产业价值链由于信息技术与网络技术的加入，原有的传统学术期刊产业价值链整合演变成为一条由原创作者、内容提供商、技术提供商、网络运营商、读者组成的产业价值大链条。这条产业价值链上上有作者、期刊社及高校学报，中间有技术人员与网络发行人员，末端有读者用户。每一环节都包含若干经营主体，每一经营主体又拥有自己的价值链条。例如作为内容提供商的期刊社与高校学报作为数字出版时代学术期刊产业价值链中必不可少的一部分，也有自己的产业价值链，其价值链内部不仅包括选题策划、组稿、审稿、编辑加工整理、发行等基础性活动，还包括人力资源管理、软硬件设施购买、网络接入等支持性活动。产业价值链各环节之间"既相互独立，又彼此重叠、交叉，通过相互依赖与支持构成了一个复杂的产业价值链系统。"不同环节间企业在整个系统内进行信息交流、物质交换，为最终满足消费者的需求而进行价值创造。数字出版时代学术期刊产业价值链的杂、乱体现在以下几个方面。

（二）各环节主体业务不明确

一个产业清晰的产业价值链结构往往表现为各环节企业数量设置合理且彼此间分工明确、各司其职，这也是一个产业价值链成熟的标志。

1. 内容提供商的"跨界操作"

学术期刊自 2006 年进行市场化改革以来，已促使多数传统期刊社、高校学报纷纷转企改制以求优化发展路径，但由于我国学术期刊行业长期处于体制机制的管理与控制之下，转企改制后的期刊社仍显现出过散、过滥的状况。缺乏集约化、集成化发展的传统学术期刊社、高校学报在数字出版时代纷纷转变为出版产业价值链中的内容提供商，但又因掌握着大量的内容资源而不甘平庸，充分利用各种机会纷纷向高利润的网络运营环节游移。作为内容提供商的传统学术期刊社、高校学报仅靠微薄的内容收益无法满足其内部运营成本，因此许多期刊社开始收取"版面费"。

数字出版时代，传统期刊社在获得一定的利润收益后，会增加技术投资，通过自建或借助第三方力量等方式搭建学术期刊网站或数据库平台。在此平台上作者可以通过"作者投稿"系统进行在线投稿、外审（复审），可以通过"专家审稿"系统进行在线审稿，编辑可以通过"编辑办公"系统进行在线办公，除此之外读者也可以通过在线平台进行科研论文的研读与相关信息的了解。然而网络技术日新月异，系统更新换代时间缩短，大部分期刊社或高校学报无力承担持续的技术投资，导致平台维护与更新速度放慢，给不法分子以可成之机。

2. 网络运营商的"试图通吃"

不但传统期刊社、高校学报在学术期刊产业价值链中不能够明确自己的主体业务，而且高利润的网络运营商们也问题丛生。数字出版时代，网络与信息技术的发展催生了知网、万方、维普等大型网络运营商，但目前三大网络运营商身兼数职、横跨多个出版环节，集内容提供商、网络运营商、技术服务商多重身份于一身，高额的利润分配让网络运营商试图"通吃"，妄想通过压缩产业价值链来获取更多利润，开展不够充分，因此也造成了多种弊病，例如由于只注重机构用户导致销售业务个人用户未能得到全面开发；运营商内容同质化现象严重，消费吸引力下降；由于内容资源欠缺深加工导致各运营商由于只注重网页宣传导致开发推广力度小，消费市场未能全面打开；由于信息反馈能力差导致对用户需求了解甚少，更不利于消费市场的全面开拓。因此数字出版时代学术期刊产业价值链整体运行处于混乱无序状态，为追逐高额利润各环节未能明确自身的核心竞争力且忽视核心业务的开发，各经营主体之间恶性竞争，导致上下游企业间关系紧张以致影响合作，内容质量下滑、同质化严重也进一步造成学术成果的浪费。

（三）环节间竞争激烈，运转不协调

竞争是市场运行的基本方式之一，数字出版时代学术期刊产业链内部不仅同环节企业间存在着激烈的市场竞争，不同环节企业之间也存在着激烈竞争。

1. 同环节企业之间的竞争

同环节企业之间的竞争主要表现为占据更多的市场份额而开展的竞争。当前正处于数字出版产业发展初期，由于技术成本高、网络依赖性强，学术期刊数字出版领域最有竞争力的环节为制作和传播，网络运营商承担着学术期刊数字化过程中的制作和传播环节，利润收益在出版产业价值链中最富有竞争力，其相应的竞争也最为激烈。目前，我国学术期刊数字出版领域已形成同方知网、万方数据、维普资讯三足鼎立的局面。

由于学术期刊的特殊性，三大网络运营商一开始就以规模优势在市场上获得了绝对地位，以规模构筑起的壁垒阻碍了其他网络运营商的加入，但目前三大网络运营商在收录内容方面存在同质化现象，提供读者服务方面也存在一定程度的相似性。网络运营商之间初期的竞争除了表现为规模的竞争外，还表现为技术的竞争。互联网与信息技术贯穿了学术期刊数字出版的始终，也为学术期刊数字出版产业带来了新的价值创造空间，但技术只是影响产业发展的因素之一，随着技术的成熟与大规模扩散，因先进性的技术所带来的经济效益将会不再凸显，取而代之地将是内容价值，毕竟学术期刊仍属于以内容资源为主导的综合性产业价值链。所以网络运营商之间下一步的竞争将转变为内容与经营之争。

2. 不同环节企业之间的竞争

不同环节企业之间的竞争主要表现为低利润区环节企业向高利润区环节的转移拓展。低利润区企业会以自身所掌握的资源为基础通过企业转型或者拓展新业务向高增值环节转移，以求分得产业价值链的一杯羹。

（1）内容提供商与网络运营商之间的竞争。

数字出版时代学术期刊产业价值链运转过程中内容提供商与网络运营商因竞争相疏离，协调发展欠佳。一方面表现为内容提供商的边缘化，数字出版时代传统的纸质发行力渐困难，传统期刊社原有的读者被网络运营商分流后只能处于被动地位。数字出版时代为继续生存，多数学术期刊社、高校学报逐渐转变为内容提供商，通过为网络运营商提供内容来赢得生存空间。另一方面在获得政策与资金支撑的情况下，网络运营商又表现出霸权地位，访谈中来自不同期刊社、高校学报的不同社负责人一致表示网络运营商往往会利用自身强大的网络集成力量形成"店大压客"的气势，以低价倒逼期刊社和高校学报出售自己的内容资源。当然期刊社和高校学报也不会受制于一家网运出版运营商的限制，为获得更多利润，会将掌握的内容资源售卖给多家网络运营商。由此，网络运营商在出版产业价值链中虽"一家独大"但却因出价低，难获期刊社及高校学报所掌握内容资源的专有数字版权，最终导致市面上不同网络运营商提供的内容资源同质化现象严重。

（2）技术服务商与网络运营商之间的竞争。

数字出版时代学术期刊产业价值链中技术服务商与网络运营商之间因利润竞争也存在着不可避免的矛盾。从纸质出版到数字出版，从印刷发行到网络发行，技术的进步在其间发挥着不可忽视的促进作用，然而随着技术的成熟，相应人才的增加，此类技术服务商也随之增多。技术门槛的降低导致技术服务价值的降低，一些实力强大的网络运营商甚至可以自建技术团队，网络运营商对技术服务商的依赖程度逐渐降低。但技术服务商可以在掌握某项革新技术后提高自己的议价能力，甚至重塑竞争格局，除此之外技术服务商在掌握一定的内容资源后凭借已有的技术优势甚至可以转变为网络运营商，操纵全盘，进而加剧行业内的竞争。

数字出版时代学术期刊产业价值链运转过程中内容提供商与网络运营商相疏离，技术服务商与网络服务商之间也存在着相应的冲突，市场经济条件下激烈的竞争会导致各环节间衔接不流畅，整个产业价值链运转不协调，产业发展进一步受阻。

（四）支持性活动不到位，产业保障不完善

20世纪70年代末，世界著名学术期刊出版商——爱思唯尔出版集团（Elsevier）管理大师维肯（Viken）就曾大胆预言，未来出版业最大的盈利空间非学术出版莫属。荷兰鹿特丹伊拉斯穆斯大学（Erasmus University）迪克·凡·莱特（Dick van Lente）、弗雷·德胡耶（Ferry de Goey）提出的出版三角模型（Publishing Triangle）形象说明了，在出版与国际化发展道路关系中不同类型出版物的利润空间。

在地理范围内学术出版的国际化程度最高且利润空间最大，学术期刊占据了学术出版半壁江山，日后必将成为国际出版业的必争之地。但目前我国学术期刊产业却表现出支持性活动不到位，产业保障不完善等问题。

1. 技术力量薄弱

数字出版时代，技术在学术期刊出版行业中扮演着重要的角色，从策划组稿到出版发行无论是整个工作流程还是期刊社及相关企业的内部管理都离不开技术力量的支持。技术对具体学术期刊出版机构的影响体现如下：数字出版时代，我国三大网络运营商拥有各自的专业数据加工生产线且形成了较大规模的生产能力，技术为网络运营商带来了巨大的利润，而网络运营商将赚取的部分利润投入更先进的技术开发中去，也会将部分利润投入到不断建设生产加工基地和分公司中去，反过来，先进的技术和多个生产加工基地、分公司又会给网络运营商带来更多的利润，如此形成良性循环。有了技术力量支撑的期刊社与相关企业在发展的道路上则会步履轻快、平步青云；没有技术力量支撑的期刊社与相关企业其发展则会显得捉襟见肘、步履维艰。而技术对整个学术期刊行业的影响体现在2013年以前，国内多数学术期刊出版机构已利用EPR管理系统，实现了基础数据、发行、储运及财务管理等内部环节的数字化经营与管理，但学术期刊数字化转型过程中最核心的环节——内容生产，仍采用传统的编排模式，即便学术期刊出版机构凭借自身力量或借助技术服务商搭建起稿件管理系统与数字化平台，但大多数系统与平台也呈现出安全系数低，网页打开存在卡顿慢现象，与国外先进成熟的稿件管理系统与数字化平台相比，这严重导致了我国学术期刊互联网出版与商业运营迟迟无法国际化。

2. 品牌保障的缺失

近年来，我国互联网期刊逐年增长的收入表明我国互联网期刊的成长与进步。数字出版时代学术期刊作为互联网期刊出版的重要组成部分，从中也可以窥探出我国学术期刊数字出版的发展与进步。然而众所周知，尽管目前我国已发展成为学术期刊大国，但却不是学术期刊出版发展强国。

以中国社科学术期刊为例，世界上大部分以中国社会科学院研究对象和研究内容的学术期刊并不是由中国出版的，而是由境外著名出版商出版发行的。我国学术成果出现严重倾向于投向境外刊物现象，而国内多数学术期刊却出现优秀稿件"稿荒"现象。

五、数字出版时代学术期刊产业价值链优化路径

数字出版时代通过生产、发行学术期刊进而传播学术研究成果，获取经济效益与提升产业价值成为出版商、期刊社的主要目的。通过以上章节的分析我们明确了数字出版时代学术期刊产业价值链各环节的价值增值能力及其在运转过程中存在的问题。接下来我们将根据"微笑曲线"理论与产业价值链理论探讨一下数字出版时代学术期刊产业价值链的具体优化路径及发展策略。

（一）纵横向深层次开发，以优化延伸为导向拓展产业价值链

从目前来看，数字出版时代学术期刊产业价值链的发育还不完全，通过本书第三章第一节的分析我们得知，当前学术期刊产业价值链短、小。完整成熟的产业价值链有利于产业价值的创造与协调运转，借助"微笑曲线"理论弥补弱小环节，延伸缺失环节，建立起一条从作者到用户的完整产业价值链，对整个数字出版时代学术期刊产业的发展而言必不可少。

1. 产业价值链纵向延伸

建立完整的产业价值链，首先要通过纵向式上下延伸以解决数字出版时代学术期刊产业价值链短的问题。

（1）向上：原创环节的拓展。

当前学术期刊产业价值链的源头——原创环节，由于广大学术研究者长期处于分散状态，个体力量弱小，面对强势的期刊社、网络运营商广大学术创造者议价能力差，为求得学术成果公开发表不得不放弃自己的部分利益以满足体制机制内职称评定的要求。由于在国内学术创作者的权益长期以来得不到相应的重视，导致多数学者选择向国外期刊投稿，国内学术期刊投稿积极性的降低也导致了我国学术期刊原创性学术成果质量的下滑。著作权集体管理制度是为保护个体原创者的利益，由政府主导构建的一种自上而下的全新法律制度和社会保障制度，它肩负着向民众普及版权法律、传播版权文化，保护著作权人利益的重任。著作权集体管理制度下的行为主体是著作权集体管理组织，服务对象为广大著作权人。鉴于网络信息时代广大学者创造的学术成果其价值远远高于作者公开发表时获得的一次性稿费报酬。数字出版时代，建议网络运营商、期刊社与广大学术创造者以学术成果的下载和引用次数为依据实施版税付酬制度，由著作权集体管理组织代收版权使用费用后再转付给权利人。但由于目前我国著作权集体管理制度仅限于保护音乐、音像、电影、文字和摄影作品五大类型，对文字作品的保护也仅体现在对文学作品的保护上，因此建立健全著作权集体管理制度，加强其对科研论文的保护，通过提高议价能力来保护学术创造者

的利益，以促进我国学术质量的提高。如此，不但能向上延伸了数字出版时代学术期刊产业价值链，也弥补了学术期刊产业价值链条中原创环节的长久以来的"塌陷"。

（2）向下：衍生环节的延伸。

此外，学术期刊产业价值链的末端——衍生环节，由于对内容、信息、用户等资源缺乏深层次地开发与利用，也没有得到相应的延伸。深层次挖掘和利用内容、信息等资源，数字出版时代学术期刊产业价值链可在衍生环节进行"大数据"环境下的语义出版。数字出版时代学术期刊经历了逐步适应数字化到主动运用网络技术的过程，大数据时代，学术期刊数字化出版不仅需要了解掌握广大科研工作者搜索、阅读、下载学术文献等基本操作信息，还要追踪网络环境下他们的科研交流信息。2012年全球最大的医学科技出版商爱思唯尔（Elsevier）推出的全医学数据库Clinical Key就运用了语义出版技术，Clinical Key数据库包含了图书、期刊、药物专论、临床指南、患者教育、操作视频等所有医学专科最新最全的内容资源和多媒体信息，并建立了自主知识产权的医学分类法系统——"爱思唯尔合并医学分类法"（Elsevier Merged Medical Taxonomy，EMMeT）。通过过滤抽取核心资源，对相关信息进行分类、注释、关联和加工，从出版物、阅读终端和出版平台三个层面进行语义增强，据爱思唯尔语义出版中心指出他们的最终发展目标是成为高度自动化的富含语义知识的智能内容出版商。目前我国也开始了语义出版技术的探索，取得的相应成就主要体现在学术出版领域基础数据的标准化输出、相关技术的开发及富媒体出版方面，进行初步尝试的行为主体包括部分期刊社、刊群及大型网络运营商，比如Journal 3.0项目一期搭建的图书情报知识服务平台和化学研究集成服务平台，资源环境科学数字知识库Lore AS期刊集群管理系统及万方医学网等。与积累多年经验的国外数据库出版商相比，我国语义出版的发展尚处于觉醒和初始探索阶段，学习国外数据库出版商的成功经验结合自身实际，本书认为由于我国数字出版时代学术期刊学科化刊群和学科平台建设已开展多年且形成了一定的基础和规模优势，可率先在语义出版方面进行积极的尝试和实践。如此，不但能向下延伸数字出版时代学术期刊产业价值链，也可以弥补学术期刊产业价值链条中衍生环节长久以来的"缺失"。

2. 产业价值链横向拓展

建立完整的产业价值链，其次要通过横向式左右拓展以解决数字出版时代学术期刊产业价值链小的问题。

学术期刊作为一种特殊的商品，其消费对象主要是各高校及科研院所的研究人员。相对明确的用户范围为数字出版时代学术期刊市场拓展指明了方向，但这也往往容易造成营销思维的固化——只注重开拓机构用户而忽略了广大的个体消费者。目前同方知网的图书馆及高校市场覆盖率已经很高，面对基本饱和的市场，同方知网要想进一步开拓市场空间只能开发新用户。网络信息时代，纷乱复杂的信息构成了广大网民的"选择困难症"，用最短的时间筛选出最可靠的信息成为现代网民的渴求。数字出版时代学术期刊可以凭借其内容、信息的权威性，为广大个体用户提供可靠的专业化信息。如此一方面既拓展了市场空间，另一方面又在横向上拓展了产业价值链。例如，成立于2008年的汤森路透集团（Thomson Reuters）作为世界一流的企业级专业信息提供商，在全球最受信赖的新闻机构的支持下，将专业知识与创新科技相结合，为金融市场、风险管理、法律、税务与会计以及媒体领域的专业人员和决策者提供重要信息。目前，国内同方知网推出的"行业知识服务平台"专栏涉及了教育与文化、党政与社团、生命与环境、基建与能源、科技与企业、海外行业公司等六大领域，希望能够帮助用户方便快捷地获取所需行业知识，在提高工作效率的同时能够正确决策。万方数据则通过"舆情专栏"提供专题与科技动态信息，行业服务涉及医药食品、工业技术、文体教育、社会科学、农林渔牧、自然科学、经济法律等方方面面。

从以上案例可以看出，近年来国内外期刊社、出版集团、网络运营商越来越重视利用自己掌握的内容与信息资源进行专业化知识服务平台的搭建。在文献检索与内容增值的基础上进行专业化信息的传播，通过提供咨询与服务，将专业化知识转变为各行业战略化决策的依据与个人选择的依据。比起没有科学依据的网络信息，这种专业化的咨询与服务在纷乱复杂的网络环境下更容易得到消费者的信赖。由此可以看出未来学术期刊产业价值链市场发展空间巨大，但通过对比发现，我国学术期刊行业利用信息资源进行产业价值链延伸的意识已经明晰，但由于同方知网、万方数据都属于综合性网络运营商，提供的专业化知识服务涉及的行业范围广，这种"大而全"的囊括式发展模式不利于其做专、做精、做大。海量的信息资源是基础，因此由我国各大科研院所主办的学术期刊及高校学报可以利用此契机发挥自己的研究所长，与技术服务商合作从而建立起专业化的知识咨询服务平台，以提升自己在整个产业价值链中的竞争力。

由于数字出版正处于产业发展初期，技术要求高但发展不成熟，加之网络依赖性强致使制作与传播环节价值已得到相应的开发，但当前数字出版时代学术期刊产业价值链原创环节由于议价能力弱其价值不断遭到压制，衍生环节由于其价值易被忽视也未得到全面开发。因此，借"微笑曲线"理论弥补、开发当前学术期刊产业价值链中的低价值创造环节，不仅能够提高整个产业价值链的竞争力，而且可以实现学术期刊数字出版行业的长青，从而达到理想状态下数字出版时代学术期刊产业价值链的增值能力。

当利用"微笑曲线"理论解决完数字出版时代学术期刊产业价值链短、小等问题时，学术期刊产业价值链内部杂乱，如各环节主体业务不明确、环节间竞争激烈、支持性活动不到位等问题则需要利用产业价值链理论来解决。产业价值链理论站在产业的角度重新审视整个行业的价值利润点，通过明确上下游企业之间的关系，从而实现产业价值链的重构与增强。

（二）精准定位自身优势，以用户需求为导向培育核心业务

1. 明确自身优势

数字出版时代的产业价值链条是由不同环节组成的价值追加与创造的过程，各企业在整个产业价值链条中根据自身掌握的资源优势及特色专长参与分工合作，由于承担的责任不同，其价值创造也会不尽相同。产业价值链条中企业承担的价值创造点越多、占据的价值创造环节越重要，其利润收益也会越丰富，但"尺有所短，寸有所长"，企业不应贪望承担产业价值链条上的所有业务或包揽所有价值创造的环节，而应该学会根据自身优势选择"适当的放手"。大而全的运营模式由于涉及环节多，需投入大量的人力、物力和财力，面对消费市场很难在短时间内以优质的产品和服务灵活地去应对和转变。因此，各环节企业要精确定位自身优势，或在分析自身特点的基础上发挥比较优势，集中力量培育核心业务。

2. 遵循用户需求

数字出版时代学术期刊社培育核心业务能力要遵循用户导向原则，所谓用户即传统消费意义上的顾客，任何行业的产出都需要得到消费者的承认和购买后才会实现其价值。当前多数生产领域存在产能过剩现象，用户需求成了诸多产业的重要稀缺资源，甚至成了企业价值创造的唯一依据，学术期刊也不例外。根据访谈中部分学术期刊读者的反馈，当前数字出版时代学术期刊生产制作过程中，用户的价值还未得到充分的认识，暂未形成以用户为导向的产业价值链。各环节企业未能真正根据用户需求开展业务操作，只是凭主观臆想或"随大流"进行学术期刊的编辑出版，这种被动的局面导致期刊社只能在自身已掌握资源的基础上进行"小圈子式跑马"，越跑越受限，越受限圈越小。由于数字出版时代学术期刊的价值只有被广大机构用户及个人读者购买、阅读后才能实现，因此需要数字出版时代的期刊社、高校学报在价值创造的过程中自觉遵循用户导向原则。产业价值链可以帮助企业认识到用户价值的意义，相反，用户价值也会促进产业价值链的不断完善。企业会在了解用户需求后会根据市场变化不断进行自身业务的调整，最大限度地避免生产的盲目性，整条产业价值链也会根据用户需求及上下游企业之间的关系进行业务调整，以生产出最适合用户需求的产品与服务。

3. 培育核心业务

数字出版时代学术期刊除了要认识到用户导向原则的重要性外，还要认识到培育自身核心业务能力的重要性。企业的核心能力是指，一定能给企业带来价值增值的能力，这种能力具有一定的独特性，是企业在长期经营过程中日渐积累形成的，很难被其他企业复制和代替。企业形成核心能力能够与产业价值链中其他环节的企业开展业务合作，促进整个产业价值链的成熟演变与高效运转。然而，产业价值链上企业核心业务确定后并不是一成不变的，而是随着产业价值链的调整而不断调整。事实上，企业根据自身特点适时进入或

退出产业价值链的某一环节都是其精准定位核心业务的实现过程。培育核心业务能力强调的是企业在一定时间内对自身业务的精准确定，反对的是没有目的地、频繁地向上下游企业的转移，抑或是不顾自身能力多方位全产业链环节的覆盖。产业价值链是一个动态调整的过程，因此企业核心业务能力的培养也应该是一个围绕用户需求进行适时调整的过程。例如数字出版时代，学术期刊社和高校学报应更加注重学术论文版权的应用与掌握，将不再是科研论文和成果报道的主要场所，而应成为引导新兴学科发展的主要阵地，发现新兴学科的增长点，把握新兴学科的发展方向，在此过程中了解其相关科研人员的需求，为其提供情报和学术交流活动，争取转变成为学科专家办刊，即学术期刊编辑工作继续保留在高校或科研院所进行，而出版发行工作交由网络运营商进行。优胜劣汰竞争环境下那些没有出版和发行价值的学术期刊自然会被市场淘汰而退出市场，因此学术期刊领域也会得到相应的净化。

（三）调整产业价值链，以加强合作为导向促进协同式发展

良性、适当的竞争能促进产业的发展，但恶性、过多的竞争只会造成产业价值链的崩裂。竞争与合作是市场运行的基本要素，要实现产业价值链的良好运转，需通过调整产业价值链将不该存有的恶性竞争消除或者将原有企业间的竞争转化为合作，这样才能达到产业协同式发展的目的。

1. 内容提供商的调整

数字出版时代学术期刊的发展受到政策、法律法规、技术及企业经营管理等多方面的影响，产业价值链的优化也离不开政策的支持、法律法规的保护、技术的创新及企业经营管理的进步，数字出版时代学术期刊产业价值链处于一个动态的调整与变动过程中，因此这就要求相关经营主体要"因时而动，适时而变"，进行产业价值链优化时要遵循动态性与开放性相结合的原则。当前处于弱势中的环节正可能是将来产业价值链开发中的"富有煤矿"，正如目前数字出版时代学术期刊的内容提供商在产业价值链中处于网络运营商的从属地位，但学术期刊究其本质属于内容资源导向型产业价值链，这跟其他媒介产业的发展具有极高的相似性，产业发展初期由于技术的不成熟和相应技术人员的缺乏，"物以稀为贵"其相应的价值也会暂时处于较高的位置，但随着技术的成熟和相关人才的增加，内容资源的重要性将又会重新凸显。因此当前广大期刊社、高校学报除了上述措施中提到的努力转变成为"学科专家办刊"之外，还要加强与同类期刊社、高校学报编辑部的合作，借助已成立的中国期刊协会，在同网络运营商的谈判中提高自己的议价能力。中国期刊协会也要自觉承担起相应的义务，将零散、个体力量又弱小的期刊社、高校学报联系起来以便形成合力与网运出版运营商进行友好合作与协商。

2. 网络运营商的调整

网络出版运营商则需要摆正心态，放下"高高在上"的姿态与其他环节企业开展平等

合作。目前，网络运营商的业务范围涉及内容收集、数字转化、平台运营、营销推广等多个环节，在利润分配中处于绝对优势地位，但高额的利润收入也会引发其他环节的参与，随着技术服务商对内容资源的掌握、内容提供商之间合作加强，网络运营商的优势也将不再明显。相反，会因其涉及的环节过多而投入过大，不能灵活应对市场变化。因此，网络运营商要学会剥离自己不擅长的业务，专注于自己擅长的平台运营与数字发行。

除此之外，数字出版时代学术期刊产业价值链运转过程中网络运营商与其他环节企业之间的合作要变完全控制为协商合作，建立起平等互利的合作伙伴关系，以此完成产业价值链的价值创造与追加。以各环节企业之间平等协商式合作形成的产业价值链可以增加可选择性伙伴关系，增强各环节的竞争活力，降低经营风险，使产品与服务实现多样化，形成产业价值链的良性循环。

（四）加大技术投入，以品牌化建设为导向加强保障体系建设

上文我们分析了数字出版时代学术期刊在国际出版市场中占据了最大盈利地位。随着科学技术的进步，人类对科技成果、文化研究的保护将越发重视。所以，可以预测在不久的将来学术期刊将成为"兵家必争之地"。因此，我们不仅要重视数字出版时代学术期刊产业价值链基础性活动的建设，也要注重学术期刊产业价值链支持性活动的完善。因为已有学者从人才培养、制度建设、法律保护等方面进行阐述，所以本书在此处将不再重复叙述，而是着重从加大技术投入、加强品牌建设两方面进行论证。

1. 加大技术投入

出版技术的进步与否与整个出版行业的发展快慢有着直接的联系。作为具体学术期刊出版机构尤其是期刊社、高校学报在加大技术投入时要注重于技术服务商的合作，毕竟由技术服务商搭建的投稿系统和数据化平台，在专业性的技术支持下其安全系数及流畅性会更高。另一方面技术服务商也应以平等的姿态与期刊社、高校学报开展"伙伴式"合作关系，尽量满足期刊社、高校学报提出的搭建要求，而不是以自我为前提，自顾自话，毕竟作为生产商生产出来的产品只有得到使用者的肯定才能实现其价值。

另外，与国际学术期刊相比，我国学术期刊规模化、集团化、集约化发展程度低。在我国现行的期刊管理体制下，由于我国学术期刊大部分分属由上级主管部门主办主管，行政管理色彩浓厚，但正好可以借此机会，大力发展由各种行业协会、科研院所、国家部署领导下的期刊刊群建设，大力提倡期刊规模化、集团化、集约化发展，在此基础上进行刊群的转企改制。刊群建设能形成同类学科同类出版单位机构的合力，以此提高市场竞争力。例如我国社科类学术期刊在传播中国文化、提升国际竞争力方面具有重要的作用，社科类学术期刊在"走出去"的过程中由于翻译输出等原因容易造成中国本色文化的丢失，社科类学术期刊形成刊群运用富媒体出版技术，形成多媒体数字出版物可以展示汉言的文化背景，增强此类学术成果的理解能力。

2. 加强品牌建设

我国学术期刊要想提高国际竞争力，必须要增强品牌意识，走市场化的品牌经营之路。首先学术期刊编辑部门要根据自己的特色优势，找准期刊定位、确立期刊特色，从组稿源头就确立自己的稿件特色，开设专栏，设计特色版面编排，进行特色装帧设计，在提高稿件质量的同时走专业化、特色化品牌之路；其次学术期刊营销部门要根据自己的期刊特色，形成特定的营销风格，加大市场宣传力度，积极加入国际各大检索数据库，参加各种国际学术会议，加强同国外同类期刊的交流与合作，开阔自己的国际视野；最后作为政府部门或学术期刊的主管部门，要引导其建立品牌意识，通过扶持一批有特色、具备国际办刊能力且能够代表我国科研水准的学术期刊出版单位形成典型，给予一定的政策支持和资金投入帮助我国学术期刊走向国际舞台，形成数字出版时代学术期刊产业价值链中的品牌价值。

第七章 大数据时代学术期刊运营与复合平台建设研究

第一节 大数据时代学术期刊新媒体运营研究

一、微信公众平台及其在学术期刊中的应用原因

（一）微信公众平台的发展及分类

1. 微信公众平台的发展

2011年1月21日，腾讯推出的微信这一产品能够实现文字和图片的快速传播，支持双方和多方的语音对话，不受手机系统和运营商的限制，在较短的时间里实现了快速发展，应用范围十分广泛。

微信公众平台，曾称"官号平台"和"媒体平台"，是腾讯于2012年8月在微信的基础上增加的新的功能模块，它具有低门槛、高自由度、强互动性的特点，企事业单位或者个人都可以通过申请一个微信公众账号，实现信息的传播。从某种程度来说，微信用户的数量等同于微信公众号的受众数量。

2. 微信公众平台的分类

微信公众平台有三种类型：订阅号、服务号和企业号，学术期刊常用的为前两种公众号。订阅号主要为媒体或个人提供一种信息传播方式，个人、企业或者其他作者都可以申请开通订阅号，因此，订阅号的主体相对广泛一些。运营者通过订阅号每天可推送一次图文信息，每次推送的信息不超过八条，信息会出现在订阅号目录中。服务号能够为各企业或者组织提供更强大的业务服务、用户管理功能，目的在于帮助企业实现全新的服务形式，申请主体只能是企业或者其他组织，运营者每月最多可进行四次图文信息推送的操作，信息会出现在好友列表中。

企业号为企业或组织提供移动应用入口，帮助企业建立与员工、上下供应链企业的链接，目的为实现内部员工、团队的管理，实现企业合作，主要用于企业内部通讯使用，企业号的关注需要先有成员进行通信信息验证才可以实现。企业号的推送频率较高，每分钟不超过200条即可，其信息显示在好友会话列表中。

（二）学术期刊应用微信公众平台的原因

1. 平台具有独特优势

微信公众平台是一个综合性极强的平台，具有用户众多、开放性、整合性、社交性和闭环性等特点，微信公众平台的独特优势能够为学术期刊的发展提供较多的益处。

微信公众平台的传播特性有利于提高学术期刊传播效果。学术期刊的发展与学术传播和交流密不可分，促进学术传播和交流也是学术期刊应该重点关注的事情。学术期刊的微信公众号需要通过读者首先关注才能接收相关消息，没有关注的群体不会收到相关信息的推送。固定群体的信息推送可以让信息实现针对性传播，有效提高信息推送的有效性，对于学术期刊来说，学术期刊本身就属于小范围领域群体的关注点，而有针对性地向固定群体推送消息使得信息的传播效果更容易实现。

微信公众平台图文信息的传播成本较低。微信公众平台为学术期刊的传播提供了一个便利的平台和途径，微信公众号可以图片、文字、音频、视频等多种丰富的形式传播学术期刊的内容，而且这种传播方式的成本比较低。借助微信公众平台，学术期刊可以传播大量的优质内容，论文的数字传播不需要再次向作者支付报酬，内容成本较低。微信公众平台图文内容的制作可以借助多个内容版式制作平台，通过网页就可以利用这些平台对微信公众平台的图文信息进行版式等的操作，运营微信公众平台时，有较多免费版式可以供运营者选择利用，运营者也可以支付较少的金钱使用一些付费的版式设计，整体来说，运营成本较低。对于大多数学术期刊来说，用最小的成本代价获得最高的传播效果回报是再合适不过的了。

2. 学术期刊多种传播途径选择的需要

传统媒体与新媒体的融合已经成为近两年的热门话题，学术期刊作为前沿性成果的传播平台，其媒介融合的发展在一定程度上也影响着学术成果的传播效果。相较于纸质出版的单一传播方式，纸质出版＋新媒体传播更有利于学术成果的广泛有效传播。

学术期刊的学术成果的传播可以借助的新媒体包括网站、微博和微信，相较于网站和微博，微信公众平台更适合学术期刊的使用。网站信息的获取一般通过电脑端，而且学术期刊网站的信息更新速度较慢，读者对信息获取的及时性要求不能得到满足。微博的受众范围比微信的受众范围更加广泛，不利于特定内容的定向传播，信息传播的有效性不及微信平台。

作为新媒体的重要组成部分，随着手机等移动上网设备的发展、用户阅读习惯的改变，微信公众平台的影响力也在逐渐扩大。微信公众平台的传播优势能够让学术期刊实现更大范围和更快速度的传播。社科类学术期刊的微信公众平台的运营者多数不具备计算机等学科背景，而微信公众平台常用的操作无须进行代码编写等操作，运营者只需进行类似格式刷等简易操作就可以选择使用相关的版式设计，操作简单、效果明显也使得越来越多的社科类学术期刊利用微信公众平台进行学术成果传播。

3. 顺应受众阅读需求

移动终端的普及让海量信息的普及更加便捷，给读者阅读提供了更多便利条件和选择，微信公众平台开拓了学术期刊受众的信息获取途径。读者可以通过移动终端而无须携带厚重的纸质期刊，就可以进行阅读，阅读变得更加轻松、更加便捷。越来越多的读者习惯于利用零散的时间进行碎片化阅读，手机、平板等移动终端也为读者的这一阅读行为提供了便利条件。学术期刊微信公众平台的链接功能可以满足读者的不同层次的阅读需求，读者可以只阅读当前的文章也可以通过点击超链接阅读更多的相关内容。可以看出，学术期刊微信公众平台的功能的发展能够在一定程度上弥补学术期刊的深阅读，学术期刊的受众能够越来越多地利用微信公众平台获取相关学术信息。

4. 适应市场需求的体现

随着市场经济的不断发展，学术期刊的发展也需要与时俱进，在保持期刊的质量不下降的同时，不断探索新的盈利模式，在完成传播优秀学术成果的同时，也要与市场经济的发展相融合，探索出符合市场发展要求同时又适合自己的发展路径。

微信公众平台不仅可以向受众及时提供相关的免费信息，还可以借助"打赏"等功能获取相应的经济收益。微信公众平台也可以跳转到"微商城"等网页或进入相关的小程序便利读者购买纸质期刊，增加纸质期刊的销售量。学术期刊微信公众平台经过认证后，就可以使用相关的开发功能，利用自己独有的内容优势，通过向受众提供有价值的信息等方式获取经济收益，探索新的盈利方式，形成适合自己的新的盈利模式，提高市场竞争力。

5. 行业发展要求

数字出版的发展使学术期刊也开始关注期刊的数字影响力，学术期刊需要有更高的发展才能满足行业发展的更高要求，有学者提出将学术期刊的数字影响力纳入到期刊的考核标准里，这样一来，学术期刊势必需要在期刊的数字出版方面付出更多努力，提高数字影响力并巩固期刊的整体影响力。微信公众平台的发展让大众看到了这一数字传播手段的巨大作用，作为数字出版的组成部分的微信出版也必然会逐渐受到重视，这也就意味着学术期刊微信公众平台的建设与运营必须被多加重视。

6. 响应国家号召的体现

2014年8月18日，《关于推动传统媒体和新兴媒体融合发展的指导意见》在中央全面深化改革领导小组第四次会议审议通过，习近平强调要推动传统媒体和新兴媒体的融合发展。2015年4月，原新闻出版广电总局、财政部联合印发《关于推动传统出版和新兴出版融合发展的指导意见》，旨在进一步提高信息化条件下出版业的影响力、传播力和竞争实力，促进出版业获得更好更快的发展。多项国家政策的出台为学术期刊的微信公众平台的建设运营提供了政策导向，微信公众平台的快速发展使其在新兴媒体中的作用日益突出，学术期刊运营好自身的微信公众平台可以说是积极响应国家政策的体现。

二、我国社科类学术期刊微信公众平台的发展阶段

社科学术期刊的狭义概念是指以探讨某学科的问题为中心、以学术交流为宗旨、以刊载原创学术论文和学术评论为主要内容的期刊，其特征是学理性、探索性、专业性、准确性、规范性。社科类学术期刊包含哲学、心理学、统计学、法学、语言学、管理学、教育学、经济学、社会学、体育学、文学、新闻学与传播学、政治学、宗教学、艺术学、军事学等众多学科，受众范围极其广泛。

（一）萌芽期（2012～2013年）

2012年是我国社科类学术期刊最早开通微信公众号的时间，截至2013年，我国社科类学术期刊仅有《求是》《新文学史料》《科技与出版》《人口与经济》4种期刊开通并运营微信公众号。2014年之前，仅有少数社科学术期刊开始运营自己的微信公众号，这一阶段为我国社科类学术期刊微信公众平台发展的萌芽期。在这一阶段，我国社科类学术期刊的微信公众号呈现出的开通数量少、推送内容数量少、各项服务功能不完善等特点。

（二）快速发展期（2014～2017年）

2014年—2017年是我国社科类学术期刊微信公众号快速发展的时期，这一时期不仅表现为社科类学术期刊微信公众号的数量出现较快增长，还表现为微信公众平台的多项功能被使用。有关学者对我国人文社科类微信公众号的研究表明：在533种C刊中，开通微信公众号的学术期刊的数量有较快上升的趋势，2014年有22种期刊，到2015年年中有80种，截至2016年1月有164种，开通率为30.77%。由于我国社科类学术期刊涵盖多种学科，数量众多，在此仅以2018年版北京大学核心期刊目录中收录的政治类（含中国政治和国际政治）、法律类、新闻传播学类、体育类学术期刊的微信公众平台的发展做进一步说明。样本选取2018年版北京大学核心期刊目录中收录的4类期刊，在微信中以期刊名称为检索词，查询相关期刊的微信公众号的开通、认证等相关情况。

1. 政治类

2018年版北京大学核心期刊目录中收录的政治类的学术期刊共有67种，其中开通了微信公众平台的期刊有35种，开通率为52.24%，其中账号主体为个人的有5种期刊。开通的账号中认证的有27种，认证率为77.14%。开通的微信公众号中有2个没有推送过任何内容。从开通的年份来说，有1种期刊在2013年开通了微信公众号，2014年有6种期刊开通，2015年有12种期刊，2016年有5种期刊，2017年有7种期刊，2018年有2种期刊。因此，政治类学术期刊开通微信公众平台的开通时间集中于2015年-2017年。

2. 法学类

2018年版北京大学核心期刊目录中收录的法学类的学术期刊共有27种，其中开通了微信公众平台的期刊有18种，开通率为66.67%，其中账号主体为个人的有4种期刊。开通的账号中认证的有 11 种，认证率为 40.74%。开通的微信公众号中有 1 个没有推送过任何内容。从开通的年份来说，有 3 种期刊在 2014 年开通微信公众号，3 种期刊在 2015 年开通微信公众号，3 种期刊在 2016 年开通微信公众号，6 种期刊在 2017 年开通微信公众号，2018 年有 2 种期刊开通微信公众号。因此，法学类学术期刊在 2017 年开通期刊微信公众号的期刊较多。

3. 新闻传播学类

2018 年版北京大学核心期刊目录中收录的新闻传播学类的学术期刊共有 27 种，包括 14 种信息与传播、新闻学、新闻事业类期刊；2 种广播电视事业期刊；11 种出版事业期刊。

27 种期刊中，21 种期刊开通了微信公众号，开通率为 77.78%，开通的账号中有 5 个没有完成账号主体的认证，认证率为 76.19%。在 21 种新闻传播学类学术期刊中，2 个微信公众号开通的时间在 2014 年之前，有 10 个开通于 2014 年，5 个开通于 2015 年，2 个开通于 2016 年，1 个开通于 2017 年，最晚的开通于 2018 年。

因此，2014 年是新闻传播学类学术期刊开通微信公众号相对集中的一年。

4. 体育类

2018 年版北京大学核心期刊目录中收录的体育类的学术期刊共有 16 种，其中有 10 种期刊开通了微信公众号，开通率为 62.5%，开通的账号中仅有 1 个没有经过认证，认证率达 90%。10 种期刊的微信公众号中有 1 个是 2014 年开通的，7 个是 2015 年开通的，2017 年和 2018 年各有 1 种学术期刊开通微信公众号开通。可见，2015 年是体育类学术期刊开通微信公众号比较集中的一年。

综上，截至 2018 年 11 月，笔者调查的政治类、法学类、新闻传播学类和体育类的学术期刊共有 76 种期刊开通微信供公众号，这一阶段有 70 种期刊开通微信公众号，开通比例达 92.1%。从微信公众平台的各项功能利用来说，多个微信公众号都应用了自定义菜单功能，《中国科技期刊研究》《科技与出版》《体育学刊》《华东政法大学学报》等微信公众号均提供在线稿件查询功能，受众可以利用微信公众号获取更多信息，并且可以获得多种服务。

（三）完善期（2018 年以后）

2018 年开始，我国社科类学术期刊微信公众号的发展进入到完善期。这一阶段表现为公众号的开通数量较少，以前述的政治类、法学类、新闻传播学类和体育类的学术期刊的微信公共平台为例，截至 2018 年 10 月，在 10 个月的时间内，4 类学术期刊微信公众号的开通数量仅为 6 个，运营者要更加重视受众的维护，采取相关措施维护用户的持续关注。清博大数据 CEO 朗清平在其文章中指出，依据清博大数据的预期，公众号运营的专业化、团队化已经成为一种大趋势，自媒体运营团队将会应市场要求大量出现。专业运营团队的建立能为社科类学术期刊微信公众平台的发展注入更多生命力，不仅能够进一步完善各项功能，还能够进一步增加微信公众号的竞争优势，促进平台的发展，充分发挥平台的传播效果。

三、我国社科类学术期刊微信公众平台运营中存在的问题

经过几年的时间，我国社科类学术期刊微信公众平台有了较大的发展，但其运营仍存在一些问题有待解决，这些问题可以从运营主体、运营内容和运营对象三个方面来说。

（一）运营主体结构单一

运营主体多为期刊编辑，期刊编辑多身兼数职，在微信公众平台的运营时间的投入不足。微信公众号推送的图文消息一般都需要运营者进行二次的编辑加工，通过调整段落格式、字体格式等，微信公众号推送的内容才能以较好的形式呈现。因此，微信公众号的图文信息的制作需要耗费运营者的时间，需要运营者有较多的时间对内容的版式等进行规范性调整。从实际情况来看，大多数社科类学术期刊微信公众号的运营者都是学术期刊的相关编辑，这些运营者不仅需要完成自己原有的工作任务，还需要负责微信公众号的运营工作，分身乏术，《传媒》微信公众号的运营者就是期刊编辑，一位编辑往往要负责多项工作，工作事务繁杂，很难有充分的时间做好微信公众号的运营工作。

运营团队中缺少相关设计人员，微信公众平台的图文消息的呈现质量有待提高。学术期刊的版式设计对于学术期刊的重要性不言而喻，微信公众号的图文版式等的设计也会影响读者的阅读体验。以笔者调查的法学类学术期刊的微信公众号来说，在10个已开通的微信公众号中仅《法学杂志》微信公众号的文章有经过较多的版式加工，其余9个微信公众号均在文章的版式、颜色的搭配等方面存在问题。

运营团队中缺少相关技术人员，接口权限的开发利用较少，影响微信公众号的交互效果。经过认证之后可以获得较多的接口权限，可以通过多种交互方式丰富微信公众号的内容。较为常见的关键词回复功能就是对接口权限的开发利用，通过在后台开发相关的权限的方式，就可以根据用户发送到微信公众号的关键词向用户自动回复相关的内容，便捷读者的信息获取，增强用户黏性。社科类学术期刊在其微信公众平台的此项功能的开发利用不充分，在微信公众号的后台需要进行类似代码写作之类的操作才能够使用接口权限，充分利用微信公众号的多项功能，如以用户基本信息为基础向用户提供具有个人特色的定向或定制服务，通过开通微信支付接口用于开拓增值业务等。

（二）内容推送有待完善

推送服务质量有待提升。从推送的形式来看，社科类学术期刊微信公众号推送的图文消息的内容主要采用文字和图片的形式来展现，相比较而言，超链接的方式使用的频率一般，视频、语音的手段则较少能够被使用。微信公众平台的后台有多种多媒体手段可以利用，但社科类学术期刊在微信公众号的实际运营中对这些信息的呈现手段利用得不够充分，不能给读者丰富的阅读体验。以2018年版北京大学核心期刊目录中收录的政治学类学术

期刊中开通的微信公众号为例，能够较多地进行内容推送的微信公众号中，仅有3个微信公众号采用了超链接或者视频方式进行内容的推送，多媒体手段的利用效率很低。从推送的频率来说，多数学术期刊的微信公众号的推送频率不固定。以2018年版北京大学核心期刊目录中收录的新闻传播学类的微信公众号为例，在21个已开通的微信公众号中能够定期推送的微信公众号仅有4个，其余微信公众号中虽有推送频次较高的但没有一定的推送规律。推送频率不固定会让受众定时阅读微信公众号的习惯不易被培养，增加用户的黏性的可能性会降低。

图文版式有待完善。不同种类的社科类学术期刊有不同的文章的版式设计，版式设计的意义在于为读者提供良好的阅读感受，在微信公众平台进行传播的社科类学术期刊的内容也需要有相应的版式设计。微信公众平台推送的图文消息的版式设计同纸质出版物的版式设计一样，都需要涉及图片、文字的编辑，字体、段落等也需要进行加工，同时，还要根据微信公众平台的固有设置添加相关的内容。

（三）用户互动体验不佳

非官方认证微信公众号仍存在，降低读者信任度。以笔者统计的政治学类学术期刊为例，在35个微信公众号中有5个微信公众号的账号主体类型为个人。权威性是社科类学术期刊的重要特点，在当今信息泛滥的时代，读者需要权威主体充分发挥其"把关人"的作用，为读者提供与自身生活密切相关的可信的信息，而以个人名义注册学术期刊的微信公众号无疑会降低读者的信任程度。

评论功能未能发挥较大作用，平台与用户的交流效果不佳。社交性是微信公众号最大的特点。但许多期刊公众号并没有发挥其新媒体的作用，平台的作用只是单一地进行信息的传播，互动交流模块基本没有设置。虽然学术期刊微信公众号图文信息的末尾一般均设有"写评论"功能，但这一功能基本是流于形式的，订阅者的参与热情并没有被调动起来，大多数学术期刊微信公众号的图文消息的评论量都是极小的。

四、我国出版类学术期刊微信公众平台运营策略

微信公众平台的广泛应用给学术期刊传播学术成果带来较大影响，社科类学术期刊微信公众平台的发展应结合微信公众平台和社科类学术期刊的特点，既要体现社科类学术期刊的学术严谨性、内容的科学性，也要展现微信公众平台的普适性特点。因此，作为社科类学术期刊中的一部分的出版类学术期刊微信公众平台应该在信息的传播中保持自身的权威性，同时也要在内容的传播中结合微信公众号的传播特性制定相应的运营策略，便于推送内容在更广泛领域发生影响。

（一）创建运营团队，实现专业化运营

微信公众平台的运营问题归根到底就是采编队伍的建设和管理问题，出版类学术期刊应该积极创建微信公众号的专属采编队伍，不断完善运营团队的人员结构。与传统学术期刊的采编队伍不同的是，微信公众平台的采编队伍不仅需要具有专业知识的编辑人才，还需要具备一定的新媒体操作技能，了解不同平台的传播规律和特点，了解受众的阅读习惯和爱好，针对受众特点量身打造微信公众号传播的图文消息的新媒体运营人才。新媒体运营人员主要负责新媒体使用的技术、互联网规则、市场开发和营销；学术期刊编辑利用自己独特的选题策划的能力与经验优势，准确了解学科、行业的优势，组织协调学界资源的能力优势等，将在工作中积累的经验、素养、资源等运用到微信公众号的运营中去。

1. 完成账号认证，完善服务功能

微信公众号的认证相当于是确认账号主体的身份，彰显其独特性和品牌形象。通过在平台提交法人单位的相关证明文件，学术期刊即可完成自己的微信公众号的认证，完成认证之后会出现一个明显的"√"标志，微信公众号是否完成认证在其账号资料中的不同显示，由此可以明显看出微信公众号完成认证和未完成认证是不一样的，读者可以非常轻易地识别。

经过认证后的微信公众平台有较多优势，从直观来看，完成认证后会有一个明显的标志，这个标志能够让用户更愿意信任该公众号推送的消息，增加公众号订阅者对已订阅的公众号的信任，这种信任也会使用户增加对公众号的持续的关注度。微信订阅号经认证后就能够获取更多的接口权限，微信公众平台的运营者可以在微信公众号的后台通过利用相关的权限制做出具有自身特色的内容来。因此，学术期刊的微信公众号的运营者有必要进行微信公众号的账号主体的认证，用较少的资金的付出增强公众号的权威感和影响力。

出版类学术期刊的微信公众平台应该完成以法人单位为主体的账号认证，经过认证之后的公众号可以通过开发相关的接口权限，不断完善公众号的服务功能，但大多数运营者囿于技术因素不能实现该项功能。专业运营队伍的建设意味着有更多了解相关技术的人员加入，能够不断开发利用接口权限，策划出更多适合读者阅读需求的内容专题，如《中国出版传媒商报》微信公众号通过回复特定关键字获取相关内容的设计。

2. 加强数据分析，提高服务质量

微信公众号图文消息推送的频率、推送的内容都会影响关注人数的变化，有时这个变化数量还比较大，运营人员应该定期监测该数据的变化以便及时调整推送频率和推送内容。阅读量、评论量、点赞量与读者的主观感受有密切关系，图文消息的头图设计、图文消息的标题、正文内容、版式设计等都会影响这些数据，尤其是阅读量。评论量和点赞量还会与朋友圈的转发有较大联系，有些读者更习惯于通过朋友圈阅读某些文章，这一行为会对评论量和点赞量有较大影响，运营者需要有意识地引导读者在自己的朋友圈分享相关的图文消息。转发量一般是指其他微信公众号的转发数量，这一转发数量高也可以说明图文信息的质量是比较高的，其他微信公众号在获取原创微信公众号授权的情况下就可以进行转发的行为，从而扩大该图文消息的传播范围，运营者可以通过与行业内的相关微信公众平台建立合作关系等的方式，互帮互助，保证优质内容的有效传播。因此，社科类学术期刊的微信公众平台的运营者要对关注人数、阅读量、评论量、点赞量、转发量等进行定期监测，以数据的变化为依据，通过相关措施的实施，及时调整微信公众号的内容推送选择与功能选择，以更好地服务用户。

3. 构建微信社群，增强传播效果

微信公众平台的发展给社群建设提供了便利条件，平台的运营者可以通过二维码扫码进群的方式，或者利用学术期刊原有的学者积累建立相关的专业学术交流群，学术期刊的编辑需要在交流群众充当管理者，负责群内消息和人员的管理。微信社群的建立可以方便学术期刊微信公众平台内容的定向传播，并且保证这一传播的有效性；专家学者在群众的集聚也可以方便相互之间的交流，学术观点的相互碰撞有利于新的学术观点的产生，便于学术期刊编辑获取新的选题内容；密切专家学者与期刊的联系，增强两者之间的亲密程度，有利于形成期刊的忠实粉丝，提高期刊的品牌影响力。

4. 借助优质内容，创新盈利模式

盈利点的创新重要的还是在提供的内容的价值上，"内容付费"的观念已日渐深入人心，学术期刊微信公众平台可以凭借自己的内容优势，通过内容的拆分、整合等，通过学术编辑对于内容选题的创新需求新的收益来源，让学术期刊编辑的优势比较充分地体现，与新媒体编辑充分有效合作，创新学术期刊的盈利模式。以《新闻与写作》微信公众号为例，该公众号就设置了公开课，包含 9.9 元写作课和 99 元系列课，读者可以通过在线付费的方式学习相关的课程。社科类学术期刊微信公众平台也可以积极探索微信出版的多种模式，处理好纸质期刊发行、微信免费开放获取、有偿的内容和增值服务之间的关系。

（二）依据自身特色定位，提高内容传播效果

1. 发挥自身优势，依据特色定位

学术期刊微信公众平台的定位具有重要的意义，其合理的定位应该是以为期刊和订阅用户服务为核心，着眼于增加学术期刊与科研工作者的黏度，以增强期刊品牌竞争力为宗旨，辅助学术期刊开展各项工作，运用新媒体语言开展传播，最终达到为学术期刊节约开支并实现一定的经济效益的目的。学术期刊的优势在于其拥有大量的论文作品，在原创性上有较强的优势，这也是学术期刊微信公众平台可以借助的优势。相较于拼凑、转载的微信公众号图文消息，能够给读者提供优质可信的原创图文信息对读者的吸引力更大。原创内容也能够深化微信公众号的内涵，凸显期刊的独特品牌，避免因版权的不当使用发生争端。社科类学术期刊微信公众号的运营者首先要意识到自身期刊具备的独特优势，并且在微信公众号的运营中利用好这项优势。从表面上看，学术期刊内容的长篇幅是其在微信公众号的使用中的劣势，但无可回避的是，正是因为这样大量的文字才使得其内容科学严谨。其次要认识到，微信公众平台本身只是一种媒介工具。微信公众平台本身具有的优势只有

与学术期刊的内容相结合,才能使学术期刊微信公众平台的运营有意义。因此,社科类学术期刊的微信公众号的传播内容应该是以自身的优质内容为重点,利用好微信公众平台的传播优势促进学术期刊的发展。

学术期刊微信公众平台的读者定位应该结合学术期刊的内容特性和微信公众平台的传播特性来确定,其读者不应局限于纸质期刊的受众,如专家、学者以及相关专业的在校生等。学术期刊微信公众平台比纸质版的学术期刊有着更广泛的传播范围,有更多的订阅用户能够通过简单地操作接触到学术期刊的内容。这些订阅用户除了相关专业的受众之外,还有很多是没有相关专业背景但却对该专业领域感兴趣的非专业读者,微信公众平台的传播特性让社科类学术期刊的运营者有必要考虑这些订阅用户的存在,这些订阅用户虽然没有对推送的图文消息的内容有相对专业的认知,但其阅读行为依然会对学术期刊微信公众号的传播产生影响。因此,社科类学术期刊的运营者在运营微信公众号时不仅要保证内容的优质,还需要在内容的选择时添加相关的基础专业知识,将专业知识向更多对该专业领域感兴趣的非专业读者推广。

2. 优化阅读界面,提升阅读体验

(1) 头图的选择。

相较于文字,图片能够在更短的时间里引起读者的注意,头图在微信公众号每次推送的图文消息的位置,决定了它的重要性。能够体现文章内容的头图是第一选择,通过图片让读者联想到文章的内容能够起到良好的吸引作用;大多数出版类学术期刊的微信公众号推送的图文消息有时不能用准确的图片体现文章的主要内容,如果用某些图片生硬地与内容连接也不会产生良好的宣传效果,因此,可以设计具有自己品牌标志的图片作为头图,给读者以深刻印象,宣传期刊品牌。标题的设计。微信公众号的推文的标题对于读者注意力的吸引作用是仅次于头图的,因此,出版类学术期刊微信公众号的运营者也要重视图文消息的标题设计。大多数学术期刊在微信公众平台推送的图文消息的标题都是论文的题目,有些题目字数较多,有些题目读起来会很乏味,对于读者来说,吸引力不足。出版类学术期刊微信平台运营者应站在读者视角,通过使用标点符号的方式对标题的内容层次加以区分,凸显出标题的重点,让作者的观点以一种简单明了的方式呈现在读者面前;也可以通过使用网络流行语言的方式,提高图文消息标题的趣味性、可读性,吸引读者阅读。

(2) 正文版式设计。

微信公众号内容的版式设计的主要目的是为了让读者能够清晰有效地掌握阅读的内容,获得较好的阅读体验。学术期刊的特点决定了其微信公众号的内容的版式设计应该必须具备一定的严谨风格,过于搞笑的设计元素不适合使用在其中,这与大多数学术期刊的文献内容不相符合,也会让读者产生不适应的感受,影响阅读体验。出版类学术期刊微信公众号的版式设计可以通过合理使用线条、色块的方式对内容的层次进行划分,通过字体、字号、字距、行距、段落缩进等的调整让版面更加清晰，以简约清晰的版式风格向读者传递较多的信息，获得良好的传播效果。

（3）颜色的选择。

一篇文章的颜色的使用应该相互适合，颜色之间应该有区别也有联系，这不仅符合美学，也符合人的体验满足感。出版类学术期刊微信公众号的内容的颜色选择需要根据具体的内容来确定，过于沉闷或者过于刺眼的颜色都不应该用于内容的制作，颜色过于沉闷会让阅读的内容显得更加厚重，给读者阅读带来一定压力，颜色过于刺眼虽然可以在读者阅读时有一定的刺激作用，但这种刺激作用容易引起读者的反感，反而不利于读者的阅读。

（4）声明原创。

原创声明需要在后台进行相关的操作，进行了该操作之后，在推送的该条图文消息的相关位置就会出现一个明显的"原创"标志，这不仅可以体现学术期刊微信公众平台运营者有较强的版权意识，用实际行动积极维护著作权人的合法权益，而且可以通过声明原创的方式提醒读者，运营者可以为推送的图文消息的内容负责，增强读者对于内容的信任程度。

（三）开拓传播路径，扩大传播范围

《科技与出版》微信公众号于2013年下半年开通，是开通时间较早、运营时间较长的出版类学术期刊微信公众号之一，但由其关注人数的增长情况看，出版类学术期刊微信公众号的关注人数仍处在增长阶段，没有达到饱和的程度，因此，出版类学术期刊微信公众号的运营者有必要通过多种方式宣传微信公众号，在更大范围内拓展微信公众号的订阅用户，在微信公众号的关注人数上占据优势。具体来说，首先是继续在纸质期刊、官方网站和微信公众号的图文消息中附上微信公众号的二维码和微信公众号名称，方便用户通过手机扫描或者搜索公众号的方式关注微信公众号。其次是积极拓展宣传渠道，从内部资源来说，可以与同单位的不同刊物互相推广；从外部资源来说，可以与其他同学科或相似学科的学术期刊建立合作关系，通过微信公众号图文消息的互相转发、微信公众号的互相推介等手段吸引更多订阅用户，同时，在学术交流会议期间，可以在赠送的纸质刊物的封面上添加微信公众号的二维码和名称进行微信公众号的推广。

第二节　大数据时代我国电子学术期刊的营销策略

一、大数据时代电子学术期刊的价格策略和促销方式

（一）大数据时代电子学术期刊价格影响因素分析

大数据时代，网络营销价格是企业在网络营销过程中买卖双方成交的价格，它的形成是极其复杂的，受到多种因素的影响和制约。电子学术期刊的产品定价很大程度上会影响读者的购买率，网络的公开性导致读者可以全面掌握所有电子学术期刊的价格，货比三家

然后再决定购买产品,这就给电子学术期刊的价格定制出了个难题,电子学术期刊想要增加利润,提高发行量,增加点击率和下载量首先应该做到的一点就是合理定价。这是电子学术期刊保障自身利益和有效地吸引读者的关键一步。电子学术期刊企业要充分考虑影响期刊价格的所有因素,然后做出合理的定价。影响电子学术期刊价格的因素有很多,比如电子学术期刊的成本、市场的需求、读者的消费水平、相似电子学术期刊的数量等。

1. 成本因素

"一般产品的成本由固定成本和变动成本组成。固定成本是生产出第一件产品所需的最初资本,变动成本是指生产每一件产品所需的原材料和劳动力成本。"电子学术期刊的固定成本是编辑成本,包括作者的创作成本和工作人员的编辑成本。变动成本指电子学术期刊进行大批量复制所需要的成本,但是由于电子学术期刊在网络上发行,它的复制成本是非常小的,几乎为零。由于电子学术期刊通过计算机进行编辑,并依托网络平台,所以电子学术期刊的成本还包括对网站、站点、网页的更新和维护。同时成本还应该包括营销过程中的投资,即电子学术期刊广告、宣传的费用等。

成本是电子学术期刊价格的底线,成本的回收是进行再生产的前提。在正常的情况下,电子学术期刊的价格都不会低于其成本,毕竟电子学术期刊的发行也是以获得利润为目的的。只有以成本为参考,使价格高于成本,才能获得利润。

由于电子学术期刊是一种数字化的出版物,网络的便利给中国电子学术期刊发展带来了优势的同时,也给电子学术期刊的编辑人员带来了更高的要求,电子学术期刊的创作给编辑工作者带来了很多无法计算的成本,即电子学术期刊的固定成本会很高。电子学术期刊的编辑工作者工作量是很大的,需要熟练掌握上述编辑技术。由于电子学术期刊要面对的是来自各行各业的读者,想要吸引读者的眼球,就要在编辑工作中下功夫。传统期刊的数字化版本要在内容上更加吸引读者,当然,在不更改原期刊内容的时候也要在图片、动画等方便润色。电子学术期刊的编辑工作不同于软件制作,也不是单纯的文字作品的编辑,它会随着期刊内容的变化而变化。电子学术期刊编辑要充分调研市场,了解广大读者不同领域、不同学历等的阅读需求,从而确定电子学术期刊的主题。在编辑加工的阶段,要首先设计好电子学术期刊的整体蓝图,给出电子学术期刊的整体结构,然后再通过编辑软件设计出电子学术期刊所要展示的内容需要的所有媒体的组合方式和表现层次。在此基础上,收集电子学术期刊所需要的内容,除期刊的主体内容外,还要搜集所需要的媒体资料,将这些资料汇总并加工编辑,再进行每一个细节的完善。需要注意的是,电子学术期刊的编辑过程中要避免媒体的侵权问题,这项工作也会花费一定精力。传统期刊的印刷装订阶段,在电子学术期刊的编辑中会省时省料许多。完成了以上资料收集、整理、加工处理的过程之后,就是电子学术期刊的合成阶段,把所有的媒体资料通过编辑软件合成起来,完成一部电子学术期刊作品,电子学术期刊的编辑流程也就要接近尾声了。为了保证电子学术期刊的内容质量，还需要进行质量评估。除了对电子学术期刊内容的校对，电子学术期刊的编辑过程中还需要进行的重要一步就是对电子学术期刊的程序进行测试。完成以上一系列的流程，接下来就是电子学术期刊的宣传阶段，将电子学术期刊发布到 Internet 上，拥有独立站点的电子学术期刊企业可以将电子学术期刊置于首页醒目位置，而没有独立的站点和数据库的电子学术期刊，可以通过广告的方式进行宣传营销。以上所有的编辑工作都构成了电子学术期刊的固定成本。

与传统期刊相比，电子学术期刊的出版发行具有很多不确定性，电子学术期刊借助于计算机技术和网络技术，实现了按需印刷，因此它的出版数量是无法预见的，那么每一份电子学术期刊的平均成本也就很难估算。可以说在电子出版时代，电子学术期刊的成本因素对电子学术期刊的价格的制定的影响已经开始减弱。

2. 市场因素

市场是千变万化的，任何商品在市场上销售时，都必须经受市场的考验。只有能随机应变，不断适应市场变化的商品，才能长存。

电子学术期刊的全部创作都是为了在市场上进行销售，实现其价值。市场的需求影响着电子学术期刊的价格，如果在一定时间、一部分地区，某电子学术期刊的市场需求量很大，那么电子学术期刊的价格是可以考虑微微上调的，这样一来，电子学术期刊的利润会增加，也不会减少销售量。但是当市场上对电子学术期刊的需求很小，销量很低时，电子学术期刊可以适当降低价格，通过价格优势来吸引消费者，从而增加销量，提高利润。

电子学术期刊要销售就应该考虑整个电子学术期刊市场环境因素，只有能够根据市场需求对商品价格做出调整的电子学术期刊才能在竞争中取胜。网络这个大市场具有公开性、透明性，电子学术期刊行业要抓住市场的变化，当某一时期电子学术期刊比较受欢迎时可以稍微抬高价格，而当电子学术期刊销量不景气时，要适当地降低价格，以保证电子学术期刊的销售数量。只有这样学会变通，适应市场的变化调整价格，才能尽可能地保住电子学术期刊的销量。

3. 受众因素

影响电子学术期刊的价格的因素还包括受众因素。在电子学术期刊的市场运作过程中，如何增加自身的核心竞争力也是各家期刊所关注的。电子学术期刊在运作过程中要经历"二次销售"，第一次是将内容买给读者，第二次借用由内容产品销售形成的受众渠道，将广告服务出售给广告客户。在"二次销售"环节中的命脉——读者，成了电子学术期刊行业思考和争取的重中之重，分析自身期刊的读者受众自然是非常必要的。

随着电子学术期刊市场的不断发展，各种电子学术期刊的数量也达到了新的高度，人们生活水平的提高和新生代年轻力量的崛起，使中国电子学术期刊的主要消费读者越来越年轻化。

不同阶层、不同职业、不同文化水平、不同经济实力的受众由于电子学术期刊价格高低的购买欲望也是不同的，要通过调查，了解受众的特点，根据他们的特征进行合理定价。总之，付费阅读是当前电子学术期刊厂商的主要收入来源，也是立足之本，应该继续大力传播付费阅读的理念，通过按期付费阅读、按种付费阅读、包月付费阅读、包年付费阅读、打包优惠付费阅读等多种方式，拉动用户的消费。

当然，对电子学术期刊价格有影响的因素还有很多，电子学术期刊行业在定价时应该充分考虑。

（二）电子学术期刊的价格策略

对于每一行业来说，价格都是一个敏感的话题。企业在制定价格时既要满足顾客能够接受的价位，又要符合企业产品成本的需求。与传统期刊一样，电子学术期刊的价格也是由市场这只"看不见的手"来决定的，电子学术期刊的价格策略也是不同的。

1. 免费价格策略

对于传统期刊来说，免费价格策略主要用于促销和推广产品，而对于在互联网上营销的电子学术期刊来说，则是一种有效的产品和服务定价策略。这种价格策略有完全免费型和部分免费型。

完全免费型价格策略指，产品和服务完全免费，主要用于树立电子学术期刊的企业形象，扩大期刊知名度。许多电子学术期刊都可以在网上免费浏览，读者可以直接访问电子学术期刊所在站点进行阅读而不用支付任何费用，读者也可以通过百度谷歌搜狗等搜索引擎根据期刊题目进行搜索，或者通过中国期刊网等有电子学术期刊目录的数据库进入电子学术期刊所在站点，然后进行免费阅读和下载，这类期刊是不用考虑价格因素的。龙源期刊网专门设置了免费专区，不定期更新免费期刊。很多期刊平台网会公布一些免费期刊供读者在线阅读，但需要注意的是，即使是免费的期刊，通常也需要用户拥有该期刊站点的账号，否则读者在点击阅读时，会跳入一个登录页面，提示老用户直接登录，新用户请注册。

部分免费策略指，读者只能免费阅读电子学术期刊的一部分内容，如要获得全部内容则必须付款。在龙源期刊网上，未付款的情况下点击电子学术期刊，通常会显示期刊内所有文章的标题和每一篇文章的一小部分内容，当读者点击标题进行阅读时，会在文章下方显示"试读已结束，购买后继续阅读"。展示一部分期刊内容是期刊管理者吸引读者进行购买的一种营销方式。

许多电子学术期刊企业采取定制价格策略，将电子学术期刊以收费的方式提供给用户，收费标准是不同的，可以按年、按月订阅，也可以按一本电子学术期刊价格付费阅读，或者根据需要的篇章选择单独付费。读者在电子学术期刊站点输入用户名和密码进行账号登录，然后根据情况进行支付后，选择在线阅读或下载。

龙源期刊网为读者提供了期刊的原貌版以及电子文本版，按篇计费，方便实用。读者可以通过网站的搜索功能，在近10万册中文期刊与1000万篇文章中，搜寻自己需要的内容。

2. 差别定价策略

差别定价法，指同样是这份电子学术期刊，在不同的时间、不同的地点，根据不同的消费者制定出不同的价格。读者对电子学术期刊的内容、设计等方面有要求的同时，也会对电子学术期刊的价格很敏感，如果能够在不同的市场环境中，根据消费者的价格期望制定价格，可能会更好地刺激消费者，从而提高销量，获取好的销售效果。首先就要根据读者对电子学术期刊的主观评价的高低来决定电子学术期刊的价格，这种定价方法可以更好地符合读者对电子学术期刊的主观评价，然后吸引读者购买。想要获得读者的主观评价需要做大量的工作，比如需要利用互联网发布电子学术期刊的相关信息，通过调查问卷的方式，获取读者的回馈，从而了解读者的期望价格。差别定价方法对于传统期刊来说是很难实行的，但是电子学术期刊是出版于网络大环境，网络的交互性和易变性为电子学术期刊采取差别定价法提供了方便，差别定价法符合网络的个性化和多样化服务要求，是网络出版物的发展趋势。

3. 竞争性定价策略

电子学术期刊出版于网络这个充满竞争的市场，同类电子学术期刊的竞争对手不计其数，想要获得更高的利润，扩大自身的销售量，就应该采取竞争性定价策略，战胜竞争对手，吸引消费者。想要充分了解竞争对手的各方面情况，就需要电子学术期刊的工作者调研市场，展开竞争情报工作，利用计算机技术和网络技术，随时了解竞争对手的价格策略，不断收集相关资料，根据电子学术期刊市场的大环境，通过研究竞争对手的成本、受众、价格等，将自己的各方面优势和劣势进行研究，进行价格上的适当调整，"人有我优、人优我廉"。

（三）电子学术期刊的促销方式研究

1. 会员制度

会员制度是几乎所有电子学术期刊企业都会使用的促销方式。电子学术期刊可以为用户提供会员制度，拥有会员资格的用户可以对电子学术期刊进行折扣购买，或者是增加在线阅读的页数等，同时购买的价格会累计为积分，这些积分可以有换购、抵价、兑换礼品等优待，当然要根据电子学术期刊自己制定方案。对于会员要定期回访，增加电子学术期刊与读者之间的互动，这样可以获得更多的宝贵意见和建议，从而提高电子学术期刊的满意度，同时也能够抓住一些回头客。

企业通过实行会员制营销可以了解顾客的消费行为，根据会员信息和消费行为将会员分类，可以进行更加针对性的营销活动，同时，企业自己的会员就是最好的宣传媒体，将促销变为优惠和关怀，提升会员消费体验，提升客户忠诚度，就可以通过会员进一步将产品进行宣传。

2. 数量折扣策略

通过数量折扣策略，增加电子学术期刊的购买力，根据读者的购买数量，提供一定程度的折扣，购买的越多，折扣越大，这样就可以鼓励消费者购买电子学术期刊。

其实还有一种促销方式叫套餐购买方式，也是数量折扣策略的一种，将几种电子学术期刊组合设置成套餐来销售，通过促销套餐让买家一次性购买更多商品，以搭配的形式组合销售，这种营销方式很大程度上提高了卖家促销的自主性，同时也为买家提供了更多的便利和选择权。此种营销方式的特点是"多买多便宜，套餐轮播、增加关联销售"。龙源期刊网在其网站设置了套餐专区，向读者提供十几种不同价位的套餐。

3. 其他促销方式

电子学术期刊包含很多的内容，不同主题的电子学术期刊也有不同的促销方式。除了以上促销方式，对于教育类型的电子学术期刊，有一个很好的促销方式就是企业和校园推广，比如在电子学术期刊销售量不高的情况下，通过与教育企业或者某学校进行合作，通过适当降低价格，将电子学术期刊进行推广销售，可以扩大电子学术期刊的销量。

二、大数据时代电子学术期刊的发行渠道研究

大数据时代，网络的便利使电子学术期刊的编辑、复制和发行工作逐渐融为一体，与传统形式的期刊发行相比，电子学术期刊通常以如下两种方式发行。一种是由印刷版期刊发行商自行发行。这种发行商通常是较大的或发展较快的发行商，它们直接通过 Internet 发行其期刊的电子版，不需要任何中介，发行商对电子学术期刊从内容到版面都具有完全的控制权。另一种发行方式是通过中介服务机构，或称代理商发行。更多的电子学术期刊发行商选择这种省心省力的发行方式，提供这种服务的代理商将许多来自不同发行商的刊物整合到统一的界面和检索系统中。它们往往在电子版面的设计，技术的更新和应用上有着很大的主动性和优势，用户通常也直接向代理商申请订阅并获得电子学术期刊的使用权。

电子学术期刊的营销属于网络营销，网络营销是以现代营销理论为基础，借助网络、通信和数字媒体技术实现营销目标的商务活动；是科技进步、顾客价值变革、市场竞争等综合因素促成；是信息化社会的必然产物。电子学术期刊的营销与 Internet 技术息息相关，包括设计、开发、广告、与销售等，它是通过计算机网络间接或者直接进行的营销活动。

电子学术期刊基于网络平台这个充满竞争的虚拟世界，想要保持发展就要拓宽营销渠道。

（一）Web 展示

电子学术期刊是以数字化的形式存在的，对于电子学术期刊的营销来说，Web 展示是一种便利也最基本的营销途径。Web 展示，即在互联网上展示电子学术期刊的特征、内容。电子学术期刊的购买者，通常是具备计算机和能够使用网络的用户，通过 Web 展示电子学术期刊，能够给读者带来便利，同时互联网是一个开放的平台，这个平台上的内容数不

胜数，想要扩大电子学术期刊的影响力，吸引读者的关注和购买，以达到自身目的就应该在网络上全天候的展示电子学术期刊。Web 展示的方式有很多种，比如探索引擎提示，www 网站的建立，期刊数据库平台的推广以及一些有影响力的网站的推荐。

探索引擎几乎是所有网络用户必用的一个工具，而现在的探索引擎有一个很便利的功能，以百度搜索为例，当鼠标放置在探索栏时，会在下方出现许多推荐，示意用户是否要找的是这些，这是一个很机智的营销方式，电子学术期刊其实就可以通过这种方式展示自己，当然这种方式是需要与所在站点取得联系和沟通的，可能会需要一定的费用，但不得不说这是一个很好的 Web 展示策略，这样一来，很多网络用户就会不经意间看到电子学术期刊的名字，然后点击进行订购和在线阅读等。电子学术期刊出版者建立独立的网站这已经不是一个陌生的营销方式了，电子学术期刊建立自己的网站后，在网络上的展示会有许多自主性，不受时间以及形式的限制，但是这种 Web 展示方式也是需要花费大量资金的，并且需要具有专业网站知识的工作人员进行维护，成本较高。

期刊数据库平台的推广也是一个 Web 展示的好方法，电子学术期刊出版者可以与发展较好的期刊平台取得联系，由他们在平台上对电子学术期刊进行宣传，是成本较低又效果比较好的一种方式。比如将自己的电子学术期刊放置在龙源期刊网上，以龙源期刊网的知名度作为基础，通过该期刊数据库平台的推广，增加电子学术期刊的阅读量。电子学术期刊工作者可以授权给期刊平台进行宣传销售，也可以通过电子学术期刊平台的宣传进行链接。只是电子学术期刊平台由于自身目的，可能会根据电子学术期刊的畅销与否安排电子学术期刊宣传的位置、形式等，电子学术期刊出版者缺少了一定的自主性。

电子学术期刊的宣传与推广不应该只局限于期刊站点，也应该拓展到其他网站进行宣传，毕竟网络用户中并不是所有人都会关注电子学术期刊平台，很多人可能会关注新闻网、视频网站、游戏站点等，将电子学术期刊推广到综合性门户网站是扩大宣传范围的好方法。

（二）广告营销

电子学术期刊和传统期刊的共同点就是，在经济交流活动中保持利润最大化，要达到这个效果首先就要增加广告效果以吸引读者，以期达到期刊畅销的目的。广告的效果从广义上讲，指的是广告的经济效果，通常包括广告的传播效果和经济效果，文章中讨论的是广告的经济效果。目前，我国的电子学术期刊主要依靠广告盈利。在数字期刊迅速普及的同时，电子学术期刊的广告也呈现出迅速增长的趋势。

电子学术期刊依托于网络广告具有很多的优势，它是一种很有潜力的广告载体，是传统媒体广告无法比拟的。除了价格优势以外，电子学术期刊还因为依托网络和计算机，具有更丰富的媒体表现形式，电子学术期刊的广告可以是文字、图片、动画、音频、视频等，相比传统期刊，电子学术期刊的广告更有吸引力，广告效果也更高。同时电子学术期刊的广告可以针对不同的用户群体被准确投放，从而提高广告的效益，把干扰信息减到最低，也给读者增加了便利。

要做好电子学术期刊的广告经营，就要讲求策略，要研究电子学术期刊的广告表现形式和收费方式，探索出如何结合传统期刊与电子学术期刊的广告优势，打造互动式跨媒体广告的营销模式。

受众分类策略。传统期刊面临着一个重要的问题就是，广告的目标很模糊，广告类型很广泛，而面对各行各业的读者，广告效果不明显，反馈度也不高。而电子学术期刊却能够对读者细分，也就是对广告客户进行细分，不同的版面根据面对的读者不同而设置不同的广告，不同行业的读者基于生活、学习与工作需求而阅读电子学术期刊的同时，能够提高广告投放的价值。除了基本的广告收入外，电子学术期刊企业还可以利用细分化的读者群，为广告主进行市场调查、为读者即广告客户提供产品订购等网络服务，增加更多的附加收入。

品牌广告策略。那些业内领头的电子学术期刊，品牌广告的收入在整个企业的比重是相当大的，知名的广告客户与领头的电子学术期刊是一对相辅相成的关系，广告客户看中电子学术期刊的推广力度，相应的电子学术期刊也看中广告客户的资金实力，双方进行合作无疑是双赢的。电子学术期刊的运营商能否把握住这个机遇，是能否赢得将来的关键。纵观整个国内的电子学术期刊广告经营，那些盈利的电子学术期刊本身就有很高的品牌价值，那么发展起来就更加得心应手。

平台整合策略。内容与发行渠道两方面发展是实现广告平台整合的关键，那些靠低质量、不专业内容生存的电子学术期刊商，充其量也是昙花一现，不会有长足的发展。所以平台商对内容资源整合就显得尤为重要了，笔者认为要明确统计订阅用户的数量和杂志数量，要把同种类型的订阅用户和同种杂志作为一个整体，形成规模效应，这样就增大了宣传力度和对广大用户的吸引力。电子学术期刊平台商要不断拓宽发行渠道，这样才能使广告发挥 大的能量和 大的盈利值。电子学术期刊是网络的产物，并且主要依靠广告盈利，但是盈利也不像广大读者想象的那样简单，为什么会出现这种情况？因为当今社会，传统期刊的比重还是占主要市场份额，电子学术期刊的主要消费者还是比较有限，发行量也不可观。所以电子学术期刊就要寻找其他渠道，不断增加创新，获得更多广告主的青睐。

电子学术期刊的发展方向是成为一个网络媒体平台，要想实现这个目标就需要多方面的因素，应当借助传统媒体来提升它的知名度，通过与有实力的广告商合作来拓宽发展渠道，同时还要利用自身的优势，那就是技术手段，只有从多方面入手，才能形成以电子学术期刊为中心点的独特商业模式。网络媒体平台的优势是以媒体为中心，面对广大用户的广告形式，同时它又以广大用户为中心，使广大用户成为传递广告的主体，使传播面更广、更大。网络媒体的出现所带来的示范效应一定是潜力无穷的，其精准性和广泛性是传统广告所不可比拟的，笔者相信网络媒体平台将成为广告主的全新选择。

（三）E-mail 订阅

E-mail 作为现代人们必用的一种工具，可以说是极其符合电子学术期刊的一种个性化服务。当然 E-mail 推送其实也是一种广告方式，但是也可以说是一种"上门服务"。电子学术期刊应该根据注册用户的不同需求，选择相关内容发送给用户的邮箱。许多网站的注册程序中会对用户进行简单的调查，即要求用户在注册时勾选自己的喜好，用户在选择的这个过程就将自己的信息反馈给了网站的工作人员。而电子学术期刊出版者就应该通过各种渠道来收集用户的这些信息，从而进行有效的推广，而不至于对用户的邮箱进行大范围推送而造成用户的反感，反而成为一种垃圾广告。

（四）微博营销

微博是一种新型博客，以其丰富的内容、广阔的传播渠道、高效的传播速度和新颖的传播模式开拓了互联网应用的新时代。微博营销以微博作为营销平台，每一个粉丝都是潜在营销对象，电子学术期刊出版者可以创建自己的官方微博，利用更新自己的微博向网友传播电子学术期刊的内容，树立良好的企业形象和产品形象。通过每天更新电子学术期刊的内容可以加强与粉丝的交流互动，同样可以通过微博做一些读者问卷调查，这也加强了对读者阅读取向的了解，或者发布大家感兴趣的话题，这样来达到营销的目的，这样的方式就是微博营销。

在不刷微博几乎等于与时代脱轨的今天，人人刷微博，玩手机，微博成了人们生活中必不可少的一个环节，在微博上发布的信息，可以像瘟疫一样在短期内大量扩散，这也给电子学术期刊的自我宣传带来了机遇。知名微博的自我宣传，以及知名微博对电子学术期刊的推广，给电子学术期刊的宣传发挥了很大的积极作用。

（五）移动终端推送

短短的几年时间，你会发现，当今时代简直变成了移动互联网的时代，不知道从什么时候开始，不管是乘地铁、坐公交、去餐厅、逛商场，可以随时随地看到形形色色的人们埋头在手机的世界里，可能之前人们还不太信任手机广告，而现在随着网上购物的不断兴起，加上无线网和 4G、5G 网络的发展，人们可以轻轻松松通过手机购物、娱乐、聊天，无论上班族还是学生或其他的职业人群，几乎每天陪伴他们多的就是手机，人们开始接受手机广告甚至寻求广告。

移动终端作为一种新兴媒体，正成为最受中国网民欢迎的一种内容提供商和搜索引擎，同时手机上的社交软件已经成为覆盖面相当广的一种沟通方式，电子学术期刊作为互联网提供商应该抓住移动设备的优势，积极从移动终端进行推送宣传。比如，微信作为一个以朋友为社交范围的社交软件，所有相联系的用户基本都是同学朋友，而在此发布的信息的信任度就大大增加了，那么电子学术期刊可以在微信上建立公共主页，并通过主页向用户发布电子学术期刊的内容信息，并利用微信的优势，通过用户之间的转发吸引读者的关注，同时也可以发布优惠活动等加强与读者的沟通。在信息传播速度越来越快的当下，很多期刊企业都很重视这种移动终端的营销行为。

随着互联网的不断发展，网民的规模也不断扩大，人们对网络的信任不断增加，网络营销正不断成为吸引人们的方式，迅速展露出它的优势。电子学术期刊也应该抓住网络营销的优势，更好地销售产品，增加竞争力。但是，值得注意的是，网络营销虽然给广大电子学术期刊业带来了商机，但仍不可否认的是，网络营销无法代替传统的营销方式，电子学术期刊不仅仅是传统纸质期刊的数字化，同时也是一种营销策略的数字化，电子学术期刊应该在充分利用传统营销方式的基础上，积极开发网络营销的策略，将二者有机地结合起来，这样才能不断扩大网络出版的影响力，增加知名度。

三、大数据时代电子学术期刊营销中的问题与启示

通过一段时间的关于电子学术期刊相关资料的搜集整理，笔者对电子学术期刊有了更深刻的理解，现如今信息技术不断进步、互联网日益拓展，而且随着内容资源在互联网发展中的作用越来越突出，电子学术期刊也成了互联网上的重要组成部分，但是在显现优势的同时，相应的也出现了很多的问题，比如电子学术期刊在营销过程中涉及的版权问题，以及盈利模式还不够丰富，期刊内容同质化等，这些问题的产生同样也给了我们很多启示。

（一）大数据时代电子学术期刊营销渠道中的版权问题

大数据时代电子学术期刊的营销通过互联网，依托计算机，由于网络的公开性，期刊的素材会更容易获取，期刊的传播和共享变得非常便利，期刊营销过程中会出现很多侵权问题，电子学术期刊的版权保护问题会更加突出，但是这种侵权行为是非常隐形而不容易被侵权者发现的。这一现象说明了电子学术期刊营销渠道中版权保护的重要性，对电子学术期刊企业，对电子学术期刊编辑者已经相关部门提出了更高的要求。

许多著名的期刊网站、期刊销售平台在没有经过作者或出版者授权的情况下，将某些公众喜爱的作品在网络上进行传播，这种做法属于侵权行为，我国的法律对这种行为却几乎没有约束，使用者也难以认识到自己的违法行为，其中，"龙源期刊网侵权"事件是典型的例子。

"2006年颁布的《信息网络传播权保护条例》规定，网站必须拿到著作权人网络传播的授权才能予以作品传播。"电子学术期刊是由编辑对素材进行加工然后上传到网络上的一种出版物，不管是对新素材的编辑还是将已发表的文稿进行数字化，都应该在享有著作权之后进行，同时不得损害和侵犯原作品的著作权。电子学术期刊厂商要重视电子学术期刊营销过程中的版权问题，坚决与侵权行为做斗争，但是维权也要讲求方式方法，不能在维权的过程中，反倒成了违法主体，一方面要寻求政府部门的帮助，尽早发现尽早报告；另一方面要及时做好取证工作，随时利用法律的形式维护自身权益。同时要依托行业协会

和行业自律性组织来壮大自身的力量，增大自身的话语权，发挥他们的组织能力与协调能力。相关部门应该策划大型维权活动，增大民众的认知度，通过越来越多的方式、手段来切实保护自身权益。实现自身的知识产权保护是电子学术期刊不断发展的前提和基础，这一目标的实现有利于电子学术期刊版权保护的进一步完善，不仅有助于电子学术期刊的健康发展，也必将促进知识产权制度的进一步完善。

电子学术期刊版权保护问题的解决需要加强法律的保护，不断更新版权保护制度以适应不断发展的互联网技术，同时要将现有的法律法规进行细分，根据实践中遇到的法律问题，更新和完善其中的制度，为网络出版提供保障和良好的出版环境、安全的出版市场。立法部门应该针对数字版权的具体保护措施，制定专门的规定，制定更多的面向互联网出版、面向电子学术期刊的有针对性的法律法规迫在眉睫，只有不断地增加监管力度，才能规范行业行为，促进其健康、有序地发展，才能更好地促进电子学术期刊的发展。

而且笔者认为，新闻出版总署和信息产业部需要在已经颁布的条例法规基础上，制定出一些专门的管理规定来应对出现的新问题、新纠纷。俗话说，无规矩不成方圆，法律的约束力在电子学术期刊的发展中也非常重要，因为在网络这个虚拟世界当中，它相对于传统期刊来说，传播速度更快，管理难度更大，只有通过不断加强法律法规的完善，才能更好地起到管理的作用。应该在网络出版方面，尽快出台《网络出版法》，尽快制定专门的网络版权保护法律法规以便对作者、出版物使用者和网络运营商进行法律约束。当前已经颁布的法律法规有"《互联网信息服务管理办法》《互联网文化管理暂行规定》《中华人民共和国计算机信息网络国际联网管理暂行规定》《中华人民共和国计算机信息系统安全保护条例》《全国人大常委会关于维护互联网安全的决定》《最高人民法院、高人民检察院关于办理利用互联网、移动通信终端、声讯台制作、复制、出版、贩卖、传播淫秽电子信息刑事案件具体应用法律若干问题的解释》《出版管理条例》《中华人民共和国著作权法实施条例》《互联网著作权行政保护办法》《互联网出版管理暂行规定》《信息网络传播权保护条例》"等法律。根据《出版管理条例》和《互联网信息服务管理办法》，省、自治区、直辖市新闻出版行政部门负责本行政区域内互联网出版的日常管理工作，对本行政区域内申请从事互联网出版业务者进行审核，对本行政区域内违反国家出版法规的行为实施处罚。

现今，市场上未经授权，非法使用、非法传播、非法盗版等侵权行为频频发生，笔者认为，要解决这一问题要联合一切可以联合的力量，共同打击这些非法行为。但是单靠民间力量想要杜绝这种情况的发生，无疑是杯水车薪，只有依靠政府主管部门，才能彻底解决问题，除了对于侵权个人、单位要及时予以查处并加以处罚，对于网站要及时关闭，还要提供广泛、高效、快捷的渠道和处理流程，让更多的民众、团体了解自身的权益和维护自身权益的方法。

（二）大数据时代我国电子学术期刊营销的启示

改变内容同质化现象。经常上网的朋友们不难发现，网络型电子学术期刊的内容主要来源于用户本身，网络用户通过将传统期刊的内容上传网络，并加上少量的个人看法，就变成了全新的文章。而网络期刊的运营商们，正是直接套用网络的这种方法，把已经成型的期刊直接应用在自己的产品上，这种现象十分普遍。所以网络上充斥着大量的相同文章，所表达的内容也基本一致。我们经常会发现，不同的期刊却有着相同的内容，这种现象比比皆是。相同内容的文章随处可见，可想而知，用户会始终如一的选择同一本期刊么，显然不可能，没有老顾客、回头客，那么电子学术期刊厂商的利益能保证吗？显然也是不能的。

网络电子学术期刊行业要想在这个庞大的网络的出版平台分一杯羹，就必须要改变现有的问题，不能你发什么我就发什么，首先要改变相同的内容，其次要做大量的数据分析，了解用户的需求，看看用户在什么方面感兴趣，然后通过对这些用户信息进行受众分析和市场调查，抓住吸引读者的期刊方向，从而广泛搜罗好的作者、好的文章作为电子学术期刊的基础内容，然后综合利用多媒体技术，打造自己的期刊特色，找到自己的期刊独有的特色，从而固化自己的读者群，只有这样才能给电子学术期刊带来的利润。

拓展新的盈利模式。目前的电子学术期刊多是以下载、阅读的模式面向用户提供服务获取收入，同时兼以广告收入的盈利模式，在继续大力推进付费阅读模式的基础上。还有一个重要方面，电子学术期刊要想长期发展，资金是关键，所以开启新的广告盈利模式、开展多种增值类服务，使盈利渠道更加多元化。

第三节　大数据时代我国学术期刊数字复合出版平台建设

一、数字复合出版概念

大数据时代，我国出版行业纷纷向数字化转型发展，走数字出版发展道路已是大势所趋。一方面，数字出版物在库存、退货、物流等方面均优于传统纸质出版物，数字出版物具有"无库存""退货少""无物流"的明显优势，这些优势可以在很大程度上减轻传统出版商的经营压力，而具体到学术期刊数字出版领域，相比传统学术期刊出版，数字出版物还具有"易发现""易引用"两大明显优势；另一方面，我国"数字原住民"正在成长。市场上的各类数字产品层出不穷并得到不同程度的普及，具体到出版领域，以掌阅、QQ阅读、当当读书，以及腾讯推出的又一读书产品"微信读书"等为代表的移动阅读产品近两年来快速渗透到不同类型的读者市场中，这些依托数字化技术生长的产品渐渐代替传统出版物占据读者的碎片化时间，并基于其技术优势、服务优势更好地满足了当代读者对于数字化时代的碎片化阅读需求，而在这一新变化中，作为阅读市场的大资源提供商——

传统出版商，唯有继续保持其内容出版优势的同时，提高其产品形态输出多样化的意识与能力，才能与这一发展趋势保持同步，因此，从目前来看，数字出版仍是其发展的焦点话题和对象。伴随数字出版的继续发酵和发展，一个新的发展概念——数字复合出版得以诞生，尤其是在2010年以后，伴随大数据、云计算等互联网技术的快速发展，以及复合出版系统工程系列技术体系研发工作的日渐稳定，数字复合出版工作在出版业界得到了实际发展。

同"双轨出版""跨媒体出版"一样，数字复合出版的技术基础也是XML，三者在发展过程中存在上下衔接关系，"双轨出版"和"跨媒体出版"是数字复合出版的发展基础。除三者共性之外，数字复合出版还具备其自身发展的个性，即对出版资源进行"一次制作，多元发布"，所谓的"一次制作，多元发布"是指出版单位接收到作者投稿经过"三审三校"终确认的内容后，首先会通过数据加工处理系统对这些内容进行结构化加工处理，例如图书、期刊文章等资源的XML加工，加工过程中系统将根据管理员预设的符合数据标准（如ONIX/NLM标准）的模板对数据中的各字段添加标签，以实现通过多种符号对同一内容进行复合表达，完成数据加工的内容在成功入库后，出版单位可通过另一资源加工系统从数据库中提取必要的字段，将其加工成不同样式、不同形态的产品，再根据用户、市场的具体需求，通过多种载体形式、多样化媒介形态、多种显示终端盒制作技术对其进行复合性的表达，突破了之前以媒介形态划分出版类型的局限。张博曾在《浅议我国数字复合出版新进展》一文中提出，"数字复合出版的核心是将一份内容进行结构化加工和分层次表达后自适应地发布到不同终端，实现按需出版"。目前对数字复合出版核心思想的认识较为统一的是"一次制作，多元发布"，对学术期刊而言其 直接的应用是可以将内容碎片到小颗粒元素（如图片、公式、段落等），出版商可根据市场及用户需要将碎片化的内容重新组合并生产出不同类型的产品，以提高内容的复合利用率，解决国内学术出版社海量内容资源的这一短板。

数字复合出版具体到学术期刊领域，实现这一发展过程还需结合学术期刊自身发展特点及数字复合出版的特征来重新思考并定位其数字化建设的整体流程及其中涉及的各个关键环节，包括将传统期刊出版环节进行全流程数字化，如投审稿系统化、编辑加工实现在线管理与交流，并生成不同出版产品输出载体所需要的形式和格式，直至延伸并实现内容数字化后的"结构化加工、知识服务、数据库存储、网上传播、多终端读取"的全流程数字化出版服务模式。

二、数字复合出版的发展特点

（一）内容与形式分离

数字复合出版从根本上讲就是不同的记录方式（如文字、图形、影像、语言、音乐等的复合）和不同载体（如纸张光盘磁盘IC卡的深度融合与交互），以及不同媒体形态（如书报刊、音像制品网络）和不同显示终端（如纸页、电脑屏、手机屏、电子纸）的复合。在制作和传播过程中，复合出版是通过一次出版数据的采集/编辑，完成以互联网移动通信网、广播、电视、网络、光盘、纸质印刷等多种媒介向公众或特定领域用户发布的出版活动。简而言之，就是对内容资源的一次制作、多元发布、分层次表达和全媒体发布，以实现内容呈现多样化版权价值大化。

数字复合出版强调对同一内容进行编辑加工的过程中，通过采取数字技术将其处理成能够适应不同媒体形态、不同显示终端的各种数据格式，使其最终的出版形态不拘泥于具体内容，且能够根据用户及市场的不同需求，输送出不同产品形态，即数字复合出版更强调"内容与形式分离"的出版特点，即目标出版物的出输出形态不受限出版物的载体、记录方式、显示终端、版式等具体形式限制。甚至，数字复合出版可以根据读者的需求，对出版物的形式与内容进行再组合。通过这种多种形式的再组合，使得内容资源获得更广阔的发行渠道和平台，全方位地深入读者群中。

（二）内容与内容关联

如前所述，数字复合出版强调对同一内容进行复合型出版，包括通过多种符号（如文字、音频、图表、视频）、多种媒介形态（如图书、期刊、报纸、音像制品）、多种传播载体（如纸、光盘、集成电路）对同一内容进行复合性的表达，并通过多种显示终端及其制作技术对其进行支持，实现这种复合表达的实际效果。换言之，即数字复合出版相比传统数字出版，是支持出版全流程数字化，并在数据收集与加工等数字化阶段将数字内容生成各种传播载体所需要的形式和格式，以知识服务为核心，突破出版内容的单向传播与价值实现，更多要关注内容与内容本身之间的关联性，挖掘同一内容在不同传播载体上的差异化价值，同时关注不同内容间各类元素的相关性，以期根据出版商及市场需求将其动态重组成符合市场及用户需求的新的出版物。

内容与内容关联充分体现了出版社内容管理方面的价值，使得出版社的内容资源得到更充分的挖掘、分析、组合和应用。在传统数字出版环节，数字化更多是围绕印刷产品"电子化"来进行的。例如，现有的电子书出版模式就是在传统出版基础上的内容加工环节，兼顾某种电子产品形式的数字出版，而数字复合出版不仅是在数字出版的基础上包含所有传统出版形式，而且是在出版全流程过程中根据对市场及用户的动向观察兼顾出版内容与内容之间的关联，以输出符合市场及用户预期要求的多种出版物和产品形态。

三、发展数字复合出版的意义

（一）向上拓展出版商在知识传播价值链中的作用

如前所述。数字复合出版特别强调对出版内容的"一次制作，多元发布"，这要求出版商在内容生产环节需要同时完成其相应的数据加工工作。

数字复合出版对出版内容的这种处理其实是从源头上统一、规范其出版内容的数据源，规避不同资源提供商在数据加工环节中的信息重复加工以及由此带来的数据完整性问题，也为数字化后的各种数据共享提供了前提条件。因此，数字复合出版在实际操作中在出版的上游环节就拓展了出版商在知识传播价值链中的作用，是对出版价值的一种另类增值体现。

（二）向下延伸出版商在知识传播价值链中的作用

相对于传统出版而言，数字复合出版更注重对出版内容中细微颗粒的数据加工，如期刊的每一篇文章、文章内的每一张图片或音视频，在这种出版模式下，大型的出版社将可能成为知识服务超市，出版商、甚至读者可以通过相关的系统平台及技术操作，从这个知识服务超市中有针对性地选择目标部件，并将这些部件动态重组成新的产品或新的服务。因此，在这种出版机制的鼓励下，出版商很可能行使作者的功能，甚至是一些跨媒介形态生产商的功能，在出版的下游环节延伸出版商在知识传播价值链中的作用，以实现对其数字内容的充分利用，大范围内挖掘其数字内容的市场价值。

（三）与相关行业左右联合

数字复合出版工作开展的第一步是需要出版商将其积累的存量资源及不断新增的增量资源进行规范化深度加工。为使这些资源能够得到更好的利用，出版商在具体实施过程中，将其数字内容与出版业之外的相关行业合作，渐成一种趋势。例如，随着Web3.0理念的普及和其支撑技术的成熟，国内外搜索门户网站希望与内容提供商联合。另一种比较受欢迎的联合模式是出版商与其他设备供应商的合作，如牛津大学出版社将其出版的多种数字版参考类辞书投放在苹果公司所属的iPhone和iTouch上进行网络直接销售，并且，大多情况下，这些数字出版物是以出厂自带的方式出现在相关设备上。

（四）提升出版商在内容生产环节的盈利空间

数字复合出版的"一次制作，多元发布"即强调对同一内容以不同的记录方式（包括文字、图表、视频、音频等）、不同媒体形态（包括书、报、刊、音像制品、网络）在不同显示终端（如纸、电脑、手机等）上的复合。简而言之，即对内容的一次制作多元发布和全媒体发布。这种"一次制作，多元发布"的理念相较传统数字出版（即纸制品与电子版分开出版）而言，可以 大限度地对资源实现充分利用，减少出版商在传统出版与数字出版环节的分别运作而引发的重复投入问题，实际上是节约出版商出版成本的一种有效方式，并且这种出版形式可以辅助出版商实现其同一出版内容的多形态输出，并实现对出版内容的版权价值利用 大化，从而达到提升出版商经济价值目的。

另一方面，在数字复合出版模式下，通过对数字化技术的运用支持在出版内容发布后，出版商根据市场及用户的需求将完成结构化加工与存储的产品元素，进行动态重组，快速形成满足需求的另一产品和业务，包括根据用户的个性化需求，通过对产品的定制化设计实现对用户的按需服务、按需定制的出版模式，对出版社而言，不仅能达到对其碎片资源重复使用，提高资源利用率的目的，同时给予了出版社基于其专业、定制服务，提高对用户内容服务收取服务费的机会，延长了出版商在内容生产环节的盈利生命线。

四、发展数字复合出版与数字复合出版平台建设关系分析

（一）数字复合出版平台概念

复合数字出版平台是通过一些技术手段将传统出版中的内容采集、编辑加工、内容管理、资源发布等环节转换到计算机平台上，并在互联网环境中开展工作，对相关人员的工作进行线上沟通与管理，通过互联网进行稿件的收集和整理，并通过数字化技术将成稿后的内容进行结构标引、多格式结构化分类存储，从而实现一次加工、多元发布的功能。

具体而言，数字复合出版平台是集内容资源管理、内容采集与编辑加工管理、内容发布及终端服务于一体的数字化出版平台。数字复合出版平台可以实现对目标出版内容进行统一采集、加工、存储、发布，帮助出版单位高效整合其内容资源，降低传统出版中因传统出版与数字出版的分别运作带来的出版成本，实现出版价值大化，具体到学术期刊出版，还可以通过这种方式完善其数字化环节，达到符合国际期刊数字出版的标准，以提升其期刊出版的国际影响力和期刊影响因子。另一方面，复合出版平台重视对用户的个性化增值服务，增强平台用户黏性，目前我国国内主要数字复合出版平台正在实现由资源储备库向信息资源服务和知识服务平台转型发展。例如，方正已经实现了其资源品种多元化、关注用户服务、离线与在线并存的多样化服务模式的3大改变；万方提倡建设以知识服务为核心的信息服务门户，并完善中文知识链接系统环节的开发，完善数字图书馆；同方知网也在积极进行知识挖掘及数字资源跨平台整合等技术的综合运用，以知识服务为核心，将其相关数据库中内容相关但形式分散的资源整合成知识关联的"知识网络"，并着手建设数字化学习与研究平台、学术文献评价平台、个人数字图书馆、知识元搜索平台等，以期形成对国内外知识信息的深度增值开发和利用。

数字复合出版平台改变了信息资源的重组方式，全面更新出版理念，是对信息资源的重新组织和思考。简而言之，复合出版实际上是强调以知识服务为核心，打通出版的各个流程与环节，使出版信息的传播从单向传递到双向互动，资源独立到内容关联，发挥资源利用的大化价值。

（二）建设数字复合出版平台是发展数字复合出版的重要通道

数字化是复合出版的前提，需要建立数字化的管理平台，提高管理效率。包括资源加工管理平台，实施内容采集加工、分类、标引、格式转换、内容制作，形成数字产品库。同时也需要构建一体化的、多媒体的、开放式的信息化管理平台，实现信息的及时共享、移动办公等，满足复合出版的需求。原新闻出版总署科技与数字出版司副司长季守利也认为：数字出版的本质就是平台化、规模化。因此，数字出版平台的主要任务既包括对上要完成数字内容整合，也包括对下承担数字内容营销任务。

数字复合出版的特点之一就是"内容与内容之间的关联",数字复合出版平台的建设任务之一就是开展资源的多维利用和集约化生产,基于碎片化内容,通过底层数据的维护多维度关联碎片资源关联,动态重组内容资源,实现资源内容价值利用的大化。数字复合出版平台的这一流程整合正好可以实现数字复合出版强调的"内容关联",因此,数字复合出版平台建设是数字复合出版工作开展的重要途径和通道。

五、我国学术期刊数字复合出版平台建设 SWOT 分析

SWOT 分析,即研究者基于对研究对象及其发展因素的全面理解与分析,从优势、劣势、机会、威胁四方面来分别分析研究对象发展的各项条件及其原因,并通过这四方面发展条件的个性与共性分析,研究者会结合自己的理解从中得到与之相应的对研究对象发展具有一定指导性的决策建议。SWOT 中"S"即 strengths(优势)、"W"即 weaknesses(劣势)、"O"即 opportunities(机会)、"T"即 threats(威胁),这四个的组合共同构成了影响研究对象发展的"有利与不利"条件及"内部与外部"因素,其中,SO 是主要考虑研究对象发展的有利条件,WT 主要考虑研究对象发展的不利条件,SW 是从影响研究对象发展的内部因素来分析的,OT 是从影响研究对象发展的外部因素来分析的。

(一)我国学术期刊数字复合出版平台建设"优势"分析

1. 学术期刊在出版物市场具有产品稀缺性

相比其他类型的出版物,如图书、报纸、音像出品等大众出版物,学术期刊具有很强的专业性、理论性、科学性,它是发布科研成果、传播科技知识及交流学术思想的重要工具,在促进知识创新和科学发展方面具有很强的不可或缺性。伴随互联网的普及和数字出版技术的发展,学术期刊通过技术上的数字化和虚拟手段,更是强化了其本身的这种不可替代性,进一步强化了学术文化与科技创新这一功能。

科研人员在学术研究领域所做出的重要贡献或研究成果,往往都是要将其整理成文,以发表论文的形式呈现出来,这样一来科研成果才能够得到广范围的传播,得到广泛的认知和推广。纵观国内外,学术期刊的受众群体一般是科技工作者、大专院校的教师及各个行业的专家学者,这些受众在思想文化、科学技术方面往往代表着与其学历、学位、职称等相关的知识价值和评价价值,因此学术期刊具有明显的精英性特征,其出版的文化价值可以说是一般大众类出版物无法比拟的,这也是学术期刊在出版物市场具有明显的稀缺性特征的关键原因。

另一方面,在经济学研究中,"稀缺性"一直被作为其研究的出发点,任何需要付出代价来获取的资源都是稀缺的。具体到出版产业,产业的核心是内容资源,而内容是需要专业人员进行策划生产的,从这个角度来看,出版内容资源具有普遍稀缺性。从我国出版资源整体分配情况来看,由于我国出版产业在长期发展过程中是依托计划经济条件下的政策优惠和扶持来支持,即时在"市场对资源配置具有决定性作用",要求出版单位进行"转

企改制"的今天，大多数出版单位仍未完全脱掉事业单位的帽子，相比国外滋生并成长于市场经济体制下的出版企业，仍面临体制、规范、人才以及市场等方面的短缺。具体到学术期刊本身，学术期刊相比大众出版物等其他类出版物而言，除需要专业策划人员的构思之外，还需要领域专家或学者在其漫长的学术研究生活中，集其智力劳动成果之精华，会聚成具体的可被阅读或使用的出版物形态，需要花费更多的时间和劳动成本，其付出的代价要高于一般出版物。因此，相比一般类的传媒资源，学术期刊在我国出版物市场具有更强的产品稀缺性，而稀缺性从经济学角度来看，则意外有着市场潜力。因而，相比其他类出版物的数字化建设，学术期刊更具备数字复合发展的天然优势，某种程度上，这也是为什么在我国学术期刊的数字化进程要快于图书出版的数字化建设。

2. 学术期刊数字化发展基础相对成熟

目前，我国大部分学术期刊社完成了数字化发展的第一阶段，即资源采集与编辑加工的系统自动化，例如常见的采编管理系统，如方正、玛格泰克等基本实现了数据采集、编辑加工、内容发布全流程的数字化，完成了纸刊排版的初步整合。期刊采编系统的使用在加强对论文收稿、审稿、纽稿、编校、排版等一系列出版活动的管理方面具有很明显的效果，加快了论文的编辑出版速度。

另一方面，我国大部分学术期刊已完成出版期刊网站自建工作。不少科技期刊中已完成了自建网站工作。并且，不少学术期刊已实现与大型数字出版平台，如中国知网（CNKI）、万方数据、重庆维普期刊库等数据库之间建立了数字内容实时连接、发布的长期合作，如《物理学报》《航空学报》《煤炭学报》《中国通信（英文版）》《化工学报》《病毒学报》《自动化学报》等，虽然在期刊网站具体设计上与国外同类期刊网站还存在一定的差距，但从数字化发展流程上，仍然是为进行数字复合出版的全面发展奠定了前期基础。

一般而言，构建学术期刊的数字复合发展平台包括两方面，一是建设学术期刊编辑部内部的信息管理系统，二是搭建期刊资源整合与发布的多元化复合出版平台。期刊采编系统的搭建和使用，以及自建网站工作的完成和完善，为我国学术期刊深入发展数字出版，为建设复合出版平台累积了一定的学术期刊信息化建设经验，并且为数字复合出版平台的完整建设奠定了重要的前期基础，这些前期基础包括期刊编辑人员思想观念上的转变、纸刊的数字化制作、数字期刊运营经验的前期积累等。

3. 学术期刊数字复合出版平台建设价值效益明显

根据传媒经济学"三次售卖"理论，期刊在经营发展过程中，分别有"卖内容""卖读者群""卖品牌"三个阶段的经营模式，具体到实际操作过程中，这三个阶段分别对应期刊的发行收入、广告收入和服务、品牌经营的收入，在这三个阶段中，其中第一阶段是基础性的，第二、第三阶段相对第一阶段，更具有发展活力和空间，是期刊实现可持续发展的保证。而数字复合出版可以通过数字化技术的应用及运作，不仅可以实现内容资源的多维度高效利用，使期刊内容资源获得更广阔的发行渠道和平台，还可以扩散期刊在读者之间的影响力，可以增强期刊显示度从而提升期刊品牌知晓度。总而言之，数字复合出版对学术期刊的作用不仅可以使其第一次售卖——即"卖内容"的价值 大化，也能对二、三次售卖产生深刻影响。

综合当下期刊出版环境，数字化是学术期刊发展的必然趋向。互联网及计算机网络技术已广泛应用到出版领域，包括学术期刊编辑出版领域，为数字出版提供了前所未有的动力和发展空间。伴随数字出版技术的兴起，很多学术期刊纷纷自建起期刊网站及自动化采编系统，通过计算机技术实现对出版物的制作和发行，突破了传统期刊在发行时遭遇到的发行方式单向性、时效性弱、发行对象单一等弱点，吸引了越来越多的人网上阅读。且在期刊数字化渐渐成为全球流行的趋势时，学术期刊出版单位通过网刊发布，纷纷走向付费阅读、付费下载模式，不但没有增加其纸刊印刷成本，而且增加了期刊的实际收入，提高了学术期刊的内容价值，实现了期刊的二次销售，增加了期刊出版的经济价值。

另一方面，学术期刊通过搭建数字复合出版平台，实现期刊出版全流程网络办公与管理，可以提高期刊的组稿效率，并使得期刊的选题策划更快更准，例如可通过平台统计及日志功能的设计，可以完整收集用户在平台上留下的每一个"足迹"，通过系统统计分析功能，将这些用户"足迹"收集整理起来，为期刊选题策划提供数据参考和依据。经这些数据参考后的选题策划，一方面利于编辑加工既快又准确，另一方面可以释放编辑发现选题的时间，而更多精力投入到期刊的创意、选题策划并深入到选题研究和组稿过程中，可以提高编辑组稿的效率，并且缩短审稿周期，从而进一步提高稿件的学术质量和编辑质量。并且，通过搭建数字复合出版平台，可以将同一文章内容在数据加工环节就加工成满足不同输出形态的数据格式，使得同一内容可以根据市场及用户需求输出不同的出版形态，增强期刊出版的文化价值和经济价值，帮助出版商和作者提升知识内容的附加价值。

（二）我国学术期刊数字复合出版平台建设"劣势"分析

1. 学术期刊传统出版运营模式根深蒂固

根据产业链及我国期刊出版发展整体情况分析，目前除少数有实力的出版集团已经实现出版与传媒、IT产业的深度融合，产业链贯通发展，集内容生产、信息发布、增值服务于一身外，大部分出版商仍处在产业链的上游，尤其是以单编辑部单刊出版为主的期刊社，更多是在扮演第三方期刊平台或数据库的数字内容提供商角色。

如前文提到的大部分学术期刊社将期刊内容加入第三方出版内容托管数据库中（如中国知网、万方数据、重庆维普等），这种长期的合作发展会导致学术期刊出版单位对第三方形成较强的依赖性，在数字化发展进程中自我发展的意识薄弱，影响其对出版运营模式的深入思考与实践；另一方面，面对学术期刊数字化出版的国际趋势，我国业界在整体上对学术期刊数字出版仍缺乏足够的认识和研究。从国外期刊业务数字化发展比较成熟的出版企业来看，其将互联网及数字化技术已经比较完整且熟练地应用到其期刊出版的各个环节，使得期刊出版在内容生产、运作方式、产品形态、流通渠道等环节均发生了深刻变化，而在这个环节，我国大部分学术期刊并没有在主动向新媒体转变，应用数字化技术的意识仍比较滞后。此外，学术期刊在长期发展过程中形成了内容编辑的专业性和严谨性特质，这些特质要求期刊编辑人员具备丰富的经验和一定领域内的知识结构，这种特征一定程度上导致许多学术期刊社人员结构呈现老化现象，对新事物、新技术的接受程度和运用水平相对比较低，而纵观目前我国学术期刊人才结构，还没有充足的人才去弥补这方面的不足，以至于出现期刊发展模式与人才结构出现不对等现象，影响了期刊数字化出版运营模式的深入发展。

从数量上来看，我国学术期刊规模较大，但在国际学术领域，学术水平和影响力俱佳的学术期刊只是其中的一小部分，这与国内大部分学术期刊办刊模式比较传统、单一不无关系，但另一方面，在数字化和网络化的时代背景下，技术拉近了国内外学术期刊的竞争距离，学术期刊作为学术展示和交流的重要平台，面临着内外部的竞争压力，一方面需要及早完全突破传统出版运营模式，另一方面也是更为重要的方面，需要掌握并运用期刊数字出版领域的核心和前沿技术，通过技术推动改革，来完成这一新的竞争环境下的角色突破。

2. 现有学术期刊网站存在大量雷同

我国学术期刊在数字化、信息化建设初期，多通过自建网站包括编审系统来实现线上投稿、编辑和出版，进而实现对学术期刊的网络化管理与自动化管理。但是，由于我国大多数学术期刊是由编辑部进行的单刊出版发行，在资金、人才方面均受限制，以及对网站的重要性认识不足，所以这类网站一般存在信息资源相对匮乏、没有根据期刊特性个性化定制、且更新速度慢或基本上不更新的问题，访问量普遍都不高。

这些网站建设内容主要集中在期刊介绍、编辑部简介、投稿须知、近期刊物目次等信息展示功能上，大多数网站格局雷同，存在着"千网一面"的现象，没有充分利用网络空间来实现期刊的个性化发展。

3. 满足发展要求的复合型人才缺失

新事物的诞生通常伴随着一种新颖的思维方式，并衍生出新的管理模式。数字技术不但需要有新的出版理念，还需要期刊编辑人员在数字化技术运用能力方面的提升。在期刊的数字化发展阶段，数字化、信息化技术理解与应用是其中很重要的一类编辑能力。培养符合期刊数字化发展的兼具内容甄别与技术理解能力俱佳的复合型编辑人才是学术期刊进行数字化复合发展的当务之急。但在实际发展过程中，在学术期刊出版界，仍有些从业人员对期刊数字化本身缺乏一定的认识和研究，而且对数字技术了解不多、数字化技术素质不高，特别是对运用数字化技术来满足并提升现有出版、传播及发行模式的意识比较薄弱。

与传统出版编辑人才队伍相比，从事数字出版的管理人才和技术人才在我国出版社内普遍匮乏。我国各地区出版社对技术研发型人才的需求大，但另一方面，我国出版社近年来数字出版相关业务发展需求明显，这就使得数字出版人才市场供需不平衡，以至于影响了数字出版在整体发展过程中的严谨性、规范性及专业性，特别是在内容包装与推广方面，出现了些技术障碍，复合型人才缺失严重是影响我国学术期刊数字化发展及数字复合出版平台建设的障碍之一。并且，目前国内还是很少有高校设置数字出版专业且缺少经验丰富与实际发展相匹配的师资资源，恶化了数字出版人才培养跟不上数字化建设的发展。

（三）我国学术期刊数字复合出版平台建设"机会"分析

1. 数字复合出版工程助推数字出版产业升级

数字化、信息化、网络化技术的成熟发展，以及云计算、三网融合、5G 等新兴技术的出现和发展，极大地促进了数字出版行业的快速发展，包括催生了多样化的数字产品形态；更加广阔、大众化的数字内容传播途径；以及更加多样化的服务模式。实现了人们从单纯书刊等纸质媒体向多样化、复合式的阅读方式的转变。国家对于数字出版产业的大力支持，国内外市场对于数字出版内容的刚性需求，及读者对数字阅读需求的不断扩大，促使着传统出版行业正在逐渐改变旧有的出版观念、生产流程及管理方式，加快从传统出版产业向现代出版产业转型，实现出版物数字复合出版，在此大环境下，"国家数字复合出版系统工程"应运而生。

"国家数字复合出版系统工程"实施对我国出版界开展数字复合出版具体工作具有直接的引导和技术指导作用。通过该工程的建设还可以帮助我国出版行业尽快落实出版体制改革、实现产业升级的主要推动力发展，对传统出版单位进行转型升级的改造发展具有推动作用。

对学术期刊而言，经过"数字复合出版系统工程"的改造，可从标准规范、技术应用等方面实现其内容生产与传播的新高度，可以通过该工程"科学策划，协同采编，多重标引，多元发布，互动服务"的发展攻略在内容、渠道、平台、经营、管理等方面推动传统学术出版和数字出版的融合发展，打开学术期刊发展的新局面，使其与国际接轨。

2. 学术读者需求多样化催生市场潜力

高新技术是数字出版业发展的动力。伴随 5G、移动互联网、跨屏输出、多终端显示、大数据应用等信息化、数字化技术的迭代升级发展，读者的阅读习惯相比从前发生了很大改变，越来越多的人倾向于"无纸化""碎片化"阅读方式。移动互联网出版将成为数字出版的方向，更好地满足读者的阅读习惯和需求，这些为我国学术期刊数字复合出版的发展提供了技术支持和很好的用户保障。

数字化内容、移动通信和手持终端的结合造就了新的传播渠道。读者可以通过智能手机、PAD 等移动终端随时获取论文信息甚至阅读论文，不受时间与地域的限制，逐渐成为一种主流的知识获取方式。传统的出版流程及出版物种类，已越来越无法满足读者的个性化阅读需求。用户需求呼唤市场供给，借助日益发达的计算机技术，数字内容的生产越来越方便、快捷、优质，数字出版进入"产品"时代，当内容资源可被碎片化到极小的粒度，则意味着通过标引、重组可以生成各种各样的产品形态，借助丰富的传播渠道及媒介，提供移动增值、按需印刷、本地异地镜等服务，极大地满足了读者的各式各样的阅读需求，大限度地挖掘数字内容市场潜力，促进我国学术期刊领域数字出版产业不断走向繁荣。

3. 互联网的普及和数字出版技术的快速发展

如果说内容建设是出版业发展源泉，那放到现在，先进技术就是出版业新型发展的有力推动力，二者的有机结合才能形成数字出版产业高速发展的有效推动力。互联网的普及和新媒体技术的发展，为数字化发展提供了更宽广、更大众化的平台，并催生出新的内容服务模式；数字技术可以将同一内容转换为不同的媒介输出形式，并实现网络、手机等多终端上的融合发展，人们的阅读方式趋向多样化、复合式转变。在数字出版快速发展过程中，其中云计算、三网融合、4G、5G 等新兴技术的出版和进步起了很重要的作用。具体而言，云计算驱动了出版云服务，为期刊数字内容产品提供了全新的服务模式；无线网络的应用及三网融合传播渠道的不断延伸，使数字内容在服务模式和传播形式上都得到了更大创新。而放眼国际，包括哈珀考林斯、励德爱思维尔在内的国际出版集团已经通过应用复合出版管理系统技术，实现了数字出版和传统出版的融合发展，并且，在满足市场多种需求的同时，逐渐形成了以数字内容为核心的出版机构主要收入模式。这些已被证实的成熟技术及运用经验也可以为我国学术期刊进行数字复合出版建设提供参考和实践指导。

（四）我国学术期刊数字复合出版平台建设"威胁"分析

1. 数字出版相关标准不统一

数字出版各环节流程的规范化、标准化对数字出版的发展尤为重要，但目前我国学术期刊数字出版的相关标准还为统一落地实施，标准的滞后是制约我国学术期刊数字化发展的重要一点。目前国际上通行的格式是 PDF 格式，但我国几大主要的网络数据库格式不尽相同，常见的有 doc、pdf、caj 等多种格式，并且，很多文件格式需要下载安装相应的阅读插件才能阅读，给读者带来诸多不便，这一点特别对国外读者而言，是个极大的阅读限制，因为在国外网站，尤其是面向机构用户的阅读类网站，一般不允许安装插件环节存在；另一方面，我国学术期刊在数字化发展过程中，存在过度依赖第三方的问题，而不同第三方数字出版平台的标准是不一致的，这带来的直接的影响是很难实现数据交换和资源共享，导致同一出版内容在不同数字出版平台间兼容性差，将严重影响读者的阅读和使用。

虽然在本次数字复合出版系统工程具体实施过程中，国家已将标准建设提到了重要位置，且有了具体建设规划。数字出版相关标准一日不统一且未被有效执行，则将会继续成为影响学术期刊数字复合出版发展一道关键障碍。

2. 国外同类成熟产品强势争夺市场

相比西方发达国家，学术期刊在数字化转型发展的这一波浪潮中，起步较晚，发展较缓。例如，国外大的四个国际科技出版集团（Elsevier、Springer、Wiley-Blackwell、Taylor & Francis）早在20世纪90年代，便投入巨资创建数字化网络出版平台，建设内容包含期刊稿件采编、文章在线发布、全文数据库、引文链接，传统的纸质载体出版现已完全过渡到网络载体的出版。可以说，截至目前，西方主要学术期刊出版商已完成了首轮数字化出版建设。

中国学术市场一向具备良好的潜力，大型国外出版商纷纷看好中国市场，特别是向中国的英文学术期刊发出各种友好的信号，这些完成首轮数字化建设的国外出版商，加快介入我国学术期刊数字出版市场的步伐。相比Springerlink、Elsevier、AIP Scitation，我国学术期刊数字出版领域，无论是从产品规模还是技术支撑或者功能服务上，尚且还没有一款平台产品可以与这些平台相抗衡，以至于国内的学术期刊，特别是英文学术期刊与国外出版商及其相关的数字出版平台合作意愿更强烈，这种意愿更加剧了国外平台产品占据国内学术期刊资源的现状。

3. 数字内容资源及信息服务模式不够完善

一般而言，学术期刊内容供应商处于出版产业链的上游，且主办单位大部分是高校、研究院所及大型国企等单位，所以能够享受到更多的保护政策，加上拥有的刊号资源以及税收优惠政策，使得他们在面对数字出版时缺少危机感。其次，传统学术期刊要求编辑人员具备扎实的知识结构和丰富的学科专业知识，对编辑人员的技能要求更侧重于其敏锐的学术眼光、丰富的编辑经验等，对计算机编排、信息化技术的要求相对比较保守，这使得编辑人员在技术层面上难以应对从传统出版到数字出版转型过程中遇到的困难和问题。再次，在转型过程中，需要投入大量的人力、物力和财力，而且一般在短时间内难以获得利益上的回报，一定程度上打击了出版人员主动转型发展的积极性。上述多种原因使得期刊内容供应者对数字出版热情不高，不能积极参与数字内容及信息服务模式建设。

另一方面，处在产业链中游的信息服务商在技术、资金方面具有先天优势，相比内容供应商，他们的发展速度更为迅速，更为活跃。但对照国外一些知名出版机构（如施普林格、爱思维尔等）而言，国内几家大型期刊数据库（如中国知网、万方数据、重庆维普等）存在数据库资源高度重复、收录资源杂而不精等问题，在平台的服务模式方面，兼容性、灵活性、开发性与国外期刊服务数据还存在不小差距。例如，以施普林格、爱思维尔、AIP Scitation为代表的国外数据库均提供HTML下载模式，读者可以在不安装任何软件的情况下以网页形式浏览论文，具有极大的灵活性。而国内的大多数信息服务商没有提供论文的HTML下载，甚至阅读软件都未能统一，尤其不利于移动终端的阅读，这些问题为学术期刊的国际化展示造成很大障碍，而且不利于读者的深层次扩展阅读，也不利于学术期刊数字化建设的可持续发展。

六、学术期刊社的数字复合出版平台建设策略

（一）通过标准化数据加工提高数字资源在国际平台间的兼容度

数字出版发展及数字复合出版平台建设过程中，其中重要也是基础的环节是实现目标对象出版资源的数据加工标准化。但是目前我国学术期刊出版界对相关的数字化建设标准还未有统一要求，以至于出现了多种数据格式多类数据加工方式的混合状态。另一方面，我们知道，学术期刊数字化建设的主要目的，是要实现知识信息的学术传播功能，特别是在国际范围内对学术成果的互通共享，即实现同一内容在不同数字化平台或数据库间的数据流程畅通，要达到这个目标首先要解决期刊知识信息资源数字化建设的标准化问题，只有先保证对资源所使用的信息技术或信息语言符合共同标准，才能达到实现知识信息资源的互通共享。

（二）通过建设专业的内容资源库为数字复合出版提供基础性内容服务

我们知道数字复合出版平台是集内容管理资源库、资源采集与存储管理、内容生产与加工、跨媒体出版发布及终端服务平台于一体的数字化出版平台，其中，内容资源库的建设是构建数字复合出版平台的基础工程，是实现上下内容资源统一采集、加工、存储及发布，帮助出版单位实现内容资源的高效整合，进而实现内容的一次生产，多元发布的基础。

内容资源库即出版单位完成数字化转换的数字资源存储与管理库，包括对存量资源和增量资源的存储管理，在实施构建内容资源库时，首先需要完成传统出版内容的数字化加工，对学术期刊而言，即完成期刊论文的数据加工。

学术期刊社应从数据着手，完善数据加工处理环节，贴近国际学术期刊出版要求，这一改进无疑是在其数字化发展进程中的重大一步，也为之后建设数字复合出版平台奠定了非常重要的有利基础。

（三）构建全新的学术期刊数字出版平台专业服务功能

1. 通过支持碎片资源动态重组实现资源的"一次制作，多元发布"

数字复合出版强调对内容资源的"一次制作，多元发布"，而在传统出版过程中，对资源的使用是"一次创建一次使用"的一次性出版流程，这种情况下，对内容资源会造成极大的浪费，不利于控制生产成本，而数字复合出版的"一次制作。多元发布"特性恰恰可以解决这一问题。对内容资源的标准化加工和碎片化存储，实现碎片资源的动态重组，实现内容资源的多次利用。学术期刊社在数字化转型发展过程中，要结合对数字出版技术的把握及其自身的内容优势，从以下两方面来完成这一环节的建设工作：

第一，通过对 XML 及相关信息技术的理解与使用，包括对内容资源进行标准化加工，规范化标引、存储，实现数字内容资源的"一次制作多次利用"，提供其期刊出版的效率、节约内容生产的成本，在提高数字资源重复利用率的基础之上，保证期刊社在长时间内不

为基础性的技术问题大伤脑筋，集中精力做好内容服务、创新平台运营模式；

第二，引用并践行"多维度聚合"发展概念，即基于对碎片资源的有效管理，将平台底层资源数据以不同维度聚合，以不同形式展示，对碎片化资源内容进行动态重组，打包维护，将碎片化的资源内容从不同的维度加以利用，提高平台数字资源重复使用率。

2. 通过开发国际标准接口提升期刊出版国际影响力

从目前的学术期刊发展行情及趋势来看，只有提高期刊出版的国际影响力，才能吸引更多的优质稿源，从而增大期刊的被引用率，以达到提升期刊影响因子的终目标。而在当今网络化、信息化发展背景下，提高期刊国际影响力的主要手段是扩散期刊在国际主流学术互链搜索平台间的网络显示度。如 Springer Link、Elesiver 等数字出版平台，以及 Google scholar、Web of science 等学术资源数据库，相对而言，这些平台或数据库在国际范围内已具备比较成熟完整的功能和技术，且用户活跃度较高，这些平台或数据库上的数字资源在网络空间中的影响力较大。

如何实现通过这些国际主流学术互链搜索平台提升自己数字资源的网络显示度？其中，主要也是必要的手段是基于自己的网刊平台开发国际标准接口，打通自己的网刊平台与这些互链搜索平台间的信息共享通道，通过技术手段将自己的数字资源实时推送到目标平台或数据库，扩散同一资源的用户接触面积，进而提高期刊出版的国际影响力。

学术期刊社在数字化转型发展过程中，要结合对相关信息技术的理解、应用及其自身的内容优势，从以下几方面来完成这一环节的建设工作：

第一，通过开发国际标准接口，与同类或相关专业的网络平台进行对接，实现数字资源推广、内容资源共享。如对接目前国际上主流的学术平台——Web of Science、Pub Med、Cross ref、Google Scholar、Ingenta connect 等，通过开放标准接口，将期刊社网刊平台上的内容资源发布到目标对接平台，使平台数字资源能够实现多平台展示与推广，为国内外更多用户发现和使用，在国际范围内提高资源网络显示度；

第二，数据标准，将内容资源加工成为符合国际 NLM 的国际通用标准，将内容元数据推送到第三方学术平台或者学术检索平台，实现期刊社优秀学术期刊"走出去"，开拓期刊的国际市场和业务渠道，为其在今后的数字化发展中实现清晰合理的盈利模式奠定基础。

3. 通过拓展终端技术应用实现多终端显示复合发展

除格式兼容问题之外，数字阅读多终端同步问题也同样值得关注。移动端在网民群体中越来越受欢迎，这意味着学术期刊在进行数字化发展及数字产品输出时，除满足传统 PC 端的显示，还需兼顾移动端的阅读行为与需求。而通过云服务等数字化技术可以帮助期刊社实现这一理想状态，即读者在不同终端阅读同一内容，可以实现阅读笔记、摘要、阅读进度等在云端同步，使其无论何时、在 PC 端、手机端、平板端等其他终端都可以继续阅读。

伴随移动互联网的继续发展，多终端阅读云同步的用户需求将会越来越明显，并且，越早实现这一信息技术服务，在同领域中将会占据越明显的优势。因此，学术期刊社要结合对相关终端技术及其应用成果的考察，结合自身的内容优势，积极构建这一方面的建设工作，包括基于其期刊数字出版主平台的数据库及数字资源，在移动端积极研发相关产品，以提高对用户的多样化阅读服务，实现其数字资源在多终端间的自由显示，从发布终端形式及服务上实现复合发展。

4.通过个性化增值服务功能设计满足用户的"社会需求"

根据马斯洛的需求层次理论，人的需求从低到高可以分成生理需求、安全需求、社会需求、尊重需求和自我实现需求五类。其中，第三层——社会需求指的是"人对感情和归属的需要。"放在互联网环境中，以微博、微信朋友圈为代表的社交分享平台正是满足了当今网民群体的这个层次需求，互联网用户对社交分享的依赖越来越倾向于一种"自然天成"，期刊社在进行平台建设时，除提供优质的内容服务外，还应主动适应并满足用户的这种"社会需求"。另一方面，马斯洛还认为，高层次的需求比低层次的需求更有价值，更容易激发人的热情。通过社交分享等功能的设计来满足平台用户的"社交需求"，也有助于激发用户对平台内容产品的使用热情，从而增加平台用户黏度，即增强用户对平台的忠诚度。

具体而言，学术期刊社要从以下几方面完成本环节的建设工作。

第一，知识问答。提供基于管理员监督审核机制提供在线知识问答等个性化服务，以增强平台与用户之间的交流互动，提高用户对平台的归属感。

第二，社交分享。提供基于平台内容资源的一键式社交分享服务功能，方便用户快速将当前内容或其感兴趣的内容分享到其互联网社交账号，以增强用户与用户或与潜在用户之间的交流互动，满足用户寻找"共同感""认同感"的资源使用心理，同时侧面帮助用户在其互联网社交圈中建立社交话题，以满足其"社会需求"。

第三，用户打包下载。可以基于碎片化资源提供用户个性化内容打包下载服务，即支持平台用户能够根据自己的阅读需要或对平台内容的使用需求，有目的性有选择性地将平台上的内容资源聚合打包成同一类型或主题的资源进行下载、购买等操作，以方便用户快速获取平台上所有需要的内容资源，同时帮助用户由碎片化阅读到专题知识深度阅读的转变。

第四，按需印刷服务。即可以基于平台上的主要内容资源为用户提供按需印刷服务，以满足广大读者用户的阅读需求及收藏愿望，同时还可节约印刷成本，避免造成不必要的出版资源浪费，为出版社节约大量印刷成本，充分发挥数字复合出版"按需出版"的优势，即根据用户的不同需求实现内容资源的差异化、个性化输出。

第五，HTML 的阅读。传统的期刊内容发布平台的建设，在阅读文章内容的全文时，基本上还是以 PDF 的阅读为主，一方面阅读 PDF 文件时需要下载阅读器，另一方面在下载 PDF 文件时需要一定的加载时间，影响用户的阅读。另外，碎片化内容展示。即将一篇文章内容碎片成为文章摘要、正文、引文信息、文章图表等，从而方便用户阅读或者使用他所需要的内容资源。比如：用户需要改文章里面的某一个图表，用户直接在碎片化展示的资源区内去下载该图表，这样也保证图片的失真。因此，A 期刊社通过为用户提供 HTML 的阅读以及碎片化的内容展示，为用户提优质的服务。

（四）重视用户体验建设，提升平台的网络空间影响力

对学术期刊影响力 直观的评价指标是期刊影响因子，一般来说，影响因子数值越高表明这个期刊在学术界的影响越大。而影响因子值计算的直接因素是期刊论文的被引用数，一般而言，作者影响力越大，论文质量越高，越容易被引用。因此，如何通过构建一些作者服务为期刊吸引更多的优质稿源，是提升期刊影响因子的重要手段。另一方面，包括作者用户在内的，用户体验满意度在很大程度上会影响用户对目标使用平台的用户黏度和信任度，黏度越高则意味着平台的用户活跃度越高，用户活跃度越高，则平台在网络空间的影响力越强，而网络空间影响力越强则意味着平台资源在网络空间的显示度越高，对提高期刊的被引用率有直接促进作用。

另外，增加预出版和优先出版的内容的网上发布，加速内容的可发现性。我们都知道，期刊文章内容是有一定的时效性的，越早被用户发现和使用，就可以增加文章被引用的可能性，而期刊每期的刊登的文章数量是有限且固定的，但接收到的稿件远远要大于每期所要刊登的文章数量，这样久而久之会大大延迟作者文章的被发现新，从而在一定程度上会影响作者的投稿积极性和文章的影响因子。所以通过对预出版文章和优先出版文章的功能设计，来解决作者投稿后而内容资源短时间无法被用户发现和使用的这一难题。

1. 构建在线学术交流平台服务，提升作者用户体验

伴随 4G、5G 网络技术的发展和移动电子设备的普及，人们在网络空间的信息交流成本比在物质空间中更低，学术期刊作者也不例外。移动网络及移动设备的发展和普及改变了作者与作者之间的交流互动方式，不同空间领域的作者可以很便捷的完成自身的信息及知识交流，相比传统出版环境中，作者间的互动性更强，作者对学术交流可谓有了更高的要求。而众所周知，作者是学术期刊内容的重要提供者，甚至直接决定了期刊学术质量，学术期刊出版单位在进行数字化、信息化建设时应重点考虑作者服务建设，通过构建相应的作者服务功能，提升作者对其平台或信息化建设的用户体验或好感度，以期争取到更多的优质稿源。

2. 建立知识挖掘与服务的立体化平台，提升用户的资源服务体验

伴随互联网的深入发展，越来越多的企业和人参与到互联网这个大社区中，而在互联

网发展环境下，网民用户规模是互联网产品市场潜力的重要衡量标尺，怎样在众多的越来越趋向"同质化"的互联网产品中脱颖而出，用户体验的友好度是其中关键，正如某互联网客户体验设计咨询师所言，当今社会已从"用户为中心"发展到"用户体验为中心"的阶段。而在这其中，同属于互联网产品大范畴的学术期刊数字复合出版平台也不例外，对应传统出版模式，读者是期刊的"衣食父母"、收益来源，放到现在，则平台用户是期刊的"衣食父母"、收益来源，因此，学术期刊社在进行相关平台建设时同样需要重视用户体验设计，以期增强平台的用户黏度和用户活跃度，扩大平台及期刊的实际影响力。

另一方面，学术期刊主要是服务于相关的专业领域，其读者一般是固定的比较特定的专业人群，因此，学术期刊读者及学术期刊相关平台的用户明显的特征是目的性强、效率要求高，且因为学术读者一般都是希望通过平台提供的资源能快速满足其专业解惑的需求对，平台的专业服务能力要求比较高。而我们知道，相对出版社，学术期刊社的出版内容一般比较单一，出版规模较小，因此，单凭一个数字出版平台的内容资源以及用户是有限的，很难做到全方位的专业性知识服务。

学术期刊可以选择从第三方期刊社获取内容资源，包括通过对接从国内外的第三方学术平台（如 web of science、Google scholar 等）获取相应的内容信息（例如：文章的标题、作者、作者单位、DOI、出版日期、文章摘要等基本信息），扩大平台资源的展示维度，满足用户对内容资源的多样化需求，提升用户的平台使用体验。另外，学术期刊还应加强对学术内容的深度数据挖掘方面的功能研发，对从第三方平台获取的内容信息进行专业性的分析，并形成可视化展示结果，为使用对象提供相关的统计及趋势分析，及相关的比较分析数据，以供相关的科研部门用户使用，为他们提供决策依据，提高平台对他们的专业知识服务体验。

第八章 大数据时代学术期刊的发展建议

第一节 以数字化实现专业化

在高校，学术期刊是体现高校综合实力的有机组成部分，改革开放40年，社会主义市场经济不断发展，为高校学报的发展提供了强大的经济基础；不断发展创新的政治、经济、文化、科技理论和研究，为高校学报带来了巨大的内容资源宝库；不断增长的读者群体，为高校学报业的发展提供了广大的受众基础；伴随着国际化步伐的加快，高校学报国际化的水平也在不断提高。一个围绕学科规律和学术体制，反映我国学术发展前沿成果的高校学报群，以它特殊的内容产品，已经融入了我国庞大的期刊产业体系。但是，与我国高校以外的其他期刊相比，与国外大学的学术期刊相比，中国高校学报普遍存在着市场意识薄弱、办刊模式单一的现象，普遍存在着影响因子低、年载文量少、稿源外流、英文学报少、低发行量和长出版周期等问题存在着"同质化"的现象，没有打破"全、散、小、弱"的局面。这就要求高校学报必须有新的思路和办法，在学校层面上更好地为高校的学科建设和教学科研服务，体现本校的办学特色，促进教学和科研的发展，充分发挥它的"窗口""门面"的作用；在全国的报刊体制改革层面上，必须借助专业化与数字化两个时代特征，努力改变长期以来形成的"全、散、小、弱"的局面，实现"专、特、大、强"的目标，以适应我国的报刊业体制改革的新形势。

根据不同类别期刊的不同特点，目前中国期刊的细分格局正逐步成形，期刊市场的细分化程度也日益提高。高校学报作为中国期刊的一个庞大群体，既有一般传媒的共性特征，也有个性特征，其学术性和专业性的传播内容决定了高校学报的受众范围，也决定了高校学报的专业性或综合性的选择。高校是由不同学科（专业）组成的，高校多学科的性质，决定了依附于高校的高校学报天然的综合性；而从传播媒体的性质看，专业性学报更符合传播规律。但是在中国，每所高校的刊号是有限的，一般是一校一刊、一校两刊，很少的重点大学或多校合并后的大学有一校多刊。由此，各高校基本不可能根据本校的学科需求，而分别申办相关的专业性期刊，而要在有限的学报数量内，承载更多学科的内容。所以，作为高校教学与科研成果的载体、反映众多不同学科（专业）学术成果的高校学报，可以说从它创刊的那天起，就面临着专业性和综合性的两难选择。

一、专业性学报的发展方向，是提升高校学报学术影响力的重要途径之一

高校学报作为一种学术传播媒介，其价值在于学术影响力和学术质量。专业性学报相对于综合性学报来说，能更好地尊重学科规律，体现学校的学科优势。从学科反映上看，每所高校都有着自身相对的学科优势，相对于综合性的办刊模式，专业性学报更能充分地体现学校的学科优势，它不用面面俱到地把学校的相关学科专业都照顾到，而是将相同学科专业的论文集中在一起，这样，就可以有充裕的版面去刊登重点学科专业的文章，可以更集中、更系统地体现某一领域的学科成果，凸显学报的办刊特色。从高校学报的学术影响方面看，专业性学报更有利于组织和开展各种学术交流活动，它的读者群、作者群相对集中和固定，在业内更容易产生学术影响。从读者定位看，专业性学报是期刊市场逐步细化、读者小众化的要求。高校学报的读者一般为专业人士，学报综合性的办刊模式使其具有小而全的格局，读者在一本期刊中，能找到的本专业的文章有限，这样，专业读者获取信息的方式就会偏重选择专业性的学术期刊，因为这类期刊能更集中地承载该专业的学科成果。从学报发行和期刊经营方面看，专业性学报由于专业信息量的相对集中，更利于专业人士的阅读、收集和保存，其发行对象更明确，发行量也将随着学报学术影响力的提高而扩大；同时，随着学报在业内影响力的扩大，也有利于开发广告客户，或得到专业单位的资助。从对高校学报办刊水平的评价体系看，从某些评价体系标准上说，专业性也是学报进入国际检索的"捷径"之一，有利于提升学报的被引频次和影响因子。从编辑队伍建设看，专业性学报更有利于编辑编约稿和审稿，可以避免一个综合性学报的编辑要编辑多门学科专业稿件的现象，有利于促进编辑提高自身学术水平，有利于编辑学者化，有利于建立一个专业化的高水平的编辑学术群体，从而提升稿件的整体质量，确保刊物保持较高的学术水平。

虽然我们认为专业性学报具有"专""集中"和"高水平"的特点，但由中国高校主办的专业性学报，在整个高校学报系统中所占的比重还很小，到目前为止，大部分综合性大学主办的学报大部分为综合性学报，这类综合性学报居我国高校学报的主体地位；专业性大学大部分依据其专业特色办专业性学报、同一类型的专业性大学共同办的专业性学报，这类学报居我国高校专业性学报的主体地位；此外，还有综合性大学依据部分优势学科办的专业性学报或多版本学报、多所综合性大学的同一学科联合主办的专业性学报等，这类专业性学报的数量极其有限。高校学报的专业性问题，一直处在艰难的探索之中。

二、正视高校学报之间的差别，体现学校的办学特色和学科优势，进一步细分和优化高校学报结构

根据不同类别期刊的不同特点，目前中国期刊的细分格局正逐步成形，期刊市场的细分化程度也日益提高。高校学报作为中国期刊的一个庞大群体，既有一般传媒的共性特征，也有其不同于一般传媒的个性特征，其学术性和专业性的传播内容决定了高校学报的受众

范围，也决定了高校学报的专业性或综合性的选择。高校是由不同学科（专业）组成的，高校多学科的性质，决定了依附于高校的高校学报天然的综合性；而从传播媒体的性质看，专业性学报更符合传播规律。但是在中国，每所高校的刊号是有限的，一般是一校一刊、一校两刊，很少的重点大学或多校合并后的大学有一校多刊。由此，每所高校不能根据本校的学科需求而分别申请办相关的专业性期刊，而要在有限的学报数量内，承载更多学科的内容。所以，作为高校教学与科研成果的载体、反映众多不同学科（专业）学术成果的高校学报，可以说从它创刊的那天起，就面临着专业性和综合性的两难选择。

我们提倡高校学报的专业性发展，但是，也不宜对综合性和专业性学报进行简单的类比，如果一味地提倡高校学报的专业性，就目前来说是不现实的。其一，中国的高校学报对高校的依附性，决定了它是以高校办刊为主，承载着大量学术成果推出的功能，高校的综合性或专业性，又部分决定了学报的综合性或专业性。其二，在我国目前的报刊管理体制下，刊号资源就不能得以保证，这样，可能形成部分学科的专业多而另一部分更为稀少，学科间成果产出的出版平衡有可能被打破。其三，我们设想，如果众多的高校学报都办专业性期刊，又缺乏高质量的专业稿源做支撑，那么学报的总体质量也同样不能得以保证，新的"众刊一面"的现象可能在专业性学报身上重演。

专业性的办刊模式也不可能适应所有的高校学报。高校的各学报之间存在着极大的差异性。就中国高校的类型来说，有研究型高校、教学科研型高校、教学型高校、职业培训型高校；还有名牌、重点和一般院校、民办院校等；而按高校类别分，又分为综合类、理工类、医药类、师范类、培训类等。这些高校类型的划分都或多或少地影响着学报本身的差别。就目前高校学报的综合性和专业性来说，大多都是依据学校的办学特点而做出的选择，抛开专业性大学中的专业性学报不说，综合性大学大多是综合性学报，专业化体现在栏目和篇目中，综合性大学中也有专业性学报，它们大多是依据学校的学科优势发展起来的。我们必须正视高校学报之间的差别，找准读者定位，依据学校的办学特色和学科优势，从细分和优化高校学报结构入手，逐步推进。

如何逐步实现中国报刊"专、特、大、强"的目标，教育部、新闻出版总署也对高校学报有新的要求，全国高校自然科学学报研究会、全国高校文科学报研究会等相关机构，都在这方面进行了积极的探索，也曾提出过对高校期刊进行集团化经营的思路，但客观地看，在短期内，类似方案还受各种条件的限制而无法实现。在专业性和综合性的选择上，目前高校学报除了现有的专业性学报以外，有的仍然保持着综合性学报的做法不变，但更加突出学报的专业特色和栏目特色；有的走向了另一种专业化：专门刊登跨学科界限的综合性的研究成果，成为真正意义上的综合类学术期刊；有的依然保持综合类学术期刊的架构，而在内容上用极大的篇幅来突出该学报的优势学科或专业领域，甚至是突出研究某一专门问题；有的综合性学报正在改版，拟办成专业性学报，正在或大步或小步地进行调整，稳步过渡到专业性学报。更多的学报则绕开了专业性和综合性的选择，在数字化建设上下大功夫，通过数字化期刊，读者可通过搜索将内容结构化，下载或订购有关的单篇文章，数字化出版打破了传统高校学报所谓综合性和专业性的界限。所以我们说，无论是专业性学报还是综合性学报，都必须正视高校学报之间的差别，要有自己的发展方向和编辑思想，依据学校的办学特色和学科优势，发挥自身的比较优势，利用新媒体技术，整合自身资源，找准自己的定位和着力点，使各学报的特色更为突出，风格更为独特，以此不断拓展新的生存空间，寻找一条可持续的、适合自身学报发展的办刊之路。

三、用数字出版将高校学报的内容结构化，实现读者使用文献的专业性

在新媒体环境下，现代信息技术的迅速发展，数字出版的在线、互动、搜索引擎和大储存量，特别是它不受版面和纸张的限制，大规模地满足个性化需求等特点，在很大程度上替代了纸质期刊对人们阅读的满足。无论是专业性学报的"专"和"集中"，还是综合性学报的多学科性和跨学科性，归结起来，其作用都表现在，它是文献内容的提供者，从文献应用角度和学科分析角度看，高校学报的数字化是解决长期以来困扰高校学报专业性和综合性选择这一两难问题的突破口和融合点。现代出版理念的新特点是以读者为中心，数字出版就为读者的个性化阅读提供着服务渠道和发行渠道。对读者来说，他们所关心的是所需要的文献信息，并不一定要了解这些信息来自何处，单期的纸质刊物对他们来说，无用的信息居多，这样，订购一种杂志的概念被淡化，而更多的是利用数字媒体具备的方便、迅捷、易检索等特点，从本学科和自己所需要的内容出发，通过搜索将内容结构化，根据自己的需要，下载或订购有关的单篇文章。基于读者这种信息选择方式的转化，数字化出版打破了传统高校学报所谓综合性和专业性的界限，无论是综合性的或专业性的高校学报，只要它所刊发的文章被读者所选择，就等于创造出了市场需求。

另一个有效的探索是，2011年，由入选教育部"名刊工程"中的部分综合性学报，成立了联合编辑部——"中国高校系列专业期刊联合编辑部"，推出了"中国高校系列专业期刊"，包括：《文学学报》《哲学学报》《历史学报》《政治学报》《经济学报》《法学学报》《社会学报》《教育·心理学报》《传播学报》等，"中国高校系列专业期刊"与各综合性学报发表的文章同步进行数字化、专业化编排，在主要一级学科联合打造共建共有的、权威的系列专业期刊。这种方式集中了名校的科研优势，打破了校域界限，发挥新媒体的传播渠道优势，强化传播效果，填补了高校一级学科权威期刊的真空，从而实现构建高校权威专业期刊的目标。

一个国家国际话语权的大小，很大程度上取决于媒体的传播力和影响力。面对庞大的我国网民消费群体，对高校学报来说，如何将自己融入数字化平台，在期刊数字化进程中发挥自己的内容优势，为读者提供更多的高水平的学术文献信息，利用数字化，创新和拓展高校学报新的生存和发展空间，就远比把学报办成综合类还是专业类的更被大家所关注。

在这方面，政府要积极建立起信息传播的管理体系，包括对网络不良信息的管理、电子商务秩序的协调，以及网络安全保障体系的建构等方面、把规范市场、优质服务、颁布政策这三件事做好，让各网络出版机构能发挥更大的作用。如中国知网、万方数据库、维普数据库和中文科技期刊数据库等，都为高校学报搭建了多层次的信息服务平台。有不少高校学报也建设了自己的网站或网页，同时还建立了在线投稿、编辑、审稿、办公等远程工作系统，实现了编辑部管理手段的网络化。数字出版打破了高校学报综合性学报和专业性学报的边界，在客观上实现了高校学报的专业化，以读者为中心，以内容为主体，将出版、发行、索引、集成检索等多功能相汇聚，融合以上多项环节，实现了读者使用文献的专业性，为读者提供了全面的、多层次的信息服务平台。

第二节　从整体满足到个性订制

互联网的"用户"内涵，改变并拓展了传统媒体的"受众"概念，如何服务用户、吸引用户、集聚用户，是新媒体学术期刊传播的终极目标。在国际学术传播领域，虽然按需提供个体服务尚处于起步阶段，但对学术信息用户个体需求的研究、开发和预测，已经成为新媒体学术期刊发展的新主题。基于新媒体学术期刊信息传播的分类方式，我们设想，在互联网的用户时代，将目前学术期刊"一对多"的传播模式，转化成"多对一"的个性化传播，即将目前学术期刊对受众的整体满足需求，转变为在整体满足需求的基础上为用户按需提供个体服务，从而实现由"分众传播"到"个性化传播"。只有建立在学术期刊与学术研究共同体共生平台的大数据基础上，学术信息的"私人定制"才有可能实现质的飞跃。

一、新媒体学术期刊在面向用户需求方面还处在模糊混沌状态

信息需求是人们为解决各种问题而产生的对信息的必要感和不满足感。加拿大学者科亨将信息需求分为三个层次，即客观状态的信息需求、主观状态的信息需求和表达状态的信息需求，我们研究学术期刊的用户需求，主要是研究用户对学术信息的需求。传播学的"使用与满足理论"，将传播效果的衡量，从过去的以传播者或传媒为视角，转到从受众的视角出发，去考察传播是否达到了预期目的和效果。这种理论模式，肯定了受众的主体地位，这个"受众"在互联网的术语中即被转变为"用户"。创造和满足用户个体需求是指根据学术期刊用户的个性化特征，如专业特征、信息需求特征、接收信息行为特征等，对用户进行研究与细分，在细分的基础上设计相应的服务模式，以满足和引导用户需求，提高用户的满意度。也就是从满足用户的个性化信息需求出发，基于创造用户的信息需求以优化用户服务为目标的模式。

目前，国内外学术期刊在新媒体转型方面，特别是在满足用户个体化需求方面还处于起步阶段，其发展的基本路径是：由传统的纸质"期刊"到"网站"，再到"数据库"，

从数据库又上升为"综合网站"。这种学术期刊的数字化发展，相对于传统学术期刊来说，对用户在信息的获取方式和阅读方式上，都发生了根本性的变革，给用户快捷的信息获取带来了极大的方便。但面对媒体的融合，面对数字化"用户"时代的用户，传统媒体的满足整体用户需求，必须转变到在满足整体用户需求的同时，创造用户的个体需求。而目前的数字化学术期刊，严格说来还没有实现真正意义上的新媒体转型，还停留在"满足整体需求"的阶段，主要表现在以下三个方面。

其一，在学术期刊的新媒体进程中，尚未从传统媒体思维转向互联网思维，如用户思维、链接思维、跨界思维、服务思维等还很缺乏。在传统媒体的"读者"时期，学术期刊的最大优势是通过"内容"实现整体满足需求；而在互联网的"用户"时期，"内容"在互联网中的价值比例已经下降，取而代之的是通过信息的链接，实现按需提供个体服务。而目前的状况是，在学术期刊的数据库中，还没有建立对用户的管理板块，也没有用户分析，对用户的深度需求了解不够，大量的用户资源还处于个体的模糊状态，个别大型的学术期刊数据库也只能反映出某文章的下载量、被引、他引等信息，特别是在学术研究中，这种以相对的群体替代个体的信息，已经显得太粗糙，这种粗糙造成了学术信息的提供没有更具体的针对性。由此，必须牢固树立互联网思维，将新媒体学术期刊的观念真正转变到个性化用户服务上来。

其二，在平台和跨界方面，我国目前的学术期刊平台还停留在数字化阶段，而"数字化"并不是数据化。目前几乎所有的学术期刊都加入了大型的数据库，但那只是简单地将纸质内容进行数字化处理；有的学术期刊编辑部自建了网站，但也仅限于将传统作坊式编辑部的审稿、编辑、出版和发行流程在网上实现；有的还创建了同行专业学术期刊权威数据库，但还是重复着大型数据库的内容……这种简单地利用数字技术，将纸质转换成智能计算机和显示屏的学术期刊数字化，虽然也能通过搜索引擎找到信息，但这种由搜索引擎所带来的信息，带有明显的纯技术和平面化的局限，只能整体满足需求，不能实现按需提供个性化服务。在传统媒体时代，哪种期刊的发行量大，读者的覆盖面广，它的传播效果就强。而在互联网的用户时代，这一格局得到了根本性的改变：谁能够深入了解用户的个性化需求，谁就能获得更多的用户。

其三，目前学术期刊与学术研究的各个网站之间、各大型数据库或公共服务平台之间缺乏科学的顶层设计，功能相似、重复，标准不一；缺乏整体性、统一布局和长远目标；缺乏统一完善的学术研究和学术期刊评价体系，学术信息不平等循环现象严重。这样，不便于具体、深层次、整合性地利用数据，给实现内容的共享交互操作带来了一定的困难，无法充分挖掘学术传播的内容价值，缺乏提供个性化服务的成熟平台。

总之，学术期刊的新媒体转型，还没有形成一个完整的学术研究与产出的主体展示平台，不能反映学术研究的全貌，也不能提供更完整、更方便的信息链接服务，更不能实现学术研究所需要的有效的信息提供、畅通的传播渠道，以及有效的媒体经营和学术成果转化经营，这样的新媒体学术期刊，只能停留在满足用户快捷地查阅信息的"整体满足读者需求"阶段的需要。这种"整体满足需求"模式在信息渠道不够畅通、信息缺乏的传统媒体时代，还是很具吸引力的。但目前，信息过剩、信息爆炸，学术期刊已经从"读者"时代，转变为"用户"时代，用户缺少的已经不是信息，而是缺乏关注信息的"注意力"。由此，新媒体学术期刊不能再像过去那样，单纯地为学术成果的传播提供多个简单的数字"版面"，而应当成为学术研究的参与者、学术前沿信息的及时发布者、服务者和提供者，从传统媒体追求读者数量的"广撒网"，到新媒体在"广撒网"的基础上，同时专注信息质量的"钓鱼"，也就是实现学术信息的"私人定制"服务，旨在解决人们的有限注意力与无限信息之间的关系，经过对海量信息的筛选，将有用、有效的信息，有针对性、个性化地传递给所需要的用户，去创造和满足用户的个体化需求。只有这样，传统学术期刊与新媒体学术期刊、学术期刊与学术研究，在新媒体平台上才能真正走向融合。我们完全可以利用互联网技术和大数据，加强对用户资源的细化和管理，建立各类相关人员的数据库，通过加强对用户的管理，改变目前学术期刊传播中用户资源模糊混沌的现状。

二、通过用户分析和信息资源整合，创造和满足用户的个体需求

在互联网时代，新的阅读行为带来了出版格局的深刻变化。传统阅读行为偏重经典阅读，新媒体时代的用户阅读特点则是海量阅读，这种阅读不一定完整地去读每篇文章，除少量的经典文章外，更多的是碎片化地筛选有用的部分。相对于传统阅读，新媒体阅读的时效性和功利性更强。我们完全可以利用互联网技术和大数据，加强对用户资源的细化和管理，建立各类相关人员的数据库，通过加强对用户的管理，改变目前学术期刊传播中用户资源模糊混沌的现状，即从资源导向到用户导向的转变。

第一，转变观念，用互联网思维，把握新媒体学术期刊用户信息需求的新特点。在大数据背景和新技术的驱动下，新媒体学术期刊以用户需求为导向，对学术资源进行整合，实际上也就是对用户需求的整合。这就要求新媒体学术期刊以用户需求作为工作导向，依据学术期刊用户复杂、多样、多层和多元的特性，遵循学术研究与学术传播的特点和规律。由于学术信息的数量逐年呈几何状递增，给用户提供的学术信息整合和服务的目的已不仅仅是获取庞大的学术信息，更多的是在此基础上的以用户需求为导向的深度挖掘、分析和处理，从而有针对性地提供学术信息，实现学术信息的个性化、多元化、专业化与前沿化提供。

第二，对用户进行精细化分析。传播手段的变化使以往单向的信息传播，即学术期刊发表什么，读者就读什么，逐渐转变为读者与学术期刊实行互动式构建。新媒体的学术期刊，不应该仅仅基于期刊本身能提供什么，而要站在一个更高的层面上去细分用户，在细分的基础上，才能了解不同用户的需求，再以用户的需求去驱动新媒体学术期刊的服务创

新。在这方面,首先是细分用户,将传统媒体和新媒体学术期刊过去、现在和潜在的用户进行归纳和细分;其次,了解用户的当前需求、潜在需求以及可能发展的新的需求;最后,通过对用户从"整体"到"个体"的细分,有针对性地进行信息整合,提供信息产品,以满足用户的个性化需求,从而提高传播效果。

第三,管理和整合用户需求。由于学术期刊用户需求的多样、多层和多元的特点,使得用户需求不仅仅是单个用户需求的简单相加,而是形成了一个动态的概念。由此,必须以用户需求为导向,通过新媒体技术管理受众资源,整合需求,形成一套建立在科学程序基础上的需求整合机制,将整体与整体之间、整体与个体之间、个体与个体之间,按不同的需求,建立起相关的链接,准确判断用户的需求种类,明确提供需求的步骤和方式,最大限度地提升新媒体学术期刊的学术传播力。

第四,有效预测用户需求,针对用户需求提供服务。在用户需求特点的把握和精细的用户分析基础上,通过互联网技术建立相应的模型和采用新的传播方式,如个性化门户、订阅、查询、收藏、交流等服务,完全能将服务重点放在个性化服务上,从而为用户量身预测个性化的学术信息需求。

第五,要具有完备的学术信息接收跟踪机制、优化整合机制和资源的共建共享机制,为用户提供多种载体形式、多个学科内容的完整齐备的"一站式"资源获取和共享空间。学术信息资源共建共享是新媒体学术期刊发展的重点,资源共建共享是一项长期而复杂的系统工程,由于目前学术期刊的新媒体建设缺乏系统性、整体性和统一的标准,造成许多学术资源缺乏标准化、规范化和兼容性,导致新媒体的学术期刊网站重复建设及资源数据整合困难。必须建立和健全统筹协调机制,完善运行机制,实现有效的协调与管理。在学术研究与学术期刊的各个单位之间,打破现行行政管理与信息化建设的条块分割。在各类新媒体建设项目中,建设目标的确立要有顶层设计,保障政策支持和资金投入,明确组织管理。内容的开发要在总体目标的框架下加以明确,从实施方案到开发过程,都要建立规范的管理机制,要发挥各科研机构和各学术期刊在新媒体建设、特别是在内容建设方面的优势,要统筹协调、整体规划、合理分工,保障学术信息资源建设工作的有序、协调发展,做到整合硬件建设和软件设计。同时,为了避免学术信息资源的不兼容和难以查找,必须实现资源的规范化管理和标准化管理,以提高学术资源的检索效率和利用率,实现资源共享。

三、建立与培育以用户个体需求为导向的学术期刊与学术研究协同创新平台

以用户个体需求为导向的新媒体学术期刊公共平台,必须建立在与学术研究一体化基础上。我们知道,"成功的学术期刊始终是与学术研究密不可分的,而且,一定是某一学术共同体的中心,有着自己独有的作者和读者群体,学者对学术期刊有着真诚的信任感和归依感"。新媒体的出现虽然改变了学术研究和学术成果传播间的关系、结构和方式,也

在改变着研究者、读者、编辑者对传播的新需求，但新媒体中的学术期刊与学术研究之间互为表里的关系不但没有变，反而更加紧密了。"学术期刊与学术研究的关系是十分清晰的，学术期刊因学术研究而生，它存在的全部意义就是为学术研究和学术传播服务"。新媒体学术期刊公共平台作为各学科平台的构架，它能够站在传播的高度，提供研究的框架、规则和逻辑，它将学术研究的各个领域、学科、单位、圈子等之间打通，让彼此之间有沟通和对话的渠道，是对技术、内容、体制问题的综合解决。由此，要实现学术期刊的按需提供个体服务，其前提是，要将目前尚处于疏离状态的学术期刊平台与学术研究平台，整合到同一个学术期刊数字出版公共平台上去。在这个平台上，创造方便快捷的链接服务，将不同系统、不同专业和学科集群和集约化，同时与国外学术共同体（如学术机构和学术期刊数据库等）相链接，强化用户的参与和分享，使资源优势最大化，并产生叠加效应。这种跨部门、跨行业、跨专业，且有着共生功能的平台生态群落，能有效地创造和实现用户的个性化需求，实现学术信息的"个人定制"。

第一，实现公共平台多结点的嵌入。丰富而有序的平台构建，是学术信息"私人定制"的基础，基于用户分析和用户需求，在做好顶层设计的基础上，以平台为用户的工具，以结点及其相互联结为其基本构成要素，建立新媒体学术期刊公共平台的初始母平台。在这个母平台上，通过学术期刊与学术共同体内庞大的用户群，实现用户在各子平台上的多结点嵌入。如在新媒体学术期刊的母平台上，嵌入中外文期刊数据库、研究人员数据库、研究机构数据库、研究项目数据库、各类相关数字发布等。再垂直裂变出与学术研究相关的机构层面的二级平台，包括国家和政府的相关体系、教育体系、研究机构体系、相关学会等民间团体、社会化产、学、研协同合作体系的相关机构等。再衍生出价值链和商业模式、知识产权保护，实现信息收费、开放获取、定制服务、按需印刷、线上线下互动、一次编辑多渠道出版的全媒体、全媒介呈现等寄生平台，还可以衍生出多语种的共生平台等。这种在母平台的基础上，由"平台垂直裂变，产生寄生平台、共生平台或衍化平台"的模式，将不同系统、不同专业和学科集群集约化，汇集全球学术期刊和学术研究的内容资源，构建起标准统一、共建共享的开放体系。在这个体系中，用户在各子平台间有序、可循环的流动，实现新媒体学术期刊公共平台内各主体间的协同关联，使学术成果的呈现，在大数据基础上更方便检索。这样，学术期刊不再是简单地整体满足用户需求，而是将专业的、精细的、不同形式的服务延伸到从学术研究到成果运用的各方面和各层面。

第二，推动媒体融合内容、形式和手段的创新。应用大数据，建设资源库，通过建设公益性和市场化的学术信息资源库，在大媒体、全媒体观布局谋篇的基础上，加强新媒体学术期刊公共平台内涵发展，开发适合按需定制的产品。在新媒体学术期刊公共平台上，健全智能终端产业服务体系，开拓新兴增值业务领域，如按需定制的电子学术期刊、手机学术期刊等以数字化内容、数字化生产和数字化传输为主要特征的学术期刊出版新业态。

第三，做好新媒体学术期刊公共平台的顶层设计。2014年，中共中央《关于推动传统媒体和新兴媒体融合发展的指导意见》提出了传统媒体与新媒体融合的基本路径是："以中央主要媒体为龙头，以重点项目为抓手，坚持传统媒体和新兴媒体优势互补、一体发展，坚持先进技术为支撑、内容建设为根本，推动传统媒体和新兴媒体在内容、渠道、平台、经营、管理等方面深度融合。"这一文件在国家层面明确了媒体融合的方向和路径。这种深度融合体现在新媒体学术期刊公共平台建设上，不是简单地将分散的学术期刊网站的合并，而是一种学术期刊新媒体与学术研究的融合、联动发展，是新型媒体业态的规模化、集约化、专业化培育，是一种注重媒体融合附加值提升的转型与提升。除了在国家层面由政府制定的路线、方针和目标外，平台的组织者要基于用户需求，加强新媒体学术期刊公共平台战略规划的制定，进行"流程再造"，通过搭建精细化的管理平台，重构组织机制，建立扁平化管理结构，激发新的发展活力，为学术研究、学术成果传播以及学术成果的转换应用，为实现学术信息的"私人定制"，提供专业的、全方位的、有影响力的学术研究全过程信息平台设计。

第四，发挥政府对新媒体学术期刊平台建设的引导作用。由于学术研究和学术信息的开发和共享，在一定程度上属于公益性事业，由此，在新媒体学术期刊公共平台建设中，政府的规划引领、资源统筹、政策调节和公共服务尤为重要。其一，要完善传统媒体与新媒体相融合的各项配套政策及扶持政策，充分发挥政策的集成优势，在政策上促进和支持新媒体学术期刊公共平台的搭建。其二，建立健全科学有效的新媒体管理机制和灵活高效的运行机制，推动传统学术期刊与新媒体学术期刊的融合发展。在这个过程中，政府必须要实现三个转变，即"转变观念思维、转变生产经营、转变体制机制"。打破传统管理中的刊号、年审、政治审查那一套思维定式和路径依赖，用互联网的思维，即市场、用户、销售、产品、生产、文化企业等要素，由办媒体向管媒体转变。创建学术期刊的传统媒体与新媒体融合的体制机制，创新新媒体学术期刊公共平台上的运行机制、管理体制和组织架构，建立学术期刊与学术研究相统一的评价体系，建立健全新媒体学术期刊的准入和退出机制。其三，完善学术期刊新媒体平台的市场利益激励机制，建立公平合理的学术信息产业链利益分配格局，完善著作权、版权等无形资产评估确权体系，加快数字版权保护技术研发，提高对数字版权的保护能力，加大版权保护力度。

大数据时代使人们的思维方式和信息获取方式，都发生了根本性的转变，随着跨学科、跨领域学术研究的深入和对数据相关性的探索，以用户需求为导向的学术资源整合思路和服务模式必将成为新媒体学术期刊发展的新趋势。将新媒体学术期刊对受众的整体满足需求，转变为在整体满足需求的基础上，为用户按需提供个体服务，是一项复杂得多主体、多属性创新。我们要用互联网思维，真正理解互联网时代媒体与用户的关系，在学术期刊的新媒体转型中，从目前的资源型，向面向用户型转化，从以提供内容为本，转变到以用户为本,把学术期刊的服务"建在用户桌面和用户过程中"。

第三节 建设学术期刊联盟

高校学术期刊体制改革已是大势所趋。尽管业内存在很多不同的改革观点,但是,如何调整报刊业结构,转变报刊业发展方式,实现报刊业集约化经营,培育大型报刊传媒集团,推动传统报刊业向数字化、网络化现代传媒业转型,已成为我国学术期刊发展不容回避的问题。

一、成立"全国高校学术期刊出版传媒集团"是高校学术期刊改革的路径之一

在不改变现有的高校学术期刊编辑部体制的前提下,如何把高校学术期刊做大做强,是我们共同探讨的问题。根据"分类指导,稳步推进"的改革原则,我们认为,条件成熟的高校学术期刊编辑部可以自愿率先转企。对于不具备转企条件或具备条件但没有转企意愿的编辑部,我们设想,可借鉴"中国高校系列专业期刊联合编辑部"的做法,由"中国高等学校文科学报研究会"和"中国高等学校科技期刊研究会"共同牵头,由全国高等学校学术期刊编辑部自愿加入,建立"全国高等学校学术期刊出版传媒集团"(以下简称"传媒集团")。进入"传媒集团"的学术期刊实行动态的双向选择,由集团依据相关的标准,建立健全"传媒集团"的准入和退出机制,科学配置高校学术期刊资源。集团充分利用国际、国内两种资源、两个市场,探索形成可持续发展的商业模式。

二、"传媒集团"和集团内各编辑部的定位

我们设想,"传媒集团"的主要任务是:其一,实行集约化管理,进行跨媒体、跨地区、跨行业、跨所有制、跨国界发展。其二,以中国知网为依托,在现有基础上搭建高校学术期刊数字出版平台,引进新业态,实现全媒体传播。其三,引入职业经理人制度,实现高校学术期刊集约化经营,负责集团内部学术期刊的按需印刷、统一出版、纸质和电子版的发行及广告等工作。其四,开拓集团的融资渠道,促进传媒集团走向资本市场。其五,申请相关国家资助基金,负责集团内包括学术活动、培训在内的等各项工作的开展。其六,负责集团内联系各学术期刊编辑部的组织协调工作等。组建股份制的强势平台,实现集约化管理和规模效应。

加入集团的各个高校学术期刊编辑部,作为集团属下的一个股份制编辑单位,依然保留纸质版的本校期刊,依旧是所在高校的一个独立的部门。各编辑部根据自己的优势,塑造自己刊物的学术品质和文化特征,走内涵式发展之路。根据原新闻出版总署印发的《实施办法》中提到的"按照谁主管谁负责原则,落实改革任务,明确管理责任,确保改革顺利进行",由各主管主办单位确定现有的编辑部人员体制问题,与所在高校的整体改革相一致。根据编辑权与经营权分开的原则,各期刊编辑部保留编辑权,放弃现有的出版、印刷、经营和发行权。由于起步阶段"传媒集团"只是个非营利的服务性组织,1000册以

内的排版及纸质印刷费用由主办单位承担，1000册以上的发行费用按一定百分比的版税，返给编辑部；同时在集团的集合下，打破现有大型数据库"一网打尽"廉价购买学术期刊内容的做法，按照新的标准提高网络内容资源的酬金。加入集团的各编辑部享有由集团提供的各项相关服务，以及在集团盈利后的按一定的方式和比例分红。

三、搭建数字出版平台，实现高校学术期刊的全媒体出版

"传媒集团"在搭建数字平台上要打破刊与刊、校与校的界限，也改变各家编辑部分别将期刊内容低价提供给国内大型数据库的做法，由"传媒集团"集中经营高校学术期刊数字内容的发行权，集中财力和人力，实行内容的联合重组。将出版与科技、传统生产经营方式与现代生产经营方式进行深度融合，将网络出版、手机出版、电子书出版、云出版等为代表的新业态、新产业引入学术期刊出版领域，打造全媒体产业链。

"传媒集团"的成立，还能使高校学术期刊在新媒体环境下，最大化地争取政府的支持力度，如在政策上给予倾斜、经济上给予资助，在技术和人才上给予保障，并且能融入目前国家正在进行的数字版权保护技术研发、国家数字复合出版系统、数字出版内容投送平台及绿色印刷技术研发工程等国家重点工程的实施中去，集中管理和整合高校学术期刊的内容资源，推动传统高校学术期刊向数字化、网络化现代传媒业转型，尽快实现高校学术期刊整体的跨媒体和全媒体传播。

四、推动建立现代企业制度，引入职业经理人，实现高校学术期刊集约化经营

现在的"中国高等学校文科学报研究会"和"中国高校科技期刊研究会"等属于社会组织，由大家推举出的德高望重的业内专业人士无偿地为大家服务，研究会的组织者全部都是各个学报的主要领导，在本单位都承担着重要的办刊、科学研究、教学和行政工作，如果成立全国性的"传媒集团"，他们的主要精力要放在集团大政方针的制定和宏观领导上，将没有更多的精力处理集团的具体经营事务。这样，"传媒集团"要建立规范的现代企业制度，在理顺各项隶属关系和利益关系的前提下，引入职业经理人来经营传媒集团。传媒集团内可成立若干部门，如总编室、技术部、网刊部、印制发行部、版权部、广告部、培训部、项目部、财务部等，引入专业的部门经理人，实行集约化管理，进行跨媒体、跨地区、跨行业、跨所有制、跨国界的发展，在新的平台上，发挥"传媒集团"麾下编辑部的整体力量，如申请政府资助、与金融资本对接、网络资源全媒体服务、组织学术活动、开展专业研讨、进行专业培训等，力争在不太长的时间内，将传媒集团培育成大型的、中国高校学术期刊的"航空母舰"。

五、拓宽传媒集团的融资渠道，促进传媒集团走向资本市场

在拓宽融资渠道方面，其一，要发挥财政资金对高校学术期刊产业的引导作用，最大限度地争取政府资金的扶持力度。比如，申请国家出版基金、申请从国家到地方的各相关

部委、委员会等每年投入到科研项目的资助经费；各地用于支持文化创意产业发展的专项资金。其二，全国各高校的支持。探索加入"传媒集团"的高校，采用一定股份共建共享的资助方式，共建传媒集团。其三，充分利用金融机构的各种文化创意产业投融资服务平台，还可以从银行融资等。通过金融手段，以政府支持的财政资金做金融杠杆，吸引高校资源、社会资本和民间资本，扶持并壮大期刊产业链，形成"政府引导、市场主导、企业主体"的发展模式，实现"传媒集团"与金融资本、社会资本、高校资源及民间资本的战略合作与对接，形成多种所有制共同发展的格局。

六、实现高校学术期刊整体转型升级，增强高校学术期刊出版传播能力

"传媒集团"的建立，将实现高校学术期刊的整体转型升级，增强高校学术期刊出版传播能力，扩大高校学术期刊在国内外主流人群中的影响力。中国高校学术期刊群体从某种意义上，代表了中国学术的发展水平。如果说各个单本的期刊还处于弱小的"小帆船"状态，但这个学术期刊的联合体就是我们国家学术研究的"航空母舰"了。无论是作为中国期刊走向国际的版权输出，还是政府作为向公众所提供的公共服务产品，它都是能代表中国水准的品牌。可以在以下两个方面探讨增强高校学术期刊的传播能力。其一，探讨提升高校学术期刊的公共服务水平的路径，如将部分数据库加入政府的惠民工程，由政府买单，进入全民阅读中长期规划、书香之家（乡、县、市）推荐网站，部分科技期刊库进入"数字农家书屋"的目录，部分民族期刊进入"少数民族东风工程"目录等，在服务中提升全民的整体素质。其二，充分利用国际、国内两种资源、两个市场，探索可持续发展的商业模式，加大高校学术期刊数据库的版权输出，推动中国高校学术期刊走向世界，从多方面增强高校学术期刊的传播能力。

参考文献

[1] 林晓鸥.高校社科编辑的思想政治素养提升路径探微[J].新闻研究导刊,2020,11(24):32-33.

[2] 林筱芳.新时代期刊编辑面临的挑战及应对策略[J].中国报业,2020(24):94-95.

[3] 韩宇.信息检索课程的优化改革探讨[J].科教文汇(中旬刊),2020(12):102-103.

[4] 李金丽.从差错例析谈编辑编校能力和责任意识的提升[J].鞍山师范学院学报,2020,22(6):104-108.

[5] 王萌.新时期提高科技期刊青年编辑能力素质研究[J].记者摇篮,2020(12):98-99.

[6] 蔡林娥.新时代对加强期刊编辑团队建设的思考[J].传媒论坛,2020,3(24):84-85.

[7] 周俊.数字出版环境下期刊编辑的挑战及应对[J].中国报业,2020(23):114-115.

[8] 高虹.大数据时代学术期刊高质量发展问题透视——与四位主编的深度访谈[J].中国科技期刊研究,2020,31(12):1395-1401.

[9] 陈瑶,张煜洋.文科期刊编辑要着力彰显"三种精神"[J].采写编,2020(6):119-120.

[10] 王笑宇,张鹤.大数据背景下高校学术期刊数字化与媒体融合发展的路径探析[J].锦州医科大学学报(社会科学版),2020,18(6):82-84.

[11] 丛乃霞,陈颂.论文写作中文献检索常用的方法和途径[J].中国疗养医学,2020,29(12):1341-1342.

[12] 韩宜轩.学术期刊新媒体融合建设的挑战与策略[J].出版广角,2020(22):45-47.

[13] 刘莉,崔桐,蒋函.新媒体时代科技期刊编辑沟通方式及技巧[J].学报编辑论丛,2020(10):397-402.

[14] 王伟.学术期刊编辑素养提升路径分析[J].采写编,2020(5):145-147.

[15] 马体娟.大数据背景下传统期刊数字化出版问题探析[J].新闻传播,2020(18):82-83.

[16] 张岩,赵丽肖.大数据时代期刊编辑工作的挑战及变革策略探究[J].新闻研究导刊,2020,11(17):195-196.

[17] 樊敏.新媒体环境下期刊编辑工作模式的转变路径[J].传播与版权,2020(08):61-62,65.

[18] 桂智刚,吴海西.大数据时代高校学术期刊的挑战与变革[J].西安建筑科技大学学报(社会科学版),2020,39(4):94-100.

[19] 杨雅婕. 大数据技术对学术期刊品牌建设的助力作用 [J]. 传媒论坛, 2020, 3（17）: 85-86.

[20] 谢文亮, 郑添尹. 大数据时代学术期刊信息数据库的建设 [J]. 现代信息科技, 2020, 4（14）: 125-127, 130.

[21] 孙苹. 大数据驱动下的学术期刊内容优化——以《教育与职业》杂志为例 [J]. 传媒, 2020（13）: 30-32.

[22] 任环环. 数字化时代国内音乐期刊出版流程研究 [D]. 开封: 河南大学, 2020.

[23] 陈宇航. 河南省高校社科学报学术影响力研究 [D]. 开封: 河南大学, 2020.

[24] 李世磊. 基于文献相似度的系统评价引文筛选系统的设计与实现 [D]. 成都: 电子科技大学, 2020.

[25] 谭苗苗. 新型期刊编辑人才培养机制探索 [J]. 科技传播, 2020, 12（10）: 112-113.

[26] 李亭亭, 金建华, 彭芳, 等. "互联网+大数据"下学术期刊的转型模式 [J]. 中国编辑, 2020（4）: 88-92.

[27] 郝玉珊. 基于被引分布均衡性与被引时间异质性的学术期刊影响力评价指标研究 [D]. 曲阜: 曲阜师范大学, 2020.

[28] 王彬. 大数据驱动的学术期刊编辑能力提升研究 [J]. 牡丹江大学学报, 2020, 29（3）: 34-38.

[29] 谭雪静. 大数据与人工智能在综合性学术期刊编辑工作中的应用 [J]. 科技传播, 2020, 12（6）: 11-13.

[30] 梁远华, 胡玥. 大数据下学术期刊编辑思维转变及能力提升路径 [J]. 中国编辑, 2020（Z1）: 80-84.

[31] 李俊. 学术期刊公司数字出版盈利模式研究 [D]. 重庆: 重庆理工大学, 2020.

[32] 孙小岚, 杨晓容, 刘忠丽, 等. 大数据时代学术期刊的新功能及影响力提升策略 [J]. 采写编, 2020（1）: 110-111.

[33] 张莉, 刘飞阳, 税红, 等. 大数据时代科技期刊发展路径探析 [J]. 新闻研究导刊, 2020, 11（3）: 186-187.

[34] 翁志辉. 学术期刊编辑要善于利用网络平台防范学术不端行为 [J]. 编辑学报, 2019, 31（S2）: 190-192.

[35] 王建卫. 大数据背景下学术期刊编辑的坚守与转型 [J]. 科技传播, 2019, 11（24）: 171-173.

[36] 杨卫忠. 个性化文献检索技术研究 [D]. 西安: 西安科技大学, 2007.

[37] 张瑛, 申嫣平. 大数据时代学术期刊选题策划的实施 [J]. 晋中学院学报, 2019, 36（6）: 102-104.

[38] 臧莉娟，唐振贵，卢芳. 学术期刊栏目数据库的建设与栏目评价 [J]. 科技与出版，2019（12）：113-118.

[39] 杜杏叶. 学术论文关键指标智能化评价研究 [D]. 长春：吉林大学，2019.

[40] 杨正凯. 大数据时代学术期刊质量控制与提升方法研究 [J]. 传播与版权，2019（11）：23-27.

[41] 赵洋，孔倩. 大数据时代科技期刊评价指标的统计与分析 [J]. 青岛大学学报（工程技术版），2019，34（4）：98-102.

[42] 余筱瑶. 大数据推动下学术期刊的精准出版转型 [J]. 青年记者，2019（23）：39-40.

[43] 胡正君，曾文，刘颖. 大数据时代中文学术期刊开放数据的思考 [J]. 科技与出版，2019（08）：115-119.

[44] 元小佩. 融媒体背景下高校学术期刊的创新管理与服务 [J]. 浙江树人大学学报（人文社会科学），2019，19（4）：89-93.

[45] 董媛媛，董小兵，林晓晨. 数据时代下的学术期刊：从单－数字化到多元数据化的转变 [J]. 视听，2019（7）：241-242.

[46] 张伟伟，王磊，赵文义. "一带一路"倡议助力中国学术期刊国际传播 [J]. 科技与出版，2019（06）：18-22.

[47] 吉媛. 学术期刊微信公众号的使用与满足研究 [D]. 重庆：重庆大学，2019.

[48] 王建慧. 中国英文社会科学学术期刊国际化发展研究 [D]. 开封：河南大学，2019.

[49] 居思屿. 数字化背景下 C 出版社在中国学术出版市场的竞争战略研究 [D]. 北京：北京交通大学，2019.

[50] 杜君. 学术大数据环境下高校图书馆馆藏资源的知识发现研究 [J]. 图书馆学刊，2019，41（3）：63-66.

[51] 陈晓怡. "新时期文学"初期的多元面貌 [D]. 上海：华东师范大学，2019.

[52] 程欢. 开放存取期刊质量评价研究述评 [J]. 河北科技图苑，2019，32（3）：79-85.

[53] 袁茵. 中国当代出版类学术期刊发展研究 [D]. 上海：上海师范大学，2019.

[54] 张勇，王春燕，王希营. 人工智能与学术期刊编辑出版的未来 [J]. 中国编辑，2019（4）：64-68.

[55] 王晓枫. 数字时代学术期刊发展与人工智能融合研究 [J]. 淮海工学院学报（人文社会科学版），2019，17（3）：80-82.

[56] 江津. 学术期刊数字化出版的产品设计和评价策略 [J]. 新媒体研究，2019，5（4）：115-116.

[57] 郭晓亮，吉海涛，郭雨梅，等. 学术期刊共媒体云与自媒体库互动融合的构想 [J]. 中国科技期刊研究，2019，30（2）：161-168.

[58] 朱银周，唐虹．学术期刊审稿专家研究领域与稿件匹配度的优化 [J]．中国科技期刊研究，2019，30（2）：132-136．

[59] 戴程．学术期刊社交媒体传播模式探讨 [J]．科技与出版，2019（2）：138-142．

[60] 姚锋，卢宇．大数据时代学术期刊法律风险规避 [J]．中国出版，2019（2）：60-62．

[61] 杨志辉．学术期刊数字化出版到智慧出版的变革 [J]．编辑之友，2019（1）：36-41．

[62] 景贵英．我国出版类学术期刊微信公众平台运营策略研究 [D]．北京：北京印刷学院，2019．

[63] 李明艳．浅谈学术期刊管理中信息化技术的应用 [J]．数字通信世界，2019（1）：190，228．

[64] 周芳．大数据背景下编辑角色的转型与重构 [J]．池州学院学报，2018，32（6）：105-107，110．

[65] 李小丽．大数据时代下学报编辑的能力提升 [J]．编辑学报，2018，30（S1）：181-183．

[66] 张新昌．高校学术期刊数字化转型路径研究 [J]．新闻战线，2018（24）：110-111．

[67] 张建．高校电子期刊数据库评价体系研究 [D]．大连：大连理工大学，2009．

[68] 周畅．新媒体编辑胜任力模型构建与应用研究 [D]．武汉：武汉大学，2018．

[69] 罗梦娅．学术期刊论文下结论语言的局部语法研究 [D]．上海：上海交通大学，2019．

[70] 王亚丽．基于知识扩散理论的学术期刊网络影响力评价研究 [D]．大连：大连理工大学，2018．

[71] 郑茹．中国人文社会科学学术期刊出版研究（1949-2016）[D]．南京：东南大学，2018．

[72] 汪瑶．国际学术期刊中立场标记语的历时性变化研究 [D]．镇江：江苏大学，2018．

[73] 米彩虹．学术出版交流功能的结构性变迁 [D]．西安：长安大学，2018．

[74] 曾艳．我国学术期刊微信公众号现状及发展对策探析 [D]．长沙：湖南师范大学，2018．

[75] 傅雪艺．微信公众号文体形态研究 [D]．武汉：华中师范大学，2018．

[76] 贺钰滢．知识生产与传播 [D]．武汉：武汉大学，2018．

[77] 易棋．中美开放获取期刊比较研究 [D]．哈尔滨：黑龙江大学，2018．

[78] 冯文燕．新媒体时代学术期刊微信公众号研究 [D]．南宁：广西民族大学，2018．

[79] 张仁胜．基于语义分析的文献检索技术研究 [D]．长春：吉林大学，2018．

[80] 刘欣雨．发表时滞对学术期刊市场匹配效率的影响研究 [D]．大连：大连理工大学，2018．

[81] 杨梅梅．一般学术期刊公司盈利模式研究 [D]．重庆：重庆理工大学，2018．

[82] 孙昕光．大数据视阈下的学术期刊发展路径 [J]．山东青年政治学院学报，2017，33（6）：35-39．

[83] 张立伟．中国期刊数字出版技术的变迁及启示 [J]．辽宁师专学报（自然科学版），

2017, 19（3）: 106-108.

[84] 秦长江, 吴帆. 开放存取期刊学术影响力分析——以 CSSCI、SCI、SSCI 收录的图情期刊为例 [J]. 创新科技, 2017（7）: 62-66.

[85] 朱峻莹. 英国学术期刊出版制度研究 [D]. 西安: 长安大学, 2017.

[86] 胡方丹. 我国学术信息资源产业发展策略研究 [D]. 南昌: 南昌航空大学, 2017.

[87] 郑雪洁. 数字出版时代学术期刊产业价值链优化与发展策略研究 [D]. 西安: 陕西师范大学, 2017.

[88] 李宇佳. 学术新媒体信息服务模式与服务质量评价研究 [D]. 长春: 吉林大学, 2017.

[89] 陈艳佳. 基于资源建设的开放获取期刊评价研究 [D]. 北京: 北京协和医学院, 2017.

[90] 柴玉婷. 中文科技期刊学术影响力定量评价研究 [D]. 沈阳: 沈阳师范大学, 2017.

[91] 佟倩. 中国大陆英文版人文社会科学学术期刊研究 [D]. 南京: 南京大学, 2017.

[92] 宋建. 中文核心期刊定性评价研究 [D]. 河北大学, 2017.

[93] 范晓雪. 大学学术组织学术生态环境的分析与优化 [D]. 湘潭: 湖南科技大学, 2017.

[94] 张猛. 河南省自然科学期刊学术影响力评价指标体系的构建与应用 [D]. 郑州: 郑州大学, 2017.

[95] 刘芬. 我国学术期刊国际化路径研究 [D]. 武汉: 武汉大学, 2017.

[96] 翟莉莉. 基于替代计量学的学术期刊影响力评价研究 [D]. 武汉: 武汉大学, 2017.

[97] 李文睿. 国外 OA 学术期刊论文发表费调查及对我国的启示 [D]. 郑州: 郑州大学, 2017.

[98] 潘思涵. 开放存取期刊运营模式分析 [D]. 哈尔滨: 黑龙江大学, 2017.

[99] 曹娟. 国内开放存取期刊研究述评 [J]. 图书馆工作与研究, 2017（2）: 29-38.

[100] 方婷云. 基于 XML 的社科期刊自适应排版技术研究 [D]. 杭州: 杭州电子科技大学, 2017.

[101] 陈珺. 国际学术期刊论文成果推销话语研究 [D]. 杭州: 浙江大学, 2017.

[102] 赵盼. 学术期刊著作权集体管理研究报告 [D]. 北京: 北京印刷学院, 2017.

[103] 陈建萍. 媒介融合背景下我国体育学术期刊的全媒体出版研究 [D]. 上海: 华东师范大学, 2016.

[104] 罗岚. 探究电子期刊版面设计的人性化互动 [D]. 哈尔滨: 哈尔滨师范大学, 2016.

[105] 李玉玲. 学术期刊论文摘要中的名词化及其元功能研究 [D]. 长春: 吉林大学, 2016.

[106] 李玫. 英汉学术期刊论文标题对比研究 [D]. 兰州: 兰州理工大学, 2016.

[107] 李建臣. 基于质量与效率的学术期刊评价与管理创新研究 [D]. 武汉: 武汉大学, 2016.

[108] 耿爽. 人民卫生出版社数字出版研究 [D]. 南京: 南京大学, 2016.

[109] 黄新华. 我国学术期刊数字复合出版平台建设研究 [D]. 北京: 北京印刷学院, 2015.

[110] 张钰婷. 大数据时代的学术图书按需出版研究 [D]. 长沙: 湖南大学, 2015.

[111] 王丽.我国护理期刊学术影响力评价研究[D].太原：山西医科大学，2015.

[112] 彭淑红.教育学科学术共同体成果共享实证研究[D].南宁：广西大学，2015.

[113] 吴帆.开放存取期刊学术影响力研究[D].洛阳：河南科技大学，2015.

[114] 武迪.我国学术期刊的数字化发展研究[D].北京：北京印刷学院，2015.

[115] 方亚云.英汉学术期刊中引用的批评话语分析[D].南昌：南昌大学，2015.

[116] 彭文傲.西南联大的学术交流研究[D].昆明：云南师范大学，2015.

[117] 刘晓莉.中外科技学术期刊国际化出版比较研究[D].西安：长安大学，2015.

[118] 刘海涛.高校教师学术不端行为的制度归因及对策研究[D].石家庄：河北师范大学，2015.

[119] 刘丹.学术期刊在线利用指标与数据规范化研究[D].南京：南京大学，2015.

[120] 张立伟.中国期刊数字出版技术变迁研究[D].南京：南京农业大学，2015.

[121] 王晓梅.期刊型学术交流系统的成本收益分析[D].郑州：郑州大学，2015.

[122] 曾元祥.数字出版产业链的构造与运行研究[D].武汉：武汉大学，2015.

[123] 马弘.网络学术期刊影响力评价的系统聚类[D].大连：辽宁师范大学，2015.

[124] 杨阳.我国核心期刊评价体系对比研究[D].开封：河南大学，2015.

[125] 刘亚娟.中国电子期刊的营销策略研究[D].保定：河北大学，2015.

[126] 蔚元方.文献检索的信息可视化技术研究[D].郑州：中原工学院，2015.

[127] 吴鸣谦，孙守增，韩跃杰.大数据时代科技期刊编辑工作的变革与挑战[J].科技与出版，2014（10）：59-62.

[128] 赵丽萍.期刊个性风格的延续性是打造期刊品牌形象的基石[D].哈尔滨：哈尔滨师范大学，2014.

[129] 赵威.学术期刊数据库建设研究[D].保定：河北大学，2014.

[130] 于然.全改制后的期刊运营模式研究[D].北京：首都经济贸易大学，2014.

[131] 宋婧怡.我国学术期刊开放存取出版的实现途径研究[D].北京：北京印刷学院，2014.

[132] 徐清华，赵惠祥，张弘，刘燕萍，余溢文.2007-2013年学位论文中开放存取研究综述[J].学报编辑论丛，2013（00）：288-296.

[133] 邹陶嘉.我国新闻期刊品牌化运营现状及对策研究[D].兰州：兰州大学，2006.

[134] 周金娉.开放存取期刊学术影响力研究[D].长春：吉林大学，2013.

[135] 李丹.我国期刊评价体系比较研究[D].保定：河北大学，2013.

[136] 刘杨.中国社会科学学术期刊"走出去"研究[D].武汉：武汉大学，2013.

[137] 李姗姗.开放存取期刊的质量评价研究[D].长春：吉林大学，2013.

[138] 陈可霞.汉英学术期刊应用语言学论文的体裁对比分析[D].广州：广东外语外贸大学，2013.

[139] 张振康.国内学术期刊的引文聚散特征及学科交流度研究[D].曲阜：曲阜师范大学，2013.

[140] 张斯龙.科技期刊文献计量中可视化技术的应用研究[D].杭州：杭州电子科技大学，2013.

[141] 韩鹏鸣. 基于特征因子的开放存取期刊学术影响力评价研究 [J]. 图书馆工作与研究, 2012（08）: 29-31.

[142] 路世玲. 开放存取期刊的学术影响力研究 [D]. 郑州: 郑州大学, 2012.

[143] 陈美家. 开放存取期刊发展现状及出版运作机制研究 [D]. 福州: 福建师范大学, 2012.

[144] 张春玲. 学术期刊电子稿件参考文献自动校验的 XML 解决方案 [D]. 长春: 吉林大学, 2011.

[145] 袁顺波, 华薇娜. 基于引文与网络链接的开放存取期刊学术影响力评价 [J]. 大学图书馆学报, 2010, 28（6）: 107-115.

[146] 董文鸳, 陈清文. 图情领域开放存取期刊学术影响力评价 [J]. 图书馆建设, 2009（5）: 104-107.

[147] 孙宇. 西方发达国家学术期刊运营模式研究 [D]. 北京: 北京印刷学院, 2009.